Vademécum

de la informática moderna

(TCP, SOA, Linux, Python, Docker, HDFS, RDF, Adam, OWASP, KPI, UML, Scrum...)

Eva Laude
Christian Goglin
Henri Laude

ISBN: 978-2-409-05070-1
Edición original: 978-2-409-04411-3

Ediciones ENI

P° Ferrocarriles Catalanes, 97-117, 2a pl. of. 18
08940 - Cornellà de Llobregat (Barcelona)

Tel: 934 246 401
Fax: 934 231 576

e-mail: info@ediciones-eni.com
http://www.ediciones-eni.com

Autores: Eva Laude, Christian Goglin, Henri Laude
Edición española: Enrique Tormo Palop
Colección **Recursos Informáticos** dirigida por Émilie Villetorte

Introducción "TL DR"

Hemos creado este libro para ofrecer a nuestros estudiantes una herramienta de repaso rápido que les permita afrontar con confianza el comienzo de su carrera profesional.

Proponemos este texto con la esperanza de ayudarle a **superar las primeras etapas de su incorporación en un equipo informático**.

Será útil para quienes ya han estado en contacto con uno o varios de los aspectos profesionales de la informática, pero que aún no se sientan totalmente seguros de su competencia en lo que podríamos llamar *computer sciences*o, simplemente, desarrollo de programas informáticos.

Nuestra ambición no es modesta: ayudarle a identificar rápidamente los ámbitos en los que tiene lagunas y empezar a cubrir dichas lagunas ofreciéndole información esencial sobre estos temas.

Puede utilizar este manual para mejorar sus conocimientos personales, preparar una entrevista, ganar confianza antes de una oposición, revisar la situación actual antes de ser nombrado **CIO** (*Chief Information Officer*), elaborar su propio curso de introducción a la informática si es profesor, etc.

Lo que no encontrará en este libro: IA, *aprendizaje automático* y ciencia de datos (o muy poca). De hecho, estos temas se tratan en otro libro escrito por estos mismos autores, también disponible en Ediciones ENI (no queríamos, evidentemente, autoplagiarnos): *Data Scientist y lenguaje R, Autoformación en los aspectos básicos de la inteligencia artificial en el universo de los datos (2.ª edición)*.

No obstante, encontrará información básica sobre las arquitecturas de *big data* (Hadoop, etc.) y una descripción de las principales transformaciones de datos posibles mediante el paquete de Python llamado Pandas, muy popular entre los *data scientists*. De hecho, estos datos masivos, transformados y accesibles en buenas condiciones de rendimiento son los que utilizamos para crear nuestros propios modelos de aprendizaje automático o para afinar *(fine-tune)* modelos de inteligencia artificial generativa similares a GPT (el modelo en el que se basa ChatGPT).

Tras los ocho primeros capítulos, que esperamos que sean didácticos, encontrará una lista de «tarjetas de referencia» (*reference cards*, a menudo abreviadas como *ref cards*) que detallan diversas sintaxis relacionadas con Linux, Bash, redes, Docker y Pandas. Estas tarjetas de referencia están pensadas para que las tenga a mano durante unas semanas si tiene la intención de desarrollar código por su cuenta en estos contextos.

En la misma línea, el libro contiene una lista de control o *check-list* detallada de lo que hay que documentar durante un proyecto. Documentar un proyecto también significa hacerse preguntas importantes durante su desarrollo. Por ello, puede ser útil conservar esta lista de control durante algún tiempo, sobre todo si desea familiarizarse con la gestión de proyectos.

Proporcionamos ejemplos de código en Python para ilustrar ciertos conceptos: no se centre en la sintaxis de estos códigos, que sería similar en otros lenguajes, sino en el significado de los pasos que se describen. Si no está familiarizado con Python, también puede consultar las secciones introductorias sobre este lenguaje (véase el capítulo sobre Python, Guía de iniciación a Python - TL;DR). Este no es necesariamente el lenguaje con el que va a desarrollar, pero, como se dan muchos ejemplos en Python en la literatura de ciencias de la computación, **es imprescindible que sepa leer Python**, ¡aunque no sea capaz de escribirlo!

Introducción "TL DR"

En este libro, utilizamos la jerga *espanglish* tal y como la oímos en nuestras conversaciones con interlocutores, colegas y amigos. Por ello, encontrará algunas expresiones inglesas, más o menos adaptadas al español en textos en este idioma. Esto puede chocarle, pero, como no se trata de un libro académico, hemos dado prioridad a lo real, con el fin de facilitarle su integración en un equipo. Evidentemente, para una redacción académica, una prueba de oposición en España o un procedimiento administrativo dirigido al público, le aconsejamos que utilice los equivalentes en castellano (un *e-mail* sería un correo electrónico, etc.).

Algunos comentarios dentro de los programas pueden parecer un poco enrevesados, ya que los hemos adaptado parcialmente al español para facilitar su comprensión, aunque hoy en día es habitual comentarlo todo en inglés.

En la actualidad, los comentarios incluidos en el código deben estar en inglés, salvo que sus superiores jerárquicos indiquen lo contrario o que se trate de comentarios provisionales que usted realice con fines pedagógicos o de comunicación. Comentar en inglés también aporta seguridad técnica, ya que algunos lenguajes o entornos interpretan mal nuestros caracteres españoles: por ejemplo, no encontrará un ñ en los comentarios del código de ensamblaje que proponemos a continuación, ya que podría interpretarse como un elemento activo del código.

Además, la mayor parte de la documentación disponible sobre informática profesional está en inglés, y los informáticos a menudo tienen que cortar y pegar fragmentos de esos documentos para elaborar nueva documentación técnica. Por tanto, nos parece una buena práctica utilizar el inglés para toda la documentación técnica, aunque luego se traduzcan al español determinados documentos destinados específicamente a los hispanohablantes con pocos conocimientos técnicos.

Observación

La mayoría de las ilustraciones de este libro se han generado a partir de código gráfico en PlantUML, GraphViz, Mermaid o Diagrams bajo Python. En los anexos encontrará algunos de los códigos más significativos que puede utilizar para generar sus propias ilustraciones dentro de la documentación de sus proyectos.

Los internautas pueden utilizar una abreviatura muy práctica para indicar a sus lectores que un texto pretende ir directo al grano: **TL;DR** (*too long; didn't read*, es decir: demasiado largo; no leído). No se trata de «infligir» al lector un tomo académico exhaustivo, que repita conceptos que probablemente ya conozca. TL;DR es el espíritu con el que hemos diseñado este libro.

Let's go further ;-)

Introducción "TL DR"

Capítulo 1
En el corazón de la máquina

Capítulo 2
Métodos - Conceptos básicos

Capítulo 3
Métodos - Gestión eficaz de los datos

Capítulo 4
Descubrir la algoritmia

Capítulo 5
El código y la Web

Capítulo 6
Linux, Shell, Contenedores, WSL: ¿qué son?

Capítulo 7
Guía de iniciación a Python - TL;DR

Capítulo 8
Desarrollo, conocimientos complementarios

Capítulo 9
Documentar los aspectos de un proyecto

Capítulo 10
Prontuario

Apéndices

Capítulo 1
En el corazón de la máquina

1. Introducción al procesador central del ordenador

Los procesadores de una unidad central de proceso (CPU, de *Central Processing Unit*) funcionan al ritmo de un circuito de «reloj», que actualmente tiene una frecuencia variable según un equilibrio entre eficiencia y consumo de energía.

Por ejemplo, la CPU de la marca Intel denominada Core i9-12900KF tiene una frecuencia base de 3,2 GHz y suele alcanzar los 4,55 o incluso 5,2 GHz.

Un gigahercio (símbolo: GHz) corresponde a mil millones de ciclos por segundo, lo que es considerable si se tiene en cuenta que la corriente alterna en España es de 50 Hz y que el oído humano no puede distinguir sonidos agudos por encima de 20 000 Hz (ni graves con una frecuencia inferior a 16 Hz).

Desde la década de los 2000, se han tenido que poner en marcha nuevas estrategias para seguir duplicando, cada dos años, el número de componentes en una misma superficie de silicio, a la vez que se duplicaba la potencia del chip en cuestión (lo que a menudo se conoce como «ley de Moore», aunque esta denominación ha sido objeto de mucho debate).

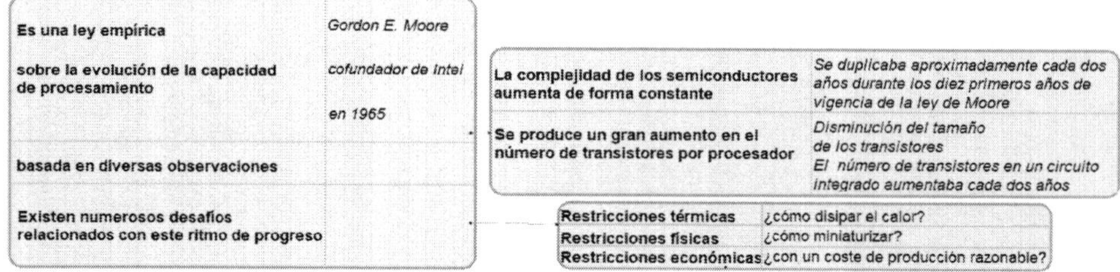

La ley de Moore en pocas palabras

Ya no podemos contentarnos con miniaturizar los componentes y aumentar la frecuencia. De hecho, estamos llegando a límites físicos y el calentamiento es demasiado grande. Añadir sistemas de refrigeración funciona, pero da lugar a máquinas muy voluminosas. Hasta ahora, ha resultado más eficaz crear CPU con varios núcleos (*cores*) funcionando en paralelo, que permiten ejecutar varios subprocesos simultáneamente. En el caso de la CPU i9 de duodécima generación citada como ejemplo, tenemos dieciséis núcleos que manejan veinticuatro subprocesos (*threads*), que podemos imaginar como CPU virtuales funcionando en paralelo.

Observación

La noción de paralelismo no se detiene ahí. Es habitual encontrar máquinas profesionales con dos CPU (por ejemplo, dos Intel Xeon). Los clústeres de máquinas en paralelo se utilizan para realizar cálculos en grandes estructuras de datos, como en el ámbito del big data. También se utilizan múltiples microservicios paralelos en la nube para proporcionar servicios resistentes y escalables (en inglés, scalable) en capacidad de procesamiento.

Para comparar CPU, a menudo evaluamos su velocidad de cálculo numérico en el contexto de operaciones reales (de coma flotante). La velocidad de la FPU (*Floating-Point Unit*) de un procesador se expresa en operaciones por segundo: FLOPS (*Floating-Point Operations Per Second*). El procesador mencionado anteriormente supera los 800 gigaflops (por menos de 600 euros), mientras que un procesador Quad Intel Xeon Platinum 8180 para un servidor profesional supera los 4000 gigaflops (por más de 10 000 euros).

Los procesadores de este nivel suelen utilizarse por parejas en servidores cuyo chasis permite almacenarlos en bastidores (*racks*). En otras palabras, estos chasis tienen una forma que permite apilar los servidores en estanterías específicas para ordenadores. Su tamaño se denomina factor de forma, expresado en unidades de rack (U o RU por *rack unit*). El grosor más común es de 2U (algo menos de 9 cm), un servidor mínimo en grosor es de 1U (¡la mitad!) y un servidor grande es de 4U (a menudo utilizado para almacenamiento de datos). Normalmente, estas máquinas se colocan en salas climatizadas para evacuar el calor extraído por sus ventiladores. También existen versiones más compactas, alojadas en armarios que comparten ciertos recursos, como su fuente de alimentación; se denominan *blades*.

Observación

En el día a día, los autores de este texto utilizan, por ejemplo, varios servidores Hewlett Packard (HP) Proliant en racks de 1U y 2U, con dos procesadores Xeon y 128 GB de memoria, para realizar cálculos de aprendizaje automático con pocos tensores en el lenguaje R.

Aunque esta no es la mejor medida para comparar GPU (tarjetas gráficas), es interesante observar que una tarjeta Nvidia RTX 4060 de menos de 400 euros despliega más de 20 000 gigaflops (pero en 32 bits, no en 64). Esto ayuda a explicar por qué los cálculos de grandes matrices multidimensionales (tensores), característicos del *deep learning* (el aprendizaje profundo es un subcampo de la inteligencia artificial que utiliza modelos de redes neuronales), se están trasladando a las GPU (*Graphics Processing Unit*). Esto explica también que cada vez haya más máquinas dedicadas a la inteligencia artificial o a la minería de criptomonedas (Bitcoins, etc.) con un gran número de GPU. Por su diseño, las GPU están especializadas en el procesamiento de imágenes, que corresponde matemáticamente al procesamiento de tensores. Por tanto, su rendimiento es óptimo para grandes estructuras matriciales. Por el contrario, las GPU no sustituyen a las CPU en el procesamiento convencional que implica poca vectorización de datos.

Los superordenadores (HPC: *High Performance Computing*) cuentan con miles de procesadores y algunos superan varios cientos de millones de gigaflops (petaflops).

2. Funcionamiento del procesador y del ensamblador

2.1 La unidad central de proceso (CPU) desde cerca

En uno o varios ciclos, cada *thread* ejecuta una única instrucción antes de pasar a la siguiente. Una instrucción puede ser una suma (ADD), la carga o descarga de un valor (LOAD), un salto a una instrucción que no es contigua (JMP) o una comparación entre dos valores (CMP) que condiciona un posible salto a otra instrucción. Los lenguajes informáticos capaces de describir (codificar) una secuencia de estas instrucciones se denominan ensambladores. Todos los demás dialectos informáticos son superposiciones que permiten implementar un código similar al producido por un ensamblador.

La memoria propia de un procesador es muy limitada y consiste en unos pocos espacios de memoria de acceso rápido conocidos como registros (normalmente de 16, 32 o 64 bits) y la dirección de la siguiente instrucción que se va a ejecutar (denominada contador ordinal, puntero de instrucción, *program counter*, *instruction address register* o *instruction pointer*, a menudo simbolizada por un $ o por las siglas PC o EIP).

Observación

Cuando se activa la instrucción señalada por el contador ordinal, se inicia un ciclo completo (conocido como ciclo de instrucción o fetch-decode-execute cycle). La etapa fetch proporciona acceso a los detalles de la instrucción, que luego se decodifican y ejecutan durante un determinado número de pulsos de reloj. Podemos encontrar una lectura o escritura (I/O para Input/Output) soportada por la interrupción que gestiona un periférico como un teclado o una pantalla, la invocación de la unidad aritmética lógica (ALU) para realizar cálculos binarios con números enteros o la invocación de la FPU (Floating-Point Unit), que gestiona cálculos con números reales. Se llaman así porque el punto (.) de un número decimal no está siempre en el mismo lugar (para comprobarlo, compare 100.1 y 3.1416).

Se dispone de un pequeño número de registros generales. Los cuatro registros de 32 bits de una arquitectura x86/32 bits se denominan:

- EAX para «Acumulador»; también se utiliza a menudo para definir entradas/salidas,
- EBX para «Base de direccionamiento indirecto»,
- ECX para «Contador de bucle»,
- EDX para «Datos».

Observación

La «E» significa Extendido, es decir, de 32 bits; en su versión de 16 bits, estos registros no llevan la E, y en su versión de 64 bits llevan una «R». Por ejemplo, el acumulador se llama AX en la versión de 16 bits y RAX en la versión de 64 bits.

Los demás registros tienen una utilidad particular, como:

- una dirección que apunta al segmento de datos en uso (DS: *Data Segment*);
- la dirección de un segmento de código (denominado *code segment*, *text segment* o *text: CS*);
- la dirección del registro que contiene los distintos estados de la máquina (*flags*), como el *Carry Flag* (*C flag*), que simplemente almacena el acarreo en una operación, el *Zero Flag* (ZF), que sabe si la última operación tuvo un resultado cero, o el *Sign Flag* (SF), que sabe si la última operación tuvo un resultado negativo.

Estos últimos registros son más difíciles (o incluso imposibles) de manipular directamente, ya que sus valores son el resultado de otras instrucciones. Por ejemplo, para cambiar un segmento de código, es necesario realizar un salto en el código mediante una instrucción de *jump* (JMP) o CALL.

También existen otros registros especializados para datos multimedia (registros de tipo MMX y SIMD sobre los que podemos realizar operaciones vectoriales con enteros, como sumar dos vectores enteros en una sola instrucción, como en Python o R) y algunos otros registros de control y ajuste muy especiales para usos muy concretos.

2.2 Programación en ensamblador

Vamos a ver un pequeño fragmento de código ensamblador escrito en el dialecto Netwide Assembler (NASM), un ensamblador de código abierto para las arquitecturas de procesador Intel (x86 de 32 bits) y AMD (x86 de 64 bits) que se ejecuta en muchos sistemas Windows y Linux.

Observación

No debe confundirse con el ensamblador de Microsoft, que se llama MASM, donde la M se refiere al hecho de que estos ensambladores incluyen macros, es decir, pequeños programas de utilidad en ensamblador, accesibles mediante una sola instrucción. Esto permite realizar una serie de operaciones muy comunes o útiles con una sola llamada (para no reinventar la rueda).

Observación

Los códigos producidos por el ensamblador, a menudo llamados «archivos objeto» y que tienen extensiones como .o, .obj, .omf, .coff o .elf, deben enlazarse (linked) con el contexto del sistema operativo en el que se ejecutarán (por ejemplo, utilizando un linker (editor de enlaces) asociado a un compilador de C disponible en su plataforma). Tenga en cuenta que la noción de objeto aquí no tiene absolutamente nada que ver con lo que llamamos programación orientada a objetos en otras partes de este libro.

Encontrará una lista de instrucciones de ensamblador con breves ejemplos de sintaxis en el capítulo Prontuario, al final del libro.

Una línea típica de ensamblador consta de cuatro partes:

- una mnemotécnica (la acción que se quiere realizar, es obligatorio),
- un operando destino (donde se coloca el resultado),
- un operando fuente (donde se introduce un valor),
- un comentario (muy útil para orientarse).

La línea puede ir precedida de una etiqueta, que sirve para identificar ese bloque de código para volver a él más adelante.

```
inicio: ; etiqueta que identifica el inicio de este trozo de código
mov eax, 6 ; asigna el valor 6 al registro extendido de 32 bits
add eax, 1 ; añade 1 a eax, por lo que su contenido es ahora 7
```

Todos estos elementos pueden encontrarse en el código anterior.

Aquí tiene la URL de un simulador del ensamblador NASM que vamos a utilizar: https://www.tutorialspoint.com/compile_assembly_online.php

Puede utilizarse para ejecutar un código como el que se muestra a continuación, cuyo propósito es escribir «hola» en la salida estándar de la máquina.

```
    ;inicio del código

 ;sección que describe el mecanismo del programa
section .text

global _start       ; útil para el compilador C (gcc)
                    ;para editar enlaces
;inicio de la parte ejecutable del programa

_start:             ;etiqueta convencional
                    ;el enlazador necesitaba un punto de entrada

    mov edx, len    ;pone la longitud del mensaje en edx
    mov ecx, msg    ;pone el mensaje en ecx

; escritura de un mensaje en la salida estándar

    mov ebx, 1      ;pone el valor 1 en ebx
                    ;ebx será leído por una interrupción-escritura
                    ;y significa salida estándar (stdout)

    mov eax, 4      ;pone el valor 4 en eax
                    ;este valor se leerá mediante interrupción
                    ;y corresponde al número de llamada al sistema
                    ;que permite escribir (sys_write)

    int 0x80        ;llamada de interrupción
                    ;(llamada al núcleo al estilo Linux)
                    ;llamada al núcleo del sistema con
                    ;    eax = 4 (escritura)
                    ;    ebx = 1 (salida estándar)
                    ;    ecx = msg (mensaje)
                    ;    edx = len (longitud del mensaje)
                    ; 0x80 es una dirección hexadecimal
```

```
                    ; que cabe en un byte de valor
                    ; 10000000 en binario
                    ; (128 en decimal)

;añada esto al final de sus programas como precaución
    mov eax, 1      ;salida limpia del sistema (sys_exit)
    int 0x80        ;llamada del kernel para salir

; fin de la parte ejecutable del programa

; sección para inicializar los datos de entrada del programa
section .data

msg db 'hola',0xa   ;crea un mensaje llamado msg con
                    ;la cadena de caracteres + un salto de línea (LF)
                    ;0 xa en hexadecimal es igual a 10 en decimal
                    ;que corresponde a LF (line feed)
                    ;en la tabla de códigos ASCII

   len equ 6        ;una constante:
                    ;longitud de la cadena (5) + 1 para el LF
```

Este código produce el siguiente resultado:

```
hola
```

Además de este resultado, hay varias líneas de información sobre lo ocurrido, pero que no nos interesan en esta fase de nuestra breve presentación.

Ahora vamos a modificar este programa para que muestre «hola» cinco veces. Esto nos permitirá comprender la utilidad de una etiqueta e introducir la noción de pila (*stack*) y de salto condicional (*jump*, en este caso salto `ja`).

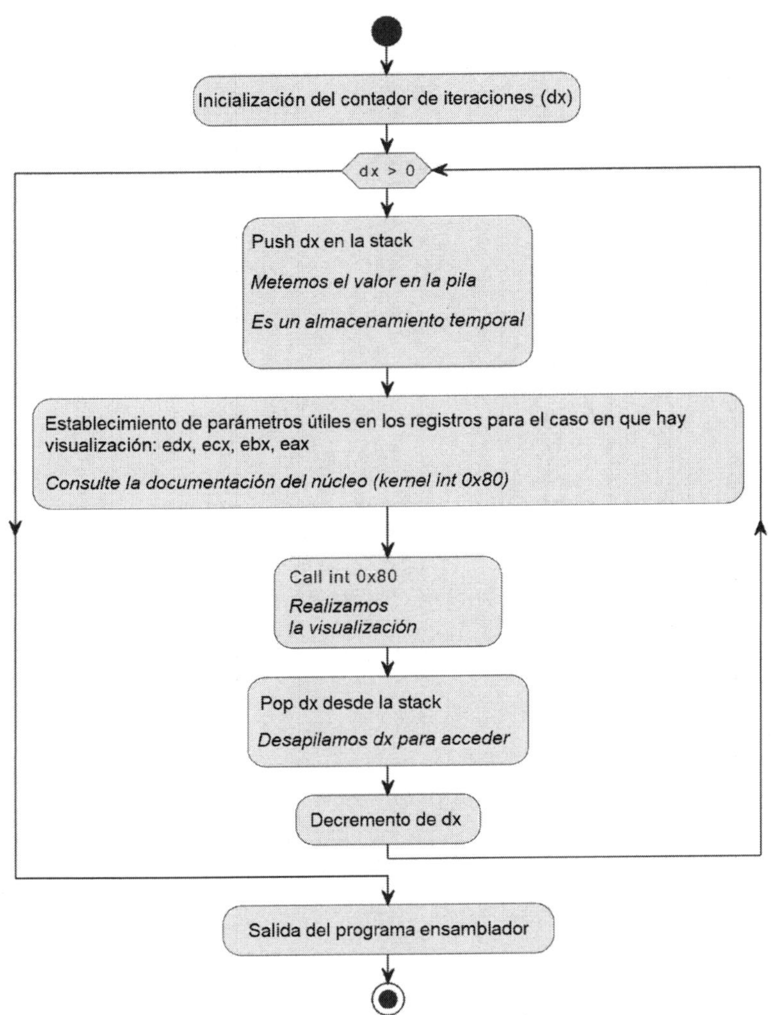

Diagrama de actividad simplificado del nuevo programa

Introducimos una nueva constante, llamada `ite`, para almacenar el hecho de que queremos cinco iteraciones. Además, colocamos una etiqueta local llamada `.loop`, a partir de la cual el código se ejecuta en cada iteración mientras el valor de control que almacenamos en la pila no sea cero.

La instrucción push añade un valor a la pila y la instrucción pop recupera el último valor apilado.

La instrucción jaobserva el *zero flag* de la última operación y reinicia el código desde la etiqueta .loop, siempre que este *zero flag* no esté activado. Como en cada pasada (bucle) se decrementa el valor almacenado en la pila (es decir, se resta 1), después de cinco iteraciones el valor es cero y ya no se realiza el salto a la etiqueta.

Solo se han comentado las instrucciones nuevas.

```
section .text

global _start

_start:

  mov dx, ite          ;carga el contador
                       ; de iteraciones (registro de 16 bits dx)

  .loop:               ;etiqueta de inicio de bucle
    push dx            ; almacena el valor en la pila
                       ;(pila de datos)

    mov edx, len
    mov ecx, msg

    mov ebx, 1
    mov eax, 4
    int 0x80

    pop dx             ;busca el valor en la pila
                       ; y lo coloca en dx
    dec dx             ;decrementa dx (resta 1)
                       ;dx <- dx - 1
    ja .loop           ;prueba el zero flag
                       ;mientras dx no sea cero, se repite el bucle

; añada esto al final de sus programas como precaución
  mov eax, 1           ;salida limpia del sistema (sys_exit)
  int 0x80             ;llama al kernel para salir

section .data
```

```
msg db 'hola',0xa

len equ $ -msg         ; truco, calcula automáticamente
                       ;la longitud de la cadena
                       ;cuando se acaba de declarar
                       ;(para usar tal cual en NASM)

ite equ 5              ;ite <- 5 para tener 5 iteraciones
```

Esto da:

```
hola
hola
hola
hola
hola
```

La noción de pila es muy importante, ya que a través de ella almacenamos los valores intermedios de nuestros cálculos, sin necesidad de una entrada/salida a un disco o a la RAM, lo que llevaría mucho más tiempo de ejecución. Cuando la pila se satura, obtenemos el error universalmente conocido entre los desarrolladores llamado desbordamiento de pila (***stack overflow***). También es el nombre de un sitio de referencia para desarrolladores, hackers y geeks. Hay varios millones de preguntas/respuestas en https://stackoverflow.com/questions

Observación

Para conocer los detalles íntimos de un programa del cual no se tiene todos los códigos fuente (por ejmplo, por razones de seguridad), algunas personas ***desensamblan*** *los ejecutables del programa. Esto consiste en utilizar herramientas y técnicas para reconstruir el código ensamblador a partir de un ejecutable. Como esta técnica permite explorar en detalle un ejecutable y, por tanto, plantea problemas de confidencialidad, algunas personas utilizan técnicas para «cubrir sus huellas», conocidas como técnicas de ofuscación (en inglés: obfuscation).*

2.3 ¿Por qué aprender ensamblador?

Hoy en día, el uso del ensamblador no solo se justifica en contextos como la seguridad o la búsqueda de anomalías (bugs) en un programa, y va más allá del ámbito exclusivo de los especialistas que programan compiladores o las interfaces de nuestras interfaces gráficas de usuario (GPU).

Tradicionalmente, el uso del ensamblador para determinadas partes del código se justificaba por su velocidad de ejecución. Esto es menos cierto hoy en día, gracias a los lenguajes compilados actuales, que generan código ensamblador altamente optimizado.

Algunas optimizaciones de cálculos en inteligencia artificial (*IA*), el internet de *las cosas* (IoT: *Internet of Things*) y los chips *Field Programmable Gate Array* (FPGA) requieren conocimientos de ensamblador. De hecho, los chips FPGA pueden programarse utilizando lenguajes de descripción de hardware como VHDL o Verilog. Aunque el ensamblador no se utiliza directamente para programar estos chips, suele emplearse para escribir programas que controlan o interactúan con los sistemas que los utilizan. El futuro de los FPGA, componentes infinitamente reprogramables capaces de simular o sustituir a otros componentes electrónicos, parece asegurado, dada la inversión en este campo (decenas de miles de millones en los últimos años).

3. Alrededor de la CPU

3.1 Inicio de la secuencia de arranque de un ordenador

Ya hemos identificado el reloj y podemos imaginar que, para que el procesador se ponga en marcha, necesita tener acceso a ciertas instrucciones de arranque. A menudo, estas instrucciones se encuentran en un chip CMOS (*Complementary Metal-Oxide Semiconductor*) con una memoria «casi» no volátil NVRAM (*Non-Volatile Random-Access Memory*), que mantiene estas instrucciones accesibles porque está respaldada por una batería (normalmente una pila de botón de 3 V). De hecho, con frecuencia, el circuito del reloj y diversos elementos que deben conservarse, como la fecha y la hora, también se almacenan en un chip CMOS de este tipo.

Al arrancar, las primeras instrucciones que ejecuta el procesador suelen almacenarse en este tipo de componente. En un PC convencional, se denomina BIOS (*Basic Input/Output System*). En muchos casos, este programa puede ser parametrizado por el usuario a través de una interfaz hombre-máquina relativamente rudimentaria que los usuarios están acostumbrados a llamar «la BIOS». Estas interfaces difieren de un proveedor de placas base a otro; algunas permiten ajustes sofisticados de la máquina, otras no. Por ejemplo, se puede elegir el orden en el que se revisan los discos en los que se desea buscar el sistema operativo (que todavía no se ha iniciado en esta fase), establecer las características de los discos físicos de la máquina, elegir las frecuencias de funcionamiento de la CPU, configurar una contraseña de acceso a la BIOS, elegir la frecuencia de funcionamiento de los módulos de memoria, establecer los umbrales de temperatura que activarán la refrigeración de la CPU o de la carcasa, etc.

En los PC modernos, la BIOS está equipada con numerosas capacidades encapsuladas en un firmware que se comporta como un minisistema operativo, llamado UEFI (*Unified Extensible Firmware Interface*). Por razones de compatibilidad o para que estas máquinas puedan funcionar con distintos sistemas operativos, a menudo es posible elegir si se utilizan o no las funciones UEFI. En la interfaz, la elección de la BIOS «habitual» se denomina a veces *legacy*.

Observación

De hecho, el término legacy es peyorativo: significa «heredado» e introduce la idea de que el sistema o la máquina en cuestión está obsoleto. Por razones de marketing, los proveedores de tecnologías «de moda» han adoptado la costumbre de utilizar el término legacy para describir las tecnologías de las que quieren diferenciarse. Por ejemplo, los vendedores de tecnologías en la nube llaman legacy a las máquinas instaladas de forma permanente en los locales de sus clientes, cuando el término real y no peyorativo para designarlas es on-premises (en el sitio).

3.2 Disposición de los distintos componentes de hardware que se utilizarán

Vamos a centrarnos en la arquitectura clásica de un PC y a recordar algunos puntos que pueden parecer triviales a cualquiera que haya comprado o montado su PC de *gamer*. He aquí algunas afirmaciones útiles que conviene tener en cuenta sobre la arquitectura de una máquina de este tipo:

- La fuente de alimentación convierte la corriente alterna (en España, 230 voltios a 50 Hz) en corriente continua. Se caracteriza por su fiabilidad (*gold*, *silver*, etc.) y la potencia que puede suministrar (entre 400 y 1500 vatios para un PC). Un procesador potente, combinado con una tarjeta gráfica potente y numerosos periféricos, merece una fuente de alimentación potente.
- La potencia y la fiabilidad del sistema de refrigeración determinan el funcionamiento de un ordenador. Los sistemas de refrigeración por aire (ventilador) o a veces por fluidos (agua) se utilizan para las CPU (normalmente con un radiador), las GPU y la carcasa.
- Las tensiones continuas de referencia (también conocidas como diferencias de potencial, abreviadas ddp) en un PC son de 3,3 voltios, 5 voltios y 12 voltios, que no parecen peligrosas. Sin embargo, algunas descargas de condensadores pueden generar corrientes importantes y los componentes son sensibles a la electricidad estática: por tanto, hay que tomar precauciones al manipular el interior de una máquina, incluso cuando está desenchufada.
- Los componentes de la CPU se conectan directamente y suelen *enchufarse* (o *insertarse*) en una placa de circuito impreso específica conocida como *placa base (motherboard)*. Algunos componentes «pequeños» se sueldan directamente a ella, pero lo habitual es que los componentes intercambiables se enchufen a través de «zócalos» que cumplen normas específicas.
- El «zócalo» de una CPU se llama socket y tiene muchos pines. Por ejemplo, el procesador Intel mencionado anteriormente se conecta mediante 1700 pines (*estándar LGA 1700*).
- La fuente de alimentación suministra los voltajes a la placa base, que a su vez los distribuye a los componentes, pero a veces algunos componentes del sistema se alimentan directamente de la fuente de alimentación, como las tarjetas gráficas modernas (GPU).

- Los principales intercambios de datos tienen lugar entre los componentes conectados a la placa base a través de un número limitado de circuitos de comunicación conocidos como buses (del latín «omnibus»).
- La cantidad y la frecuencia efectiva de la RAM determinan el funcionamiento de la máquina. Hay que prestar atención a la elección de la RAM (por ejemplo, para tener 32 GB de RAM, cuatro módulos DDR4 de 8 GB a 2600 MHz son mucho menos eficaces que dos módulos DDR4 de 16 GB a 3200 MHz, ¡y ocupan dos *slots*más!).
- La CPU funciona a través de tres tipos de BUS combinados en un bus de comunicación:
  - bus de control (cómo),
  - bus de direcciones (dónde),
  - bus de datos (qué).
- Los intercambios con otros componentes (periféricos: teclado, discos, impresoras, pantalla a través de la tarjeta gráfica, etc.), que son muy útiles pero no se consideran una parte real de la CPU, se realizan utilizando el mismo principio de BUS.
- Los intercambios con controladores de red, tarjetas gráficas y controladores de disco suelen realizarse a través de un BUS PCI (*Peripheral Component Interconnect*). Los PC actuales tienen buses conformes a la norma PCI-express 5.0 a 33 MHz, mientras que algunas máquinas profesionales usan PCI-X 2.0 a 266 MHz, lo que influye en la velocidad de transferencia.
- La utilización de una unidad de intercambio puede percibirse como una interrupción en el curso normal del funcionamiento de la CPU. Como las frecuencias respectivas (CPU + RAM) frente a los periféricos son muy diferentes y existen tiempos de latencia, las unidades de intercambio se invocan durante interrupciones de la secuencia más o menos autónomas, conocidas como «interrupciones».
- Históricamente, en un PC, estas interrupciones eran interrupciones hardware llamadas IRQ (de *Interrupt ReQuest*), numeradas (IRQ1, etc.) y gestionadas por microcódigos de control. Estos últimos se denominan *interrupt handlers* y a veces invocan códigos específicos para cada modelo de periférico, llamados *drivers*.

Desde un punto de vista más genérico, típica del espíritu de Linux, el sistema del núcleo Linux (kernel) se invoca a través de una ISR (*Interrupt Service Routine*). Esto es lo que hicimos en nuestro código ensamblador anterior para invocar la interrupción de la escritura de un mensaje de 6 caracteres por la salida estándar:

```
int 0x80 ; llamada a la interrupción (llamada al núcleo
al estilo Linux
     ;  llamada al kernel del sistema con
     ;  eax = 4 (escritura)
     ;  ebx = 1 (salida estándar)
     ;  ecx = msg (mensaje que escribir)
     ;  edx = len (longitud del mensaje)
```

- La elección del disco que contiene la partición de arranque del sistema operativo llamada por la BIOS influye de diversas formas en su máquina: fiabilidad, latencia de *arranque*, velocidad de acceso a los datos, volumen disponible para determinadas funciones del sistema (como el desbordamiento de memoria a través de una zona de *swap* de memoria). Hoy en día, es habitual encontrar discos que adoptan la forma de matrices de memoria con pequeños conectores milimétricos, SSD-M.2, que son extremadamente rápidos; discos SSD (*Solid-State Drive*) que son bastante rápidos, o discos duros tradicionales que son más lentos, pero tienen grandes capacidades (HD o HDD, de *Hard Disk Drive*).
- Los discos duros o SSD (a diferencia de los discos M.2) y las unidades de CD/DVD se conectan a la placa base mediante cables específicos a través de puertos de interfaz. El PC clásico está equipado con SATA 6 Gbit/s (*Serial Advanced Technology Attachment*) y/o RAID-1 (*Redundant Array of Independent Disks*, tipo 1, que significa dos discos en espejo y, por tanto, dos puertos para un único disco lógico visto por el sistema operativo (SO)). RAID-1 asegura todo el sistema mediante discos redundantes. El número de puertos tiene un gran impacto en la capacidad de expansión de la máquina.

Observación

¡Cuidado! Algunas unidades M.2 utilizan el bus SATA; otras, el bus PCI, etc.

A todo esto se añade, si es necesario, una tarjeta de red, a menudo integrada en la placa base o a veces conectada a una ranura PCI (una pequeña; las más grandes se utilizan para la tarjeta gráfica) para que podamos conectarnos a la red mediante un cable Ethernet RJ45, que permite una velocidad de datos teórica de 10 Gbit/s en categoría 7 o 41 Gbit/s en categoría 8.1.

Observación

Para otras necesidades de red, las tarjetas Wi-Fi suelen estar integradas en las placas base, pero conviene comprobarlo al comprar (red inalámbrica: Wireless Local Area Network - WLAN-, por ejemplo, bajo estándar 802.11ac, conocido como «wifi5», que puede llegar hasta los 7 Gbit/s).

Para salir del paso en caso de que su máquina carezca de capacidad de expansión en cuanto a unidades externas o periféricos, solo tiene que utilizar los puertos USB, ya sea integrados en la placa base o añadidos mediante de una tarjeta PCI. Hay que prestar mucha atención al estándar utilizado (USB 3.2 gen 2 en 2022) porque las prestaciones van de 1,5 Mbit/s en USB 1.0 (suficiente para un teclado o un ratón) a 20 Gbit/s *en USB 3.2 gen 2x2* (capaz de gestionar varios discos duros), con USB 4 llevándonos a 40 Gbit/s.

4. Los ordenadores actuales calculan en binario

Nosotros calculamos en base 10 y las máquinas lo hacen en base 2.

Los valores binarios (en base 2) que maneja el ordenador se nos presentan a menudo en hexadecimal (base 16) o en octal.

Por ejemplo, en nuestro código ensamblador, `0x80`designaba el identificador hexadecimal (reconocible por el prefijo `0x` utilizado en los lenguajes C y ensamblador) del código del núcleo de Linux.

Por lo tanto, verá códigos de error del sistema expresados en hexadecimal con este prefijo, ya que el ensamblador y C se utilizan ampliamente para las capas más bajas de código.

Observación

El octal se usa cada vez menos, pero en algunos idiomas o en códigos informáticos antiguos las convenciones utilizadas pueden inducir a error. Por ejemplo, los números se prefijaban con un «0» para indicar que eran octales, por lo que la expresión 0100 no significaba 100 en decimal, sino 64 en octal. A veces, se utilizaba «\» como prefijo octal, lo que habría dado \100 en nuestro ejemplo.

4.1 Algunas reflexiones sobre la representación decimal de los números enteros (base 10)

En base 10, un número entero natural (positivo o cero) se representa mediante una serie de símbolos, tomados de entre 10 (de 0 a 9), que representan los valores cero y los 9 números positivos siguientes. A modo de recordatorio, he aquí algunas potencias de 10, vistas de forma «algorítmica»:

- 10 elevado a 0 = **1**
- 10 elevado a 1 = **1** * 10 = **10**
- 10 elevado a 2 = **10** * 10 = **100**
- 10 elevado a 3 = **100** * 10 = **1000**
- 10 elevado a 4 = **1000** * 10 = **10000**...

Por ejemplo, el número entero 593 (en nuestra base 10 habitual) representa la siguiente suma:

5 x 100 + 9 x 10 +3 x1

En otras palabras:

$5.10^2 + 9.10^1 + 3.10^0$

4.2 Introducción al cálculo hexadecimal (base 16)

La representación hexadecimal es utilizada a diario por técnicos e ingenieros que trabajan en redes informáticas y sus aplicaciones. No sería razonable excluirla de sus conocimientos básicos.

La base 16 tiene una serie de ventajas:

- Proporciona representaciones más compactas que la base 10, ya que es mayor que 10 y, por tanto, sus potencias de 16 crecen más rápido.
- Es múltiplo de 2, lo que, como veremos más adelante, facilita su transcripción en binario.

Los 16 símbolos utilizados en esta base para codificar los números enteros de 0 a 15 son los siguientes (en mayúsculas o minúsculas): 0, 1, 2, 3, 4, 5, 6, 7, 8, 9, a, b, c, d, e, f.

Los símbolos del 0 al 9 son los mismos que en decimal. El símbolo hexadecimal 'a' representa el entero 10 expresado en decimal.

...

El símbolo hexadecimal 'f' representa el número entero 15 expresado en decimal.

A modo de recordatorio:

- 16 elevado a 0 (16^0) = **1**
- 16 elevado a 1 ($16^{1)}$= **1** * 16 = **16**
- 16 elevado a 2 (16^2) = **16** * 16 = **256**
- 16 elevado a 3 (16^3) = **256** * 16 = **4096**
- 16 elevado a 4 (16^4) = **4096** * 16 = **65536**...

Debe conocer estos valores de memoria.

4.2.1 Conversión de hexadecimal a decimal

Considere un número entero expresado $3abf$ en hexadecimal y busquemos su valor expresado en decimal.

En primer lugar, traduzcamos los símbolos hexadecimales de $3abf_{16}$ a valores decimales:

3 -> 3

a -> 10

b -> 11

f -> 15

A continuación, sumemos el producto de estos valores con cada una de las potencias de la base (16) correspondientes a su posición (recuerde que la primera posición de la derecha corresponde a una potencia cero, que siempre es 1):

$3.16^3 + 10.16^2 + 11.16^1 + 15.16^0$

Esto da:

3 x 4096 + 10 x 256 + 11 x 16 + 15 x 1

El resultado de esta suma, es decir, el valor decimal 15039, es el valor decimal de $3abf$, expresado en hexadecimal. Esto podría escribirse de la siguiente manera:

$3abf_{16} = 15039_{10}$

4.2.2 Conversión de decimal a hexadecimal

Método simplista

Para encontrar la expresión hexadecimal de un número expresado en decimal, tenemos que hacer el camino inverso, que es más complicado. Básicamente, vamos a contar el número de potencias diferentes de 16 cuya suma da nuestro número decimal, y luego utilizamos los 16 símbolos para expresar el resultado.

De forma un poco «simplista», podríamos proceder de la siguiente manera, observando que la mayor potencia de 16 que se puede restar a 593 es 256:

593 - 256 = 337; se puede restar 256 una vez

337 - 256 = 81; se puede restar 256 dos veces

81 - 16 = 65; ya no se puede restar 256, pero se puede restar 16 una vez

65 - 16 = 49: 2 x 16

49 - 16 = 33: 3 x 16

33 - 16 = 17: 4 x 16

17 - 16 = 1: 5 x 16

1 - 1 = 0: ya no podemos restar 16, nos queda 1

Entonces: 593 = 2 x 256 + 5 × 16 + 1 x 1

Como 2 en decimal se expresa como 2 en hexadecimal, 5 se expresa como 5 y 1 se expresa como 1, tenemos:

$593_{10} = 251_{16}$

Método de preparación de una visión algorítmica del problema

Observación

Observación preliminar: en el capítulo Descubrir la algoritmia, se explicará la lógica para calcular el resto en la división euclídea, totalmente análoga a la presentada aquí. No dude en consultarlo.

De forma más algorítmica, la posición de cada símbolo en la formulación del número entero puede construirse del siguiente modo:

- encontramos la mayor potencia de 16 por debajo del entero,
- dividimos el número entero por esta potencia de 16; el cociente es entonces el primer dígito del número entero, por lo que «escribimos» este dígito (en Occidente, empezando por la izquierda),

– tratamos el resto de la división como un nuevo entero y empezamos de nuevo desde el principio si este valor no es menor que 16, o escribimos el resto como el último dígito.

Con el número entero 593 en base 10

Esto da:

$256 \leq 593 < 4096$; la mayor potencia de 16 que hay que considerar es, por tanto, 256

593/256 = 2 con un resto de 81

cadena en construcción ←'2'

resto ←81; superior a 15

$16 \leq 81 < 256$; la mayor potencia de 16 que hay que considerar es, por tanto, 16

81/16 = 5 con un resto de 1

cadena en construcción ←'25'

resto ←1; menos de 16, ¡hemos encontrado el último dígito!

cadena ←'251'

La representación del número 593 expresado en base 10 es 251 en hexadecimal; por tanto:

$593^{10} = 251^{16}$

Trucos, observaciones y consejos

Tenga en cuenta que los informáticos suelen reconocer, al menos, los siguientes valores hexadecimales, sin tener que hacer ningún cálculo:

– el valor decimal trivial de los 15 símbolos de 0 a F;
– el valor decimal 16 para la expresión hexadecimal: 10;
– el valor decimal 255 para la expresión hexadecimal: FF;
– el valor decimal 256 para la expresión hexadecimal 100;
– el valor decimal 65535 para la expresión hexadecimal FFFF.

Le aconsejamos que reflexione sobre los pequeños cálculos siguientes, expresados en hexadecimal:

F + 1 = 10 (en hexadecimal)

FF + 1 = 100

FFF + 1 = 1000

FFFF + 1 = 10 000

y por ejemplo:

10000 - 1 = FFFF

La siguiente observación nos ayudará cuando estudiemos las redes.

Observación

La secuencia de decimales ***(255,255,255,255)****, que los técnicos de redes escriben como* ***255.255.255.255****, se expresa así en hexadecimal:* ***(FF,FF,FF,FF)*** *y los técnicos de redes están acostumbrados a escribirla como* ***FF.FF.FF.FF****. CUIDADO, no hay que confundir esta SECUENCIA de números (es solo una lista ordenada) con un número que incluye un «.» como separador. La expresión FF.FF.FF.FF representa una secuencia de números colocados uno al lado del otro, ¡mientras que FFFFFFFF es un número muy grande!*

4.3 El octal

La representación octal utiliza la base 8 y, por tanto, los símbolos: 0, 1, 2, 3, 4, 5, 6, 7.

He aquí los puntos de referencia que debe tener en cuenta:

Decimal a octal, valores para recordar

Decimal	Octal
0	0
1	1
2	2

Decimal	Octal
7	7
8	10
64	100
73	111
128	200
255	377
511	777
512	1000

Por ejemplo:

$377_8 = 3.8^2 + 7.8^1 + 7.8^0 = 3 \times 64 + 7 \times 8 + 7 \times 1 = 192 + 56 + 7 = 255_{10}$

4.4 El binario

Para expresar un número en binario (base 2), solo se utilizan dos símbolos: 0 y 1.

Sabiendo las primeras potencias de 2, conocidas por todos los informáticos (1, 2, 4, 8, 16, 32, 64, 128, 256, 512, 1024, 2048, 4096...), es sencillo contar en binario:

De decimal a binario

Decimal	Binario
0	0
1	1
2	10
3	11
4	100
5	101

Decimal	Binario
6	110
7	111
8	1000
9	1001
10	1010
11	1011
12	1100
13	1101
14	1110
15	1111
16	10000

4.4.1 De binario a decimal

Considerando la expresión binaria 11011, su valor en decimal se calcula sumando el número de potencias de 2 correspondientes a cada posición:

$$11011_2 = 1 \times 2^4 + 1 \times 2^3 + 0 \times 2^2 + 1 \times 2^1 + 1 \times 2^0$$
$$= 1 \times 16 + 1 \times 8 + 0 \times 4 + 1 \times 2 + 1 \times 1 = 27_{10}$$

Este cálculo no ha sido demasiado largo, pero si consideramos la expresión binaria (en la que se han utilizado espacios para contar mejor los 1 y los 0) 11 1111 1111 1111 1111, ¡calcular un valor así en el sistema decimal podría ser un auténtico suplicio!

Vamos a utilizar el truco que hace tan popular al sistema hexadecimal: a saber, que el hexadecimal representa potencias de 2 y que medio byte (4 bits) lleno de «1» corresponde al mayor de los símbolos hexadecimales porque vale 15_{10} (es decir, F_{16}), por lo que podemos traducir una expresión hexadecimal descomponiéndola en grupos de 4 bits.

Por ejemplo:

- El valor binario 0001 1111 0000
- se representa 1 F 0 en hexadecimal

Esto da:

$000111110000_2 = 1F0_{16}$

Volviendo a nuestro cálculo, si procedemos del mismo modo para la expresión binaria 11 1111 1111 1111 1111, obtenemos:

$111111111111111111_2 = 3FFFF_{16}$

Sabiendo que: $3_{16} = 3_{10}$ y $F_{16} = 15_{10}$, solo tenemos que efectuar la suma siguiente para hallar el resultado:

$$3FFFF_{16} = 3.16^4 + 15.16^3 + 15.16^2 + 15.16^1 + 15.16^0 =$$

$$3 \times 65536 + 15 \times 4096 + 15 \times 256 + 15 \times 16 + 15 \times 1 = 262143_{10}$$

Que es el resultado esperado.

En la próxima sección, veremos que podemos ir aún más rápido para calcular este binario.

4.4.2 Trucos, observaciones y consejos

La aditividad y la correspondencia entre posiciones binarias y hexadecimales nos permiten ir aún más rápido si sabemos que 1111 1111 1111 1111 en binario es 65535; el cálculo del apartado anterior se vuelve trivial:

$$3FFFF_{16} = 3.16^4 + 1111111111111111_2$$

$$= 3.16^4 + 65535 = 3 \times 65536 + 65535 = 262143_{10}$$

Utilizando valores que ya se conocen, ¡basta con una multiplicación y una suma para calcular este gran binario!

Observación

No confunda el uso de 65536 con el uso de 65535.

Los cálculos binarios son visualmente muy sencillos; estudie estos ejemplos para familiarizarse con ellos:

10 + 1 = 11

10 - 1 = 1

11 - 1 = 10

111 + 1 = 1000

Multiplicar un binario por dos: 10 * 1011 = 10110 ... desplazamos y añadimos un 0

Dividir un binario por dos: (perdiendo cualquier resto si es impar) 1011 / 10 = 101 (resto 1) ... desplazamos en el otro sentido y guardamos 1 (el resto) en otro lugar si fuera un número impar.

Multiplicar un hexadecimal por dieciséis: 10 * abfc1 = abfc10 ... es siempre el mismo principio que con el decimal y el binario: cuando se multiplica por la base, se añade un cero, y cuando se divide por la base, se desplaza a la derecha y, si es necesario, se almacena el último símbolo porque era el resto.

Los expertos en informática conocen de memoria el valor decimal de las siguientes expresiones binarias (hemos insertado espacios en blanco para mejorar la legibilidad y hemos añadido ceros innecesarios a la izquierda para facilitar la lectura, como suele ser habitual en informática):

Binarios representado en dos bytes, a decimal

Binario	Decimal
0000 0000 0000 1111	15
0000 0000 0001 0000	16
0000 0000 1000 0000	128
0000 0000 1111 1111	255
0000 0001 0000 0000	256
1111 1111 1111 1111	65535

Como en la tabla anterior, es habitual pensar la memoria del ordenador en bytes (8 posiciones binarias) o, en su defecto, en medios bytes (4 posiciones binarias) o dobles bytes (16 posiciones binarias), ya que esto recuerda a la representación en memoria de los enteros naturales de pequeños valores enteros positivos.

Por tanto, podemos decir que medio byte no puede superar el valor decimal 15, que un byte no puede superar el valor decimal 255 y que un doble byte no puede superar el valor decimal 65535. Tenga en cuenta que si declara, en determinados lenguajes informáticos, que una variable es un número entero simple, se estará impidiendo almacenar en ella un valor superior a 65535. Esto podría tener consecuencias desastrosas si dicha variable fuera el índice de un bucle que tuviera que iterar más de 65535 veces.

5. Codificación de caracteres

Cuando se utiliza un editor de texto, la línea de comandos, una base de datos convencional o una hoja de cálculo, se manipulan principalmente expresiones en forma de texto.

Estas expresiones incluyen caracteres alfabéticos, representaciones de los diez dígitos (tenga en cuenta que no son los valores lo que está manipulando, sino el carácter, es decir, una referencia al «dibujo» que los representa), caracteres más raros –como una barra vertical (|)– y, por último, caracteres especiales, invisibles si no se solicita verlos, que tienen la particularidad de afectar al aspecto del texto cuando se visualiza en la pantalla o cuando se edita en papel (como el carácter invisible «salto de línea» para partir línea o el carácter «tabulador»).

Los programas que manipulan estos datos textuales los interpretan y almacenan según sus propios objetivos. Un editor de texto le permite ver los caracteres de su idioma e interpreta ciertos caracteres especiales, como el salto de línea o el tabulador, en lugar de mostrárselos (a menos que se lo pida explícitamente). Una hoja de cálculo hace lo mismo, excepto en determinadas celdas que usted ha definido como numéricas, en cuyo caso interpreta la cadena de caracteres que representan números (así como los caracteres más, menos, coma o punto) para reconstituir un valor numérico, que luego se manipula y guarda como tal.

Cuando usted abre un archivo con extensión .csv en un editor de texto sencillo como Vim, Nano o Notepad++, podrá comprobar que ese archivo está formado por líneas con estructuras similares que incluyen caracteres, incluso para valores numéricos. La prueba de ello es que puede eliminar un solo carácter de una expresión que representa un valor numérico; de lo contrario solo tendría la opción de eliminar toda la cadena o no eliminar nada. Si le pide a su editor que le muestre los caracteres especiales, le indicará dónde termina la línea.

Observación

En Windows, los finales de línea están formados por dos caracteres (retorno de carro, CR, y salto de línea, LF), mientras que en Linux solo se utiliza un carácter (LF). Cuando intercambie archivos entre dos sistemas, tiene que comprobar que la herramienta de intercambio se encarga de esta transformación, o hacerlo usted mismo utilizando una herramienta adecuada. Estas herramientas suelen tener un nombre como «dos2unix» o, a la inversa, «unix2dos».

Los orígenes anglosajones de la informática moderna han limitado durante mucho tiempo a los ordenadores a un conjunto de caracteres muy restringido. De hecho, el inglés no tiene caracteres acentuados, ideogramas ni caracteres comunes con el árabe, el hebreo, el camboyano y otros idiomas. La forma más común de representar estos caracteres, aunque no la única, es el llamado estándar ASCII (*American Standard Code for Information Interchange*), que codifica los caracteres en 7 bits (menos de un byte). Esto significa que solo pueden codificarse 128 caracteres, representados en el ordenador como valores enteros del 0 al 127 (en hexadecimal: 00 a 7F).

A continuación se muestra una tabla con los valores ASCII estándar de determinados caracteres alfanuméricos. Es importante recordar estos valores, ya que definen los límites de los rangos de caracteres en cuestión:

Carácter	Hexadecimal	Decimal
A	41	65
....		
Z	5A	90
a	61	97

Carácter	Hexadecimal	Decimal
...		
z	7A	122
0	30	48
...		
9	39	57

Observe que el carácter 0 no tiene absolutamente nada que ver con un valor cero, ya que su codificación es 48 en decimal: es un carácter como cualquier otro.

El carácter codificado como 00 en ASCII es el carácter denominado «Null». Tiene varios significados según el contexto, por ejemplo:

- Fin de cadena de caracteres: en programación, se utiliza como indicador de fin de cadena de caracteres en muchos lenguajes, incluido C. Permite delimitar el final de una cadena de caracteres en memoria.
- Relleno de datos: en algunos protocolos de comunicación, se usa para rellenar áreas vacías o no utilizadas en estructuras de datos. Puede utilizarse para alinear correctamente los datos o reservar espacio para adiciones posteriores (estas áreas se denominan *fillers*).

Para convencerse de ello, pruebe a pulsar la tecla [Alt] en un teclado Windows y, a continuación, los números 6 y 5, y obtendrá el carácter A en la pantalla. Este método es muy útil cuando se desea utilizar un carácter en un teclado con una distribución de teclas poco adecuada.

Para comunicarnos entre humanos, necesitábamos un estándar más amplio. Hoy utilizamos la versión 11 de Unicode, que admite más de 140 idiomas e incluye símbolos matemáticos, monetarios e incluso emojis.

El formato de codificación Unicode más común se denomina UTF-8. Es una codificación de longitud variable, ya que cada carácter puede codificarse en 1, 2, 3 o 4 bytes. La compatibilidad con ASCII se garantiza porque los 128 primeros caracteres se codifican del mismo modo, en un solo byte. Salvo indicación contraria, le aconsejamos configurar de forma homogénea sus sistemas, herramientas, archivos, bases de datos y códigos con este formato. Tenga en cuenta que este no es el formato nativo de Windows, por lo que debe tener mucho cuidado al configurar sus editores de texto e interfaces para introducir datos o código. Por ejemplo, en versiones anteriores de Python, había que especificar que el código se iba a codificar en este formato introduciendo la siguiente «frase mágica» al principio del archivo: `# -*- coding: utf-8 -*-`.

He aquí una tabla de valores que conviene tener a mano, ya sea por la aparición de problemas con el teclado, para representar expresiones matemáticas, para crear cadenas de caracteres específicos o para interpretar mejor el contenido de un archivo plano.

Valor ASCII	Valor Unicode	Carácter
9	U+0009	Tabulación
10	U+000A	Salto de línea
13	U+000D	Retorno de carro
44	U+002C	Coma (,)
46	U+002E	Punto (.)
47	U+002F	Símbolo de división (/)
58	U+003A	Dos puntos (:)
59	U+003B	Punto y coma (;)
64	U+0040	Arroba (@)
92	U+005C	Barra diagonal inversa (\)
124	U+007C	Barra vertical (|)
126	U+007E	Virgulilla (~)
931	U+03A3	Sumatorio (Σ)
945	U+03B1	Letra griega alfa (α)

Valor ASCII	Valor Unicode	Carácter
946	U+03B2	Letra griega beta (ß)
947	U+03B3	Letra griega gamma (γ)
948	U+03B4	Letra griega delta (δ)
949	U+03B5	Letra griega épsilon (ε)
952	U+03B8	Letra griega theta (θ)
955	U+03BB	Letra griega lambda (λ)
956	U+03BC	Letra griega mu (μ)
960	U+03C0	Letra griega pi (π)
961	U+03C1	Letra griega rho (ρ)
963	U+03C3	Letra griega sigma (σ)
8804	U+2264	≤
8805	U+2265	≥
8800	U+2260	≠
8747	U+222B	Integral (∫)
8730	U+221A	Raíz(√)
8734	U+221E	∞

En un código Python, la transcripción ASCII o UTF-8 a caracteres impresos podría tener este aspecto:

```
=ascii_value_1 65
=valor_ascii_2 8804

=caracter_1 chr(valor_ascii_1)
=caracter_2 chr(valor_ascii_2)

print(caracter_1)  # Muestra el carácter correspondiente
                   # al valor ASCII 65 (A
--| A
print(caracter_2)  # Muestra el carácter correspondiente
                   # al valor ASCII 8804 (≤)
```

```
--| ≤
valor_utf8_1 "U+0041"
valor_utf8_2 "U+2264"

caracter_1 chr(int(valor_utf8_1[2:], 16))
caracter_2 chr(int(valor_utf8_2[2:], 16))

print(caracter_1)  # Muestra el carácter correspondiente
                   # valor UTF-8 U+0041 (A
--| A
print(caracter_2)  # Muestra el carácter correspondiente
                   # valor UTF-8 U+2264 (≤)
--|  ≤
```

Observación

Veremos una forma más sencilla de mostrar caracteres en UTF-8 en Python unas líneas más adelante.

Por último, nos gustaría llamar su atención sobre la noción de «caracteres de escape». En un lenguaje determinado o en una herramienta concreta, algunos caracteres específicos pueden tener un efecto directo en el comportamiento de esa herramienta o un símbolo puede ser malinterpretado cuando su texto se representa visualmente.

En HTML5, el carácter de escape está representado por el símbolo &. Se utiliza para mostrar caracteres especiales o símbolos que tienen un significado particular en HTML. He aquí algunos ejemplos de su uso:

- para mostrar *mayor que* (>): >
- para mostrar *menor que* (<): <
- para mostrar el *ampersand* (&) : &
- para mostrar *comillas* dobles ("): "
- para mostrar *sigma* σ: σ : aquí hemos utilizado el valor ASCII 963 a través del #.

En Python, el carácter de escape está representado por el símbolo «\» (o *backslash*). Se utiliza para anular el significado especial de otro carácter. He aquí algunos ejemplos de caracteres de escape usados habitualmente en Python:

- utilice `\'` para representar un apóstrofo en una cadena de caracteres,
- utilice `\"` para representar unas comillas en una cadena de caracteres,
- utilice `\\` para representar una barra invertida en una cadena de caracteres,
- utilice `\n` para representar un salto de línea,
- utilice `\t` para representar una tabulación.

Por ejemplo, si desea mostrar una cadena que contenga unas comillas en Python, y dado que las comillas se usan para encerrar una cadena, podría utilizar el carácter «\» de la siguiente manera:

```
print("Estas comillas aparecerán en el resultado impreso: \" ! ")
--| Estas comillas aparecerán en el resultado impreso: " !
```

En Python, el uso del carácter de escape simplifica la visualización de un carácter codificado en UTF-8, por ejemplo:

```
caracter_utf8 = '\u2264'
print(caracter_utf8)  # Muestra el carácter correspondiente
                      # al valor UTF-8 2264 (≤)
--| ≤
```

La codificación de las cadenas de caracteres sigue siendo hoy en día una fuente importante de errores en el código informático. Le aconsejamos que preste mucha atención a este tema y que nunca pase por alto ningún comportamiento local sospechoso en sus programas, como un carácter que parezca «extraño» en una pantalla o al leer un archivo. Es absolutamente necesario comprender la razón de ello y corregirlo.

6. Sistemas de archivos

Los datos se almacenan (o «serializan») en distintos soportes, normalmente en discos duros. Para recuperar estos datos, es necesario disponer de una representación fiable y normalizada de los distintos agregados de datos: los archivos. Como estos se actualizan o se destruyen con regularidad, ha sido necesario poner en marcha distintas estrategias para dividir eficazmente estos datos en pequeñas partes. Esto se consigue particionándolos y gestionando directorios que los indexan, lo que permite memorizar la disposición de todas las partes constituyentes de los distintos archivos. Esta voluntad de organización eficaz y óptima se concreta en el concepto de «sistema de archivos».

Observación

Una observación preliminar sobre el arranque de un PC: existe un registro especial, llamado por ejemplo MBR, el Master Boot Record del disco, que se utiliza para cargar la partición del disco y determinar el sector de arranque de la máquina. Este nos permite invocar el sistema de archivos de la máquina y acceder a nuestros archivos.

Los siguientes sistemas de archivos son muy comunes (no hay que confundir sistema de archivos con formato de archivo; este último representa la organización lógica interna del archivo):

- FAT32: 2 TB como máximo, MS/DOS y Windows, lento para archivos grandes, compatible con muchos otros SO y distribuciones Linux.
- NTFS: más rápido, se puede ampliar el límite de 2 TB a 9 TB mediante tablas de partición GPT, estándar actual de Windows, ahora compatible con muchas distribuciones de Linux, aunque no siempre, etc.
- ext4 (puede gestionar muchos archivos de hasta 16 TB cada uno): Linux.

- HDFS (*Hadoop Distributed File System*): el sistema de archivos especializado en big data, que permite manipular y analizar inmensas cantidades de datos de muy diversos tipos (tablas, texto no estructurado, imágenes, etc.). Es un componente clave de Hadoop (gestionado por la Fundación Apache), que funciona con Linux. HDFS permite almacenar archivos de gran tamaño de forma redundante (a menudo 3 DataNodes ubicados y gestionados por NameNode, véase más adelante) en miles de nodos de rango intermedio y acceder a petabytes de datos cuando sea necesario. Se escribe por lotes, nunca por registro, y también se lee por lotes (HDFS no es, por tanto, adecuado para aplicaciones transaccionales, es decir, no está adaptado a aplicaciones interactivas). Los archivos en HDFS son a menudo archivos csv grandes o archivos subyacentes a una base de datos NoSQL, como HBASE (una base de datos NoSQL construida en torno al concepto de pares clave/valor, un poco como un diccionario).
- Ceph es una solución de código abierto de almacenamiento distribuido (*software-defined storage*), que no gestiona archivos de forma nativa, sino objetos a los que se puede acceder sin un *Single Point Of Failure* (SPOF), lo que significa que son resistentes en caso de fallo local. Se puede acceder a los datos mediante protocolos como REST (*Representational State Transfer*, un estilo de arquitectura de software utilizado en el desarrollo de servicios web). Es posible gestionar archivos directamente en el entorno Ceph, pero este no es su uso principal en la actualidad. Ceph es resistente a fallos localizados. Puede almacenar eficientemente hasta varios exabytes de datos (exa -> un trillón o 10^{18}), mientras funciona en un gran número de máquinas de gama media conectadas por Ethernet.

Dada su importancia en el big data y su valor didáctico, conviene conocer las grandes líneas de la arquitectura HDFS.

HDFS más de cerca

Cada archivo (muy grande) gestionado por HDFS se divide en bloques de 128 MB (o más, hasta 1 GB). Los archivos de big data suelen ser muy grandes, por lo que se tiende a comprimirlos, pero evitando la clásica compresión ZIP. Afortunadamente, existen varios tipos de compresión bien soportados por HDFS.

Los tipos de compresión más utilizados son GZIP, LZO, SNAPPY y BZIP2. No todos se comportan de la misma manera en relación con la replicación HDFS:

- GZIP ofrece una alta tasa de compresión, pero utiliza más recursos de CPU durante la compresión y la descompresión, lo que puede ralentizar la replicación HDFS.
- LZO es más rápido que GZIP y utiliza menos recursos de CPU, lo que puede acelerar la replicación HDFS. Sin embargo, su tasa de compresión es menor.
- SNAPPY es aún más rápido que LZO, pero ofrece una tasa de compresión aún menor. Esto puede ser útil para datos a los que es necesario acceder rápidamente, pero también puede aumentar el tamaño total de los datos almacenados.
- BZIP2 ofrece la mayor tasa de compresión, pero utiliza más recursos de CPU que otros códecs. Esto puede ralentizar considerablemente la replicación HDFS.

Tiene sentido utilizar LZO o SNAPPY para datos a los que es necesario acceder rápidamente, mientras que GZIP o BZIP2 pueden emplearse para datos que no se utilizan con frecuencia y que requieren una mayor tasa de compresión.

Arquitectura HDFS - Desglose antes de la replicación

Los bloques se replican (redundan) en varios **DataNodes** gestionados por **NameNodes**.

NameNode

DataNode_1	• → HDFS • → Bloque_i / Bloque_j / Bloque_...
DataNode_2	• → HDFS • → Bloque_i / Bloque_k / Bloque_...
DataNode_3	• → HDFS • → Bloque_j / Bloque_k / Bloque_...

Arquitectura HDFS - Replicación de bloques en los DataNodes de un NameNode

Cuando falla un DataNode, no se pierde información durante su reemplazo. Esto permite utilizar máquinas de gama media (conocidas como ***commodity computing***) en lugar de máquinas centralizadas muy caras. Además, se pueden añadir máquinas «en caliente», sin apagar el sistema, que se adaptará de forma inteligente. Esto aumenta la resistencia y la escalabilidad a un coste razonable.

Encontrará una lista de instrucciones básicas de Hadoop y HDFS desde la perspectiva de la gestión de archivos, junto con pequeños ejemplos de sintaxis, en el capítulo Prontuario, al final del libro.

7. Tarjeta gráfica GPU, CUDA e IA

A diferencia de los conceptos anteriores, ahora vamos a analizar un elemento de configuración mucho más cercano al usuario final o a su estación de trabajo, así como a los nuevos hábitos de procesamiento de datos popularizados por ChatGPT: las tarjetas gráficas, es decir, las GPU.

Las GPU actuales son capaces de procesar grandes cantidades de datos en paralelo, lo que las hace especialmente adecuadas para tareas de alta carga computacional, como la inteligencia artificial (IA), la simulación científica y el renderizado de vídeo. Las GPU también se utilizan en los campos de la realidad virtual y aumentada, donde se requiere un alto rendimiento gráfico para crear experiencias inmersivas.

Las GPU potentes se utilizan en IA; en particular, a través de frameworks como TensorFlow y PyTorch, por varias razones:

- Su capacidad de cálculo paralelo. Las GPU cuentan con miles de núcleos de procesamiento paralelo.
- Su capacidad para acelerar las operaciones matriciales (de hecho, tensoriales), sobre todo al manipular los tensores (grandes matrices multidimensionales) que describen las capas de neuronas artificiales.
- Su capacidad de procesamiento de datos masivos. La IA suele implicar el procesamiento de grandes cantidades de datos, por lo que aprovechamos los grandes buses de memoria de estas tarjetas.

El estándar *de facto* relativamente hegemónico para las GPU utilizadas en IA es el propuesto por NVIDIA, bajo el nombre de CUDA (*Compute Unified Device Architecture*).

Esta plataforma permite utilizar la potencia de cálculo de las tarjetas gráficas NVIDIA para acelerar cálculos intensivos, como los utilizados en aprendizaje automático (IA y aprendizaje automático), simulación, modelado 3D, etc.

Instalar CUDA puede ser un poco complicado, pero si cuenta con una tarjeta gráfica NVIDIA moderna, podrá realizar ciertos cálculos hasta diez veces más rápido que sin ella, por ejemplo utilizando Python o el lenguaje R y el framework Tensorflow.

Estas tarjetas se caracterizan principalmente por dos conceptos: la VRAM y el número de núcleos CUDA.

La VRAM (*Video Random Access Memory*) es la memoria específica utilizada por la tarjeta gráfica de un ordenador para almacenar los datos gráficos temporales necesarios para mostrar imágenes en la pantalla. Es independiente de la memoria de acceso aleatorio (RAM) del ordenador.

La VRAM se utiliza para almacenar las texturas, los *shaders* (degradados/sombras, etc.) y los *búferes* de imagen que necesitan las aplicaciones gráficas.

En el caso de los juegos o las aplicaciones de diseño gráfico, una cantidad suficiente de VRAM permite mostrar texturas de alta resolución, utilizar efectos gráficos avanzados y gestionar resoluciones de pantalla elevadas.

Por su parte, los núcleos CUDA (*CUDA cores*) son unidades de procesamiento paralelo que se encuentran en las tarjetas gráficas NVIDIA. Se utilizan para acelerar cálculos paralelos, especialmente en aplicaciones de cálculo intensivo utilizadas en IA y simulación, y en juegos modernos.

Es posible ejecutar localmente un pequeño modelo de IA generativa de código abierto con características similares al modelo GPT3.5 con una VRAM CUDA de 6 GB, aunque esto puede resultar un poco complicado y a menudo significa utilizar una versión menos eficiente del modelo de 8 o 4 bits. En la actualidad, 24 GB es un buen compromiso calidad/precio para una configuración local o poco exigente, que resulte lo suficientemente rápida como para utilizar este tipo de modelo por turnos, es decir, garantizando que no haya varios usuarios accediendo al modelo simultáneamente. También es posible acceder a configuraciones de GPU con 80 GB de VRAM CUDA o más a través de la nube, por solo unos euros la hora.

8. Redes y comunicaciones de aplicaciones

8.1 Introducción a las redes locales

En la vida cotidiana, nuestras máquinas suelen estar conectadas a una LAN. Una LAN (*Local Area Network*) es una red local que conecta dispositivos, como ordenadores, impresoras y servidores, dentro de un área geográfica limitada, como un edificio, una oficina o una casa.

El objetivo de una red local es permitir la comunicación y el uso compartido de recursos entre los dispositivos conectados.

Las principales características de una red local son las siguientes:

- **Área geográfica limitada**: las redes locales cubren un área relativamente pequeña, como un solo edificio o un grupo de edificios cercanos.
- **Conexión de alta velocidad**: las redes locales suelen utilizar conexiones de alta velocidad, como Ethernet, para facilitar la transferencia rápida de datos entre dispositivos.
- **Recursos compartidos**: los dispositivos de una red local pueden compartir recursos como impresoras, servidores y dispositivos de almacenamiento. Esto permite una colaboración y un uso eficientes de los recursos dentro de la red.
- **Control local**: las redes locales suelen ser privadas y controladas por la organización o el individuo que las ha creado. Esto permite al administrador de la red gestionarla y protegerla según sus necesidades específicas.

Las redes de área local se utilizan habitualmente en hogares, pequeñas empresas, centros educativos y otros entornos, donde una red localizada es suficiente para satisfacer las necesidades de comunicación e intercambio de recursos de los usuarios.

Las redes locales pueden adoptar distintas topologías, es decir, los dispositivos están conectados según distintos patrones de relación.

Topologías de referencia

	Descripción
en estrella (*star*)	periféricos conectados a un concentrador o un conmutador central
en malla (*mesh*)	cada periférico de la red está conectado directamente a los demás
bus	todos los periféricos están conectados a una sola línea de comunicación
en anillo (*ring*)	periféricos conectados en círculo, cada periférico tiene dos vecinos

1. *Estas topologías pueden combinarse mediante distintos enrutamientos*
2. *Encontrará estos términos en muchos otros contextos (star, mesh, bus, ring)*

¿Cómo se distribuyen las máquinas en una red?

Para encaminar los datos de un emisor a uno o varios destinatarios a través de la red, a menudo se establece un sistema de enrutamiento de red más o menos sofisticado que selecciona las rutas más adecuadas.

He aquí algunos tipos comunes de enrutamiento:

- **Unicast**: encaminamiento de datos a un único destino específico;
- **Difusión**: envío de datos a todos los destinatarios de la red;
- **Multidifusión**: envío de datos a un grupo específico de destinatarios;
- **Anycast**: envío de datos a uno de entre varios destinatarios posibles, normalmente el más cercano.

El enrutamiento puede realizarse de forma estática o dinámica. El enrutamiento estático implica que el administrador de la red configure manualmente las rutas en los enrutadores, mientras que el enrutamiento dinámico permite a los enrutadores intercambiar información y tomar decisiones de enrutamiento basadas en el estado de la red.

Las LAN también pueden conectarse a redes más amplias, como las redes de área extensa (WAN: *Wide Area Network*), para ofrecer conectividad a internet o para conectar distintas LAN en diferentes ubicaciones.

Cuando quiera profundizar en el estudio de las redes, no descuide ninguna de las siguientes áreas de investigación.

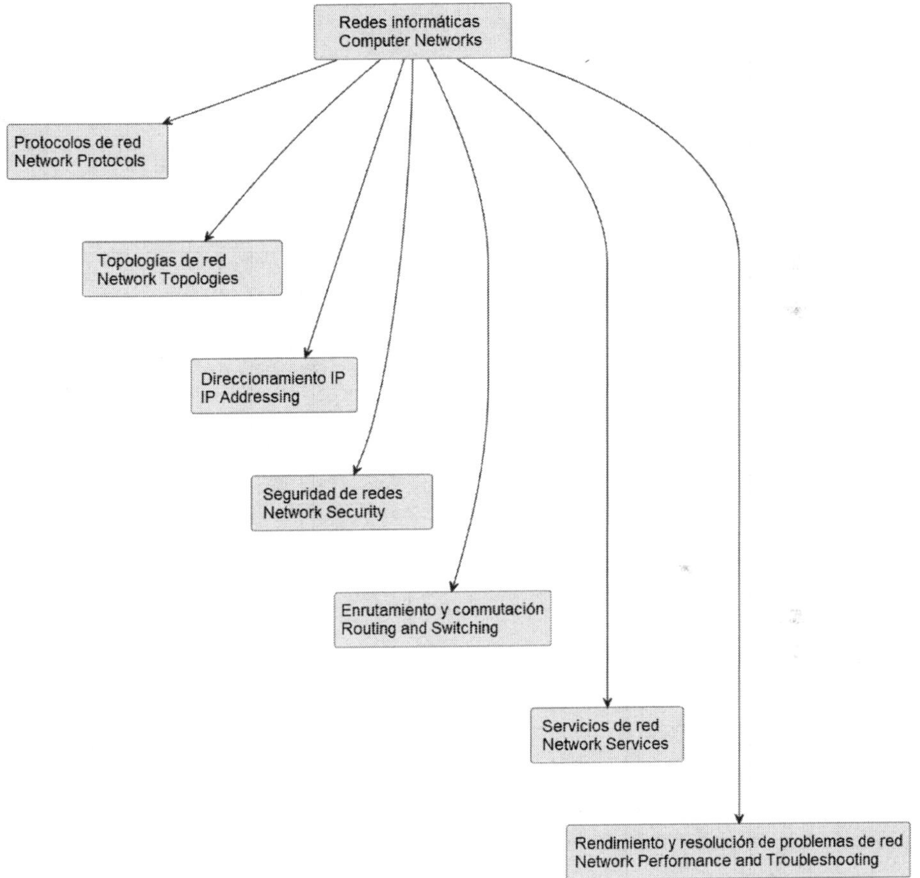

Redes, campos de investigación

8.2 El protocolo TCP/IP

El protocolo TCP/IP es un conjunto de reglas y normas que permiten la comunicación entre ordenadores de una red. Se utiliza ampliamente en redes informáticas, incluida internet. TCP/IP se compone de dos protocolos principales: TCP *(Transmission Control Protocol*) e IP (*Internet Protocol)*.

TCP es responsable de la transmisión fiable de datos entre ordenadores. Divide los datos en pequeños paquetes, los envía a su destino y se asegura de que se reciben correctamente y en orden. TCP también garantiza que los datos no se pierdan y que se vuelvan a transmitir si es necesario.

IP se encarga de encaminar los paquetes de datos en la red. Asigna direcciones únicas a cada ordenador y permite elegir la mejor ruta para encaminar paquetes de datos desde un ordenador de origen a otro de destino.

Es habitual presentar TCP/IP en una representación de cuatro capas, más sencilla que la representación de siete capas del modelo OSI (*Open Systems Interconnection*), que constituye un modelo de referencia para describir la comunicación entre todo tipo de sistemas. No se sorprenda por las diferencias (menores) que encontrará entre las representaciones de TCP/IP, ni por la dificultad de algunas personas para hacer coincidir TCP/IP y OSI: los distintos profesionales tienen puntos de vista diferentes debido a sus propias limitaciones operativas, y todos tendemos a describir las cosas de una manera que nos ayude a orientarnos cuando configuramos nuestros entornos de red.

El siguiente diagrama describe TCP/IP en cuatro capas, más una capa «virtual» que se ocupa de la seguridad. Inevitablemente, en algún momento se enfrentará a los acrónimos que aparecen en este esquema, por lo que es importante saber ubicarlos con rapidez dentro de la jerarquía TCP/IP. Nos hemos asegurado de conservar solo lo que consideramos estrictamente esencial recordar.

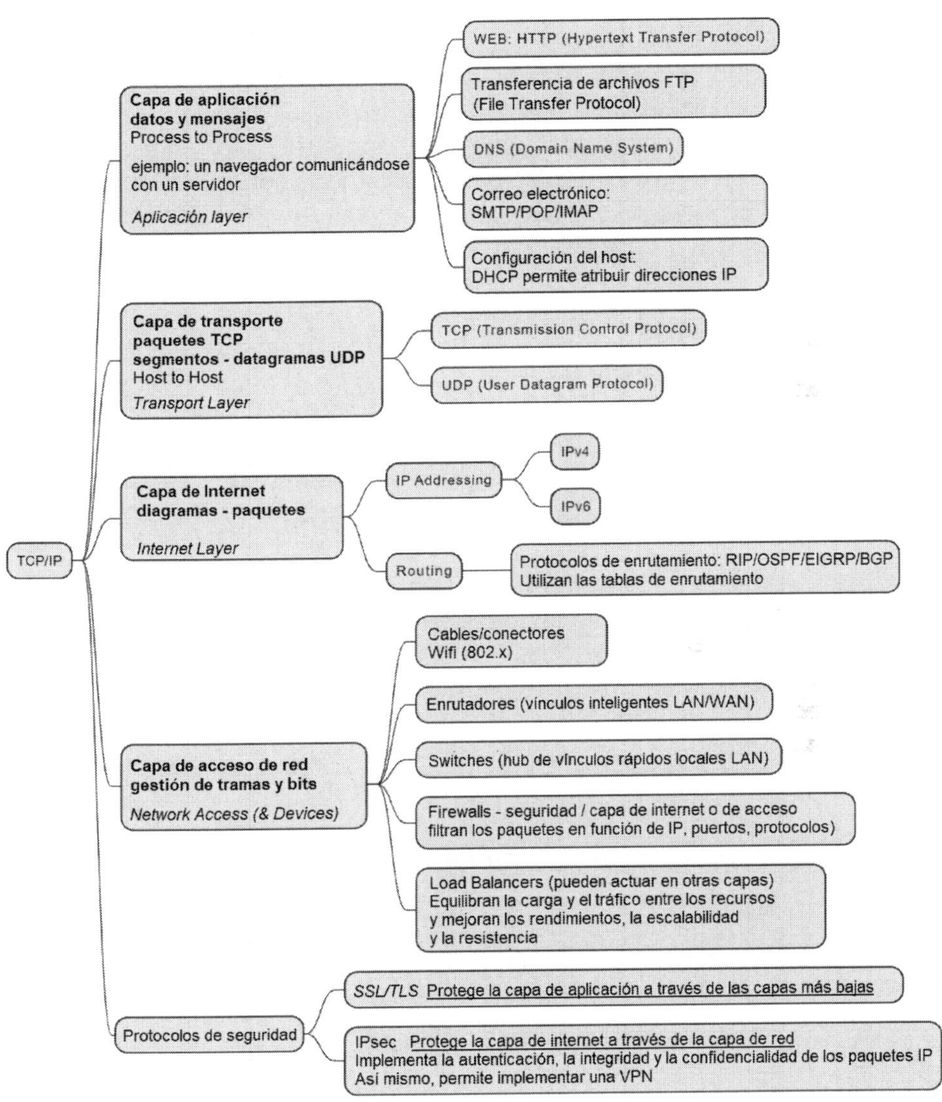

Estructura de TCP/IP

Cada una de las cuatro capas gestiona un nivel diferente de abstracción y la información asociada utilizando un protocolo específico para los objetos de la capa. Por ejemplo, la capa de aplicación se ocupa de los datos y mensajes intercambiados entre procesos que, para comunicarse, se basan en una descomposición de esta información en paquetes/segmentos que se intercambian a través de la capa de transporte. Todas estas capas son meras abstracciones, pero pueden encontrarse en cualquier pieza de hardware (a través de diversos códigos informáticos), con la obvia excepción de la capa de red/física.

8.3 Las direcciones IP

Cuando describimos la estructura de las direcciones IP, a menudo hacemos referencia a la estructura de las direcciones IP «históricas», que corresponden a la versión 4 de este protocolo. La explosión del número de artefactos direccionables en las redes ha obligado a ampliar drásticamente el número de bits utilizados (para disponer de miles de millones de direcciones). En un entorno de tamaño razonable, siempre se utiliza IPv4 porque los humanos pueden interpretar fácilmente estas direcciones, lo que facilita la configuración de entornos pequeños. Cada dirección IPv4 tiene una posible correspondencia en IPv6, por lo que esto no supone un gran problema en el día a día, incluso cuando estamos inmersos en un entorno IPv6 (WAN, Web, IoT, etc.).

Si decide estudiar más a fondo los protocolos IP, debería explorar los siguientes temas.

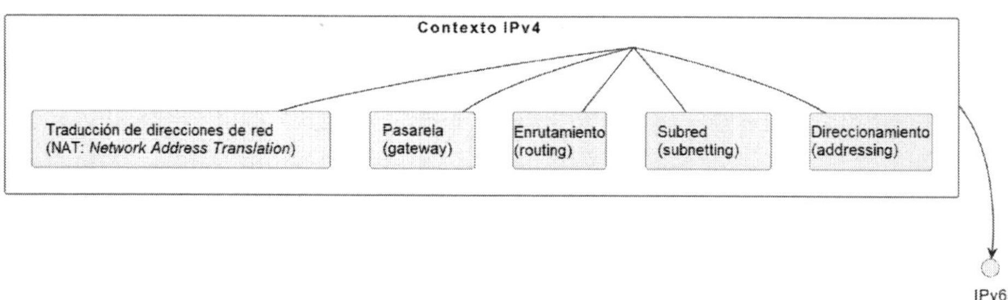

Temas para abordar en relación con las direcciones IP

Observación

Las LAN pueden configurarse en IPv6 (de hecho, es más seguro), pero suele mantenerse en IPv4, mientras que las configuraciones más grandes y modernas migran a IPv6.

8.3.1 IPv4

La estructura de una dirección IPv4 está representada por una secuencia de cuatro conjuntos de dígitos, o bytes, separados por puntos. Cada byte representa 8 bits, lo que da un total de 32 bits para toda la dirección IPv4. El formato suele escribirse en notación decimal o hexadecimal.

Por ejemplo, una dirección IPv4 en notación decimal puede tener el siguiente aspecto: **192.168.1.1**.

Cada uno de los cuatro bytes está, obviamente, comprendido entre 0 y 255. Los bytes se utilizan para identificar la red y el host (es decir, un ordenador) dentro de esa red. La parte de red de la dirección viene determinada por los bits situados más a la izquierda, mientras que la parte de host viene determinada por los bits más a la derecha. La división entre la parte de red y la parte de host es convencional. Tenga en cuenta que las nociones de **clase (A, B, C, D)**, utilizadas para distribuir los rangos de direcciones a los usuarios finales y que encontrará a menudo en la literatura, están cada vez más **obsoletas**. Por tanto, no es necesario detenerse en ellas.

La estructura de una dirección IPv4 es parte integrante de la forma en que se encaminan los datos en internet. Permite transmitir información de forma eficaz y precisa entre dispositivos situados en redes diferentes.

8.3.2 IPv6

IPv6, o *Internet Protocol version 6*, es la última versión del protocolo de internet utilizado para identificar y localizar dispositivos en una red. Se desarrolló para superar las limitaciones de IPv4, la versión anterior del protocolo.

IPv6 utiliza un formato de direcciones de 128 bits, generalmente representado en hexadecimal, que permite un número mucho mayor de direcciones únicas que el espacio de direcciones de 32 bits de IPv4. Este aumento en la capacidad de direccionamiento era necesario para dar cabida al creciente número de dispositivos conectados a Internet.

He aquí algunos ejemplos de direcciones IPv6:

2001:0db8:85a3:0000:0000:8a2e:0370:7334

2001:db8:1234::1

fe80::1

En estos ejemplos, las direcciones IPv6 están separadas en grupos de 16 bits; cada grupo se representa por cuatro cifras hexadecimales. Los grupos consecutivos de 16 bits formados por ceros pueden abreviarse utilizando «::».

En el segundo ejemplo, «::» se utiliza para abreviar la presencia de *n* grupos de 16 bits de ceros consecutivos (en el ejemplo, n = 4).

En el tercer ejemplo, se trata de una dirección local, que se indica con el prefijo **fe80::x**. La «x» indica el identificador de la interfaz, es decir, un punto de conexión entre un dispositivo y una red. Puede tratarse de una tarjeta de red, un puerto Ethernet, etc.

Observación

Tenga en cuenta que, cuando se menciona una tarjeta Ethernet llamada eth1 en una configuración de red en la que se asocia una dirección IPv6 a una tarjeta, suele hacer referencia a la segunda tarjeta de red.

El identificador de interfaz suele derivarse de la dirección MAC (*Media Access Control*), que corresponde a una «dirección física», a menudo representada en formato hexadecimal, normalmente con 12 dígitos (por ejemplo, 00-B0-D0-63-C2-26). Existen varias formas de construir la dirección IPv6 de la interfaz. El método EUI-64 (*Extended Unique Identifier*) es el que se utiliza por defecto en Linux. Se trata de un método un poco sutil de manipular y combinar los bits de la dirección IPv6 de la red y la dirección MAC para formar un **identificador único extendido** como IPv6 de la interfaz.

Observación

Una dirección MAC suele ser única, ya que la asigna el fabricante del dispositivo. En el caso de determinados dispositivos, como los discos duros, a veces puede modificarse mediante programación.

Nótese que la dirección MAC se utiliza «en la base» de la red, es decir, en la capa de enlace de datos de la pila de protocolos, con la tarjeta de interfaz de *red* (NIC: *Network Interface Card*) del dispositivo.

IPv6 puede proporcionar un número prácticamente ilimitado de direcciones IP únicas, lo cual es crucial a medida que seguimos aumentando el número de dispositivos conectados a internet. Además, IPv6 incluye funciones como la seguridad integrada y un buen soporte para la calidad del servicio (QoS: *Quality of Service*) y la gestión de la movilidad.

La adopción de IPv6 ha ido creciendo con los años y ahora es ampliamente compatible con la mayoría de los sistemas operativos modernos, equipos de red y proveedores de servicios de internet. Sin embargo, IPv4 sigue utilizándose y ambos protocolos coexisten en internet. Para facilitar esta coexistencia, se han desarrollado mecanismos como la pila dual (que soporta tanto IPv4 como IPv6) y técnicas de traducción.

8.3.3 Direcciones IP que debe conocer

Creemos que es importante que sepa identificar ciertas direcciones IP típicas. Esto puede ser útil en diversas circunstancias, como la configuración de un *cortafuegos*, la instalación de un ordenador o de un nuevo software, la codificación de determinadas funciones, etc.

Direcciones IPv4 de la forma 0.x.x.x («mi red»)

Estamos aquí, en casa, localmente.

Hay dos direcciones que tienen un significado especial: 0.0.0.0 y 0.255.255.255.

Dirección IPv4 0.0.0.0

La dirección IPv4 0.0.0.0 tiene varios significados especiales en el contexto de las redes informáticas. He aquí algunas interpretaciones comunes:

- **Dirección por defecto**: en determinados contextos, 0.0.0.0 se utiliza para representar la dirección por defecto, es decir, la dirección que se utiliza cuando no se especifica ninguna otra. Por ejemplo, cuando un dispositivo no sabe qué dirección IP elegir para llegar a un destino, puede tomar 0.0.0.0 como dirección por defecto.
- **Sin asignar**: como parte de la gestión de direcciones IP, 0.0.0.0 está reservada y no asignada como dirección IP válida. Esto significa que una dirección IP 0.0.0.0 no puede asignarse a un dispositivo ni utilizarse como dirección de destino.
- **Asignación temporal**: en determinados casos, cuando falla la solicitud de dirección vía DHCP (*Dynamic Host Configuration Protocol*) en un dispositivo, este puede asignarse temporalmente la dirección IP 0.0.0.0 hasta que se obtenga una dirección IP válida.
- **Ruta por defecto**: en el contexto del enrutamiento de red, 0.0.0.0 se utiliza para representar la ruta por defecto, también conocida como **puerta de enlace** predeterminada. Esto indica que un paquete debe ser enrutado a esta dirección si no se encuentra ninguna otra coincidencia de enrutamiento para un destino determinado.

Dirección IPv4 0.255.255.255

Es la dirección de difusión, es decir, se utiliza como dirección de difusión en una red local, lo que permite enviar información a todos los dispositivos conectados a ella (independientemente de la topología de la red).

Direcciones privadas

Las direcciones IP privadas no son accesibles desde Internet. Para permitir el acceso a internet, los enrutadores utilizan la traducción de direcciones de red (NAT: *Net Address Translation*) para enmascarar las direcciones IP privadas y hacerlas coincidir con una única dirección IP pública (que corresponde entonces a todo un grupo de ordenadores de la red privada).

Direcciones IPv4 de la forma 10.z.y.x

Se trata de una forma comúnmente utilizado en entornos de red local para permitir que los dispositivos se comuniquen entre sí sin necesidad de una dirección IP pública única para cada dispositivo.

Direcciones IPv4 de la forma 172.16.y.x a 172.31.255.x

Consta de 16 bits para la identificación de la red y 16 bits para la identificación del host. Este rango de direcciones puede utilizarse para crear multitud de subredes y conectar hasta 65 534 dispositivos por subred; suele utilizarse en estructuras de gran tamaño.

Direcciones IPv4 de la forma 192.168.y.x

Suelen utilizarse para redes domésticas y pequeñas empresas. Este rango de direcciones IP permite crear un número bastante grande de subredes y admite hasta 254 dispositivos por subred.

Direcciones IPv4 de la forma 127.z.y.x (localhost loopback)

Esta forma resulta muy familiar para los desarrolladores; se utiliza para la comunicación con la propia máquina local. Está reservada al uso interno y no permite la comunicación con otros dispositivos de la red. La dirección IP 127.0.0.1 es la dirección ***loopback*** por defecto y se utiliza a menudo para probar la funcionalidad de red de una máquina local.

Por ejemplo, si instala un servidor HTTP en su máquina, podría acceder a él localmente a través del navegador mediante una dirección como **127.0.0.1:8080** (donde 8080 es el número de puerto que ha definido para su servidor HTTP).

Subred: primer y último valor del intervalo de direcciones

Es importante identificar los dos usos siguientes para el primer y el último valor del rango de direcciones, que corresponden con los valores x = 0 y x = 255 (si la dirección del rango de red se describe como t.z.y.x):

- El primer valor de dirección de una subred (byte de la derecha .x con el valor .0) se refiere a la subred en sí, y no a ningún dispositivo situado en ella. Por lo general, los mensajes que se difunden en estas direcciones no pueden redireccionarse a internet.
- el último valor de dirección de una subred (.x con el valor .255) se utiliza para difundir mensajes a los enrutadores, pero normalmente no pueden redireccionarse a internet.

8.3.4 Relación entre IPv4 e IPv6

Cuando se utiliza una dirección IPv4 en el contexto IPv6, se encapsula en la dirección IPv6::ffff:t.z.y.x, donde t.z.y.x representa la dirección IPv4. Esto permite a los dispositivos y redes IPv6 comunicarse con dispositivos y redes IPv4 sin tener que realizar una conversión completa a IPv6.

8.4 Plan de direccionamiento IP y DMZ

El plan de direccionamiento sirve para organizar las direcciones IP.

Hay que tener en cuenta una serie de factores:

- **Tamaño de la subred y acceso**: cada subred tiene su propio rango de direcciones IP. Algunas están protegidas por diferentes normas de seguridad. En el diagrama siguiente, hemos introducido el concepto de DMZ. La DMZ (zona desmilitarizada) es una de las zonas gestionadas por el cortafuegos, que la aísla de la red local principal. Es útil para alojar servidores o servicios accesibles desde internet, al tiempo que proporciona una capa de protección al separarlos de la red local principal, reduciendo así el riesgo de que la red interna se vea comprometida en caso de ataque o violación de la seguridad.

- **Direcciones reservadas**: algunas direcciones IP están reservadas para fines específicos, como direcciones de difusión (*broadcast*), *loopback*, etc. Hay que tenerlas en cuenta a la hora de planificar el direccionamiento.
- **Asignación de direcciones**: la asignación de direcciones IP puede ser **estática** o **dinámica**. Las direcciones IP estáticas se configuran manualmente en cada dispositivo, mientras que las dinámicas las asigna automáticamente un servidor DHCP (*Dynamic Host Configuration Protocol*).

En el siguiente diagrama, observe los valores de interfaz para la LAN y la DMZ, que corresponden al inicio de los respectivos rangos de direcciones LAN y DMZ.

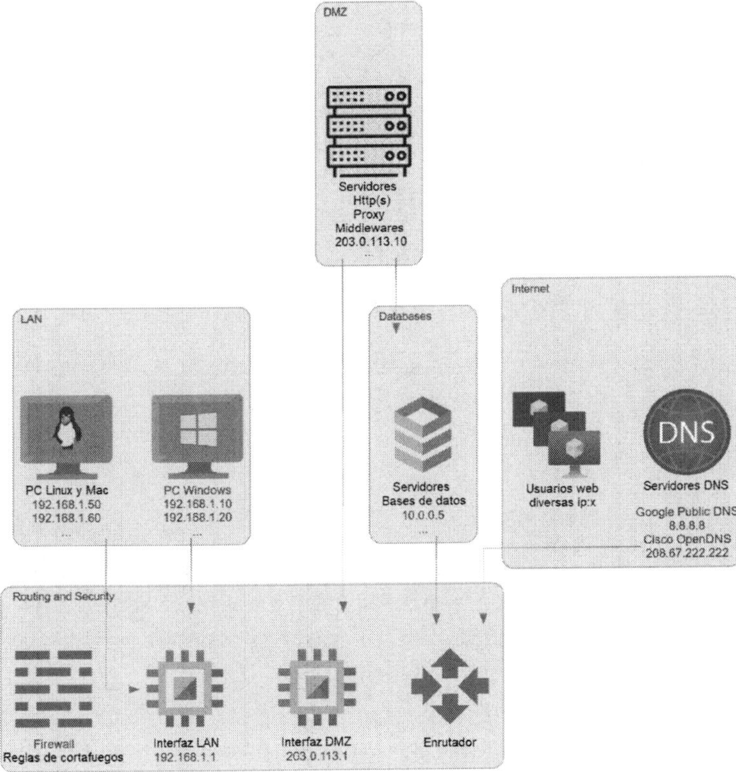

Esquema de direccionamiento IP, LAN de una empresa pequeña

En esta red, los servidores de bases de datos se encuentran en espacios privados específicos. Los servidores en contacto con Internet están ubicados en la DMZ. Mediante la mención de las direcciones IP de dos servidores DNS conocidos por su resistencia y nivel de seguridad, indicamos que deben utilizarse en las configuraciones de internet de los servidores o estaciones de trabajo.

Debe considerar los planes de direccionamiento y los elementos de configuración de su red altamente confidenciales, ya que su conocimiento facilita mucho el trabajo de los posibles atacantes.

Observación

El DNS (Domain Name System) traduce los nombres de dominio en direcciones IP. Permite acceder a sitios web y servicios utilizando URL en lugar de direcciones IP. Los servidores DNS (públicos) son responsables de ***resolver el nombre de dominio*** *en una dirección IP.*

8.5 SSL/TLS HTTPS

Existen muchos problemas de seguridad en internet. Cuando despliegue un sitio web no estático, debería, como mínimo, proteger a sus usuarios configurando sus servidores en HTTPS (*HyperText Transfer Protocol Secure*).

SSL/TLS son protocolos utilizados para establecer conexiones seguras entre clientes y servidores. De forma nativa, garantizan la autenticación, confidencialidad e integridad de la transmisión de datos, transformando HTTP en HTTPS.

Se basan (entre otras cosas) en los tres pilares siguientes:

- **Cifrado**: SSL/TLS utiliza algoritmos de cifrado para codificar los datos, haciéndolos ilegibles para cualquiera que los intercepte. Esto ayuda a garantizar que la información sensible, como contraseñas o datos de tarjetas de crédito, permanezca segura durante la transmisión.
- **Certificados**: los certificados SSL/TLS se utilizan para verificar la autenticidad de un servidor y establecer una conexión segura. Los certificados son emitidos por autoridades de certificación (CA) de confianza y contienen la clave pública del servidor. Algunos alojamientos web pueden proporcionarle estos certificados sin necesidad de que se suscriba a una CA.

- ***Handshake***: cuando un cliente se conecta a un servidor utilizando el protocolo SSL/TLS, ambos llevan a cabo un proceso de *handshake* para establecer una conexión segura. Durante este proceso, el cliente y el servidor intercambian información, utilizan algoritmos de cifrado y comprueban los certificados.

8.6 Acceso a un servidor a través de una red, SSH

El método de acceso más común para conectarse a la línea de comandos de un servidor es, por supuesto, el par login/contraseña, pero SSH (*Secure Shell*) ofrece mayor seguridad y facilita la transferencia de información a la máquina remota mediante el comando de copia de archivos `scp`.

Hay que configurar SSH en el servidor, lo que a veces parece un poco complicado para los principiantes. No hay que perder las claves de identificación. Por precaución, solemos dejar un acceso local mediante login/contraseña a la zona privada (¡y no a través de la DMZ!).

Cuando se utiliza SSH, todos los datos que intercambia el cliente y el servidor se cifran, lo que proporciona cierto grado de confidencialidad y asegura la integridad de la información transmitida. Esto hace que SSH sea especialmente útil para tareas como la administración remota de servidores, la transferencia segura de archivos, etc.

Para utilizar SSH, necesita un cliente SSH en su ordenador local y un servidor SSH activo en el ordenador remoto al que desea conectarse.

- Instale un cliente SSH en su ordenador local. En Linux y macOS, el cliente SSH suele estar ya instalado. En Windows, puede utilizar clientes SSH como PuTTY, OpenSSH para Windows o Git Bash (que incluye un cliente SSH).
- Asegúrese de que el servidor SSH está instalado y habilitado en el ordenador remoto. En la mayoría de las distribuciones de Linux, el servidor SSH suele estar instalado por defecto. Si no es así, tendrá que instalar el servidor SSH adecuado (por ejemplo, OpenSSH). Recuerde actualizar las reglas de su cortafuegos.
- Para conectarse, abra su cliente SSH y especifique la dirección IP o el nombre de host del servidor remoto, así como su nombre de usuario y clave SSH.

8.7 Programación de sockets: comunicación entre procesos en la red

Un *socket* es un punto terminal de software para la comunicación en red, especialmente en el contexto de los protocolos TCP/IP. Permite que una aplicación envíe y reciba datos a través de una red. Se identifica mediante una dirección IP y un número de puerto.

UDP (*User Datagram Protocol*) es un protocolo de transporte del conjunto TCP/IP sin conexión que permite una comunicación rápida y ligera. A diferencia de TCP, no garantiza la fiabilidad de la entrega ni el orden de los paquetes, por lo que es adecuado para aplicaciones en las que un retraso mínimo es más importante que la fiabilidad.

En el contexto de la programación de sockets, UDP y TCP/IP se utilizan juntos a menudo. Las aplicaciones pueden crear sockets UDP o TCP para enviar y recibir datos. Los sockets UDP se utilizan generalmente cuando la baja latencia es crucial; por ejemplo, en aplicaciones en tiempo real, como el *streaming* de vídeo o los juegos en línea. Los sockets TCP se utilizan cuando se requiere una entrega de datos fiable y ordenada; por ejemplo, en transferencias de archivos o en la navegación web.

Los *websockets* permiten una comunicación bidireccional en tiempo real y eficaz entre un cliente (navegador) y un servidor. Ofrecen una alternativa a los sockets tradicionales para aplicaciones web.

Observación

Más reciente, gRPC es un framework de código abierto desarrollado por Google para la comunicación remota. Utiliza el protocolo HTTP/2 y permite definir interfaces de servicio con sus respectivos contratos. gRPC proporciona una alternativa moderna a los sockets para la comunicación entre microservicios.

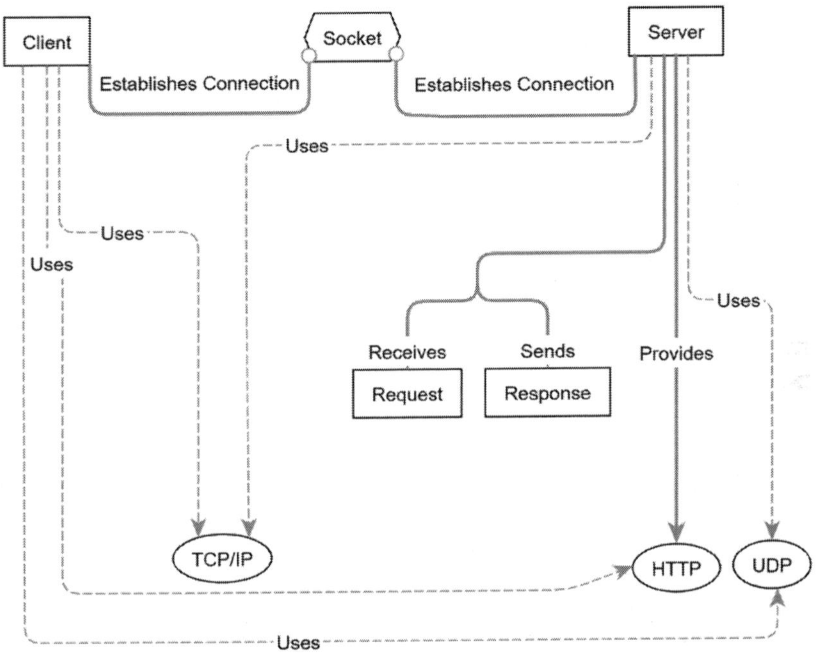

Esquema general de la comunicación mediante sockets

La implementación de un *websocket* está relativamente estandarizada y el diagrama de secuencia correspondiente no tiene mucho misterio.

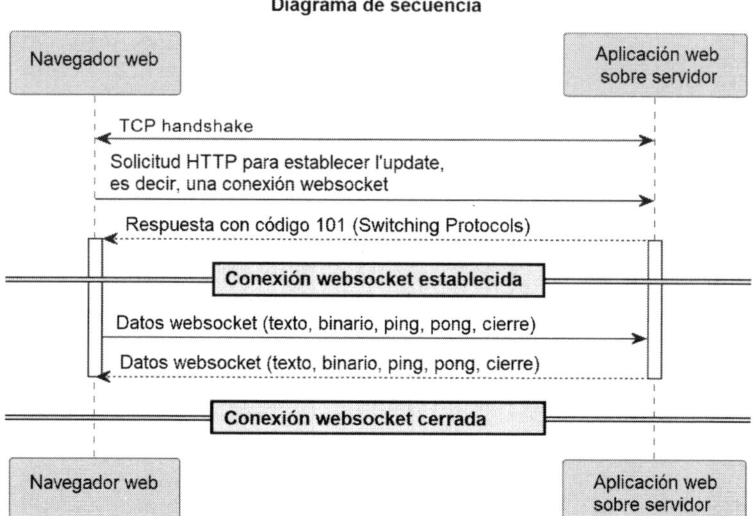

Funcionamiento de un websocket

He aquí un ejemplo de código de acceso de comunicación mediante socket; sin duda, le tranquilizará comprobar lo fácil de implementar que este tipo de tecnología.

```
   import socket

# Creación de un socket
 server_socket = socket.socket()

# Definición de la dirección IP y el puerto del servidor
# La dirección IP y el puerto dependen del contexto
server_address = ('192.168.0.1', 8080)# port 8080, http

# Vinculación del socket a la dirección IP y al puerto del servidor
server_socket.bind(server_address)

# Escucha de las conexiones entrantes
server_socket.listen(1)# ¡En inglés listen significa escuchar!

while True:
   # Espera de una conexión
```

```
    client_socket, client_address = server_socket.accept()

    print("Conexión aceptada desde:", client_address)

    try:
        # Recepción de datos del cliente
        data client_socket.recv(1024)# 1024 = núm. bytes
intercambiados
        print("Datos recibidos del cliente:", data.decode())


        # Envío de una respuesta al cliente
        response = '¡Recibido! ¡Gracias!'
       client_socket.sendall(response)

finally:
        # Cierre de la conexión con el cliente
        client_socket.close()
```

En general, le interesa dividir el trabajo de las máquinas en procesos independientes (a menudo denominados microservicios) que sean lo más detallados y compartimentados posible. La programación de sockets puede ser un primer paso para liberarse de la programación monolítica «a la antigua», que a veces dificulta la agilidad en el desarrollo y la escalabilidad de las aplicaciones.

8.8 Acceso a una aplicación o a microservicios web mediante OAuth2

¿Cómo proteger de forma precisa los recursos a los que pueden acceder los usuarios de su web, incluso a través de un sitio que no controla? Esa es la pregunta a la que responde OAuth2.

OAuth2 es un protocolo estándar utilizado para la autorización y el control de acceso delegado. Permite conceder acceso limitado a los recursos de un sitio web a otro sitio web o aplicación sin compartir credenciales.

Esta tecnología utiliza un proveedor de identidad reconocido (por ejemplo, Google ofrece este tipo de servicio) que le permitirá gestionar el *scope* de los recursos a los que da acceso. La definición de los posibles ámbitos depende de usted: correo electrónico, microservicio-de-tipo-x, etc.

Configurar OAuth2 resulta un poco complicado, pero es importante saber hacerlo. Recomendamos ser lo más preciso posible en los scopes y utilizar una arquitectura con microservicios claramente identificados: la idea es que cada microservicio proporcione un tipo de función determinado. Por lo tanto, puede utilizar OAuth2 para gestionar el acceso íntimo a sus recursos a través de un sitio web o «pasarela» que sea suyo (y no de un tercero).

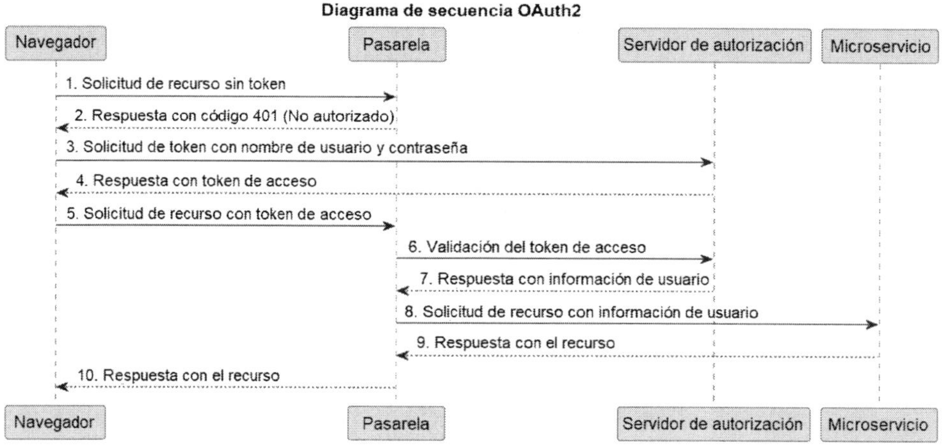

OAuth2 implementado en un microservicio

He aquí un código Python simplificado para que se haga una idea de cómo se podría implementar esto en su aplicación (tenga en cuenta que el código no cubre todos los pasos del diagrama de secuencia anterior).

```
from oauthlib.oauth2 import BackendAplicacionCliente
from requests_oauthlib import OAuth2Session

# Parámetros de autenticación

client_id = "app_id"
client_secret ="app_secret"
authorization_url ="https://accounts.google.com/o/oauth2/v2/auth"
token_url = "https://www.googleapis.com/oauth2/v4/token"

# Paso 1: Creación de un cliente OAuth2
# con los datos de identificación siguientes
```

```
cliente = BackendAplicacionCliente(client_id =client_id)
oauth =OAuth2Session(cliente=cliente)

# Paso 2: Obtención del token de acceso

token =oauth.fetch_token(token_url=token_url,
                         client_id=client_id,
                         client_secret=client_secret)

# Comprobación del ámbito, test de conformidad
# con el tipo de scope esperado

if "micro_service_type_1" in token["scope"]:
    # Utilización del token de acceso
    # para acceder a los recursos protegidos
    headers ={
        "Authorization": f"xxxx {token['access_token']}"
    }
    response =oauth.get("https://api.example.com/
protected_resource",
                   headers=headers)

    print(response.json())# para la depuración habrá que utilizar
                          # la respuesta en su aplicación
else:
    print("Acceso no autorizado")# Deberá gestionar este caso
```

Estas comprobaciones deben realizarse para cada recurso.

Observación

OAuth2 puede combinarse con un sistema de sockets. Los sockets se restringen entonces a las comunicaciones más rápidas entre procesos dentro de una DMZ, pero de tal manera que los recursos accesibles a través de sockets no sean sensibles o estén bien filtrados por el cortafuegos, para que no se pueda acceder a ellos desde la Web. Este tipo de configuración puede ser difícil de dominar si su framework no le proporciona asistencia.

Capítulo 2
Métodos - Conceptos básicos

1. Introducción

Los equipos que implementan soluciones informáticas basadas en los componentes técnicos que hemos mencionado se encuentran inmersos en entornos complejos. Por ello, deben desarrollar un amplio abanico de competencias y gestionar diversas tareas muy interrelacionadas para sacar adelante sus proyectos. En ese sentido, los informáticos han desarrollado una serie de métodos que analizaremos a continuación. Tenga en cuenta que el capítulo Documentar todos los aspectos de un proyecto: lista de comprobación presenta una lista de temas que deben documentarse en un proyecto, en forma de esquema de documentación. Este tipo de esquema detallado se denomina a veces repositorio de entregables obligatorios u opcionales correspondiente al marco metodológico de su organización.

En esta fase, nos limitaremos a explorar los modos de pensamiento que rigen el desarrollo de un proyecto informático sólido.

2. Garantizar la convergencia de una acción o un proyecto

2.1 Pensar el proyecto en modo «PDCA»

El ciclo PDCA, o «ciclo de Deming», es el modelo más sencillo de control iterativo de una acción.

- **Plan**: observar, concebir y planificar.
- **Do**: realizar la acción.
- **Check**: controlar, es decir, verificar el cumplimiento de los requisitos.
- **Act**: corregir/ajustar, es decir, corregir lo que puede corregirse fácilmente, o diseñar mejoras que se introducirán en ciclos futuros.

A lo largo de una acción, una fase o un proyecto, el ciclo de Deming se itera un cierto número de veces para recorrer el camino restante mediante evoluciones sucesivas.

Ciclo de Deming - PDCA

Este enfoque constituye la columna vertebral de una serie de normas, como la ISO 27001, que trata sobre la seguridad de los sistemas de información, complementada por otras normas de esta familia, como la ISO 27002:2022, que especifica los controles de seguridad y las particularidades de la ciberseguridad y la *privacidad* sin cubrir los aspectos detallados del RGPD (Reglamento General de Protección de Datos), o la ISO 27003, que define el sistema de gestión de la seguridad.

Durante la etapa *Plan* del PDCA, podemos utilizar diversas herramientas comunes a otros enfoques (Lean Six Sigma, Garantía de Calidad, Logística, Técnicas de Planificación, Seguridad, etc.), como:

- la matriz DAFO (***D****ebilidades*, ***A****menazas*, ***F****ortalezas* y ***O****portunidades*), que ofrece una visión general de la situación inicial del PDCA (esta matriz no se limita a las estrategias de marketing, sino que tiene un campo de aplicación mucho más amplio, como veremos más adelante);
- el QQOQCCP (¿Quién? ¿Qué? ¿Dónde? ¿Cuándo? ¿Cómo? ¿Cuánto? ¿Por qué?) para identificar el problema que hay que resolver;
- el diagrama de Ishikawa, un diagrama **causa-efecto**, a menudo en forma de «espina de pescado», que ayuda a poner de relieve las relaciones entre causas y efectos;
- las sesiones de ideación, a menudo basadas en el método *Design Thinking*, para facilitar la generación y la clasificación de ideas centradas en un objetivo preciso, a través de un trabajo en grupo cuyo objetivo es producir un entregable visual (normalmente, un tablero de *post-it* bien organizados y clasificados que reflejan la reflexión que subyace a la idea);
- el diagrama IGOE (*Input, Guide, Output, Enabler*), que se utiliza para comprender o definir los procesos que deben crearse o desarrollarse como resultado de la acción prevista, y para abrir un debate con los representantes de los usuarios sobre:
  - **Entradas** (**Inputs**): son todas las entradas o recursos necesarios para iniciar o ejecutar un proceso o sistema. Los inputs pueden ser información, materiales, recursos humanos, datos, etc.,
  - **Guías** (**Guides**): son los elementos que dirigen u orientan el proceso hacia la consecución de los objetivos. Pueden incluir directrices, metodologías, mejores prácticas, etc.,

- **Salidas** (**Outputs**): son los productos, resultados o elementos generados por el proceso o sistema. Se trata de elementos concretos resultantes de la ejecución del proceso,
- **Facilitadores** (**Enablers**): son los elementos o factores que facilitan o permiten la consecución de los objetivos. Resultan esenciales para alcanzar los objetivos y pueden incluir recursos, competencias, tecnologías, etc.,

- la determinación de un RACI (*Responsible* = los que hacen, *Accountable* = los que deciden, *Consulted* = los expertos a los que se consulta, *Informed* = las personas a las que se informa por una razón específica; normalmente, porque influye en sus propias tareas);
- el método PERT, que permite optimizar la disposición de las tareas en un diagrama de Gantt cuando se dispone de estimaciones de los plazos de dichas tareas. Este método también proporciona información sobre las **tareas críticas**, es decir, aquellas cuyo retraso en la entrega supone un aplazamiento del final del proyecto, salvo que se modifique la estructura de este para compensar el retraso;
- el análisis de los riesgos asociados a la acción y a su producto, incluida, en su caso, una evaluación de los activos afectados (*assets*) y de los datos/tratamientos implicados, mediante un análisis DICT, que adopta la forma de una evaluación (con una puntuación de 0 a 4) de los siguientes criterios:
  - **D**isponibilidad del sistema y de sus datos,
  - **I**ntegridad del sistema y de sus datos,
  - **C**onfidencialidad de los datos,
  - **T**razabilidad de los accesos,
- La elaboración de un plan y su validación por las **partes interesadas** (*stakeholders*): por ejemplo, un **Plan de Gestión del Proyecto** (**PGP**), cuyo objetivo va claramente más allá del simple diseño de una planificación y que describirá también los objetivos, los recursos, los presupuestos, la logística, la gestión de la configuración (nomenclatura y versión de los objetos que deben producirse), los principales requisitos y la forma de validarlos, así como el sistema de dirección (comités, etc.), la garantía de calidad y los KPI aplicables como resultado del PDCA.

2.1.1 El DAFO

Durante una sesión de ideación (*brainstorming*), utilizamos este diagrama como herramienta gráfica para definir los contornos estratégicos del tema que tenemos que tratar.

Imaginemos que un equipo de proyecto elabora el siguiente DAFO.

	Positivo para la organización	Negativo para la organización
Interno a la organización	**STRENGTHS: FORTALEZAS** Proceso de pruebas Equipo competente	**WEAKNESSES: DEBILIDADES** Nuestra tecnología anticuada
Externo a la organización	**OPPORTUNITIES: OPORTUNIDADES** Open data disponibles Clientes de acuerdo con los prototipos	**THREATS: AMENAZAS** Competencias de hackers

Un DAFO previo al proyecto

Cabe imaginar que este equipo podrá contribuir a la evaluación global y empírica del equilibrio entre lo que facilitará el despliegue de la futura solución y lo que hay que corregir para que sea viable (también llamado «remediación»).

Las fortalezas identificadas nos reafirman en nuestra capacidad para alcanzar cierto nivel de excelencia en los resultados.

Las oportunidades pueden ser fugaces: ¿podemos permitirnos dejarlas pasar?

Corregir nuestros puntos débiles podría generar importantes costes adicionales o incluso invalidar el proyecto (cuyos desafíos no se exponen en este DAFO).

Las amenazas requieren una investigación en profundidad, que conduzca a una evaluación objetiva de los riesgos asumidos por nuestra organización, tanto en términos de control de los acontecimientos temidos como de sus consecuencias.

2.1.2 El diagrama de Ishikawa

El diagrama causa-efecto es una herramienta esencial para analizar las causas de un **fallo pasado, existente o potencial**.

Ejemplo: escollos para un equipo de desarrollo

Para ilustrar nuestro punto de vista, veamos el diagrama causa-efecto elaborado por un equipo que trabaja con el conocido framework Django, que permite crear una aplicación web de primera clase en Python, pero cuya complejidad técnica y funcional a veces disuade a los equipos. Es un buen ejemplo para llamar su atención sobre algunos de los escollos a los que se enfrentan todos los equipos de desarrollo.

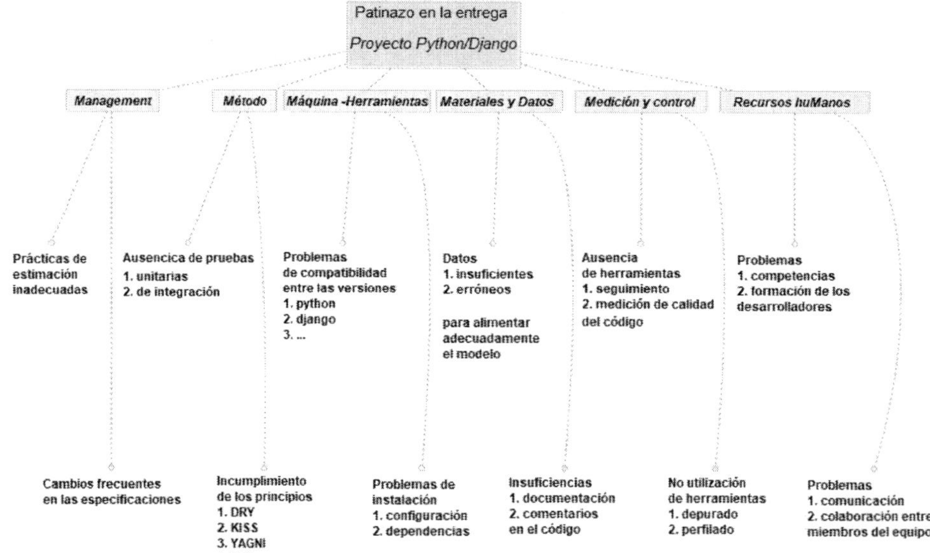

Diagrama causa-efecto para una aplicación Django

Como en el diagrama anterior, a menudo es buena idea dividir las causas en diferentes tipos. Con frecuencia hablamos de las **cinco M**, pero no dude en utilizar una variante que adapte esta clasificación al contexto y la cultura de su organización. Estos cinco tipos suelen ser los siguientes:

- **M**aterial (todo lo que interviene en el proceso);
- Equipa**M**iento;
- **M**étodo;
- **M**ano de obra;
- **M**edio (contexto).

En el diagrama anterior, el equipo utiliza **seis M**: ha añadido la «M» de «**M**ediciones» porque la garantía de calidad de un proyecto se basa en la eficacia de estas mediciones, la objetividad y la frecuencia de los controles (es decir, la **C** de PDCA).

Las 5 (6) M utilizadas anteriormente

Para establecer el marco de un estudio de causa-efecto, es necesario calibrar los tipos de causa. En el contexto del diagrama elaborado anteriormente, se optó por lo siguiente y se produjeron varias interpretaciones.

Gestión de proyectos (Management)

El diagrama llama nuestra atención en los siguientes puntos:

- Las prácticas de estimación de la carga de trabajo son inadecuadas, ya que exigen un compromiso con los plazos y las horas que consumirán los desarrolladores sin darles tiempo a analizar el trabajo que deben realizar en el contexto real de las tareas del equipo.
- Las especificaciones técnicas y funcionales (requisitos) cambian con frecuencia, pero la dirección no ha desarrollado un marco metodológico ni herramientas que respalden esos cambios.

Métodos utilizados en el proyecto

El marco metodológico del proyecto no parece ajustarse a la situación actual:

- El sistema de pruebas es deficiente (no hay pruebas unitarias ni plataforma de integración en condiciones cercanas a las reales), así que no tenemos ni idea de dónde nos encontramos en cuanto al **cumplimiento de los requisitos.**
- No se respetan algunos grandes principios de desarrollo:

	Significado en inglés	**Significado en español**	**Beneficios**	**Ejemplo**
DRY	Don't Repeat Yourself	No se repita	Reduce la complejidad y mejora el mantenimiento, mejora la reutilización	Aislar la lógica de validación de los datos
KISS	Keep It Simple, Stupid	Manténgalo simple, estúpido	Más fácil de entender, el código evoluciona más fácilmente	Aislar funciones de cálculo sencillas
YAGNI	You Ain't Gonna Need It	No lo necesitará	Reduce la complejidad y el esfuerzo y favorece un desarrollo ágil	Establecer un flujo de trabajo explícito y sereno (*workflow*) y cumplir estrictamente los requisitos

	Significado en inglés	Significado en español	Beneficios	Ejemplo
CdC	Convention over Configuration	Convención en lugar de configuración	Simplifica el desarrollo y mejora la legibilidad	Seguir una convención de nomenclatura y una estructura de directorios predefinida

En sus proyectos de desarrollo informático, le sugerimos que revise con cuidado las prácticas de sentido común enumeradas en el cuadro anterior:

- **DRY**, que se centra en eliminar la duplicación innecesaria de código para facilitar su lectura, mantenimiento y reutilización (truco: releer el código y refactorizarlo creando funciones sencillas, pero más genéricas y resistentes).
- **KISS**, que fomenta la simplicidad para una mejor comprensión, menos errores y mejor escalabilidad (truco: describir casos de uso nominales, es decir, sin perderse inmediatamente en el manejo de excepciones).
- **YAGNI**, que aconseja no implementar funcionalidades innecesarias, concentrarse en los requisitos esenciales y en el desarrollo iterativo (truco: gestionar una lista de requisitos y tareas por producir que se valide y negocie, comparar los esfuerzos con los objetivos en diversas reuniones de ideación).
- **CoC**, que aboga por el uso de convenciones en lugar de configuraciones explícitas, lo que simplifica el desarrollo y mejora la colaboración:
  - compartir los hábitos y costumbres de cada uno en reuniones breves y periódicas,
  - hacer que el equipo vote sobre la generalización o no de estos hábitos de programación o configuración,
  - registrar los resultados de las votaciones de forma accesible para todos,
  - utilizar pocas convenciones de nomenclatura para el desarrollo, pero que todos las comprendan y utilicen sistemáticamente,
  - establecer un plan de gestión de la configuración que incluya nomenclaturas y convenciones de denominación útiles para los artefactos,

– utilizar una gestión sólida de versiones, por ejemplo, con la herramienta Git.

Mecánica del proyecto

La logística de un proyecto informático puede fracasar por diversos problemas técnicos relacionados con el hardware, el sistema operativo, el software utilizado para la producción informática, las redes, la instalación y la armonía del conjunto. Una buena nomenclatura, normalmente alojada en una base de datos específica, a menudo denominada CMDB (*Configuration Management DataBase*), puede proporcionar un repositorio útil como almacén de datos que indexe los componentes de sus instalaciones informáticas.

Material

En nuestro contexto, el material que procesamos adopta la forma de los datos que utilizamos y el código que construimos. Por tanto, debemos controlar la naturaleza de este contenido mediante técnicas de modelización adecuadas y una excelente trazabilidad de los flujos de información que manejamos. Cabe señalar que el acrónimo SI suele referirse al **Sistema de Información**, y no al sistema informático.

Medición

Las mediciones y los controles resultan más eficaces si son sencillos, están bien equipados y ofrecen resultados que puedan interpretarse. A continuación veremos cómo estructurar los distintos cuadros de mando a nivel de proyecto, las mediciones útiles y los KPI (*Key Performance Indicator*) asociados.

Tenemos que medir tanto el proceso de producción de código como la calidad del código producido en términos de cumplimiento de los requisitos, así como su calidad técnica. Por lo tanto, hay que saber depurar el código, pero también optimizarlo en términos de rendimiento (utilizando técnicas y herramientas de perfilado técnico).

Recursos huManos

Los seres humanos no son intercambiables y evolucionan en sociedad. No trabajar las características específicas de su equipo y su adecuación a los objetivos del proyecto puede tener consecuencias fatales para este último.

También hay que identificar las características de todas las **partes interesadas**, sin olvidar sus motivaciones, las posibles resistencias al cambio (justificadas o no en el contexto), sus competencias reales y, como mínimo, su disponibilidad para participar en el proyecto (**disponibilidad = presupuesto asignado + tiempo asignado + voluntad real**).

2.2 Evaluar las principales fases de un proyecto en cascada (waterfall)

El modo en cascada es una representación puramente secuencial de las fases de un proyecto.

Es la forma natural de abordar un proyecto informático, paso a paso.

La organización de proyectos en cascada (*waterfall*) ha experimentado diversos fracasos. Su teoría ha tenido que ser modificada en múltiples ocasiones por numerosos comités de expertos en metodología, sobre todo para explicar cómo evitar el efecto túnel, que se caracteriza por la pérdida de visibilidad de las partes interesadas no implicadas en el desarrollo.

Este efecto túnel provoca a veces graves desviaciones en cuanto a la alineación del proyecto con los objetivos de la organización (¡que cambian durante el proyecto!), el presupuesto o los plazos, y desmotiva a las personas implicadas en él.

Observación

A diferencia de un enfoque puramente en cascada, la implementación de ciclos en V o de metodologías ágiles, cuando se entienden correctamente, ayuda a limitar este tipo de contratiempos. Esto se aborda a continuación.

Sin embargo, la dirección, los gestores y las unidades de negocio suelen expresar sus limitaciones de plazos y presupuesto de esta forma secuencial. Por tanto, la organización y los departamentos informáticos deben elaborar planes de proyecto que les permitan sincronizar estas visiones externas y globales del proyecto con el despliegue de métodos que tengan más probabilidades de cumplir sus compromisos. Esto requiere una gestión precisa de la comunicación y la **gobernanza del proyecto** (y, si es necesario, la **evangelización** de los agentes no informáticos sobre los métodos modernos de gestión de proyectos).

Algunos elementos del vocabulario pueden variar de una organización a otra, pero muchas grandes empresas siguen más o menos el siguiente esquema en cascada. Dado que el vocabulario y las definiciones de las fases y etapas varían de una organización a otra, he aquí un popurrí (*medley*) de estos términos:

- A nivel organizativo o empresarial.
  - **Esquema** o **Plan Director** (a nivel de la organización o de una de sus grandes áreas).
  - **Estudio Previo** (a nivel de dominio o subdominio, que conduce a uno o varios proyectos).
  - **Estudio de Oportunidad** o **Estudio Preliminar** o **Anteproyecto** por proyecto: que conduce a la decisión de hacer o no hacer (*go/no go*) y que permite fijar los presupuestos, los plazos, los objetivos principales y las condiciones de inserción del proyecto en el Sistema de Información (nivel de conformidad deseado con las arquitecturas técnicas de referencia, los estándares *de facto* y las normas de la organización).
- A nivel de proyecto.
  - **Estudio detallado** del proyecto o **Preparación**, que conduzca como mínimo a una lista de requisitos funcionales y a un acuerdo preciso sobre el **Plan de Gestión del Proyecto** (**PMP**) entre las partes interesadas (los *stakeholders*):
    - Direcciones de las líneas de negocio implicadas + RR HH/formación si procede.
    - Gobernanza, ética y conformidad (*compliance*).
    - Responsabilidad social de la organización.
    - Direcciones de desarrollo sostenible, asuntos sociales y RSC.

  - Representantes de los usuarios por región/dominio, titular del proyecto, asistencia en la gestión del proyecto.
  - Seguridad de la organización, seguridad de los SI.
  - Responsables del plan de continuidad de la actividad o del plan de emergencia.
  - Arquitectos de los SI.
  - Dirección de métodos y calidad.
  - Dirección de Datos, *Master Data Management*.
  - Operación/producción.
  - Y la jerarquía del equipo del proyecto: Dirección de la organización, Dirección de estudios, etc.
- Opcionalmente: **Pliego de condiciones**, para posibilitar la subcontratación.
- **Desarrollo.**
  - **Análisis, diseño funcional detallado** o **SES: especificaciones externas del sistema**.
  - **Diseño técnico general y arquitectura** o **SIS: especificaciones internas del sistema**.
  - **Diseño técnico detallado**.
- **Realización** o **Construcción**.
- **Pruebas técnicas** (y PU: **Pruebas Unitarias**).
- **Pruebas de integración y Pruebas de validación del usuario** (**UAT**, *User Acceptance Test*, en un determinado nivel de versión del proyecto, un **Release Candidate**).
- **Prueba** en la primera versión viable entregada (**versión ALFA**), versión de transición VTx.0.n.
- **Transición** (preparación para ***Go live***, que será la puesta en marcha real) y nueva prueba de las correcciones menores.
- **Decisión de despliegue** (fecha de puesta en marcha y posibles exenciones para corregir ciertas anomalías) obtenida en una reunión del comité de dirección con los altos cargos de las partes interesadas.
- ***Go Live*** de la versión Vx.0.0.
- **Verificación del servicio regular (VSR)**: funcionamiento real bajo supervisión en una versión **BETA** Vx.1.0.

- **Despliegue**, Versión Vx.1.0.
- **Mantenimiento** (y transferencia definitiva de responsabilidad a los equipos de mantenimiento), versiones Vx.n.r.

2.3 Ciclo en V

Desde el punto de vista de los informáticos convencionales, una representación puramente en cascada del proyecto parece insuficiente. Por ello, se ven abocados a representar el proyecto de otra forma, en este caso mediante el «ciclo en V».

El ciclo en V expresa la relación esencial entre el tipo de acciones de un proyecto que, realizadas más o menos sucesivamente, permiten construir un objeto (por lo general, una aplicación informática) y las acciones que garantizan su calidad, conformidad y usabilidad.

El ciclo en V aplicado a los proyectos se representa en dos ejes:

- el tiempo (llamado «ciclo de vida» en la metodología Merise) en la abscisa;
- el nivel de abstracción en términos de ingeniería de sistemas de información en la ordenada.

En este ciclo en V, los niveles de abstracción relacionados con el negocio, el sistema de información y la tecnología (que también destaca la metodología de arquitectura TOGAF) se expresan en cuatro capas:

- el **Negocio**: el Qué, en relación con el Por qué;
- las **Funciones**: el Qué, como visión externa del problema planteado;
- el **Sistema**y su **Arquitectura**: el Cómo en términos de lógica global;
- las **Componentes del sistema**: el Cómo detallado por componente y los propios componentes.

Observación

Cuando se realiza un ciclo en V que abarca las fases previas al desarrollo del producto, a veces se añade una quinta capa en la parte superior del modelo, que representa el «Por qué del proyecto» mediante la expresión de las estrategias, tácticas y objetivos de la organización. Con estos objetivos en mente, el producto puede supervisarse y evaluarse durante el funcionamiento real, normalmente después de que haya entrado en funcionamiento (Go live en inglés) durante una comprobación periódica del servicio (VSR).

En estos dos ejes se representan las etapas de lo que solía llamarse el «ciclo en cascada» (*waterfall*), es decir, una visión puramente secuencial del proyecto. La ventaja de esta representación es que pone de relieve la relación entre el nivel más o menos conceptual de estas etapas y el carácter detallado de las acciones de prueba.

Observación

En la metodología Merise, el descenso del Qué al Cómo se organiza a lo largo de un eje conocido como ciclo de abstracción, que comprende tres niveles: Conceptual, Lógico y Físico (que aún se utiliza hoy en día para diseñar modelos de bases de datos relacionales).

Las etapas de la parte izquierda del ciclo en V son:

- **Requisitos**: expresión de los requisitos, normalmente del negocio.
- **Análisis**: especificaciones externas del sistema, normalmente una descripción de las funciones del producto esperado.
- **Diseño general**: especificaciones internas del sistema que ponen de relieve las relaciones entre los componentes.
- **Diseño detallado** y **producción** de componentes: la especificación interna y la producción de componentes se consideran aquí responsabilidad directa de los desarrolladores.

Las etapas de la parte derecha del ciclo en V son (en orden ascendente a lo largo de la V):

- **Pruebas unitarias** integradas en el código producido y pruebas unitarias en los componentes, si es necesario realizadas manualmente o mediante herramientas específicas.
- **Pruebas de integración** en una plataforma de integración dedicada que simula el sistema de información real.
- **Pruebas de validación** eniendo en cuenta los requisitos detallados.
- **Aceptación** conforme a los requisitos de la empresa.

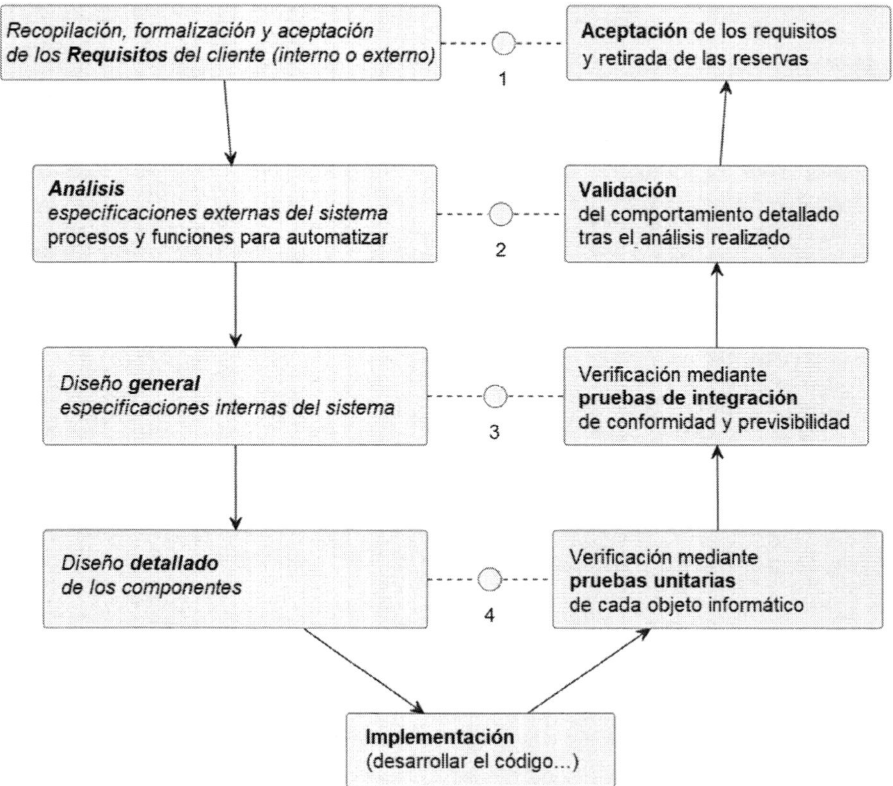

El ciclo en V

2.4 Agilidad

La experiencia ha demostrado que los desarrollos informáticos se realizan a menudo en contextos cambiantes o inciertos, aunque solo sea porque un proyecto es siempre único, a diferencia de la producción en serie de un objeto industrial, que puede asimilarse a un proceso «taylorista». Por eso es necesario ser más «ágiles».

La agilidad es la capacidad de un equipo para adaptarse rápidamente, como un comando. Esto es tanto más cierto si el grupo está bien entrenado y las funciones y las técnicas son claras, sin restringir la iniciativa de los implicados en el proyecto.

La idea es luchar contra el «efecto túnel» implicando a un representante de las partes interesadas ajenas a las TI a lo largo de todo el proyecto y procediendo por iteraciones sucesivas, incluso en la definición del producto que se va a construir. Esto garantizará una mejor adecuación entre:

- plazos,
- recursos consumidos,
- funcionalidad, calidad o rendimiento.

Al igual que el piloto de un avión necesita cierto margen de maniobra para garantizar un aterrizaje sin contratiempos, el proyecto se pilota reajustando constantemente estos tres elementos.

2.4.1 SCRUM, la referencia actual en métodos ágiles

SCRUM (que literalmente significa «melé», en referencia al rugby) es un método ágil organizado en torno a una iteración con un nombre engañoso, el *sprint*, que no significa que haya que ir rápido, sino que hay que proceder de forma regular, desestresada, participativa, voluntaria, pragmática, evolutiva (si es necesario, a través de un proceso cíclico de mejora del código ya producido, llamado *refactorización*), en sintonía con los tiempos, trazable, mensurable y medida.

Esto se concreta mediante la implementación de cuatro grupos de conceptos claramente definidos:

1. Tres roles

- **Product owner**: representa a las partes interesadas del proyecto y mantiene la lista de características que deben implementarse y sus prioridades; es responsable de las decisiones de negocio y las aprueba (es la persona *accountable* en la matriz RACI, la persona que debe rendir cuentas).
- **Team**: el equipo estima sus tareas, diseña, se autoorganiza, realiza, prueba, documenta e informa de sus progresos.
- **SCRUM master**: interlocutor y coordinador del día a día, responsable de que el proceso SCRUM se desarrolle sin problemas y *accountable* de la convergencia de los sprints.

2. Tres artefactos

- **Product Backlog**: lista priorizada y actualizada de características que deben implementarse.
- **Sprint Backlog**: subconjunto del product backlog que debe entregarse al final del sprint.
- **SCRUM Board**: soporte visual que muestra la organización de las tareas del sprint.

3. Tres ceremonias

- **Sprint planning**: el product owner presenta las funcionalidades previstas para el sprint, que se desglosan en tareas. El equipo estima el esfuerzo necesario, negocia y se compromete con el contenido del sprint.
- **Daily SCRUM**: *standup meeting* al comienzo del día para compartir los progresos y abordar posibles problemas (standup meeting = reunión de pie).
- **Sprint review**: el equipo muestra el trabajo realizado al product owner, que puede solicitar la ayuda de las partes interesadas de su elección para aceptarlo y recoger retroalimentación.

4. Tres buenas prácticas

- **User stories** y **epics**: un formato para expresar funcionalidades.
  - Una *user story* sigue el patrón: *Como* `<rol>`*, quiero* `<funcionalidad>`*, para* `<propósito>`.
  - Las user stories se agrupan en *epics* para darles mayor sentido (epic = conjunto de stories al que hemos dado un nombre y unos objetivos que todo el mundo entiende).
  - Las stories cumplen los criterios INVEST:
    - ***I**ndependent*, cada story es independiente de las demás.
    - ***N**egotiable*, puede cuestionarse.
    - ***V**aluable*, añade un valor añadido al producto.
    - ***E**stimable*, el equipo es capaz de estimar el esfuerzo necesario para producirla.
    - ***S**mall*, tiene unos límites bien definidos.
    - ***T**estable*, cada caso de uso debe poder probarse.
- **Planning poker**: técnica para estimar la carga de trabajo relativa de las distintas *stories*, expresada en «puntos».
  - Cada tarea es presentada por un miembro del equipo.
  - El esfuerzo estimado necesario para completar la tarea es valorado individualmente por cada miembro del equipo implicado o competente en la materia en forma de puntos, generalmente en función de la complejidad, el esfuerzo de desarrollo o el tiempo necesario.
  - El rango de puntos posibles es creciente y se basa en la secuencia de Fibonacci (0,5; 1; 2; 3; 5; 8; 13; 20; 30; 50; 100; 200) porque cuanto más alto es el esfuerzo, más incierto es su valor.
  - Se evitan las tareas con una puntuación elevada dividiéndolas en tareas más pequeñas.
  - Los puntos se anotan en tarjetas. Cada miembro coloca su tarjeta, con la estimación correspondiente, boca abajo sobre la mesa. Se da la vuelta a las tarjetas simultáneamente y se revelan las estimaciones.
  - Si las estimaciones son similares, se utiliza el valor medio como estimación final.

  - Si las estimaciones difieren, se pide a los miembros del equipo que eligieron los valores más alto y más bajo que expliquen su razonamiento. A continuación, se organiza una nueva secuencia de planning poker hasta alcanzar un consenso.
  - El planning poker permite al equipo de desarrollo compartir sus opiniones sobre cómo y qué tareas deben llevarse a cabo, al tiempo que fomenta la colaboración y evita los sesgos individuales.
- **Burndown chart**: gráfico compartido utilizado para visualizar el progreso del sprint, resaltando la suma de las tareas que quedan por hacer (QPH) para cada día del sprint. Evidentemente, cuando el QPH previsto al final del sprint no es cero, hay que tomar decisiones en la reunión diaria (*daily meeting*).

He aquí un breve código en Python para crear rápidamente un burndown chart simplificado.

```
import pandas as pd
import matplotlib.pyplot as plt
import seaborn as sns   # ¡superpaquete gráfico!

# Crear un DataFrame Pandas con datos falsos
tiempo ='Días del sprint'
estim  ='QPH estimado hasta la fecha al inicio del sprint'
qph    = 'Queda por hacer hasta la fecha'

# Crear un dataset con mis datos
data = {tiempo: [1, 2, 3, 4, 5, 6, 7], # 7 periodos de 1 día
        estim: [10, 8, 6, 5, 3, 2, 0], # estimado al inicio del sprint,
                                       # por periodo
        qph: [10, 6, 4, 2, 2, 1, 1]    # queda por hacer,
                                       # debe actualizarse en cada periodo
        }
df = pd.DataFrame(data)

# Crear el gráfico "paso a paso"
fig, ax =plt.subplots()
sns.lineplot(x=tiempo,
           y=estim,
           data=df,
           marker='x',
           label='Estimado',
           ax=ax)
sns.lineplot(x=tiempo,
           y=qph,
           data=df,
```

```
            marker='o',
            label='QPH',
            ax=ax)

# Añadir las etiquetas de los ejes y el título
ax.set_xlabel(tiempo)
ax.set_ylabel('Queda por hacer vs estimado')
ax.set_title('Evolución de la producción durante el sprint')

# Añadir la leyenda
plt.legend()

# Guardar el gráfico en formato svg
plt.savefig('burndown_chart.svg', format='svg')
```

El diagrama se elabora a partir de dos series temporales:

- La lista de previsiones de producción de código (+ documentación + pruebas + scripts), para cada día, estimadas por el equipo encargado del desarrollo al inicio del sprint. Estos valores de referencia no cambiarán durante el sprint. A menudo se denominan «valores ideales». Lo más frecuente es que disminuyan de forma lineal, desde el valor del primer periodo hasta el valor cero del último periodo.
- La nueva estimación de lo que queda por hacer, realizada por el equipo encargado del desarrollo e introducida en cada periodo (en este caso, cada día). La idea no es pedir a los miembros del equipo que resten a la estimación original lo que se ha producido, sino que piensen objetivamente sobre la realidad de lo que aún les queda por hacer.

Nos gustaría llamar su atención sobre un punto clave. Cada estimación inicial debe incluir los **supuestos asociados** y elementos cuantificados por dificultad (fáciles, moderadamente fáciles, difíciles, muy difíciles). Por ejemplo:

- número de funciones que deben desarrollarse (por dificultad);
- número de interfaces hombre-máquina (pantallas, páginas web) que deben producirse (por dificultad);
- número de informes que deben elaborarse (por dificultad);
- número de pruebas unitarias, scripts, documentos explicativos que deben añadirse;
- disponibilidad prevista de diversos recursos (expertos, tiempo de máquina, información en espera, apoyo de los representantes de los usuarios);

– tecnologías y herramientas que deben utilizarse.

Cuando la estimación de la cantidad de trabajo que queda por hacer varía de forma significativa durante el sprint, es necesario comunicarlo de inmediato, explicando si se debe a que ya no se cumple alguna de las hipótesis establecidas o si simplemente se trata de un error de apreciación (o de la indisponibilidad del desarrollador para realizar la tarea, debido a una limitación imprevista, externa o interna al equipo).

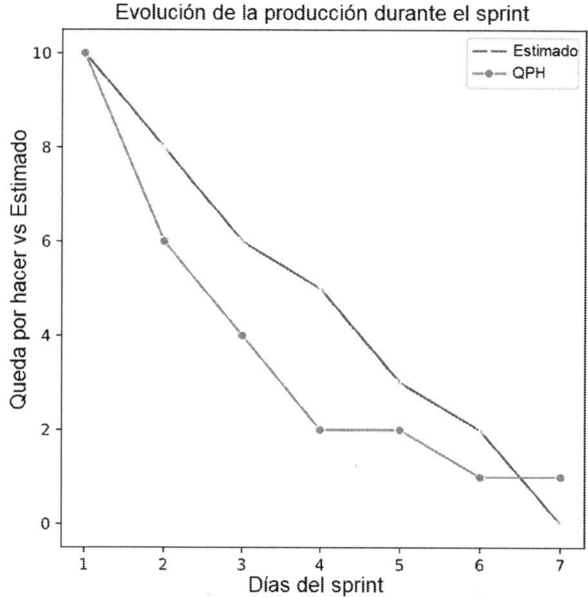

Burndown chart - Sprint no convergente

En el diagrama anterior, al principio el equipo pensaba que avanzaba más rápido que su estimación inicial (la línea de lo que queda por hacer está por debajo de la línea inicial), pero luego el equipo parece descubrir nuevas dificultades en cuanto al volumen de trabajo por hacer. La línea ya no converge hacia cero (y se eleva por encima de la línea de referencia); por lo tanto, no todo lo que el equipo pensaba que iba a producir estará listo al final del sprint. En ese caso, hay que decidir qué hacer: posponer una tarea o simplificarla.

Cuando se pospone una tarea a otro sprint, no siempre será al siguiente, porque a veces será preciso hacer transformaciones en la arquitectura o especificar la documentación de la tarea para que el siguiente intento sea más realista en términos de estimación.

Al final del sprint, hay que estudiar colectivamente, sin tabúes pero sin estrés, las causas de los principales errores de estimación (tanto de sobreestimación como de subestimación) y actualizar la base de conocimientos con reglas sencillas del tipo: «Si... y... entonces hay que...».

Algunos equipos no miden el trabajo en horas o días, sino que utilizan *story points*, que permiten trabajar de forma relativamente objetiva, ya que se trata de una unidad más independiente de los individuos. Para calibrar esta noción, tomamos una story que no sea ni demasiado larga ni trivial de codificar y le asignamos dos story points, y tomamos una story más compleja, pero no ambigua, que parece requerir al menos el doble de tiempo de codificación y le asignamos cinco puntos. A la hora de estimar las demás stories, los miembros del equipo las sitúan en proporción a estas dos stories de referencia, utilizando los siguientes valores: 0,5; 1; 2; 3; 5; 8; 13; 20; 30. Para valores superiores, es mejor hacer un nuevo desglose más fino (en forma de un árbol de tareas: *Work Breakdown Structure* - WBS).

Estos equipos, a menudo los más experimentados en SCRUM, prefieren contar el esfuerzo realizado, o por realizar, en story points para acercarse lo más posible al espíritu del planning poker. En efecto, si contamos en horas por persona, el consumo depende de las competencias precisas de la persona que se ha elegido para realizar la tarea.

Evidentemente, en un contexto de un equipo dado, para un sprint concreto, existe una relación directa entre el número de horas que requiere una tarea y su valor en puntos. Por eso algunas personas gestionan dos product burndown charts, uno en story points para las reuniones y otro en días por persona para comprobar su capacidad de convergencia con precisión y gestionar la planificación del equipo.

Como es lógico, resulta más difícil adoptar un enfoque SCRUM estricto si no se dispone de los requisitos previos necesarios en términos de diseño general del producto, normas o estándares de arquitectura. Esto significa que es especialmente fácil trabajar con SCRUM en las actividades situadas en la parte inferior del ciclo en V, en proyectos pequeños o en aquellos que suponen una evolución muy parcial del Sistema de Información.

Esta observación ha llevado a la creación de nuevos marcos metodológicos que intentan combinar las ventajas de los mundos en cascada o ciclos en V con las de un método ágil como SCRUM: este es el objetivo de un marco metodológico como **SAFe** (*Scaled Agile Framework*), que se está extendiendo principalmente en las grandes organizaciones.

Otras organizaciones dividen sus proyectos en una colección de ***Proof of Concept*** (**PoC**), seguida de una colección de subproyectos lo más independientes posible, y luego aplican SCRUM a estas PoC y a sus subproyectos, antes de converger en un proyecto de integración, gestionado a su vez en SCRUM.

2.4.2 SAFe

SAFe, de *Scaled Agile Framework,* se presenta como un enfoque *customer centric*, es decir, centrado en las necesidades de los clientes o usuarios **externos** (si es posible) a la organización. SAFe pretende implantar un canal de entrega continua (*continuous delivery pipeline*). Su objetivo es adaptarse lo mejor posible a las limitaciones de agilidad determinadas por los requisitos empresariales y organizativos decididos por la alta dirección.

Para ello, incluye:

- una combinación juiciosa de los conceptos de **TOGAF** (*The Open Group Architecture Framework*), **Kanban** (método ágil similar a SCRUM, pero sin los roles y durante periodos más largos, con una búsqueda de la **cantidad mínima de trabajo por hacer**, lo que se conoce como **limitación WIP**, de *Work in Progress*), etc.;
- marcos de agilidad como SCRUM (o XP de *eXtreme Programming,* otro método ágil);

– y a menudo **DevOps**, una práctica moderna de desarrollo de código y uso del software resultante que promueve la colaboración entre el desarrollo y las operaciones. DataOps, MLOps y SecOps son los aspectos de DevOps relacionados con los datos, el aprendizaje automático y la seguridad, respectivamente.

Todo el proceso se controla mediante una serie de bucles PDCA sincronizados.

2.4.3 Git

Encontrará una lista de instrucciones de Git, con breves ejemplos de sintaxis, en el capítulo Prontuario, al final del libro.

Para ser ágil, necesita tener en todo momento una visión precisa de los componentes de su proyecto (código, pruebas, documentación, scripts, etc.). Este es el objetivo de las herramientas de gestión de la configuración de software (gestión de versiones); la más utilizada hoy en día es Git.

Git es un sistema distribuido de control de versiones que facilita la colaboración entre desarrolladores y se utiliza ampliamente en el desarrollo de software. Permite gestionar y comparar los cambios realizados en los archivos a lo largo del tiempo, registrando sus distintas versiones. Git funciona registrando los cambios que se consideran relativamente fiables mediante operaciones denominadas *commit*. Se trata de instantáneas del estado de los archivos en un momento dado. También permite crear ramas para trabajar en características o correcciones de errores por separado, y luego fusionar estas ramas una vez completados los cambios. Git ofrece una gestión de conflictos relativamente eficaz (aunque no siempre fácil de entender), lo que permite a los desarrolladores fusionar sus cambios sin sobrescribirlos inadvertidamente.

Observación

Tenga en cuenta que Git no está diseñado para gestionar archivos de gran tamaño (csv, imágenes, modelos de aprendizaje automático o IA, archivos binarios diversos, etc.). Para incluir este tipo de archivos en su gestión de versiones, puede utilizar una herramienta como Git LFS (Large File Storage). Git LFS es una extensión de Git que sustituye los archivos grandes por punteros ubicados en el repositorio de Git, mientras que los archivos reales se guardan en un espacio de almacenamiento externo. Git LFS facilita el seguimiento de los cambios en archivos grandes sin sobrecargar el propio repositorio Git.

El siguiente diagrama de secuencia muestra los pasos típicos que implica el uso del sistema de control de versiones Git por parte de uno de los desarrolladores que comparte su trabajo con los demás en un servidor común desde su propio espacio de trabajo (normalmente, su estación de trabajo local):

- **Working Directory (directorio de trabajo)**: es la máquina local en la que trabaja con sus archivos. Aquí es donde usted hace sus cambios.
- **Staging Area (área de preparación)**: después de realizar cambios en su directorio de trabajo, utilice el comando `git add` para añadir los archivos modificados al área de preparación. Esto le dice a Git que usted desea incluir estos cambios en su próximo *commit*.
- **Local repository (repositorio local)**: una vez que haya añadido sus cambios en el área de preparación, utilice el comando `git commit` para crear un commit. Un commit es una instantánea del estado de sus archivos en un momento dado. Los commits se almacenan en su directorio local.
- **Remote Repository (repositorio remoto)**: el repositorio remoto suele estar ubicado en un servidor común (por ejemplo, GitHub). Una vez que ha hecho un commit en su directorio local, utilice el comando `git push` para enviar sus commits al directorio remoto. Esto actualiza el directorio remoto con sus cambios.
- **`git fetch`**: cuando otros colaboradores realizan cambios en el directorio remoto, puede utilizar el comando `git fetch` para recuperar estos cambios en su directorio local. Esto actualiza su directorio local con los últimos commits del directorio remoto.
- **`git checkout`**: una vez recuperados los cambios del directorio remoto, puede utilizar el comando `git checkout` para cambiar entre distintas ramas o restaurar los archivos a un estado anterior. Esto le permite trabajar en diferentes ramas o restaurar sus archivos a un estado anterior.

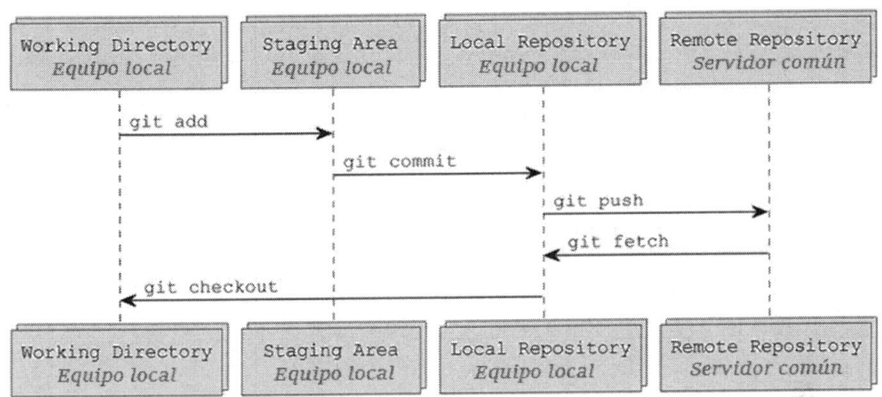

Funcionamiento básico de Git

Aquí no hemos representado un aspecto importante de Git: puede definir ramas, es decir, flujos de desarrollo paralelos que parten de una determinada versión del *repository*, un commit concreto, que fusiona (*merge*) más tarde para crear una versión que tenga en cuenta dos ramas (¡o no!). La rama principal se llama, como es lógico, *main* (antiguamente, *master*). Esto le permite trabajar en adiciones o modificaciones de forma aislada, sin afectar a la rama principal.

Para crear una nueva rama en Git, utilice el comando `git branch mi_rama1`.

Una vez creada la rama, puede moverse a ella utilizando el comando `git checkout mi_rama1`.

Cuando ha terminado de trabajar en una rama, si quiere incorporar los cambios a la rama principal, debe fusionar la rama `mi_rama1` con la rama maestra; vaya a la rama maestra con el comando `git checkout master` y luego use el comando `git merge mi_rama1`.

A continuación, Git intenta fusionar automáticamente los cambios de las dos ramas. Sin embargo, puede haber conflictos si se han modificado las mismas partes del código en ambas ramas. En este caso, Git informa de los conflictos y han de resolverse manualmente modificando los archivos afectados (seguido de un `git add` y un `git commit`).

Git mantiene un historial completo de ramas y fusiones para que pueda retroceder en el tiempo o seguir la evolución del código en el futuro. Las ramas pueden eliminarse una vez que ya no se necesitan, utilizando el comando `git branch -d`, seguido del nombre de la rama que se desea eliminar.

Es importante configurar un archivo .gitignore en su directorio para excluir varios archivos o carpetas, a menudo generados automáticamente, de la gestión de Git. Esta exclusión puede incluir archivos de compilación, temporales, de autenticación, de configuración específicos del entorno, binarios y otros elementos que no deben ser compartidos o versionados, como archivos de gran tamaño.

Un archivo .gitignore puede contener reglas de coincidencia de archivos basadas en varios patrones; por ejemplo:

- `*.log`, que excluye todos los archivos con la extensión .log;
- `build/`, que excluye todo el contenido de la carpeta build y los archivos de esta carpeta;
- `config.ini` que excluye un archivo específico llamado config.ini.

Las reglas especificadas en el archivo .gitignore se tienen en cuenta durante las operaciones `git add`, `git status` y `git commit`.

Hay muchas herramientas se basan en Git, como los conocidos entornos GitLab y GitHub. El producto es muy fácil de instalar en las estaciones de trabajo de los desarrolladores. En Windows, también se puede utilizar una línea de comandos para simular ciertas funciones de Linux instalando la interfaz **Git-Bash**.

2.4.4 DevOps CI/CD

*DevOps*es un enfoque del desarrollo de software que pretende fusionar los equipos de desarrollo y de operaciones, fomentando así la colaboración, la automatización y la entrega continua de software (en la práctica, esto significa a menudo integrar la agilidad de extremo a extremo en el proceso informático).

CI/CD (*Continuous Integration/Continuous Delivery*) es un enfoque de desarrollo de software dentro del marco DevOps. Su objetivo es automatizar y supervisar continuamente las distintas etapas del ciclo de vida de las aplicaciones, desde la integración y las pruebas hasta la distribución y el despliegue.

CI (*Continuous Integration*) consiste en integrar periódicamente las modificaciones de código en un repositorio compartido. Esto permite detectar rápidamente cualquier problema de integración y resolver los conflictos de código.

CD (*Continuous Delivery*) engloba tanto la entrega como el despliegue continuos. La entrega continua automatiza las integraciones de código y permite publicar versiones finales de la aplicación de forma periódica. El despliegue continuo va más allá al publicar automáticamente las versiones finales a los usuarios finales.

El enfoque CI/CD mejora la colaboración entre los equipos de desarrollo y de operaciones, fomentando una entrega de aplicaciones más rápida y fiable. También permite detectar y resolver rápidamente los problemas, al tiempo que ofrece una supervisión continua para garantizar que la aplicación funciona sin problemas.

Este enfoque es muy rico en herramientas y se pueden encontrar muchas ofertas que cubren todo o parte del ciclo, a veces de forma no homogénea. Como resultado, están surgiendo por todas partes expertos en DevOps para ayudar a las empresas a implantar este concepto.

En el centro de este enfoque está el principio de que «**todo es código**», tanto el código como la documentación, la configuración del software y la configuración y aprovisionamiento de la infraestructura (*infrastructure as a code*). Se evita configurar nada directamente a través de una interfaz hombre-máquina o, al menos, cualquier acto de configuración debe duplicarse exhaustivamente en código. Por ejemplo: las bases de datos se crean mediante código específico, se generan los contenedores o máquinas virtuales y sus sistemas operativos se implementan mediante código específico, etc., de modo que todo ello puede versionarse (gestionarse en configuración), analizarse, reproducirse y transformarse mediante métodos y automatizaciones que, a su vez, se gestionan en configuración y pueden auditarse.

Observación

Con este espíritu, el manuscrito de este libro se generó a partir de un texto codificado en Markdown (y sus hojas de estilo), y las ilustraciones se generaron, a su vez, a partir de diversos códigos Python, Graphiz, PlantUML y Mermaid. Todo el proceso se gestionó en configuración mediante una herramienta Git, etc. Encontrará el código de algunas de nuestras ilustraciones en los apéndices de este libro.

Una arquitectura de apoyo al desarrollo orientada a DevOps suele contener varios productos cuyas funciones pueden solaparse. Le corresponde a usted pensar en los límites de cada producto, su compatibilidad y cómo transmitir información de uno a otro. Dado que estos productos son por naturaleza «scriptables» (*...as code*), a menudo se interconectan de forma relativamente natural.

La arquitectura DevOps que se presenta a continuación abarca gran parte del tema y está diseñada para adaptarse a la producción informática en la **nube** (servicio de almacenamiento y procesamiento de datos en línea).

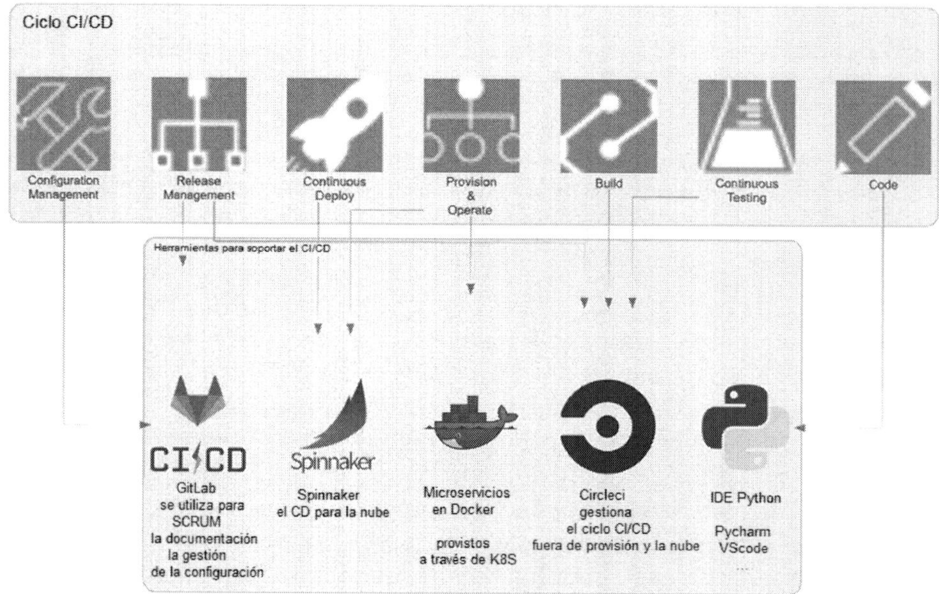

Ejemplo de arquitectura DevOps

Le instamos a que consulte en internet las funcionalidades precisas de los productos que aparecen en el diagrama anterior, teniendo en cuenta que los desarrolladores implicados en este tipo de planteamientos solo utilizan un subconjunto controlado de dichas funcionalidades: ¡mantenga siempre la sencillez!

2.5 KPI y mediciones

Un KPI *(Key Performance Indicator)* es un indicador clave de rendimiento utilizado para medir el nivel de éxito de una iniciativa, organización o proyecto.

Se pueden establecer varios protocolos para medir las actividades informáticas. Estos deben plasmarse en cuadros de mando, algunos de cuyos componentes sugeriremos a continuación.

No olvide que una medición en un momento dado no es muy informativa, mientras que su evolución en el tiempo le permite establecer estrategias de mitigación de riesgos y problemas basadas en anticipaciones creíbles: para cada KPI o medición que vamos a describir, necesitará no solo representarlo en una tabla, **sino también mostrar su evolución en el tiempo**. Esto puede hacerse mediante una curva o, simplemente, mediante un indicador de tendencia: decreciente, constante, creciente.

2.5.1 Medir el rendimiento de un proyecto

Como primera aproximación, necesita un cuadro de mandos con indicadores del proyecto, sencillo y que todo el mundo pueda entender.

Este cuadro incluye:

- El **estado general del proyecto** (semáforo verde-naranja-rojo), que puede detallarse en otros cuadros específicos en anexos: se trata de un resumen que debe ser objeto de discusión de todas las partes y puede expresarse como una horquilla(por ejemplo, «se evalúa entre el verde y el naranja porque...», etc.).
- Un **indicador de estado para cada objetivo principal** del proyecto (semáforo verde-naranja-rojo). Si el semáforo está en naranja, explicamos las medidas correctoras en curso; del mismo modo, si el semáforo está en rojo, convocamos una reunión de toma de decisiones con la dirección.
- Una **lista de riesgos y problemas** que podrían poner en peligro el éxito del proyecto. Se añade un nivel de gravedad sin haber llevado a cabo ninguna mitigación y un nivel de gravedad después de la mitigación propuesta. La lista debe limitarse a una decena de líneas; si son muchas, deben agruparse por temas y remitirse a un anexo detallado.

- Una lista de todas las **decisiones solicitadas a la dirección del proyecto** y la fecha límite de la decisión requerida (con cualquier anexo que explique los pormenores de estas decisiones).
- Un **RACI** sencillo y actualizado (quién hace qué en términos de: **R**esponsables de los trabajos, ***A****ccountables/Decisores*, **C**onsultados/Expertos, **I**nformados que no pueden negar el hecho de haber sido informados), indicando los cambios de responsabilidad desde el último periodo.
- Una lista de los **principales hitos del proyecto** (*milestones*), con las fechas previstas inicialmente, corregidas en las últimas reuniones del comité de dirección y reestimadas recientemente. Se comentan las posibles desviaciones y, sobre todo, se especifican sus consecuencias para los clientes del proyecto (y el presupuesto). Evite presentar más de ocho hitos principales: ¡los detalles están en el calendario!

Se adjunta como anexos:

- Una **planificación actualizada** que muestre cualquier desviación.
- Un **anexo presupuestario** para comprobar que la utilización de los recursos económicos a lo largo del tiempo se ajusta a las previsiones o se ha reestimado correctamente (y se ha validado).
- Una **lista de las hipótesis principales** o estructurales utilizadas para estimar el presupuesto y planificar el proyecto, en particular si un cambio en una de estas hipótesis puede repercutir en la consecución de los objetivos, calendarios o presupuestos del proyecto. Esta parte esencial se olvida a menudo y es un error que tiene consecuencias perniciosas: pérdida de credibilidad del equipo en caso de desviación (incluso cuando esta desviación no debería haber sido responsabilidad del equipo), incapacidad de aprender de los errores porque ya no sabemos cuáles eran nuestras hipótesis, imposibilidad de controlar los cambios en las hipótesis porque se desconocen, etc.

También es posible elaborar un apéndice resumido de indicadores alineados con las principales actividades de un proyecto informático estándar, que a veces se denominan «áreas de proceso» y que en realidad significan «áreas de proceso del proyecto o actividad informática». La terminología que sigue se basa libremente en el modelo CMMI (*Capability Maturity Model Integration*). Deberá modificarla para adaptarla a su contexto. Tenga en cuenta que el modelo CMMI propone un gran número de ámbitos de proceso; en esta fase, le sugerimos que se centre solo en tres.

Área de proceso: Gestión de proyectos (GP)

Objetivo del área de proceso	Indicador de salud	Fórmula de cálculo	Descripción
Gestión de riesgos (GP1)	Índice de gestión de riesgos	(Número de riesgos con un plan de mitigación establecido / Número total de riesgos identificados) x 100	Mide la eficacia de la gestión de riesgos.
Planificación y seguimiento de proyecto (GP2)	Cumplimiento de los plazos	(Número de tareas de duración similar completadas a tiempo / Número total de tareas de duración similar) x 100	Evalúa los plazos de los proyectos. *Cíñase, por ejemplo, a un macro desglose de tareas de 5 a 30 días de duración*
Supervisión e informes del proyecto (GP3)	Frecuencia de los informes de seguimiento	(Número de informes de seguimiento elaborados / Previstos) x 100	Mide la regularidad de los informes de seguimiento.

Área de proceso: Ingeniería informática (ING)

Objetivo del área de proceso	Indicador de salud	Fórmula de cálculo	Descripción
Gestión de requisitos (ING1)	Tasa de aceptación de requisitos/ stories	(Número de requisitos aceptados / Número total de requisitos emitidos) x 100	Permite anticipar la satisfacción del usuario y la calidad del diálogo establecido con el product owner o el jefe de proyecto delegado.
Diseño e integración de producto (ING2)	Número de revisiones de diseño del proyecto completadas	Número total de revisiones de diseño completadas	Mide el cumplimiento de las revisiones de diseño.
Validación de producto (ING3)	Índice de defectos identificados durante la validación	(Número de defectos identificados durante la validación o prueba de integración / Número total de defectos desde la validación hasta la entrada en servicio regular) x 100	Evalúa la eficacia de la validación del producto por los informáticos en función del número de defectos que algún día se identificarán.

Área de proceso: Soporte (SUP)

Objetivo del área de proceso	Indicador de salud	Fórmula de cálculo	Descripción
Gestión de proveedores o competencias de RR HH dedicadas al proyecto (SUP1)	Índice de evaluación de proveedores o competencias de RR HH dedicados a mantener las condiciones del producto/proyecto	(Número de evaluaciones de proveedores realizadas / Frecuencia esperada) x 100	Mide la regularidad de las evaluaciones de proveedores.
Gestión de la configuración (SUP2)	Número de cambios de configuración aprobados	Número total de cambios de configuración aprobados	Evalúa el control de los cambios de configuración.
Gestión del rendimiento y las mediciones (SUP3)	Índice de recopilación de datos de rendimiento	(Número de datos de rendimiento recopilados/ Frecuencia esperada) x 100	Mide la regularidad de la recopilación de datos de rendimiento.
Formación (SUP4)	Índice de participación en cursos de formación	(Número de participantes en los cursos de formación / Número de empleados implicados en el en el proyecto) x 100	Evalúa el compromiso de los empleados en la formación para el proyecto y permite anticipar los riesgos humanos en la puesta en marcha.

Objetivo del área de proceso	Indicador de salud	Fórmula de cálculo	Descripción
Gestión de activos y configuración (SUP5)	Índice de actualización de las bases de datos de configuración del SI o CMDB	(Número de actualizaciones de las bases de datos / Frecuencia prevista) x 100	Mide la regularidad de las actualizaciones de las bases de datos de configuración.

Área de proceso: Conformidad con la empresa u organización (C)

Objetivo del área de proceso	Indicador de salud	Fórmula de cálculo	Descripción
Planificación de proyecto (C1)	Índice de cumplimiento del calendario de planificación	(Número de hitos alcanzados / Número total de hitos) x 100	Evalúa el cumplimiento de hitos de la planificación.
Proceso del proyecto y de la organización (C2)	Índice de aplicación de los procesos definidos	(Número de veces que se han aplicado los procesos definidos / Frecuencia esperada) x 100	Mide el cumplimiento de la aplicación de los procesos.
Gestión de los rendimientos del proyecto y y de la organización (C3)	Índice de éxito de las auditorías internas	(Número de auditorías internas realizadas con éxito / Número total de auditorías internas) x 100	Evalúa la eficacia de las auditorías internas del proyecto y de la organización.

La idea general que subyace a la gestión de un contexto que se refiere a un modelo de madurez es la siguiente: **es mejor repartir los esfuerzos para progresar de manera uniforme en todas las áreas de proceso importantes** para el proyecto y su éxito que concentrarse en un área de proceso descuidando las demás. La experiencia demuestra que las áreas de proceso se influyen mutuamente y que el éxito del proyecto se juzgará en función de todas las áreas de proceso en relación con el área menos eficiente: el «eslabón débil».

2.5.2 El caso del rendimiento de un proyecto ágil

Como primer paso, basta con añadir los indicadores SCRUM (o Kanban) a los demás indicadores.

2.5.3 Cuadro de indicadores de seguridad

En cuanto a los proyectos de mejora de la seguridad, se trata de proyectos como cualesquiera otros, por lo que los cuadros de mando habituales pueden ser apropiados. Obviamente, el cumplimiento de los requisitos de seguridad (y *privacidad)* debe medirse con precisión; por ejemplo, haciendo referencia a las normas 2700x y al RGPD (Reglamento General de Protección de Datos).

Sin embargo, es importante asegurarse de que se tienen en cuenta todos los activos técnicos y de aplicaciones de la empresa o del dominio. Por tanto, hay que elaborar listas priorizadas en función de la criticidad de **sus activos de aplicaciones** (*assets*).

El equipo del proyecto suele participar en la evaluación de los activos de aplicaciones creados o transformados por su proyecto. Esto le permite determinar la magnitud del esfuerzo necesario en términos de resiliencia de las aplicaciones bajo su responsabilidad.

Es habitual evaluar los riesgos de un activo o vinculados a la utilización de cualquier recurso de la arquitectura sobre la base de los criterios **DICT**, a los que hay que añadir dos criterios, **el no repudio** y **la autenticación**.

- **Disponibilidad**: es posible invocar el componente en condiciones razonables de tiempo y rendimiento.
- **Integridad**: los datos son lo que se espera que sean, coherentes y no corrompidos.

- **Confidencialidad**: solo las personas autorizadas tienen acceso a la información, y los derechos de reproducción, transferencia, distribución, referencias cruzadas y tratamiento estadístico se gestionan lo más cerca posible de la fuente de la información.
- **Trazabilidad**: puede reconstruirse una auditoría inequívoca de la secuencia de acontecimientos pasados.
- **No repudio**: es posible garantizar que una transacción realizada no pueda ser negada por una de las partes implicadas.
- **Autenticación**: es necesario garantizar que solo las personas o las aplicaciones autorizadas tienen acceso al sistema (la autenticación define quién puede acceder a los datos, pero también quién puede acceder a las funciones del sistema, mientras que la confidencialidad garantiza que los datos permanecen protegidos incluso para los usuarios autenticados; la trazabilidad de las autenticaciones sucesivas nos parece básica y esencial, incluso en los casos en que los requisitos de seguridad expresados son especialmente bajos).

Por lo tanto, los riesgos asociados a los acontecimientos temidos deben evaluarse periódicamente en función de estos seis criterios. Este análisis debe realizarse para cada uno de los activos de la aplicación y para cada recurso inventariado en términos de riesgos o problemas de cualquier tipo. Las acciones de atenuación de riesgos deberán priorizarse en función del inventario de problemas vinculados a cada objeto del inventario. La granularidad del estudio debe corresponder más o menos a lo que puede entender la empresa: demasiado detalle oscurece la comprensión de los problemas, demasiado poco impide el diseño de soluciones eficaces.

Recordemos que un **riesgo** representa **uno de los efectos perjudiciales de uno o varios acontecimientos temidos**. Evidentemente, solo pueden temerse los acontecimientos inciertos, pues de lo contrario ya no estaríamos ante un riesgo, sino ante un problema real.

Por ejemplo, no deberíamos hablar de un «riesgo de inundación del centro de datos», ya que se trata solo del suceso temido, sino de una probabilidad identificada no nula de inundación del centro de datos, lo que da lugar a los siguientes riesgos (lista no exhaustiva):

- Riesgo de pérdida de vidas humanas *debido a la inundación del centro de datos* (vinculado a la conjunción con otro suceso temido: fallo de la alarma).
- Riesgos financieros *debido a la inundación del centro de datos*.
- Riesgo reputacional *debido a la inundación del centro de datos* («¿Acaso no habían previsto una posible inundación extraordinaria en su ciudad?»).

En materia de seguridad, los sucesos temidos se evalúan utilizando los siguientes conceptos:

- Amenazas **a corto plazo, ya que corresponden a estrategias y oportunidades vistas por los atacantes (vinculadas a una ganancia potencial, por ejemplo)**.
- Las vulnerabilidades son características de su SI, algunas de las cuales se identifican en bases de datos de vulnerabilidades, como las **CVE** (*Common Vulnerabilities and Exposures*), o a través de listas tipo, como las publicadas por la Fundación **OWASP** (*Open Web Application Security Project*), que publica periódicamente una lista de las diez principales vulnerabilidades que hay que contrarrestar.

Hasta hace poco, este **top ten de OWASP**, que incumbe principalmente a desarrolladores y arquitectos de productos/proyectos, era:

- A01 **Broken Access Control**. Ejemplo: la aplicación utiliza datos no verificados en una llamada SQL que accede a información de la cuenta.
- A02 **Cryptographic Failures**. Ejemplo: la base de datos de contraseñas utiliza *hashes* frágiles para almacenar contraseñas. Un fallo en la carga del archivo permite a un atacante obtener la base de datos de contraseñas.
- A03 **Injection**. Ejemplo de ataque: inyección SQL añadiendo caracteres perniciosos al final de una consulta.

```
String query ="SELECT * FROM accounts WHERE custID =
                  '" + request.getParameter("id") + "' "
```

- A04 **Insecure Design**. Ejemplo: un flujo para recuperar información de identificación implica un intercambio de preguntas y respuestas, lo cual es peligroso.
- A05 **Security Misconfiguration**. Ejemplo: el servidor de aplicaciones se entrega con ejemplos o identificadores por defecto (por ejemplo, la utilización de «admin» como nombre de usuario y contraseña, respectivamente) que no se eliminan cuando se despliega el servidor de producción.
- A06 **Vulnerable and Outdated Components**. Ejemplo: una vulnerabilidad identificada en los CVE de un programa informático y corregida por el editor sigue presente porque el programa no se ha actualizado.
- A07 **Identification and Authentication Failures**. Ejemplo: los tiempos de espera de la sesión de la aplicación no están configurados correctamente. Un usuario utiliza un ordenador público para acceder a una aplicación. En lugar de pulsar en "Desconectar", el usuario simplemente cierra la pestaña del navegador y se va. Un atacante utiliza el mismo navegador una hora más tarde y el usuario aparece erróneamente como autenticado.
- A08 **Software and Data Integrity Failures**. Ejemplo: algunos enrutadores, decodificadores, componentes IoT y firmware de periféricos no comprueban que estén actualizados por firmware certificado. El firmware no certificado es un objetivo cada vez más interesante para los atacantes, y el número de ataques va a aumentar.
- A09 **Security Logging and Monitoring Failures**. Ejemplo de impacto: una gran empresa europea sufrió una violación de sus datos privados que debería haber declarado en virtud del RGPD. La violación fue supuestamente causada por vulnerabilidades de seguridad en aplicaciones de pago explotadas por atacantes, lo que dio lugar a una multa de 20 millones de euros.
- A10 **Server Side Request Forgery** (los fallos SSRF son vectores de ataque cuando una aplicación web recupera un recurso remoto sin validar la URL o la procedencia). Ejemplos: acceso a archivos locales o servicios internos para obtener información sensible invocando el localhost o una IP convencional (por ejemplo, proveedores en la nube que depositan metadatos aquí: http://169.254.169.254/).

Así pues, la seguridad se gestiona mucho mejor si la **cartografía de los componentes** en las capas de urbanismo (negocio, arquitectura funcional, arquitectura de aplicación, arquitectura técnica, ubicación física) está actualizada, al igual que las nomenclaturas de los componentes en uso. Todo esto se construye utilizando herramientas de gestión de la configuración, como Git para el código, y una **CMDB** (*Configuration Management DataBase*) para el resto. Normalmente, una CMDB hace referencia a máquinas, configuraciones, sitios físicos, redes, nomenclaturas diversas, relaciones entre objetos del SI, etc. No dude en consultar los sitios web de CMDB de código abierto **Ralph** y **Netbox** (una CMDB especializada en redes) para hacerse una idea de todo lo que tiene que gestionar en términos de configuración si quiere entender su entorno informático de forma seria.

Los cuadros de mando que pueden elaborarse sobre los temas anteriores tratan de la mejora del sistema de gestión de la seguridad. Pero los eventos de seguridad también deben supervisarse durante las operaciones del SI. De hecho, al igual que existen **CSIRT** (*Computer Security Incident Response Teams*) a nivel estatal, el más conocido de los cuales es el CERT estadounidense, hay que imaginar un centro de alerta y respuesta a los ataques informáticos limitado a su zona de responsabilidad. Debe estar a disposición de sus interlocutores, ser competente y disponer, como mínimo, de un mecanismo eficaz de alerta y seguimiento, que incluya la notificación de incidentes de seguridad y el acceso a la información externa de los CIRT públicos, completado por un enlace con otras estructuras de la empresa relacionadas con la seguridad.

Los siguientes **KPI** (indicadores clave de rendimiento) ayudan a evaluar el rendimiento del **SOC** (*Security Operations Center*) que hemos definido, la rapidez de respuesta a las amenazas, la precisión de las alertas, el cumplimiento de las normas, etc. Un seguimiento regular garantiza que las medidas de seguridad son eficaces y responden a las amenazas.

KPI o medición directa	Fórmula de cálculo	Descripción
Índice de detección de amenazas o incidentes	(Número de amenazas o incidentes detectados / Número total de amenazas o incidentes probados) x 100	Mide la capacidad del SOC para detectar amenazas.
Índice de falsos positivos	(Número de falsos positivos / Número total de alertas) x 100	Evalúa la precisión de las alertas generadas por el sistema de seguridad.
Tiempo medio de detección (MTTD: *Mean Time To Detect*)	(Hora de detección de la amenaza_incidente - Hora de la amenaza_incidente) / Número de amenazas_incidentes	Mide la velocidad con la que el SOC detecta amenazas tras su aparición.
Tiempo medio de recuperación (MTTR: *Mean Time To Recovery*)	(Hola de resolución de la amenaza_incidente - Hora de detección de la amenaza_incidente) / Número de amenazas_incidentes_-detectadas	Evalúa el tiempo necesario para reaccionar y resolver una amenaza una vez detectada.
Índice de cobertura de la amenaza	(Número de incidentes cubiertos / Número total de incidentes) x 100	Indica la proporción de incidentes supervisados por el SOC.
Índice de bloqueo de amenazas	(Número de amenazas bloqueadas / Número total de amenazas) x 100	Evalúa la capacidad del SOC para bloquear las amenazas antes de que causen daños.
Nivel de conformidad con las normas	(Número de pruebas conformes / Total de pruebas) x 100	Mide el cumplimiento del sistema de seguridad de las normas y reglamentos vigentes.

KPI o medición directa	Fórmula de cálculo	Descripción
Número de incidentes notificados	Total de incidentes notificados	Indica el número total de incidentes notificados al SOC en un periodo determinado.
Número de incidentes resueltos	Total de incidentes resueltos	Indica el número total de incidentes resueltos por el SOC durante el periodo.
Número de pruebas de penetración	Total de pruebas de penetración realizadas	Evalúa el número de pruebas de penetración realizadas para identificar vulnerabilidades del sistema.

Hoy en día, en seguridad ágil, también se implementa una dinámica que comprende un **Equipo Azul**, los defensores internos, y un **Equipo Rojo**, los atacantes internos, que se enfrentan a diario en un juego permanente para mantener la vigilancia de todos en materia de seguridad.

Observación

*No hay que confundir la finalidad de estas estructuras con los actores (a menudo los mismos) del **plan de recuperación informática**, que es la expresión de una estrategia preventiva y sobre todo reactiva destinada a garantizar la **continuidad de las operaciones informáticas** en caso de incidente grave (**black swan**). El objetivo de este plan es minimizar las interrupciones del servicio, reducir la pérdida de datos y garantizar la rápida reanudación de las actividades ante riesgos vitales de indisponibilidad del SI (inundaciones, averías importantes, sabotajes, huelgas, pandemias, etc.).*

2.5.4 Cuadro de indicadores del plan de recuperación informática

El cuadro de indicadores de un plan de recuperación informático, también conocido como **Plan de Recuperación de la Actividad** (PRA – DRP: *Disaster Recovery Plan*) o **Plan de Continuidad de la Actividad** (PCA), permite supervisar el nivel de preparación de un servicio informático ante catástrofes o incidentes graves.

Medidas	Fórmula de cálculo	Descripción
Hora de reanudación de la actividad (RTO: *Recovery Time Objective*)	Hora de reanudación de la actividad durante las pruebas de PRA y durante un incidente real - Hora de ocurrencia del incidente	Mide el tiempo necesario para restablecer las operaciones tras un incidente grave.
Objetivo de reanudación (RPO: *Recovery Point Objective*)	Cantidad máxima de datos perdidos aceptable en caso incidente	Define el nivel aceptable de pérdida de datos en caso de catástrofe, que se comparará con las pérdidas durante las pruebas y con la política de copias de seguridad en vigor.
Índice de éxito de la prueba	(Número de pruebas de PRA realizadas con éxito / Número total de pruebas de PRA) x 100	Evalúa la capacidad del plan de emergencia para ser operativo.
Tiempo de ejecución de la prueba PRA	Hora de finalización de la prueba PRA - Hora de inicio de la prueba PRA	Mide el tiempo necesario para completar con éxito una prueba PRA.
Presupuesto del PRA en comparación con los recursos y lo que está en juego	Coste total de las medidas de rescate (incluyendo infraestructura, personal, etc.)	Indica el coste global del plan de emergencia.

Medidas	Fórmula de cálculo	Descripción
Calidad del plan de comunicación	Existencia de un plan de comunicación que describa cómo comunicarse en caso de catástrofe	Evalúa si existe un plan de comunicación para informar a las partes interesadas en caso de incidente.
Frecuencia de actualización del plan	Frecuencia de las actualizaciones del plan de emergencia (por ejemplo, trimestral, anual)	Evalúa con qué frecuencia se revisa y actualiza el plan de emergencia para reflejar el ritmo real de cambios en la arquitectura, el software o el entorno informático.

La supervivencia de su organización puede estar en juego, por lo que la supervisión periódica de las pruebas de PRA no es opcional.

No confunda PCA y PCO.

El equivalente del PCA para los equipos comerciales de la empresa suele denominarse **Plan de Continuidad de las Operaciones** (PCO, en inglés **BCP**: *Business Continuity Plan*). Mientras que el PCA se centra principalmente en la continuidad de las operaciones informáticas y los sistemas técnicos, el PCO pretende garantizar la continuidad de la producción y las actividades comerciales de la empresa en su conjunto.

- **Identificación de actividades críticas**: se trata de determinar qué actividades son esenciales para la empresa, las que deben mantenerse en caso de incidente.
- **Planificación de la continuidad**: se trata de crear planes detallados para cada actividad crítica, describiendo cómo se mantendrán o restaurarán en caso de incidente.
- **Gestión de recursos humanos**: el PCO tiene en cuenta la disponibilidad del personal clave y los planes de sustitución en caso de indisponibilidad repentina.
- **Logística y adquisiciones**: se trata de garantizar que los suministros, equipos e infraestructuras necesarios estén disponibles o sean rápidamente accesibles cuando se necesiten.

- **Comunicación y gestión de crisis**: el PCO incluye procedimientos de comunicación con las partes interesadas internas y externas, así como planes de gestión de crisis para coordinar las acciones en caso de incidente.
- **Pruebas y ejercicios**: al igual que el PCA, el PCO incluye pruebas y ejercicios periódicos para garantizar que la empresa esté preparada para hacer frente a situaciones de emergencia. Estas pruebas suelen realizarse conjuntamente con las pruebas del PCA.

Los activos críticos determinados en el PCO (*critical assets*) tienen su correspondiente contrapartida informática en el PCA. Por lo tanto, las áreas de SI cubiertas por el PCA deben ser cuidadosamente mapeadas y vinculadas al PCO.

2.5.5 Cuadro de indicadores de DevOps

Como recordatorio, **DevOps** es un conjunto de prácticas que combinan el desarrollo ágil de software y las operaciones de lanzamiento de producción para acortar el ciclo de vida de desarrollo de sistemas y garantizar la entrega continua.

Los requisitos mínimos para implantar DevOps son:

- disponer de una herramienta de **gestión de la configuración** (Git, SVN, etc.);
- escribir **pruebas unitarias automatizadas** suministradas con el código;
- conseguir que los usuarios se adhieran al proceso de integración y entrega continua CI/CD. Automatizar su implantación (por ejemplo, mediante Gitlab, Git, Jenkins, que son servidores de automatización);
- haber «scriptado» gran parte de la instalación y configuración de sus infraestructuras (utilizando varios paquetes de software, como **Terraform**, **Vagrant**, **Docker**, **Puppet** y **Ansible**).

El cuadro de indicadores diario de DevOps se centra en la confluencia CI/CD mediante la supervisión de commits, builds, el número de pruebas unitarias superadas con éxito, el número de reglas de garantía de calidad y comprobaciones de conformidad (en particular, las relacionadas con la seguridad) superadas con éxito.

A continuación se enumeran las etapas que hay que controlar y medir. Pasamos a la siguiente etapa cuando la anterior ha sido un éxito.

ACTORES	QUÉ
Product Owner	Stories, que se introducirán en Backlog.
Team	Stories, que se introducirán en Sprint.
Team/dev	Fuentes, para introducir en Git, en una rama adecuada.
Git + tools	Compilación + Pruebas unitarias (*Unit Tests*).
Git + tools	Build desplegado en el espacio de desarrollo / *branch*, presentada a otros equipos.
Git + tools	Despliegue en el entorno de integración, sujeto al equipo de calidad/no regresión/rendimiento, que puede estar equipado con productos como SonarQube.
Git + tools	Despliegue en un entorno de prueba de usuario para UAT (*User Acceptance Test*).
Usuarios o product owner	Aplicación del plan de pruebas UAT, a veces ya iniciado con el equipo de calidad/no regresión en el entorno de integración.
Git + tools	Las fuentes del build se convierten en *release candidates.*
Git + tools	Construcción de la versión de despliegue, pruebas de aceptación por parte del equipo de producción, equipo SRE (*Site Reliability Engineering*).
Git + tools	Despliegue bajo la responsabilidad del equipo SRE.
Git + tools	Fase 1: Supervisión - VSR (verificación periódica en servicio, n semanas).
Git + tools	Fase 2: Seguimiento - Explotación.
Ticketing software	Paralelamente a las fases 1 y 2 del despliegue, y muy a menudo ya en la UAT.

Al final de la tabla anterior hemos mencionado el uso de un *ticketing software*. Esta **gestión de tickets** para errores, incidentes o necesidades específicas alimenta el proceso, ya sea a nivel de *user stories*, de varias listas de TAF (tareas por hacer) o durante las UAT.

En determinados casos urgentes, las TAF pueden tramitarse como ***parches***. Los parches son correcciones provisionales que se desarrollan en una rama específica que se eliminará en cuanto estas correcciones se hayan introducido «limpiamente» al inicio del proceso normal de construcción de la aplicación. El equipo de **SRE** puede tener que crear estos parches, en particular para los scripts que acompañan a la aplicación. Por lo tanto, es importante establecer una comunicación de calidad entre los equipos del inicio del proceso y los equipos implicados al final del proceso, que deben informarse mutuamente de sus necesidades, sus limitaciones y la planificación de sus acciones. La herramienta de gestión de tickets más conocida se llama Jira, pero no es de código abierto. En código abierto, se pueden encontrar funciones similares en herramientas como Gitlab, OpenProject, Bugzilla y Taïga.

2.5.6 Cuadro de indicadores de operaciones informáticas

Las aplicaciones consumen muchos recursos informáticos; necesitamos medir y anticipar su resistencia y su posible saturación. El siguiente cuadro de indicadores es un esquema clásico que puede servirle de inspiración.

KPI o medición directa	Fórmula de cálculo	Descripción
Disponibilidad del sistema	(Tiempo de disponibilidad / Tiempo total) x 100	Mide el porcentaje de tiempo que el sistema está operativo.
Tiempo medio de respuesta	Tiempo medio de respuesta a las consultas	Evalúa la capacidad de respuesta del sistema midiendo el tiempo medio de respuesta.
Índice de utilización de la CPU	(Tiempo de uso de la CPU / Tiempo total) x 100	Indica la carga del procesador y la utilización de los recursos
Índice de utilización de la memoria	(Memoria utilizada / Memoria total) x 100	Mide el uso de la memoria y la eficacia de la gestión de la memoria.
Errores diarios del servidor	Número total de errores de servidor por día	Evalúa la estabilidad del sistema midiendo el número de errores.

KPI o medición directa	Fórmula de cálculo	Descripción
Índice de éxito de las copias de seguridad	(Número de copias de seguridad realizadas con éxito / Número total de copias de seguridad) x 100	Comprueba la fiabilidad de las copias de seguridad.
Almacenamiento disponible	Espacio de almacenamiento libre / Espacio de almacenamiento total	Indica la capacidad de almacenamiento restante.
Índice de utilización de la red	(Datos transferidos / Capacidad de la red) x 100	Mide la carga de la red y cualquier posible saturación.
Actualizaciones de seguridad pendientes	Número de actualizaciones de seguridad pendientes	Comprueba si hay algún parche de seguridad esperando a ser instalado.
Índice de conformidad a las normas	(Número de incumplimientos de las normas / Número total de inspecciones) x 100	Mide el cumplimiento de las normas de seguridad y rendimiento.

3. Modelización

3.1 Algoritmos

3.1.1 Ejemplo preliminar

Para modelizar el comportamiento de un programa, utilizamos representaciones específicas denominadas **algoritmos**.

Los algoritmos se explican en detalle más adelante en este libro.

De momento, nos limitaremos a un breve ejemplo: después de pedir a un usuario que introduzca un valor positivo, le obligamos a introducir un valor positivo para continuar.

Tenemos la siguiente sucesión:

- inicio del algoritmo;
- bloque de instrucciones para enviar un mensaje al usuario;
- apertura de un bucle *repeat;*
  - bloque de instrucciones para introducir y almacenar el valor,
  - condición de salida que vuelve al inicio del bucle hasta que el usuario introduzca un valor positivo,
- bloque de instrucciones para felicitarlo;
- final del algoritmo.

Esto da el organigrama (*flowchart*) que figura a continuación.

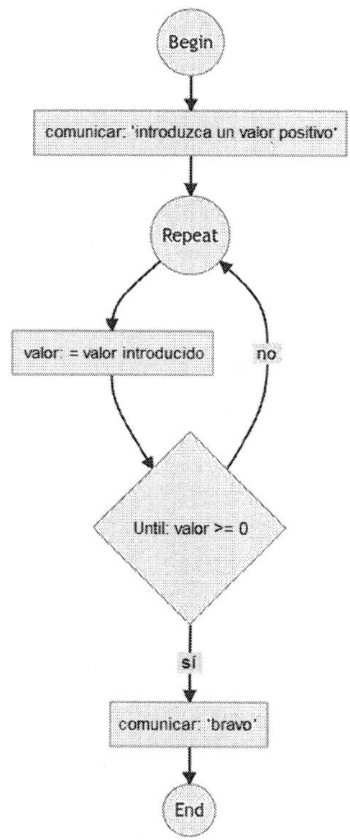

Diagrama de flujo del algoritmo

He aquí el código Python correspondiente:

```
# Ejemplo de repeat en Python
# el cuerpo del bucle se ejecuta al menos una vez

print('introduzca un valor positivo') # solicita al usuario
while True:                           # bucle que se repite
                                      # indefinidamente
   valor =float(input())              # introducción de un valor
                                      # y transformación en real
   if valor >= 0 :                    # condición de salida,
                                      # si no, repetición del bucle
      break
print('Bravo')
```

Observe los desplazamientos (llamados sangrías) que son obligatorios en Python cada vez que se abre un bucle o una prueba. Aunque esto no es obligatorio en otros lenguajes, como R, donde se utilizan llaves para estructurar anidaciones de bucles o pruebas, sigue siendo una práctica recomendada en esos lenguajes.

3.1.2 Prueba de algoritmos

Para probar un algoritmo, puede intentar ejecutarlo paso a paso, teniendo cuidado de realizar pruebas tanto en condiciones normales de funcionamiento como en situaciones cercanas a los límites de las variables. Evidentemente, hay que asegurarse de haber recorrido todas las ramas:

- Anote el resultado que espera antes de cada prueba.
- Compruebe que las variables se inicializan siempre antes de ser utilizadas y que su valor de inicialización tiene sentido.
- Compruebe que las variables no quedan fuera de su dominio de definición.
- Compruebe que no se solicitan cálculos imposibles (por ejemplo, división por cero).
- Elabore una tabla con todas las variables y actualícela para cada línea del algoritmo (o para las que quiera validar antes y después si tiene prisa).

También podemos validar un algoritmo comparando su resultado con el de otra implementación de un algoritmo que tenga el mismo objetivo.

3.2 Pensar a través de representaciones normalizadas: UML

3.2.1 Uso del modelado UML para diferentes estilos de programación

El modelo más utilizado para ayudar a describir los aspectos de software de una aplicación es UML (*Unified Modeling Language*, lenguaje unificado de modelado).

Como especificación interna de código, UML es un modelo muy adecuado para preparar una codificación en el estilo de programación comúnmente denominado POO (programación orientada a objetos), en particular a través de su diagrama de clases, que representa las relaciones entre las abstracciones más características del pensamiento «orientado a objetos».

Para empezar a pensar el mundo en términos de objetos, primero debemos acostumbrarnos a pensar en las cosas de este mundo con una taxonomía simplificada. La idea general es pensar el mundo a través de los siguientes conceptos.

- **Encapsulación**: los datos que caracterizan a determinados objetos del mundo real se representan mediante registros informáticos que contienen sus propios atributos, a los que solo se puede acceder mediante funciones que llevan los propios objetos (suelen llamarse métodos o comportamientos). Por ejemplo, para acceder al color de los ojos del gato Chicho, invocamos algo como `Chicho.color_ojos`. De esta forma, es muy difícil confundir el color de los ojos de Chicho con el de otro gato.
- **Herencia**: los objetos heredan características taxonómicas de abstracciones de nivel superior que suelen denominarse *clases*. Por ejemplo: Miki es *un* perro, Titi es *un* pájaro.
- **Superclases**: en algunos modelos de objetos, las clases pueden heredar de otras clases. Por ejemplo: un perro es *un* mamífero.
- **Composiciones**: algunas clases pueden definirse como compuestas por otras clases: un coche *tiene* ruedas, motor, carrocería, etc.
- **Estados**: ciertos atributos de un objeto representan sus estados sucesivos (el coche está *parado* o *en movimiento*).

- **Métodos (comportamientos)**: caracterizan las clases y pueden expresarse de forma algorítmica (podría decirse que "imperativa"). Estos comportamientos son, por tanto, deterministas. Algunos están dedicados a intercambiar mensajes con otros objetos: `Chicho.escucha(Miki.ladra)`.

Las clases tienen un método especial para crear un objeto que se ajuste a la definición de dicha clase, proporcionándole varios parámetros (se dice que un objeto es una de las instancias de una clase). En muchos dialectos informáticos, este método se presenta como un método de inicialización, pero en realidad es un método de instanciación. En el momento de la instanciación, se puede obtener algo como:

```
Chicho <- gato(nombre = "Chicho, color_ojos ="verde, género = "macho")
```

Observe que el atributo `género`probablemente no se ha definido en la clase `gato`, sino quizá en la clase `mamífero` de la que hereda la clase `gato`. Si hemos declarado que «gato es un mamífero» y ese `mamífero` tiene el atributo `género`, entonces todos los gatos también tienen el atributo `género` y cualquier método para acceder a él.

Una vez que haya definido la clase de la que hereda otra clase, puede **sobrescribir** la clase hija con otros atributos y comportamientos. Incluso puede redefinir o añadir esos comportamientos. Por ejemplo, imagine que sus gatos pueden volar, mientras que los tipos de movilidad que ha definido para los mamíferos son `caminar`, `nadar`, `arrastrarse` y `correr`; podría definir los tipos de movilidad de sus gatos como: `mamífero.movilidad` y/o `volar`.

Algunos modelos UML se dedican a modelar estas características, pero no solo eso. De hecho, los modelos UML proporcionan una mejor comprensión de lo que se quiere hacer, **¡tanto si se programa en estilo orientado a objetos como si no!** De hecho, el modelado UML se utiliza como herramienta de especificación externa en muchos contextos diferentes y antes de codificar programas en todos los estilos de programación, para la especificación externa y los procesos e incluso para establecer las especificaciones externas de los elementos de la arquitectura de un sistema.

Observación

Redactar especificaciones externas significa describir lo que se quiere conseguir, mientras que redactar especificaciones internas significa describir cómo se va a conseguir. En la práctica, la frontera entre ambas depende mucho del punto de vista de la persona que las redacta o utiliza.

A modo de recordatorio, he aquí los otros tipos de programación más utilizados.

- **Programación imperativa**, que es prácticamente universal: se especifica cómo debe ejecutarse el programa, paso a paso, manipulando variables y modificando su estado. Las instrucciones imperativas suelen expresarse asignando valores a variables, utilizando bucles para repetir operaciones y estructuras de control condicionales para tomar decisiones.
- **Programación declarativa**: se centra en describir lo que debe hacer el programa en lugar de cómo debe hacerse. Los lenguajes de programación declarativos, como SQL, permiten especificar restricciones y relaciones entre datos, y el sistema determina automáticamente cómo resolverlas.
- **Programación lógica**: basada en la lógica formal y la resolución de problemas mediante reglas lógicas. El lenguaje Prolog se utilizaba a menudo para la programación lógica, pero hoy en día se usa menos. Los programas se formulan en términos de *hechos* y *reglas* lógicas, y el sistema de resolución de inferencias encuentra las soluciones correspondientes. Hoy en día, ciertas herramientas permiten este tipo de programación, a menudo bajo la etiqueta *Business Rules Management Systems* (BRMS), y son, de hecho, *sistemas expertos* que infieren hechos a partir de otros hechos vinculados entre sí por reglas (*Si "llueve" y "truena" entonces "quédate en casa"*).

- **Programación funcional**: se basa en la evaluación de funciones matemáticas expresadas como funciones puras, es decir, que reciben parámetros dentro de un dominio de definición preciso y proporcionan un resultado dentro de un rango de valores conocido y explícito. Los lenguajes de programación funcional, como Haskell y Lisp, se centran en transformar datos inmutables y evitar los efectos de borde (cambios inesperados y no intencionados cuando una función modifica variables u objetos fuera de su propio contexto). Estos efectos secundarios pueden dar lugar a comportamientos inesperados y dificultar la comprensión y depuración del código. En Python o R, existen varias técnicas para implementar parcialmente paradigmas de programación funcional (funciones lambda, maps, etc.).

La práctica actual consiste en mezclar distintos tipos de programación en un mismo código. Los paquetes que usted utiliza se ofrecen casi sistemáticamente en forma de objetos como bibliotecas de clases, pero, dentro de estos objetos, la tendencia es hacia la programación funcional, ¡o al menos lo más funcional posible!

UML es menos adecuado para la especificación externa de código que se implementaría en programación lógica que para la especificación de otros tipos de programación. Pero, de hecho, hay pocas alternativas a UML para el programador que quiera modelar antes de codificar (aparte del pseudocódigo para algoritmos que veremos más adelante).

UML (*Unified Modeling Language*) incluye una serie de modelos. El uso de estas representaciones reduce la ambigüedad de los objetos que deben implementarse. Los más utilizados son los siguientes.

3.2.2 Diagrama de casos de uso (use case)

Para construir este modelo, se necesita:

- identificar a **los actores por sus roles** (actores: personas, a veces actores técnicos);
- identificar **las funciones** que pueden ordenarse temporalmente o no (un caso de uso no es un modelo de proceso, por lo que este tipo de ordenación visual solo se crea aquí con fines ilustrativos o didácticos).

Nos restringimos a un número muy limitado de funciones en un diagrama dado y a sus subfunciones directas.

Aquí hemos añadido estereotipos enmarcados por « », lo que nos permite tipificar adecuadamente a los actores para evitar cualquier ambigüedad sobre su naturaleza. Por ejemplo, una base de datos no se representaría con un «hombrecillo», sino con un símbolo específico. Puede añadir notas explicativas, enlaces entre funciones y subfunciones y etiquetas en las flechas. Cuando hay mucha información en el diagrama, determinados grupos de símbolos se enmarcan con recuadros rectangulares para facilitar su lectura.

Lo importante aquí no es la exhaustividad, sino el aspecto didáctico del diagrama, que permite establecer un diálogo constructivo entre las partes interesadas del proyecto, especificar claramente los **casos de uso nominales** (es decir, sin preocuparse por las excepciones) y documentar la aplicación de forma duradera.

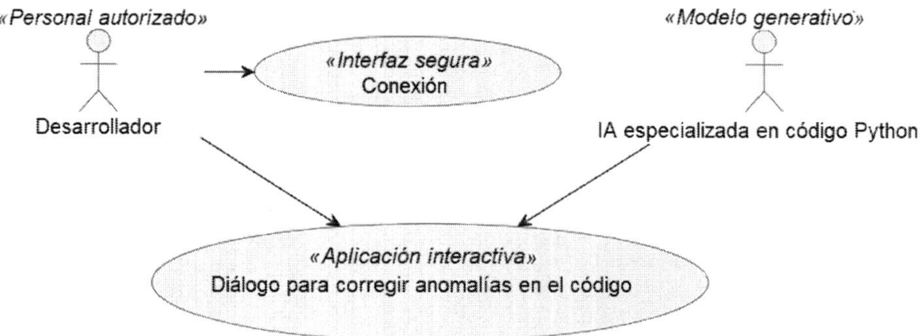

Ejemplo de caso de uso

Este último diagrama intenta expresar la siguiente afirmación: un desarrollador que sea usuario autorizado puede conectarse al sistema a través de una interfaz segura y acceder a una aplicación interactiva que le permite intercambiar información con una IA basada en un modelo generativo especializado en programación en Python para trabajar sobre las anomalías contenidas en su código.

Hay que reconocer que parece más fácil de entender con un diagrama que sin él.

3.2.3 Diagrama de clases (herencia, composición, asociación de mensajes)

El diagrama de clases nos permitirá especificar algunos de los paradigmas que esbozamos anteriormente en nuestra definición de las características de la programación con objetos.

Siguiendo el espíritu de las técnicas utilizadas por intelectuales de todo tipo, y en particular por lingüistas, filósofos, biólogos y especialistas en gestión del conocimiento, los informáticos han adoptado diversas técnicas para representar las relaciones entre los objetos de nuestro mundo, que se concretan en **taxonomías** u **ontologías** más o menos completas y detalladas.

En la jerga de los informáticos, este tipo de disposición de los objetos y sus características específicas se denomina **Programación Orientada a Objetos** (POO), y es en este sentido que se invocarán los objetos en cuestión a través de un programa informático.

Pero al principio estaba el pensamiento, y no hay nada mejor para pensar bien que un buen diagrama.

En la representación que vamos a utilizar aquí, hay dos artefactos centrales: la *clase* y el *objeto*, anotados por la naturaleza de sus relaciones.

El objeto representa un elemento del mundo real (el número de factura 1232, mi perro Spencer, etc.) y la clase representa una abstracción de lo que es común a un grupo de objetos. Por ejemplo, mi perro Spencer es un objeto de la clase husky, que a su vez es una clase de perros.

Los objetos y las clases están vinculados de forma nativa por relaciones semánticas de herencia: «**esto es un tipo de**» o simplemente **is a** en inglés. Los objetos o sus clases pueden estar vinculados por otras relaciones, la más común de las cuales es la forma en que una clase **se compone** a partir de otra clase: un coche se compone de ruedas, un motor, una carrocería, etcétera. En inglés, decimos simplemente ***has a***.

Por supuesto, existen otras representaciones que nos permitirán modelar el comportamiento genérico de las clases o el específico de determinados objetos, a través de los mensajes que permitirán sincronizar estos artefactos.

Observe que una **instancia de una clase** resulta ser simplemente... ¡un objeto!

El número de ocurrencias de una relación, o el hecho de que exista obligatoriamente una relación entre dos artefactos, se modela mediante la noción de **cardinalidad**. Por ejemplo, un ser humano vivo tiene una y solo una cabeza (cardinalidad 1 - 1), una flor tiene de cero a varios pétalos (0 - n), un cliente ha comprado al menos un producto (de lo contrario, solo es un cliente potencial: 1 - n).

En el siguiente ejemplo, solo hay tres tipos de relaciones: agregaciones, herencias y asociaciones informativas. Las clases contienen diversa información: nombre, atributos y métodos, que permiten exponer los datos de la clase y su «comportamiento». Inicialmente, solo se estipula lo que se considera importante, y después, si el modelo se utiliza como elemento de especificación, se detalla dicho modelo.

En la parte superior del modelo se encuentran las clases abstractas, que no están pensadas para instanciarse como objetos.

El diagrama de clases que presentamos aquí describe una taxonomía muy simplificada del entorno lógico de ChatGPT, destacando su parentesco «chat» y su parentesco «GPT».

Las relaciones de herencia se simbolizan mediante triángulos vacíos. Por ejemplo, ChatGPT *is_a* Chatbot, o GPT3 *is_a* Modelo de Lenguaje.

Las relaciones de agregación se simbolizan mediante rombos vacíos. Por ejemplo, se dice que un Chatbot *gestiona (has_a)* varias Conversaciones y ChatGPT *utiliza (has_a)* varias restricciones como parte de su comportamiento.

También podemos ver que hemos resaltado el comportamiento (métodos) de las clases `Usuario` y `Robot`(robot-autómata) en términos de intercambio de mensajes.

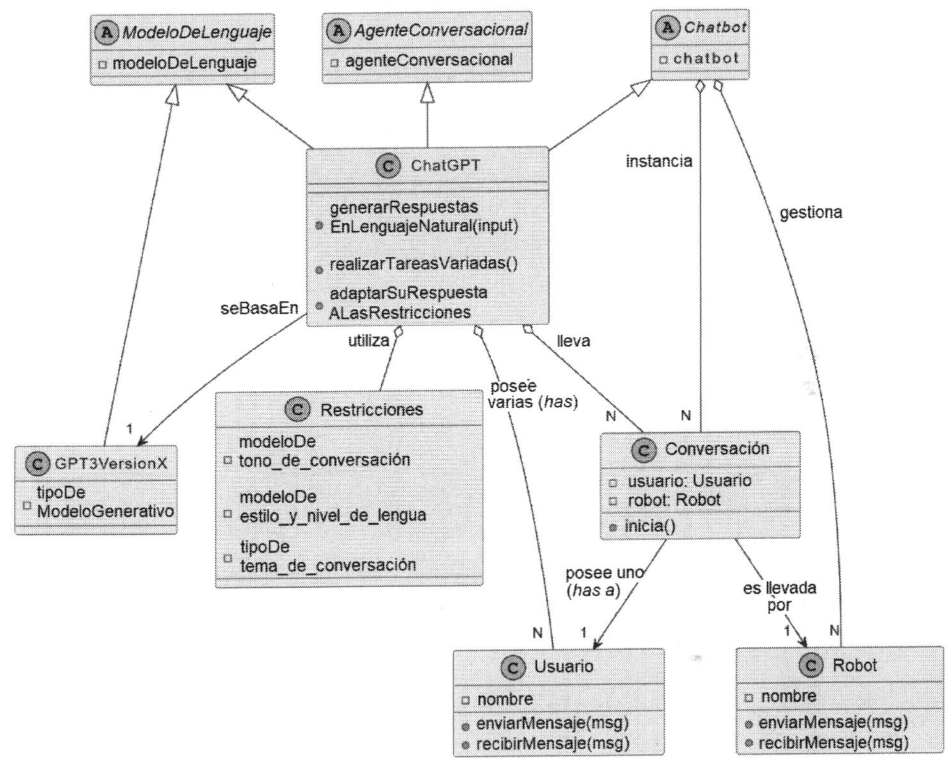

Diagrama de clases

Los posibles tipos de relación son los siguientes:

- herencia = ***is_a*** (es un tipo de);
- agregación = ***has_a*** (a menudo con una cardinalidad de 0 a varios);
- composición = agregación obligatoria (la destrucción del miembro implica la destrucción de la clase; la composición se simboliza con un rombo lleno). Al principio de un análisis, a menudo nos abstenemos de utilizar la composición y nos conformamos con la agregación simple hasta que estemos seguros de que se trata de composición. Esto se debe a que la composición es mucho más restrictiva en lo que respecta a la implementación;
- asociación = cualquier asociación que merezca ser nombrada;

– dependencia = vínculo débil; el ejemplo es: esta clase utiliza la otra;
– implementación = vínculo funcional: esta clase hace algo por la otra (mediante un mensaje o una orden).

Las cardinalidades se establecen en cada extremo de las relaciones, lo que permite estipular cuántas instancias de la clase son posibles. Estas cardinalidades tendrán un fuerte impacto en el tratamiento informático, en la forma de diseñar el tratamiento y en la posible serialización de objetos en tablas relacionales.

Cardinalidad	Interpretación
0..1	0 o una instancia
1	una instancia
0..*	de cero a varias instancias
*	de cero a varias instancias
1..*	de una a varias instancias

3.2.4 Diagrama de secuencia

El diagrama de secuencia puede utilizarse para describir secuencias funcionales o técnicas. Los actores que intervienen en este diagrama pueden ser personal humano o técnico.

El siguiente diagrama de secuencia ilustra el proceso de comunicación segura entre un emisor y un receptor de mensajes mediante **criptografía de clave asimétrica**. Este sistema garantiza la confidencialidad de los datos intercambiados, ya que solo la clave privada puede descifrar los mensajes cifrados con la clave pública.

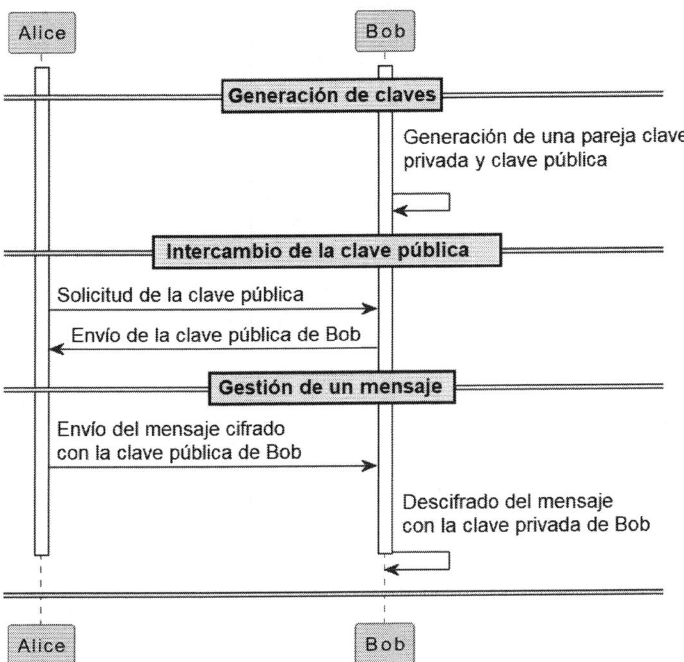

Diagrama de secuencia

Observación

El uso de los nombres Bob y Alice se remonta a los primeros debates sobre criptografía de clave pública en los años setenta. También se utilizan otros nombres genéricos, como Eve (para representar a un atacante) o Mallory (para representar a un intruso malicioso) a fin de ilustrar diferentes escenarios de seguridad. Trent se utiliza a veces para representar a un tercero de confianza o a una autoridad de certificación.

Los diagramas de secuencia pueden utilizarse en una gran variedad de contextos, son fáciles de elaborar y pueden ser leídos por todo el mundo. Úselos sin moderación.

3.3 Diagrama entidad-asociación (ER, EA, MCD) y lenguaje SQL

El diagrama **Entidad-Asociación** (*Entity-Relationship*), tradicionalmente conocido como Entidad-Relación (ER), se utiliza todavía hoy para preparar el diseño de una base de datos relacional..

Parece un diagrama de clases con pocas o ninguna relación de herencia, por lo que ahora está cayendo en desuso, pero hay que saber leerlo porque aparece en la documentación de muchos sistemas de información existentes.

Observación

Conviene saberlo: en el MCD, las cardinalidades se expresan en el orden inverso al de las cardinalidades en un diagrama de clases UML (0 - 1 se convierte en 1 - 0).

Tres modelos ampliamente utilizados en el análisis y diseño de sistemas de información son:

- **MCD**, Modelo Conceptual de Datos, el modelo **Entidad-Relación**;
- **MFD**, Modelo Físico de Datos, el modelo de base de datos relacional;
- **MOP**, Modelo Organizacional del Procesamiento, similar al diagrama de secuencia UML.

Los motores de bases de datos relacionales suelen ofrecer una representación de las tablas gestionadas por sus bases de datos en forma de MFD. Utilizará este modelo para diseñar cualquier consulta SQL que le permita actualizar o leer las tablas de sus bases de datos relacionales.

Para manipular estos esquemas de bases de datos relacionales visualizados como MFD, se dispone de un subconjunto de SQL: el lenguaje de definición de datos (DDL: *Data Definition Language*).

Al final del libro, encontrará una lista de instrucciones SQL con breves ejemplos de sintaxis.

DDL permite crear, modificar y eliminar objetos de base de datos, como tablas, vistas, índices, restricciones, etc. Se utiliza para definir la estructura y las características de los datos en una base de datos relacional.

He aquí algunos ejemplos de instrucciones DDL de uso común:

CREATE TABLE: esta instrucción se utiliza para crear una nueva tabla en la base de datos, especificando nombres de columnas, tipos de datos, restricciones, etc.

```
CREATE TABLE Clientes (
    id INT PRIMARY KEY,
    nombre VARCHAR(50)
);
```

ALTER TABLE: esta instrucción se utiliza para modificar la estructura de una tabla existente, añadiendo, modificando o suprimiendo columnas, restricciones, etc.

```
ALTER TABLE Clientes
ADD COLUMN email VARCHAR(100);
```

DROP TABLE: esta instrucción elimina una tabla de la base de datos, junto con todos los datos que contiene.

```
DROP TABLE Clientes;
```

Si no está familiarizado con el lenguaje SQL y los esquemas de las bases de datos, le recomendamos que estudie y, si es necesario, ponga en práctica el ejemplo que figura a continuación, que es sumamente instructivo.

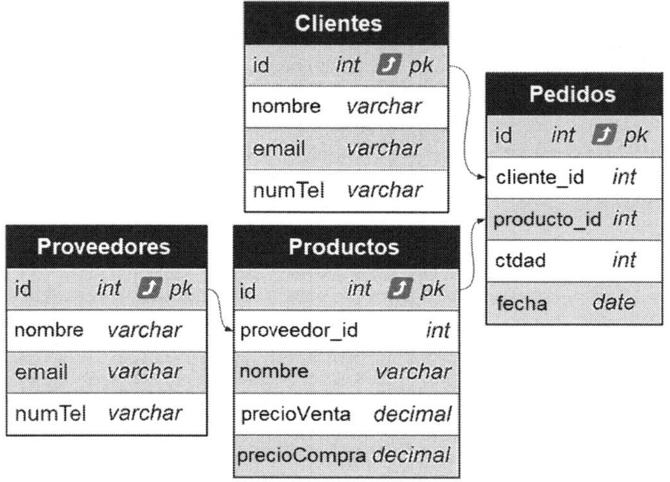

Esquema de base de datos relacional

Observación

Los nombres de los atributos se han expresado en estilo camelCase (precioVenta), pero las claves externas se han modificado mediante un sufijo con guion bajo (_id), lo que les confiere un estilo más próximo a snake_case. Se trata de una técnica habitual para resaltar el hecho de que estas claves proceden de otra tabla (cliente_id, etc.); incluso está automatizada en ciertas herramientas de descripción de bases de datos.

Este esquema implementa, de forma muy simplificada, una estructura de base de datos con líneas de pedido unitarias (un único tipo de producto por pedido).

Los productos proceden de proveedores a quienes se les compran a un precio determinado (`precioCompra`) para luego revenderlos a otro precio (`precioVenta`) a los clientes.

El pedido realizado por el cliente se hizo en una fecha determinada y para una cantidad contable de producto (`ctdad`) determinada.

Los identificadores (`id`) de cliente, proveedor, producto y línea de pedido se generan automáticamente como números enteros ascendentes.

Aquí no se trata la disponibilidad, la entrega o la facturación de los productos, y se actúa como si un pedido realizado se entregara, facturara y pagara siempre (se trata de una simplificación descarada hecha por razones didácticas).

Observe que la tabla `Pedidos` contiene dos claves externas que hacen referencia al producto y al cliente concernidos por un pedido en determinada fecha y cantidad.

La tabla `Productos` incluye una clave externa para hacer referencia al proveedor del producto.

Los tipos de datos invocados de forma directa en este esquema son:

- *int*, de *integer*, aquí utilizado para enteros positivos (0, 1, 2...);
- *varchar*, cadena de caracteres;
- *decimal*, un valor decimal que puede incluir una coma;
- *date*, formato específico de la fecha.

A continuación se muestra un código Python que creará una base de datos sqlite3 en memoria (no se guardará en disco al final de la sesión) y luego creará las tablas en nuestro esquema usando DDL/SQL básicas.

```
importar sqlite3

# Creación de la base de datos temporal
conn =sqlite3.connect(':memory:')
c =  conn.cursor()

# Creación de las tablas
c.execute('''CREATE TABLE Proveedores (
    id INTEGER PRIMARY KEY,
    nombre VARCHAR(255),
    email VARCHAR(255),
    numTel VARCHAR(255)
)''')
c.execute('''CREATE TABLE Clientes (
    id INTEGER PRIMARY KEY,
    nombre VARCHAR(255),
    email VARCHAR(255),
```

```
    numTel VARCHAR(255)
)''')
c.execute('''CREATE TABLE Productos (
    id INTEGER PRIMARY KEY,
    proveedor_id INTEGER REFERENCES Proveedores(id),
    nombre VARCHAR(255),
    precioVenta DECIMAL,
    precioCompra DECIMAL
)''')
c.execute('''CREATE TABLE Pedidos (
    id INTEGER PRIMARY KEY,
    cliente_id INTEGER REFERENCES Clientes(id),
    producto_id INTEGER REFERENCES Productos(id),
    ctdad INTEGER,
    fecha DATE
)''')
```

Ahora vamos a introducir registros en cada una de las tablas.

```
# Inserción de datos
c.execute("INSERT INTO Proveedores (id, nombre, email, numTel)
VALUES (1, 'Proveedor 1', 'proveedor1@ejemplo.com', '0123456789')")
c.execute("INSERT INTO Proveedores (id, nombre, email, numTel)
VALUES (2, 'Proveedor 2', 'proveedor2@ejemplo.com', '0123456789')")
c.execute("INSERT INTO Clientes (id, nombre, email, numTel)
VALUES (1, 'Cliente 1', 'cliente1@ejemplo.com', '0123456789')")
c.execute("INSERT INTO Clientes (id, nombre, email, numTel)
VALUES (2, 'Cliente 2', 'cliente2@ejemplo.com', '0123456789')")
c.execute("INSERT INTO Clientes (id, nombre, email, numTel)
VALUES (3, 'Cliente 3', 'cliente3@ejemplo.com', '0123456789')")
c.execute("INSERT INTO Productos (id, proveedor_id, nombre,
precioVenta, precioCompra) VALUES (1, 1, 'Producto 1', 10.0, 5.0)")
c.execute("INSERT INTO Productos (id, proveedor_id, nombre,
precioVenta, precioCompra) VALUES (2, 2, 'Producto 2', 20.0, 10.0)")
c.execute("INSERT INTO Productos (id, proveedor_id, nombre,
precioVenta, precioCompra) VALUES (3, 2, 'Producto 3', 20.0, 15.0)")
c.execute("INSERT INTO Pedidos (id, cliente_id, producto_id,
ctdad, fecha) VALUES (1, 1, 1, 5, '2023-09-15')")
c.execute("INSERT INTO Pedidos (id, cliente_id, producto_id,
ctdad, fecha) VALUES (2, 2, 2, 10, '2023-09-16')")
c.execute("INSERT INTO Pedidos (id, cliente_id, producto_id,
ctdad, fecha) VALUES (3, 3, 2, 5, '2023-09-17')")
c.execute("INSERT INTO Pedidos (id, cliente_id, producto_id,
ctdad, fecha) VALUES (4, 3, 1, 5, '2023-09-17')")
c.execute("INSERT INTO Pedidos (id, cliente_id, producto_id,
ctdad, fecha) VALUES (5, 2, 3, 5, '2023-09-17')")
```

Veamos los resultados, tabla por tabla.

Proveedores

```
c.execute(f"SELECT * FROM Proveedores")
rows = c.fetchall()
```

```
for r in rows : print(r)
--| (1, 'Proveedor 1', 'proveedor1@ejemplo.com', '0123456789')
--| (2, 'Proveedor 2', 'proveedor2@ejemplo.com', '0123456789')
```

Observe la estructura de la cláusula `SELECT`:

```
SELECT * FROM Proveedores
```

La estrella significa «todas las líneas que coinciden» y el `FROM` indica la fuente de los datos.

Productos

```
c.execute(f"SELECT * FROM Productos")
rows = c.fetchall()
```

```
for r in rows : print(r)
--| (1, 1, 'Producto 1', 10, 5)
--| (2, 2, 'Producto 2', 20, 10)
--| (3, 2, 'Producto 3', 20, 15)
```

Clientes

```
c.execute(f "SELECT * FROM Clientes")
rows = c.fetchall()
```

```
for r in rows : print(r)
--| (1, 'Cliente 1', 'cliente1@ejemplo.com', '0123456789')
--| (2, 'Cliente 2', 'cliente2@ejemplo.com', '0123456789')
--| (3, 'Cliente 3', 'cliente3@ejemplo.com', '0123456789')
```

Pedidos

```
c.execute(f"SELECT * FROM Pedidos")
rows = c.fetchall()
```

```
for r in rows : print(r)
--| (1, 1, 1, 5, '2023-09-15')
--| (2, 2, 2, 10, '2023-09-16')
--| (3, 3, 2, 5, '2023-09-17')
--|(4, 3, 1, 5, '2023-09-17')
--| (5, 2, 3, 5, '2023-09-17')
```

Para la parte que viene a continuación, consulte atentamente el contenido de las tablas que acabamos de imprimir.

Como primer ejemplo de consulta sobre nuestras tablas, busquemos la lista de pedidos del cliente 2.

```
# Selección de pedidos para un cliente dado
client_id = 2
c.execute(f"SELECT * FROM Pedidos WHERE cliente_id = {cliente_id}")
rows =c.fetchall()
```

```
for r in rows: print(r)
--| (2, 2, 2, 10, '2023-09-16')
--| (5, 2, 3, 5, '2023-09-17')
```

Para seleccionar las líneas de pedidos que nos interesan, hemos añadido una cláusula `WHERE` que nos permite agregar una condición de búsqueda a nuestra consulta, en este caso el hecho de que `cliente_id` sea igual a 2.

Ahora vamos a extraer los productos que fueron pedidos un día por el cliente 3.

```
cliente_id = 3
c.execute(f"SELECT Productos.* FROM Productos INNER JOIN Pedidos ON
Productos.id = Pedidos.producto_id WHERE Pedidos.cliente_id = {cliente_id}")
rows = c.fetchall()
```

```
for r in rows : print(r)
--| (2, 2, 'Producto 2', 20, 10)
--| (1, 1, 'Producto 1', 10, 5)
```

Para ello, construimos una **unión**, algo así como una nueva tabla temporal, que incluye todas las columnas de las tablas Productos y Pedidos y todas las filas sin redundancia, de forma que el identificador del producto en la tabla Productos es el mismo que el identificador del producto en la tabla Pedidos. A continuación, solo hay que filtrar por el identificador del cliente.

Ahora calcularemos el margen total generado por cada cliente.

```
# Cálculo del margen total por cada cliente
c.execute('''SELECT Clientes.nombre, SUM(Pedidos.ctdad*(Productos.precioVenta
- Productos.precioCompra)) AS margen_total
FROM Clientes
INNER JOIN Pedidos ON Clientes.id = Pedidos.customer_id
INNER JOIN Productos ON Pedidos.producto_id = Productos.id
GROUP BY Clientes.nombre;''')
rows =c.fetchall()
```

```
for r in rows : print(r)
--| ('Cliente 1', 25)
--| ('Cliente 2', 125)
--| ('Cliente 3', 75)
```

Esta consulta ha unido las tablas Clientes, Pedidos y Productos para calcular el margen total generado por cliente. La función SUM ha calculado la suma de las diferencias entre el precio de venta y el precio de compra de cada producto pedido por cada cliente, extraído mediante la función GROUP BY. El efecto de la cláusula GROUP BY es, por tanto, similar a agrupar los resultados por nombre de cliente.

De hecho, podemos imaginar que el GROUP BY simplemente ha reiniciado la parte superior de la consulta para cada uno de los clientes (1, 2, 3...).

Por lo tanto, hemos creado tres registros, uno para cada cliente, con dos columnas: el nombre del cliente y el margen obtenido de ese cliente:

```
SELECT Clientes.nombre, ... AS margen_total ...
```

Es importante recordar que una cláusula SELECTproduce registros con nombres de columna predeterminados, que pueden ser difíciles de leer a menos que especifique su alias.

En lugar de extraer los registros, puede simplemente declarar la cláusula SELECT como una vista (*view*) de los datos, lo que significa que puede manipularla como una tabla de solo lectura, pero que siempre estará actualizada.

La sintaxis SQL pura correspondiente sería:

```
CREATE VIEW MargenTotalPorCliente AS
SELECT Clientes.nombre,
SUM(Pedidos.ctdad*(Productos.precioVenta -Productos.precioCompra)) AS margen_total
FROM Clientes
INNER JOIN Pedidos ON Clientes.id = Pedidos.cliente_id
INNER JOIN Productos ON Pedidos.producto_id = Productos.id
GROUP BY Clientes.nombre;
```

Esta vista puede consultarse como si fuera la nueva tabla siguiente:

Clientes.nombre	margen_total
Cliente 1	25
Cliente 2	125
Cliente 3	75

Esperamos que estos ejemplos le hayan convencido de la potencia del lenguaje SQL en términos de consultas a bases de datos relacionales. Le instamos a que los estudie detenidamente, ya que son prototipos de las consultas SQL más habituales.

3.4 Reglas y reglas de negocio (business rules)

Los usuarios y los gestores de los sistemas de información están inmersos en sus procesos operativos (en otras palabras, su negocio o *business*). A la hora de tratar con ellos, los informáticos necesitan registrar lo que tienen que decir de una forma que facilite el intercambio de información para validar sus necesidades. La recopilación de reglas de negocio (*Business Rules*) es una herramienta sencilla y práctica para almacenar parte de esta información y también para llegar a un acuerdo con los usuarios sobre algunas de sus exigencias (*requirements*).

Las reglas de negocio se expresan del siguiente modo:

Si ESTO, entonces ESO, con una probabilidad p = x %

Por ejemplo:

Si el saldo pendiente del cliente es demasiado bajo, no se le concede ningún crédito, p = 90 %

El porcentaje refleja una conversación en la que el experto habrá afirmado que esta regla se cumple «a menudo», salvo en algunos casos bastante raros.

El orden de aplicación de estas reglas no debe influir en su diseño.

Estas reglas operan sobre **hechos** que pueden estar constituidos por relaciones lógicas entre otros hechos (por ejemplo, *hecho:= hecho1 y hecho2*).

Las reglas pueden referirse a hechos relacionados con el negocio, con la técnica o con diversos cálculos.

Existen varios paquetes especializados en el tratamiento de reglas modificadas por una probabilidad, como el paquete de R denominado FRBS, de *Fuzzy Rule-Based System*.

Recopilar estas reglas de negocio no implica en modo alguno utilizarlas en su código. En cualquier caso, ¡constituyen buenos descriptores de los requisitos de sus clientes!

Estas técnicas no son aproximativas, en contra de lo que podría sugerir el adjetivo *difuso* (*fuzzy*), sino que se basan en una rama específica de las matemáticas: el álgebra difusa (o lógica difusa), que puede utilizarse para tomar decisiones en entornos complejos.

Observación

Hemos aplicado estas técnicas en numerosas ocasiones a lo largo de muchos años, así que no dude en incluirlas en su catálogo de desarrollador, ya que tienden un puente entre dos mundos: la convicción de los expertos y la medición de la realidad estadística de las cosas.

En resumen, el **álgebra difusa** se ocupa de los conjuntos difusos, definidos por funciones de pertenencia $\mu A(x)$ donde x es un elemento del universo del discurso y $\mu A(x)$ es la medida de la pertenencia de x al conjunto difuso A. Así, un elemento puede pertenecer «más o menos» a un conjunto u otro. Para combinar estos conjuntos, gestionar la incertidumbre y definir nuevas funciones de pertenencia, utilizamos operadores de fusión como las conjunciones difusas (llamadas T-normas: $\wedge$) y las disyunciones difusas (llamadas S-normas: $\vee$).

Conjunción difusa: $\mu_C(x) = \mu_A(x) \wedge \mu_B(x)$

Disyunción difusa: $\mu_D(x) = \mu_A(x) \vee \mu_B(x)$

Existen varios modelos de T-normas y S-normas, que influyen relativamente poco en los resultados de los cálculos empresariales cotidianos. Así que, cuando empiece a codificar directamente estos conceptos, no se preocupe demasiado por elegir el modelo.

Observe que la incertidumbre se refiere a una medida difusa del conocimiento y, por tanto, refleja una realidad intrínseca del fenómeno estudiado, mientras que la indeterminación implica una imposibilidad de determinación precisa, a menudo debida a factores aleatorios o desconocidos. En física, por ejemplo, la incertidumbre queda ilustrada por el principio de incertidumbre de Heisenberg, que limita la precisión de la medición simultánea de la posición y la cantidad de movimiento de una partícula. La indeterminación se manifiesta en el caso del movimiento browniano, en el que las trayectorias de las partículas experimentan variaciones aleatorias que son impredecibles unitariamente, pero que forman parte de patrones estadísticos constantes.

Cuando compile sus reglas de negocio, debe intentar diferenciar entre estos dos casos, ya que a veces esto puede influir en la interpretación práctica de estas reglas en su código.

3.5 Modelos de procesos, BPMN o UML

La representación BPMN (*Business Process Model & Notation*) es muy similar al diagrama de actividad (o diagrama de secuencia) de UML, pero cuenta con más símbolos, y suele citarse por ser muy práctica para describir procesos. Se utiliza para describir procesos de negocio (los diagramas BPMN suelen ser horizontales, mientras que los diagramas de actividad UML son verticales). En un diagrama BPMN, los actores son más generales (usuarios, back-office, etc.) y, como imaginamos varias acciones por actor, estas se representan en forma de carriles (*lanes* o *swimlanes* en inglés).

Existen pocas herramientas de código abierto para representar BPMN y, en muchas organizaciones, los representantes de los usuarios («el negocio») no tienen las competencias necesarias para validar estos diagramas, que contienen muchos símbolos. Por ello, le aconsejamos que utilice una representación del estilo UML, un poco más rica si es necesario, con varios carriles para permanecer en el espíritu de BPMN, pero que ofrezca al mismo tiempo a sus representantes de negocio un esquema lo suficientemente sencillo como para ser validado. Recuerde que, en cualquier caso, podrá utilizar reglas de negocio para permitir a los áreas funcionales especificar los detalles de sus procesos.

Para describir un proceso sin demasiada dificultad, recomendamos el **diagrama de actividades UML**.

En estos diagramas, deberá identificar alternativas y ramas paralelas. Cuando proceda (y siempre que sea posible), se utilizará un sistema de «muñecas rusas», es decir, se designarán determinadas cajas del diagrama como subprocesos que, a su vez, se describirán en un diagrama de la misma naturaleza. Nos gusta designar los subprocesos con un signo más (+) delante de su título o con un recuadro que contenga dos líneas verticales a derecha e izquierda.

Es importante evitar describir prematuramente diversas interacciones complejas entre subprocesos, difíciles de validar y sujetas a numerosos cambios. Estas interacciones pueden ser objeto de diagramas de secuencia o reglas de negocio que se expresarán en detalle durante la definición de los casos de prueba, creados a su vez antes del desarrollo y que servirán de referencia a los desarrolladores de la aplicación. En un ciclo ágil, estas especificaciones detalladas se construirán al principio del sprint.

Para facilitar la lectura, puede:

- añadir algunas notas concisas a sus diagramas;
- anotar enlaces entre las cajas añadiendo iconos significativos; por ejemplo, un pequeño icono de un sobre para recordar que el enlace procede de un mensaje;
- utilizar diferentes formas de caja para designar las entradas y salidas (input/output);

– utilizar cajas de formas diferentes para indicar su distinta naturaleza (caja rectangular para designar el objetivo de una rama, caja redondeada para nombrar el estado alcanzado, paralelogramo para un mensaje, en forma de base de datos para estipular una serialización, etc.).

Debe describir la semántica de sus símbolos al lector (añada texto o leyendas).

Eche un vistazo al siguiente ejemplo, relativamente genérico, para ver cómo podría ser.

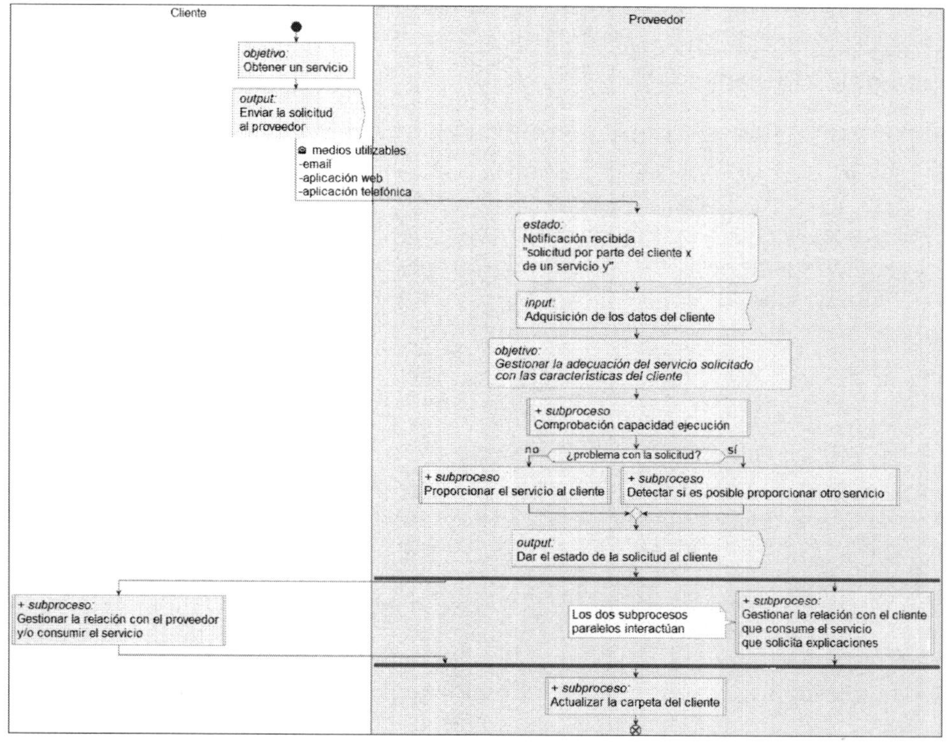

Proceso de negocio, gestión de una solicitud de un cliente

En este ejemplo, observe el uso sistemático de la noción de subprocesos, el enfoque de «muñecas rusas» y la visualización en paralelo de dos ramas, cada una de las cuales comprende un subproceso cuyos mecanismos de sincronización mutua no se han detallado aquí y serían objeto de otro diagrama (el inicio de un paralelismo está simbolizado por la barra horizontal gruesa y su final, por otra barra horizontal).

Debe explicar a sus lectores el lenguaje de especificación que está utilizando. Las normas varían mucho; he aquí un ejemplo de leyenda mínima correspondiente al diagrama anterior.

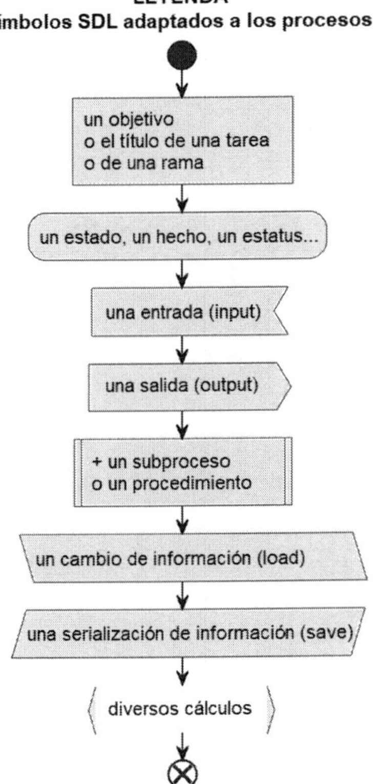

Specification And Description Language personalizado

3.6 Arquitectura empresarial (EA) y arquitectura técnica del proyecto

Los arquitectos de sistemas de información de una organización consideran el SI como una ciudad con varias capas:

- sus usuarios y sus usos,
- sus funciones (tiendas, administraciones, etc.),
- sus edificios y carreteras,
- sus redes (agua y cisternas, electricidad, gas, etc.).

Cada uno de estos mapas tiene sus propios códigos y zonificación, un poco como los barrios, que no siempre coinciden.

Urbanización del sistema de información

Los arquitectos empresariales mantienen esta cartografía de cuatro capas y se centran en actualizar las relaciones entre ellas.

Los arquitectos trazan las cuatro capas de cada aplicación en su cartografía y mejoran la coherencia general dando forma a las normas de la empresa, que impulsarán el desarrollo de las arquitecturas de cada aplicación y cada capa, con el objetivo de mejorar la eficacia del SI.

La cartografía de la arquitectura la mantienen los arquitectos y comprende al menos cuatro capas:

- **La capa de negocio** se expresa de forma natural mediante el dibujo de **procesos** en el caso de objetivos identificados (IGOE, BPMN, diagramas de secuencia o de actividad con carriles), casos de uso de alto nivel (use cases, epics y stories funcionales, tripletas semánticas «sujeto predicado objeto») y la identificación de los objetivos de cada parte de la organización y de los distintos actores.

- **La capa funcional** adopta a veces la forma de un **catálogo de servicios** a los que pueden acceder los negocios y que encapsula cualquier servicio de aplicación expuesto por la capa de aplicación. Esta es la capa más difícil de identificar, porque es una **capa abstracta** que se expresa fácilmente solo a través de las áreas funcionales de la empresa (contabilidad, finanzas, ventas, marketing, fabricación, legal, RR HH, TI, etc.) o el nombre y las funciones del software ya existente u ofrecido por los proveedores de soluciones «llave en mano» (software de nóminas, áreas del paquete MRP de SAP, entrada de facturas de Salesforce, etc.).
- **La capa de arquitectura de aplicaciones y técnica** es la que preocupa naturalmente a muchos equipos informáticos (arquitectos, desarrolladores, seguridad, etc.).
- **La capa física**, sin la cual nada puede suceder.

A menudo resulta útil añadir:

- dos capas verticales (derivadas del modelo SOA que veremos más adelante:
  - **la seguridad** (protección, seguridad, plan de continuidad de la actividad y negocio),
  - **la gobernanza** (decisiones importantes, auditorías y revisiones) y sus repositorios (garantía de calidad y métodos, innovación, normas, estándares, **master data**, ontologías, CMDB, RACI, directorios como LDAP, etc.). Observe que la gobernanza se aplica tanto a cada una de las capas (incluida la de seguridad) como globalmente,
- una capa horizontal inferior, la **cartografía física**: países, regiones, ciudades, distritos, edificios, plantas, salas, zonas dentro de las salas (normalmente, para salas de máquinas), máquinas móviles (teléfonos, PC, teletrabajo). Permite identificar dónde se encuentran las máquinas, las redes y las personas. Hay que tener en cuenta que esto influye mucho en los planes de continuidad de la actividad, la seguridad, las copias de seguridad, la eficacia de la red, la eficacia del mantenimiento, etc., e incluso en las aplicaciones funcionales.

Hay que decir que el sistema de información contiene otro sistema de información completo, que interactúa con él, a saber, el SI del Departamento de Informática, cuya finalidad es producir, gestionar y mantener en **estado operativo** el conjunto del SI (el de las líneas de negocio y el suyo propio). Algunas herramientas son compartidas (mensajería, LDAP, etc.); otras, no. Como en casa del herrero, cuchillo de palo, ¡a veces este SI no se describe ni gestiona como es debido!

Además, la elección de determinados componentes del SI «normal» puede dificultar o facilitar el trabajo de los informáticos y, por tanto, influir en su propio SI. Por ejemplo, la elección de una tecnología de contenedores portadora de las funcionalidades distribuidas por el SI empresarial facilita la implantación de técnicas DevOps dentro del propio SI del Departamento de TI, etc.

3.7 Algunos conceptos para facilitar la estructuración y la colaboración entre las capas del SI

3.7.1 SOA: Arquitecturas Orientadas a Servicios

Las arquitecturas orientadas a servicios (*Service-Oriented Architecture*) siguen estando en boga, aunque cada vez observamos más arquitecturas con una granularidad aún más fina de los servicios: los microservicios, a menudo servidos por sistemas de contenedores como Docker.

El modelo SOA alimenta las capas superiores de la arquitectura (de negocio y funcional), pero **se implementa principalmente en las capas de aplicación y datos, basándose en la capa de arquitectura**.

Vemos que surgen varios conceptos:

- **Eventos** (y, por tanto, mensajes asíncronos).
- **Orquestación de procesos** (y de servicios de facto, por ejemplo, a través de flujos de trabajo BPM (*Business Process Management*), y en la actualidad a través de la orquestación de servicios en contenedores).

- Noción de **servicios funcionales** que ya no son específicos de una aplicación determinada, acompañados de los servicios de datos que los soportan:
  - los ESB (*Enterprise Service Bus*), herramienta *de middleware* diseñada para facilitar la comunicación y el funcionamiento entre aplicaciones,
  - los MOM (*Message-Oriented Middleware* o *brokers* de mensajes), tecnología de bus asíncrono, donde los emisores publican sus mensajes y los consumidores los leen,
  - los EAI (*Enterprise Application Integration*), que centralizan el intercambio de información de forma similar a los ESB. Los EAI suelen gestionar formatos pivote (normas de representación de datos para un sector empresarial concreto, como FpML para mercados financieros), que permiten intercambios controlados semánticamente entre distintas aplicaciones.
- La importante noción de **abstracción de datos**, que añade semántica a los intercambios de información. Se trata de enmascarar la complejidad de los datos subyacentes, proporcionar una interfaz clara y normalizada para acceder a los servicios y permitir integrarlos y reutilizarlos más fácilmente, independientemente de cómo se almacenen o manipulen los datos. Así se favorece la interoperabilidad y la flexibilidad de los SI.
- Funciones de apoyo a la **seguridad**, acompañadas a su vez de sus propios repositorios (vulnerabilidades, directorios LDAP, derechos por servicio/proceso/subconjunto de datos).
- **La gobernanza** global, basada en **repositorios** como las CMDB (*Configuration Management DataBase*), que proporcionan una nomenclatura versionada de todos los componentes de SI.

En el resto del libro, abordaremos varios elementos arquitectónicos que permiten implementar el SOA (ETL, EAI, ESB, Broker, MOM, OLTP, OLAP, arquitectura lambda).

3.7.2 Servicios de computación en la nube

El *cloud computing* consiste en el uso de servidores informáticos remotos alojados en internet para almacenar, gestionar y procesar datos, en lugar de utilizar un servidor local o un ordenador personal. Es una práctica que proporciona acceso a recursos informáticos bajo demanda, de forma flexible y *escalable* (capacidad para cambiar de escala, normalmente para crecer).

Los principales niveles de servicio que ofrece la computación en la nube son:

- **SaaS** (*Software as a Service*): las aplicaciones se proporcionan como servicios llave en mano a los que los usuarios se conectan mediante software;
- **PaaS** (*Platform as a Service*): los proveedores de servicios ofrecen una plataforma de desarrollo y ejecución de aplicaciones que permite a los desarrolladores crear y desplegar aplicaciones sin preocuparse de la infraestructura subyacente.
- **IaaS** (*Infraestructura como Servicio*): los proveedores de servicios ponen a disposición recursos informáticos como servidores virtuales, redes y almacenamiento, permitiendo a los usuarios crear su propia infraestructura informática a la carta.

Observación

*Estos servicios se conocen como **X as a Service**.*

También existen diferentes tipos de implantación de la computación en la nube:

- **Nube pública**: alojada por un proveedor y accesible a través de internet.
- **Nube corporativa** o **privada**: alojada en una red privada, utilizada por una sola organización (a través o no de internet).
- **Nube intermedia** o **híbrida**: una combinación de nubes públicas y privadas.

He aquí una tabla que resume las ventajas e inconvenientes de la computación en la nube, normalmente a nivel de SaaS.

Ventajas	Inconvenientes
Escalabilidad y flexibilidad	Dependencia de los proveedores de la nube
Limitación de la inversión inicial	Pérdida de control de los costes de utilización
Acceso a distancia	Dificultad para auditar dónde se almacenan los datos
Actualizaciones automáticas	Rendimiento y latencia de internet
Copias de seguridad y recuperación de datos bien gestionados	Confianza «ciega» en un tercero

3.8 TOGAF

La complejidad de las arquitecturas actuales exige cierto rigor por parte de los arquitectos. TOGAF (*The Open Group Architecture Framework*) forma parte de una serie de marcos metodológicos que permiten ordenar racionalmente distintos puntos de vista (en forma de modelos como UML, BPMN, representaciones por capas, etc.) con la esperanza de controlar la arquitectura producida en términos de eficiencia y coherencia.

TOGAF se basa en un ciclo más detallado que PDCA, que destaca las etapas clave del pensamiento arquitectónico.

Como en un proyecto normal, la gestión de requisitos está en el centro de cada ciclo de mejora de la arquitectura.

Dado que es poco frecuente trabajar en una arquitectura de SI desde cero, estos proyectos deben concebirse como **proyectos de migración** de una arquitectura a otra, teniendo cuidado de no comprometer el funcionamiento de las aplicaciones o servicios existentes que aún no se ajustan a la nueva arquitectura.

Cuanto mejor se respeten los principios de aislamiento y se rellenen los repositorios de arquitectura (CMDB: *Configuration Management DataBase*, etc.), más fácil será actualizar las arquitecturas. Por ello, las arquitecturas SOA son reconocidas por su gran capacidad de evolución.

4. Cómo estructurar un estudio de caso

A veces se le pedirá que elabore un documento de estudio preliminar o algún tipo de estudio de caso. A continuación encontrará una breve guía de supervivencia que le ayudará a organizar su trabajo, seguida de alguna información adicional.

En esta fase, los conocimientos adquiridos anteriormente en este libro deberían ayudarle a elaborar un documento coherente.

Observación

También hemos escrito esta pequeña guía para aquellos de nuestros lectores que estén preparando una oposición o una prueba escrita que incluya un caso práctico.

Por lo tanto, en esta sección partimos de la base de que no tiene ni la oportunidad ni la necesidad de consultar información distinta de la que ya dispone y que define la necesidad, por lo que la recopilación de información útil para el estudio no requiere una fase adicional de entrevista o investigación.

4.1 Método general para abordar un estudio de caso

1. Hojee el conjunto de sus documentos y abra cinco listas:

- objetivos y problemas que deben abordarse (curiosamente, esta lista irá evolucionando);
- entregables que deben producirse;
- requisitos clasificados por su naturaleza;
- palabras clave y temas;
- puntos clave para describir la visión (la visión de ellos, la de usted).

A continuación, inicie un análisis del estudio de caso en función de diversos aspectos, utilizando la siguiente lista como guía y actualizándola, sin dejarse influir por diversas ideas preconcebidas procedentes de su primera lectura o de experiencias anteriores, etc. Piense en los REQUISITOS y actualícelos o clasifíquelos a medida que reflexiona.

2. Determine exactamente qué entregable o entregables se esperan de usted:

- ¿Una solución informática?
  - ¿Qué aspectos del SI?
    - El SI «normal», el que hace funcionar la empresa «aparte de la informática» (en este caso, determine las capas que debe describir).
    - Herramientas para que los profesionales de TI gestionen sus proyectos y el SI, incluidas las operaciones/producción (GitLab, Git, herramientas DevOps, herramientas de modelización, herramientas de prueba, herramientas de supervisión, etc.).
  - ¿En qué capas?
    - Empresa/función/aplicación&datos/técnicos.
    - Ubicación física (capa adicional bajo el urbanismo de SI).
    - Seguridad.
    - Gobernanza (y sus marcos de referencia).
- ¿Una elección de paquete de software (o solución SaaS)?
  - Compruebe la idoneidad de la solución con cinco listas de comprobación que comparan la solución y sus requisitos previos en:
    - las funciones deseadas,
    - los retos y objetivos que deben alcanzarse,
    - los componentes informáticos frente a su arquitectura,
    - las normas y estándares de su organización,
    - los criterios de selección, expresados en parte en su pliego de condiciones.
- Modelos, ¿y qué modelos?
  - Algoritmos (o código, scripts...).
  - UML (use cases, diagramas de clases, diagramas de secuencia).
  - Procesos descritos en BPMN (o diagramas de secuencia).

- Un esquema de base de datos relacional.
- Modelos de red.
- ¿Un plan de acción (PDCA)?
  - Piense a través de P, describa D, exprese C y A de forma sucinta, etc.
  - Probablemente, habrá que producir tres ciclos PDCA:
    - a corto plazo, la urgencia o la preparación del seguimiento (POC, logística, herramientas, etc.),
    - a medio plazo,
    - a largo plazo (si quisiéramos hacerlo mejor, podríamos..., etc.).
- ¿Descripción de un proyecto? (Situado dentro de un marco metodológico V, ágil o SAFe, etc. ¿Tiene que elaborar una planificación estándar o una RACI estándar?)

3. Determine la naturaleza de los problemas del estudio de caso:

- **Dinámicos/positivos**: crear una nueva solución para... al menos pensar en:
  - stories (como ... hago ... para ...);
  - tripletas semánticas (sujeto predicado objeto).
- **Defensivo**: mitigar un riesgo -> análisis de riesgos (impacto de uno o varios sucesos temidos), intentaremos reducir el impacto o disminuir la probabilidad de las causas, utilizando un diagrama de Ishikawa cuando proceda.
- **Curativo**: corregir un problema, una disfunción o un ataque (el análisis causal es esencial en este caso: Ishikawa).
- En caso de duda sobre lo que está en juego, haga suposiciones basadas en:
  - QQDCCCP (Quién, Qué, Dónde, Cuándo, Cómo, Cuánto, Por qué);
  - DAFO.

4. ¡Entregue!:

- Recuerde los **desafíos/objetivos** y **requisitos** que ha identificado o «intuido».
- Cuando proceda, añada HIPÓTESIS de trabajo o una VISIÓN que no se haya expresado, pero que haya influido en el desarrollo de sus resultados.

- Exponga los entregables solicitados, produciendo:
  - texto;
  - tablas o listas de control;
  - diagramas.
- Discuta su solución y concluya:
  - ventajas/desventajas;
  - adjunte sus producciones intermedias (el mensaje es: estos modelos, tablas, etc., me ayudaron a construir los entregables);
  - concluya e introduzca futuras mejoras o alternativas, o describa lo que habría entregado en una situación real.

4.2 Información adicional sobre la elección de soluciones informáticas funcionales

4.2.1 Lista de paquetes de software funcionales

En términos de cultura corporativa general, es probable que el vocabulario siguiente resulte útil en las conversaciones de cafetería con el responsable local de TI, ya que los representantes de los usuarios se expresan utilizando los conceptos de marketing de los principales proveedores de soluciones empresariales.

Existen muchos tipos de soluciones basadas en paquetes de software (a veces disponibles localmente, pero ahora distribuidas a menudo como SaaS). Algunos proveedores de ERP (*Enterprise Resource Planning*) incluyen en sus ofertas una amplia gama de funcionalidades, que van mucho más allá de la mera noción de ERP. Aun así, hemos extraído los tipos de solución que pueden implementarse de forma independiente y orientada a las necesidades de su organización (la expresión *best of breed* refleja la idea de que es preferible elegir las mejores herramientas de su categoría en lugar de un paquete de software general) con el fin de llamar su atención sobre las funcionalidades básicas de este tipo de software empresarial. La elección de las marcas es puramente ilustrativa, pero se ha hecho con cuidado para animarle a navegar por sus sitios y familiarizarse con las funciones que ayudan a las empresas cada día.

Paquete informático	Significado	Funcionalidades principales	Soluciones
ERP MRP	Enterprise Resource Planning / Manufacturing Resource Planning	Planificación de los recursos empresariales, gestión de procesos, finanzas, cadena de suministro.	**Odoo**, **SAP**, **Microsoft Dynamics**
GED	Gestión electrónica de documentos	Gestión electrónica de documentos, almacenamiento, búsqueda y gestión de versiones.	**Alfresco**
CRM	Customer Relationship Management	Gestión de las relaciones con los clientes, interacciones con los clientes, automatización de ventas y marketing.	**ZohoCRM**, **Salesforce**
SCM	Supply Chain Management	Gestión de la cadena de suministro, seguimiento de los flujos de productos, gestión de existencias, etc.	**Oracle SCM**
BI	Business Intelligence	Análisis de datos para la toma de decisiones, creación de informes, cuadros de indicadores, etc.	**Tableau**, **Power BI**, **QlikView**, **Birt**
HCM	Human Capital Management	Recursos humanos, nóminas, personal, formación = SIRH (sistema de información de administración de recursos humanos).	**OrangeHRM**
PLM	Product Lifecycle Management	Gestión del ciclo de vida del producto, desde el diseño hasta el final de la vida útil.	**PTC Windchill**

Paquete informático	Significado	Funcionalidades principales	Soluciones
CMS	Content Management System	Gestión de contenidos para la creación y la publicación de contenidos en línea.	**WordPress**
BPM	Business Process Management	Gestión de procesos de negocio, optimización de flujos de trabajo.	**Bonita**
LMS	Learning Management System	Sistema de gestión de la formación, seguimiento y administración de la formación.	**Moodle**

Estudiar estas soluciones tan avanzadas puede darle algunas ideas excelentes a la hora de desarrollar las funcionalidades que ofrecerá a sus usuarios. Aunque estos productos no sean relevantes para usted en la actualidad, le recomendamos que permanezca atento a los últimos avances de las soluciones SaaS y los paquetes de software de gestión para no perder el contacto con sus usuarios potenciales.

Los especialistas en TI suelen centrarse en técnicas y arquitecturas informáticas, pero no lo suficiente en soluciones «llave en mano», lo que los aísla de sus futuros usuarios.

4.2.2 Elección de paquetes de software o soluciones «llave en mano»

Para hacer este tipo de elección, necesita elaborar al menos cinco listas de control:

- Lista de funciones: necesarias, presentes en la solución, acordes con las expectativas.
- Lista de retos y objetivos: retos/objetivos, idoneidad de la solución.
- Lista de los componentes informáticos de la solución: componentes, adecuación con los componentes del sistema actual.

- Lista de cumplimiento de las normas y estándares que la organización desea respetar: estándar, adecuación al criterio.
- Lista de criterios de selección: criterio, adecuación al criterio.

Debe explorar las principales áreas funcionales de la capa de funciones del «mapa base» de cartografía/urbanismo y situar la solución de aplicación en este mapa para poder elaborar una lista de comprobación de las funcionalidades y, a continuación, comprobar que están presentes e incluyen un buen nivel de cumplimiento de los requisitos verificables y los criterios de calidad que haya identificado y expresado claramente.

Empezamos por identificar la naturaleza funcional, las principales funciones del paquete de software (por ejemplo, GED, ERP/MRP, CRM, herramientas colaborativas, etc.).

Aplicamos el método descrito anteriormente al caso práctico y comprobamos que la solución cumple los requisitos establecidos.

4.2.3 Ejemplos de criterios de selección de paquetes informáticos

Para elegir un paquete de software (a menudo denominado software «de estantería», *on the shelf*), hay que clasificar distintos criterios, ponderarlos y compararlos entre las distintas soluciones que se barajan. He aquí algunos ejemplos de criterios que pueden incluirse en las tablas de comparación:

- Costes de adquisición, configuración, despliegue y mantenimiento acordes con los beneficios previstos.
- Capacidad para soportar la funcionalidad requerida (requisitos funcionales).
- Ergonomía del resultado.
- Compatibilidad con diferentes navegadores en hosts de clientes, pero también en Android, IoS, etc.
- Facilidad para crear prototipos de UI modernas (*User Interfaces* = páginas web, pantallas, etc.), por ejemplo, en *flat design*, repositorios con iconos agradables y acordes con la época (¡que no parezcan de los años 90!).
- Fiabilidad (piense bien en cómo va a medirla).
- Rendimiento.
- Facilidad de testeo.

- Escalabilidad.
- Facilidad de uso.
- Compatibilidad con la arquitectura y las normas de seguridad de la organización.
- Apertura a soluciones de terceros (plug-in, intercambios de datos, motores de bases de datos, consumo y suministro de API o microservicios, etc.).
- Capacidad de gestión en configuración (fuentes fácilmente gestionables con una herramienta como Git)
- Facilidad de despliegue (posibilidad de parametrización y configuración en entornos de contenedores, parametrización externalizada *as a code* sin intervención manual).
- Licencia (código abierto o no), precio, costes de mantenimiento.
- Competencias disponibles en la organización o en el mercado.
- Tamaño y estructura del equipo de desarrollo de software.
- Calidad de la documentación y vitalidad de la comunidad (por ejemplo, en el sitio *Stack Overflow*).
- Frecuencia de las actualizaciones y descripción precisa del contenido de las *releases*.
- Transparencia de *la hoja de ruta*: ¿le facilita el proveedor información clara sobre su plan de desarrollo de las funciones que le ha vendido para el futuro?
- Capacidad de reacción ante anomalías y corrección de vulnerabilidades (CVE).

Capítulo 3
Métodos - Gestión eficaz de los datos

1. Introducción

Existe una amplia gama de motores de bases de datos que permiten almacenar y luego acceder a los datos («serializar» los datos) y que pueden utilizarse cuando se considera útil ir más allá de los archivos «planos», como los archivos .csv. Cierto número de bases de datos respetan restricciones muy estrictas para garantizar la coherencia de los datos y son accesibles a través de diversos dialectos, el más conocido de los cuales es SQL (*Structured Query Language*). Otras prescinden de algunas de estas restricciones para ganar en rendimiento y en capacidad de integrar información poco o nada estructurada (texto, imágenes, vídeos, música, etc.).

Puede familiarizarse fácilmente con el manejo de varias bases de datos instalando localmente una herramienta genérica de acceso a bases de datos como **DBeaver**.

Observación

En Windows, que, naturalmente, no dispone de una gestión de paquetes tan eficaz como Linux, puede instalar un gran número de paquetes de software ***de forma*** *sencilla y* ***reversible*** *utilizando la herramienta* ***chocolatey****. Con esta herramienta, DBeaver se instala con una sola línea de comandos a través del terminal de Windows:* `choco install dbeaver`.

Veamos ahora los principales conceptos utilizados para calificar las estructuras más internas de sus bases de datos.

2. Los conceptos CRUD, 3NF, ACID, OLTP (¡y no OLAP!)

2.1 CRUD

CRUD representa las cuatro operaciones básicas de gestión de la persistencia de datos en una base de datos:

- **C**reate: crear;
- **R**ead: leer;
- **U**pdate: actualizar;
- **D**elete: suprimir.

Observación

En las arquitecturas decisionales (BI), se evitan las operaciones Update y Delete. En su lugar, los registros se duplican añadiéndoles índices de marca de tiempo en forma de fecha/hora/min/segundo (una timestamp que típicamente se expresa en el formato de fecha estándar POSIX) que estipula su fecha de creación y, si es necesario, añadiendo un registro específico con su timestamp para indicar que los registros con el mismo índice ya no son válidos. De este modo, se conserva la trazabilidad completa de los cambios en el sistema de información y se puede combinar con seguridad varias tablas del mismo tipo extraídas de sistemas transaccionales en fechas diferentes, eliminando los duplicados. La base de datos HBase de Hadoop es muy eficaz en este tipo de contexto de actualización incremental del data lake.

2.2 Formas normales (limitación al nivel 3NF)

2.2.1 Relaciones (asociaciones)

Antes de explorar el concepto de forma normal, cabe señalar que una tabla siempre representa una relación entre los atributos descritos en sus columnas.

En una relación (asociación) bien construida, se dispone del nombre de la relación, representado por el nombre de la tabla en la representación relacional, el determinante de la relación (una lista coherente de atributos que identifican el sujeto de la relación) y el determinado de la relación (una lista coherente de atributos que identifican el objeto de la relación).

Pueden encontrarse conceptos similares en otros contextos de representación y almacenamiento de información:

- Las relaciones/asociaciones remiten a la noción de predicado en la web semántica y en la representación del conocimiento (*knowkledge*), a menudo almacenado en tripletas **RDF** (*Resource Description Framework*).
- Las relaciones también corresponden a enlaces (aristas) entre nodos (vértices) en representaciones gráficas, a veces guardadas en bases de datos gráficas, como Neo4j.

Para aclarar nuestro punto de vista, veamos la relación semántica `utiliza` siguiente: (`individuo`, `utiliza`, `puesto_de_trabajo`):

- «utiliza» es la relación (predicado);
- «individuo» es el sujeto;
- «puesto_de_trabajo» es el objeto de la relación.

Si pensamos en términos de álgebra relacional, lo escribimos así: `utiliza(individuo, puesto_de_trabajo)`.

Si imaginamos que los individuos se caracterizan completamente por los dos atributos apellido y nombre, y que los puestos de trabajo se caracterizan por una planta, un número de sala y un número de orden dentro de la sala, obtenemos la relación: *utiliza(apellido, nombre, planta, sala, número_orden)*. Es una relación útil para el análisis de datos, pero demasiado cargada y no refleja todo lo que sabemos.

Se comprende fácilmente por qué era importante no olvidar la semántica de las relaciones subyacentes entre el *individuo(apellido, nombre)* y el *puesto de trabajo(planta, sala, número_orden)*. Es este tipo de dilema el que tenemos que resolver cuando estructuramos nuestros datos: preservar el significado profundo de las cosas o dar prioridad a la restitución de la información.

Un ejemplo de esta relación podría adoptar la forma de **un registro** (los científicos de datos dirían **una observación**) con la siguiente **fila** en una tabla denominada «utiliza»: *(Eva, Laude, 3, 21, 4)*. Esto significa: *La individua Eva Laude utiliza el puesto de trabajo de la planta 3, sala 21, ubicación 4.*

2.2.2 Las tres formas importantes: 1FN, 2FN, 3FN

La noción de «forma normal» proporciona criterios para identificar si la representación de tales relaciones es de alta calidad. Existen ocho formas normales, pero habitualmente solo se tienen en cuenta las tres primeras:

- 1FN, primera forma normal, atomicidad: los atributos deben ser semánticamente atómicos, es decir, que no puedan descomponerse en otros atributos. Por ejemplo, en nuestro caso, una codificación 3-21-4 en una sola columna de la tabla no habría sido conforme si se contemplara un día utilizar la información de que Eva Laude estaba en el tercer piso.
- 2FN, segunda forma normal, no redundancia determinante/determinado: debe cumplir con la 1FN y ninguno de los atributos determinados debe poder deducirse de un atributo parcial del determinante. Por ejemplo, si el tercer piso es el piso de la familia Laude, habría redundancia entre el atributo piso y el atributo apellido. Se trata de una situación muy peligrosa, ya que podría crear incoherencias difíciles de gestionar, normalmente al modificar o destruir determinantes o determinados.
- 3FN, tercera forma normal, no redundancia dentro del determinado: debe cumplir con la 2FN y no debe ser posible deducir uno de los atributos del determinado a partir de otro u otros atributos del determinado. En nuestro ejemplo, si el número de ubicación 4 implica que estamos en el tercer piso, entonces no estamos en 3FN.

Observación

La definición de índices o de claves primarias y secundarias en un esquema relacional puede llevar a veces a pensar, equivocadamente o no, que no se respetan las formas normales cuando se observa la presencia de identificadores que parecen redundantes. Si quiere evitar la menor duda, debe crear físicamente las tablas correspondientes a los determinantes y determinados y trasladar solo sus claves a la relación.

2.3 Propiedades ACID

Las propiedades ACID son las características de una transacción fiable realizada en una base de datos:

- **Atomicidad**: se realizan todos o ninguno de los cambios de la transacción. En otras palabras, si no se ha alcanzado el final de la transacción al hacer commit, la transacción se revierte (*rollback*), incluso en caso de fallo de hardware.
- **Consistencia**: cada transacción lleva a la base de datos de un estado consistente a otro estado consistente en términos de restricciones de integridad funcional (RIF), gestión de cascadas de operaciones de *rollback* o cualquier restricción de consistencia expresada durante el diseño.
- **Aislamiento**: cada transacción es independiente y, por tanto, no depende de la realización de otra.
- **Durabilidad**: las transacciones comprometidas se registran, incluso en caso de fallo del hardware.

Las transacciones básicas en bases de datos relacionales SQL, cuyos esquemas están bien pensados, son naturalmente ACID (es decir, escribir, actualizar o eliminar un registro de una tabla en relación con otras tablas).

En la mayoría de los casos, no tiene sentido pensar en términos de «ACID» para las acciones de Read (cRud).

A veces, los desarrolladores descuidan la gestión de las propiedades ACID para las acciones Update y Delete (crUD), lo que tiene consecuencias perjudiciales.

En cualquier caso, es una buena práctica diseñar pruebas unitarias automatizadas de alta calidad para todas las acciones CRUD y propiedades ACID. Los cambios en el esquema de base de datos (o en una UX, *User eXperience = experiencia de usuario*) pueden tener un gran impacto en estos aspectos, por lo que es importante asegurarse de que estas pruebas se automatizan para cada cambio en el ámbito de las transacciones o los esquemas de base de datos.

2.4 OLTP

Los programas de clase OLTP (*Online Transaction Processing*) pueden gestionar transacciones ACID en internet (o en una intranet), incluso cuando la transacción implica a varios servidores de bases de datos y transita por varios servidores HTTP. Obviamente, un sistema redundante, creado para evitar los *Single Point of Failure* y aumentar la velocidad de las transacciones, está sujeto a problemas relativos a los criterios ACID. Aquí es donde reside el reto del software de clase OLTP.

En la mayoría de los casos, las funciones OLTP se sustentan en mejoras de motores de bases de datos muy desarrollados, por lo general relacionales (SQL Server de Microsoft en su versión completamente en memoria (*in memory*), Autonomous Transaction Processing Database de Oracle, etc.) o servidores de aplicaciones como CICS Transaction server de IBM, que es una evolución del antepasado del buque insignia OLTP de la década de 2000: «el bueno y viejo CICS».

A menudo, los componentes OLTP se implementan para garantizar la conformidad ACID de:

- los sitios de comercio electrónico de gama alta;
- las transacciones financieras;
- los CRM (*Customer Relationship Management*), como Salesforce o Hubspot;
- los ERP (*Enterprise Ressource Planning*, planificación de recursos empresariales), como SAP y Odoo;
- los MRP (*Manufacturing/Material Resources Planning*): un MRP gestiona la producción y la logística de una empresa, y se conoce como software GPAO (gestión de la producción asistida por ordenador).

El rendimiento de un sistema OLTP se mide mediante el TPC (*Transaction Processing Performance Council*) en transacciones por minuto (tpm). TPC-C es la prueba estándar más utilizada; habitualmente se miden tpmC de hasta 100 000 tpm en muchas configuraciones OLTP (¡y de varios cientos de millones en ciertas arquitecturas extremadamente raras y caras!).

3. Conceptos relacionados con las bases de datos de la BI y el BigData

La BI (*Business Intelligence*) es en realidad un término de marketing que engloba las técnicas de *reporting*, interactivas o no. A veces se denomina *analytics* o «decisorio» para subrayar el hecho de que las buenas estadísticas e informes conducen a buenas decisiones.

Los almacenes de datos (***data warehouse***) solían ser el núcleo de las arquitecturas de BI. Desde que los volúmenes de datos se han disparado, estos almacenes de datos estructurados y centralizados han tenido que complementarse con *clústeres masivos* de datos paralelos a través de numerosos *nodes*. Cuando estos datos se recopilan sin conocer su uso futuro, a menudo se almacenan de una forma un tanto genérica que se denomina *datalake*.

Mientras tanto, la llegada del *Machine Learning*, una rama de la inteligencia artificial que puede hacer inferencias (previsiones) a partir de datos masivos o encontrar similitudes entre datos (*clustering*), ha hecho más complejas las arquitecturas.

Esta aceleración continúa en la actualidad, ya que los modelos actuales evolucionan rápidamente en términos de consumo de energía y recursos, como demuestra el auge de las redes neuronales profundas (*deep learning*).

Por último, la IA generativa, como ChatGPT, completa ahora el panorama, aunque ha tenido poca influencia en la arquitectura técnica subyacente a nuestros sistemas de información (¡hasta la fecha!).

Cuando los datos proceden de sistemas relacionales, nos gusta agregarlos de forma potente y centralizada mediante *data warehouses* bien depurados y estructurados, que solo tratan datos que contienen una gran proporción de datos numéricos, y que reciben el atractivo nombre de «hipercubo OLAP».

3.1 OLAP

No hay que confundir OLTP con OLAP. Esta confusión se debe al hecho de que algunas arquitecturas de almacenamiento muy modernas gestionan ambos igual de bien (como las máquinas Exadata de Oracle). Para que conste, OLAP (*Online Analytic Processing*) es un tipo de presentación de datos en forma de hipercubo, muy utilizado en *Business Intelligence*.

Cada celda del hipercubo contiene un dato elemental indexado por todas las dimensiones del hipercubo, un poco como un `array` en el paquete Numpy, muy utilizado en Python, o un `array` en el lenguaje R, o como los tensores Tensorflow o Pytorch, que pueden utilizarse para gestionar enormes matrices multidimensionales.

La interfaz hombre-máquina de un OLAP se parece a la de una hoja de cálculo, pero los datos son accesibles en todas las dimensiones y a distintos niveles de profundidad. La cuadrícula de datos que el usuario puede manipular cambia instantáneamente en función de sus deseos (por ejemplo, ventas por región, margen por producto en una región determinada, desglose de las ventas por tipo de producto en un sector comercial determinado, etc.).

Estos datos pueden agregarse en varios ejes y los resultados analizarse mediante:

- ***slicing***: consulta que ofrece un resultado en dos dimensiones y que se agrega en intervalos de valores que filtran las otras dimensiones (por ejemplo: tabla de ventas anuales por *países* de productos de un tipo y una región determinados);
- ***drill down***: «profundizar» en una celda para comprender lo que compone el valor de un agregado de datos (de forma interactiva: hacemos clic en una celda para abrir una pantalla que detalla su contenido);
- ***color coding***: consiste en identificar agregados formados por valores extremos (por ejemplo: si en algún lugar de los datos consolidados en este agregado hay un valor inferior a..., la celda se colorea en rojo).

■Observación

A menudo, el término Analytic(s) se refiere únicamente a las funciones automatizadas de cuadros de indicadores y visualización de datos, normalmente en el contexto de la inteligencia empresarial (BI). Algunos ejemplos son las siguientes herramientas: Shiny en el entorno R, Google Analytics para análisis de audiencia web, Kibana en ElasticSearch (que puede gestionar datos textuales), Kibana en ElasticSearch + Logtash para supervisión, Tableau, Qlikview distribuido como SaaS o en su Cloud, Qlik (también muy popular entre los usuarios finales).

Los datos de los modelos OLAP o los datos de los almacenes de datos bien construidos suelen organizarse según un modelo conocido como «**estrella**», o en «**copos**» (estrella de estrellas de estrellas, etc.). En otras palabras, el modelo de entidad-asociación que corresponde a la forma en que se ha almacenado la información para poder realizar consultas estadísticas eficaces se parece a una estrella o a un copo cuando se mira «desde lejos».

Una estrella es simplemente una tabla con muchas claves externas. En el centro de esta estrella se encuentran las celdas de datos básicos (por ejemplo: *una venta realizada por el comercial X, el día d, del producto y*). Obtenemos un «copo de nieve» a través de las claves externas de los atributos de esta celda; por ejemplo, nuestro comercial pertenece a un sector determinado, en una región determinada de un país determinado, que está situado en una zona determinada, etc.

3.2 BIGDATA - arquitectura de referencia

Hoy en día, disponemos de modelos de partición avanzados entre arquitecturas de aplicaciones transaccionales y arquitecturas de Big Data.

Las arquitecturas transaccionales se denominan en ocasiones *realtime* (RT) por simplificación lingüística. En realidad, el tiempo real corresponde más bien al tipo de temporalidad del control digital de las máquinas herramienta o a contextos robóticos. También se utiliza el término *speed layer*.

El modelo de referencia actual que integra el *speed layer* y el big data clásico (mal llamado *batch* en este contexto) se denomina **Arquitectura Lambda** (no confundir con el cálculo lambda, que es una forma de programar utilizando únicamente funciones).

A través de la capa de presentación, el usuario accede a varios servicios, ya sean servicios globales típicos de una arquitectura orientada a servicios (SOA, *Service-Oriented Architecture*) o microservicios, posiblemente alojados en contenedores (por lo general, contenedores Docker) dirigidos por un software que aporta la escalabilidad (por ejemplo, Kubernetes, abreviado como k8s).

Respecto a los servicios de tipo BI (*Analytics*) o ML (*Machine Learning*) abarcan desde aplicaciones para el *usuario final,* como Tableau o QlikView, hasta servicios más sofisticados **impulsados** por una arquitectura de *workflow*, como Apache Spark.

En cuanto a la última capa de transformación antes de la capa de presentación, en el caso del big data, los componentes Hadoop se utilizan a menudo cuando queremos procesar grandes lotes de datos (lote = *batch*).

La capa de transformación de un *data warehouse* tradicional se realiza a través de la capa de transformación de un tipo de paquete de *middleware* conocido como ETL (*Extract Transform Load*).

La adquisición de datos desde las fuentes de datos depende de la naturaleza de estas últimas: servicios varios, otra aplicación, base de datos.

Cuando se requiere una alta trazabilidad y rapidez de acción, se prefiere la ingestión en modo mensaje, por ejemplo, a través de «grandes» **middleware** como:

- Gestores de mensajes de tipo **Broker de mensajes**, como **Apache KAFKA**, que es una especie de **MOM** (*Message-Oriented MiddleWare*). Los MOM gestionan colas de mensajes y son asíncronos, lo que significa que, si su cliente no puede consumir los mensajes, estos no se pierden. Los mensajes pueden **consumirse punto a punto** o mediante un proceso de suscripción (***publish subscribe***). Obviamente, una vez que el mensaje ha sido consumido por todos los suscriptores, se destruye.

- Una **EAI** (*Enterprise Application Integration*, permite el intercambio de datos entre aplicaciones) centralizada en torno a **formatos pivote** que describen correspondencias entre tipos de datos a través de un protocolo ***hub and spoke***. Una EAI está menos *orientada a la velocidad* que un MOM, pero facilita el seguimiento de los intercambios. Las EAI suelen trabajar con pequeños lotes de datos, normalmente intercambiados en **XML** o **JSON**.
- Un **ESB** (*Enterprise Service Bus*) centralizado en torno a un **bus de intercambio de datos** a nivel de empresa (con o sin formato pivote). El ESB se presenta a menudo como una evolución de EAI; de hecho, la mayoría de las ofertas comerciales de ESB incluyen funciones EAI (*hub and spoke*, formato pivote) y un bus para intercambios menos controlados o punto a punto.

Cuando se tolera una menor trazabilidad, se procede por lotes (intercambios de datos en **XML**, **JSON**, **ficheros csv**) o por consultas globales (**consultas SQL**, **GRAPHQL**, etc.) o por **API**, en algunos casos API **REST**, que establecen relaciones directas mediante consultas **GET** y respuestas **POST**, bien conocidas por los desarrolladores web en entornos HTTP.

Cuando queremos trabajar con grandes lotes, normalmente en el caso del *data warehouse*, utilizamos un ETL (*Extract Transform Load*). *Extract* recupera los datos en bruto; *Transform* formatea los datos para el destino; *Load* inyecta los datos en el *data warehouse*.

Para alimentar un **data lake**, o bien se utilizan consultas masivas, creando **archivos csv** (*Comma-Separated Values*: archivos planos con separadores, donde cada fila tiene la misma estructura de columnas, con o sin cabeceras, conocidos en el entorno de Excel), o bien se utiliza un ETL bien configurado. A veces, los datos **se consumen** directamente a partir de archivos csv almacenados en un sistema de archivos de alto rendimiento como HDFS de Hadoop, o a través de una base de datos NoSQL (clave-valor como HBASE, orientada a documentos como MongoDB, orientada a gráficos como DataStax de Cassandra, la extensión Apache AGE en PostgreSQL o como Neo4j, Apache_Giraph y GraphX).

He aquí una lista de productos que suelen encontrarse en este tipo de arquitectura:

- Kafka, el broker (u otra herramienta similar como Sqoop);
- HDFS, el sistema de gestión de archivos de Hadoop, ¡su componente estrella!
- YARN (*Yet Another Resource Negociater*), que gestiona clústeres de máquinas;
- MapReduce, que veremos más adelante y gestiona el procesamiento paralelo de la información para transformaciones de Big Data;
- HBASE, la base de datos clave-valor de alto rendimiento;
- Spark, para *workflows* de aprendizaje automático (de los que se hablará más adelante en el libro);
- Hive, una base de datos específica que le permite alojar su almacén de datos en HDFS y gestionar consultas de tipo SQL (uso confidencial);
- Pig, un lenguaje de programación para la consulta de datos de la forma más parecida posible a MapReduce (uso confidencial);
- Zookeeper, para gestionar la coordinación entre componentes;
- Ambari, para gestionar la **supervisión** y el **aprovisionamiento** de **clústeres** (aprovisionamiento = puesta a disposición);
- Sentry, que gestiona los derechos sobre los datos de Hadoop. **Este producto cubre una importante laguna de seguridad**, ya que garantiza que un proceso o usuario solo pueda acceder a sus propios datos. Es un poco como la funcionalidad **Grant** de una base de datos relacional, que permite asignar derechos en el nivel más bajo de las estructuras de datos.

Observación

Según la empresa Red Hat, el ***aprovisionamiento*** *es el proceso de configuración de una infraestructura de TI. El término también se refiere a las diversas etapas que intervienen en la gestión del acceso a los datos y a los recursos para ponerlos a disposición de usuarios y sistemas. El aprovisionamiento y la* ***configuración son dos etapas distintas del proceso de implantación****. Una vez aprovisionado un elemento, se procede a su configuración. El término «aprovisionamiento» puede referirse al aprovisionamiento de servidores, el aprovisionamiento de redes, el aprovisionamiento de usuarios, el aprovisionamiento de servicios, etc.*

En la mayoría de los casos, estas arquitecturas se ejecutan en Linux. Hadoop y sus componentes, incluido Spark, se distribuyen bajo una licencia de código abierto, gestionada por la Fundación Apache, y a menudo son reintroducidos en distribuciones *empaquetadas* y mejoradas por diversos proveedores.

3.2.1 Un ejemplo de arquitectura «Lambda»

La siguiente arquitectura se caracteriza por disponer de un modo *batch* y un modo *speed*, con una gran variedad de tipos de datos, un MOM para garantizar un buen rendimiento en la alimentación de datos a través de la capa *speed* y para dicha capa, y dos herramientas de transformación de datos adaptadas a los contextos *batch* o *speed*.

Tradicionalmente, los datos se someten a una transformación relativamente pesada en la parte de *batch*, que se centra en los aspectos de toma de decisiones, mientras que la parte de *speed* devuelve datos muy actualizados y más operativos que solo se han transformado lo justo para que puedan ser procesados por los programas.

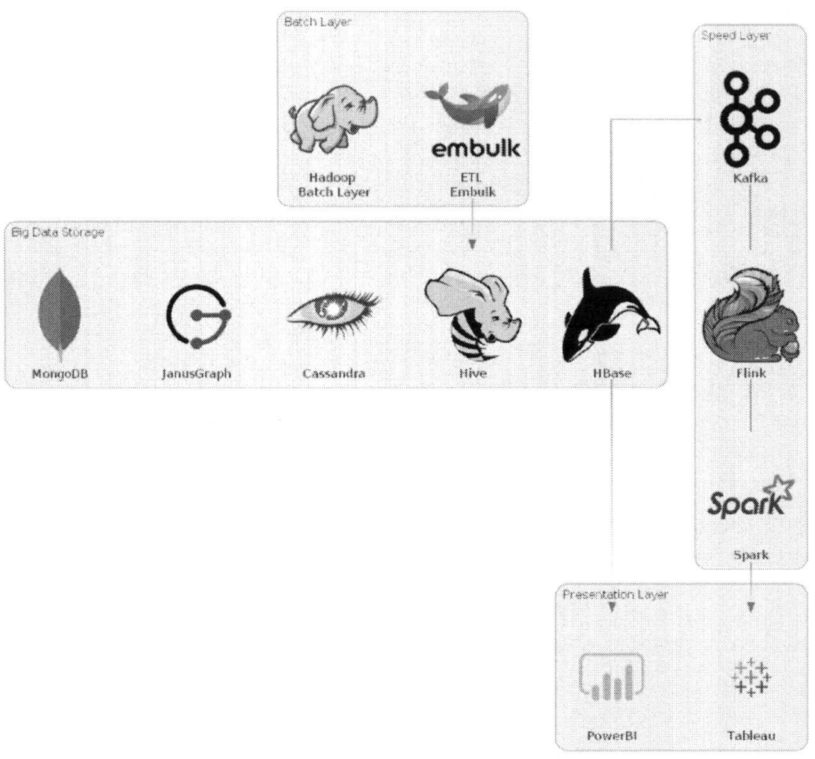

Ejemplo de componentes de la arquitectura Lambda

A continuación, se resumen las características de los componentes técnicos incluidos en este ejemplo.

Nombre del componente	Tipo	Características específicas
HBase	Base de datos NoSQL (Clave-valor)	Almacenamiento escalable y coherente. Sistema *timestamping* para versiones históricas de datos.
Cassandra	Base de datos NoSQL (a gran escala, temporal)	Escalabilidad lineal, tolerancia a fallos, gestión del tiempo con TTL.

Nombre del componente	Tipo	Características específicas
JanusGraph	Base de datos gráfica	Soporte para modelos de grafos masivos. Gestión de consultas sobre grafos.
MongoDB	Base de datos NoSQL (Documento)	Almacenamiento flexible de datos con esquemas dinámicos. Escalabilidad horizontal.
Embulk	ETL (Extract, Transform, Load)	Admite numerosos conectores para diversas fuentes de datos. Fácil de ampliar.
Kafka	Agente de mensajes (cola)	Alta capacidad de procesamiento de eventos en tiempo real. Distribución y persistencia de mensajes.
Flink	Stream Processing y ETL	Procesamiento de datos de baja latencia. Gestión del tiempo de procesamiento.
Hive	Data warehousing	Lenguaje SQL familiar para el procesamiento de datos Hadoop. Optimización de consultas.
Spark	Stream Processing	Procesamiento en memoria. API enriquecidas para el procesamiento de datos.
Tableau	Visualización de datos	Crea análisis interactivos. Fácil integración con distintas fuentes de datos.
PowerBI	Business Intelligence y visualización de datos	Visualización de datos variados. Integración de IA y aprendizaje automático. Colaboración en tiempo real. Varios conectores de datos para facilitar la integración.

Observación

El diagrama no describe la arquitectura OLTP o web anterior en el flujo de datos que alimenta nuestro data lake a través de la primera capa de herramientas batch y speed.

3.2.2 Hadoop y sus principales distribuciones

Hadoop es una plataforma de código abierto desarrollada por Apache para el procesamiento y almacenamiento distribuidos de cantidades muy grandes de datos repartidos entre muchas máquinas en paralelo. Su historia se remonta al trabajo de Google a finales de la década de 2000 en el sistema de archivos distribuidos Google File System (GFS) y en un algoritmo para implementar cálculos distribuidos a gran escala, llamado **MapReduce**, que veremos más adelante.

Su arquitectura es compatible con ciertos principios fundacionales del concepto de big data, a saber, las famosas 5 V:

- **Volumen**: Hadoop está diseñado para gestionar volúmenes masivos de datos. Permite almacenar y procesar petabytes o incluso exabytes de datos de forma eficiente, distribuidos en un clúster de máquinas.
- **Velocidad**: Hadoop es capaz de procesar datos a gran velocidad. Gracias a su modelo de computación distribuida, puede realizar operaciones paralelas en múltiples nodos, lo que acelera el procesamiento de datos.
- **Variedad**: Hadoop puede procesar datos de distinta naturaleza y formato. Es capaz de gestionar datos estructurados, semiestructurados y no estructurados procedentes de diversas fuentes, como archivos, bases de datos, flujos de datos en tiempo real, etc.
- **Valor**: Hadoop permite extraer valor empresarial de los datos. Gracias a las herramientas asociadas, facilita la exploración, la transformación y el análisis de los datos, lo que permite a las organizaciones mejorar sus procesos de toma de decisiones.
- **Veracidad**: Hadoop permite procesar datos de alta calidad y garantizar su fiabilidad estadística global y su datación (aunque no garantiza en absoluto su integridad relacional). Incorpora mecanismos de gestión de errores y tolerancia a fallos.

Las distribuciones de Hadoop más conocidas son: Cloudera, Hortonworks y MapR. IBM ya no distribuye la suya propia (BigInsight, en la que está certificado el autor de este texto), sino que integra componentes de Apache directamente en su oferta Watson u ofrece otras distribuciones como Hortonworks.

En 2025, Apache Hadoop iba por la versión (*Release*) 3.4.1.

3.2.3 MapReduce, un algoritmo excepcional

Para que los distintos servidores puedan procesar conjuntamente grandes cantidades de información, MapReduce divide de forma inteligente los archivos en función de su contenido y, a continuación, permite realizar numerosos pequeños procesamientos en paralelo antes de entregar el resultado consolidado de la consulta.

A continuación veremos cómo se puede utilizar este algoritmo para procesar la consulta «cuenta el número de apariciones de cada palabra contenida en las siguientes frases» (normalmente, una lista de frases en un archivo csv grande pero con una estructura trivial).

Observación

En el contexto del big data, se pueden conseguir espectaculares mejoras de rendimiento distribuyendo el paso opcional, al que nos referiremos a continuación como shuffle & sort, entre procesadores paralelos.

La expresión «clave-valor» significa que obtenemos una estructura compuesta por pares de datos, como en un diccionario con una entrada (la clave) y un contenido (el valor). En nuestro caso, la clave es una palabra y el valor es el número de apariciones de esa palabra, que se consolidará a lo largo del proceso.

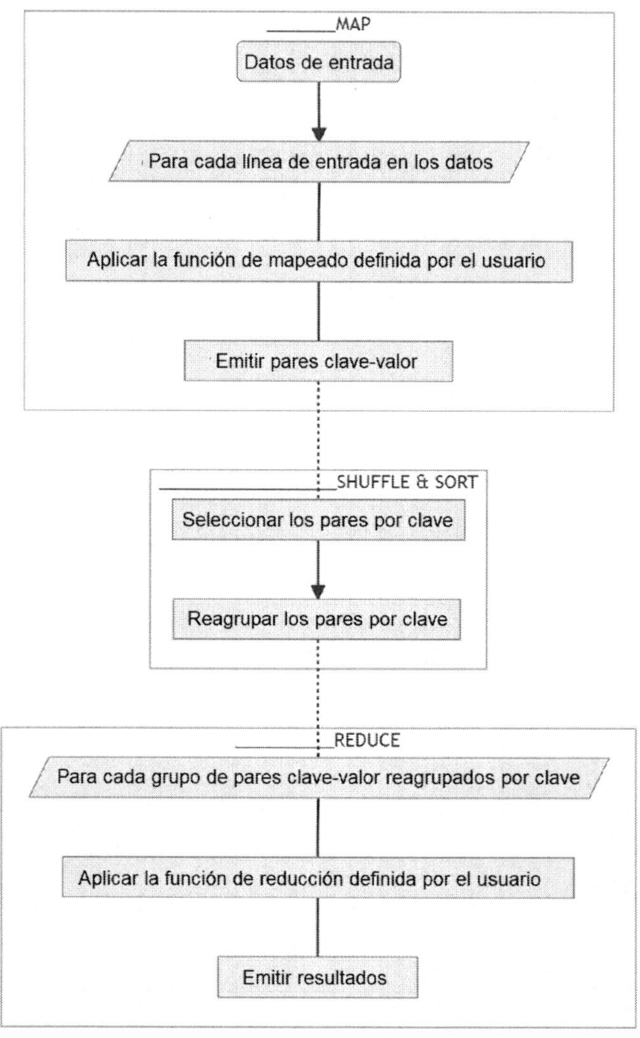

Las etapas del algoritmo MapReduce

Para ilustrarlo, vamos a contar las palabras de un poema en forma de rondó de Carlos de Orleans (siglo XV). Estos poemas se caracterizan por la repetición de un patrón, que intentaremos identificar de forma ingenua conservando solo las palabras que se citan al menos tres veces.

```
   from colecciones import defaultdict

# Función de mapeo
def mapper(document):
       word_count = defaultdict(int)
       words = document.split()
       for word in words:
              word_count[word] += 1
       return word_count
```

```
# Función de reducción
def reducer(word_counts_dict):
        total_word_count = defaultdict(int)
        for word_counts in word_counts_dict:
            for word, count in word_counts.items():
               total_word_count[word] += count
        return total_word_count
```

Veamos el resultado:

```
if __name__ =="__main__":
       # Datos ficticios (documentos)
       documents = [
           '''El tiempo ha dejado su manto
           De viento, frío y lluvia
           Y se ha vestido con bordados
           De sol brillante, claro y hermoso.''
          '''No hay bestia ni pájaro
           Que en su jerga no cante o llore:
           "¡El tiempo ha dejado su manto
           De viento, frío y lluvia!"'',
           '''Río, fuente y arroyo,
           Visten, en bonita librea,
           Gotas de plata de orfebrería;
           Todos se visten de nuevo:
           El tiempo ha dejado su manto''',
       ]

       # MAP
       word_counts_dict = defaultdict(int)
       for document in documents:
           word_counts = mapper(document)
           for word, count in word_counts.items():
               word_counts_dict[word] += count
```

```
        # REDUCE
        word_counts = reducer([word_counts_dict])

        # Visualización de los resultados
        for word, count in word_counts.items():
            if count > 2: print(f"{word}: {count}")

--| El: 3
--| tiempo: 3
--| ha: 4
--| dejado: 3
--| su: 4
--| manto: 3
--| De: 3
--| de: 6
--| y: 4
```

Observamos con satisfacción cómo aparece el patrón: «el tiempo ha dejado su manto».

Este ejemplo muestra cómo se ha transformado un texto en líneas clave-valor y, a continuación, cómo se ha anticipado la petición de recuento mediante la agrupación de la lista por clave.

En una situación real, habríamos realizado una agrupación, normalmente en diferentes *nodes* (servidores), antes de realizar el recuento. Aquí no lo hemos hecho, ¡por eso no hay *shuffle & sort* en nuestro código!

Utilizamos un gran número de funciones *de mapeo* para abordar los problemas a los que nos enfrentamos. Entre ellas figuran:

- extraer información clave de un documento (por ejemplo, extraer los *hashtags* de una base de datos de *tweets*);
- normalizar los datos (por ejemplo, transformación de valores en porcentajes);
- calcular frecuencias (de palabras, conceptos, artefactos, etc.) o estadísticas diversas;
- filtrar los datos según un criterio específico.

3.2.4 Apache Spark (versión 3.1.x)

En respuesta a Hadoop, el diseñador de Spark quería un sistema que gestionara datos masivos de forma fluida y casi interactiva. Para lograrlo, hizo que Spark destacara por su capacidad para procesar datos en memoria, lo que permite alcanzar un alto rendimiento. Hoy en día, Spark está incluido en Hadoop, pero puede funcionar de forma independiente.

Las principales características de Spark son las siguientes:

- Podemos procesar datos **batch**, pero también en **stream** (normalmente de un broker de datos como Kafka).
- El código creado para el **data analysis** en una pequeña configuración personal puede utilizarse sin cambios en una configuración con un petabyte de datos.
- Spark puede gestionar eficazmente consultas SQL en entornos distribuidos (es decir, con varios servidores).
- El código utilizado para entrenar los modelos de aprendizaje automático también es perfectamente escalable, incluso cuando se aplica a *clústeres* de varios miles de máquinas.
- Spark gestiona de forma nativa una estructura de datos de alto rendimiento que es compatible con los datasets/dataframes que se utilizan en el aprendizaje automático (RDD: *Resilient Distributed Dataset*), incluidos los datos distribuidos en varios servidores, que se ven como un único RDD.
- Spark dispone de funciones rápidas de procesamiento de datos, al estilo de las herramientas de preparación de datos de aprendizaje automático, un poco como el conocido Tidyverse en R, o Pandas y Polar en Python: `map` (aplicando una función a cada elemento), `filter`, `union` de dos conjuntos de datos, `groupByKey`, etc.
- Spark dispone de una API para el procesamiento de grafos (**GraphX**).

Incluso fuera de Hadoop, el ecosistema de Spark es muy potente y extenso.

Spark puede invocarse en varios lenguajes: Python, SQL, Scala, Java, R, etc.

Veamos un ejemplo en Python; empecemos por instalarlo y llamarlo desde nuestra consola:

```
$ pip install pyspark
$ pyspark
```

La instalación se realiza mediante **pip**, como suele hacerse en Python.

Vamos a preparar un poco los datos:

```
# Leer un archivo csv con cabecera y cargarlo en un dataframe
df_origine = spark.read.csv("mi-archivo.csv", header = True)

# Filtrar el archivo por una columna y mantener solo algunas
# columnas en el dataframe resultante df
df = df_origine.select("col1", "col2", "").filter("col3 > 0")

# Obtener un resumen estadístico del resultado almacenado en df
df.summary().show()
```

He aquí un extracto de código Python para entrenar un modelo de aprendizaje automático con Spark (*RandomForest*, es decir, un bosque de árboles de decisión):

```
# Separación de los datos en un archivo de entrenamiento
# y un archivo de prueba
# las proporciones son 80/20
# el generador de números aleatorios se ha fijado en 666
# la noción de seed permite reproducir el mismo sorteo aleatorio

train_df, test_df = df.randomSplit([.80, .20], seed = 666)

# definimos el tipo de modelo requerido
# aquí es un bosque aleatorio con 100 árboles de decisión
```

```
rf = RandomForestRegressor(numTrees=100)

# entrenamos el modelo teórico rf
# con los datos de entrenamiento
# en inglés, Fit evoca la noción de ajuste
# que produce un modelo ejecutable: model

 model = rf.fit(train_df)
```

```
# generamos predicciones sobre los datos de prueba
# para comparar la realidad
# y las predicciones realizadas aplicando el modelo
# mediante "show" se pueden ver inmediatamente
# (no se recomienda su utilización
# si su dataframe contiene muchas filas)

model.transform(test_df).show()
```

De este modo, los científicos de datos en ciernes no se quedarán atrás.

Con el lenguaje R, tenemos casi la misma sintaxis mediante el uso de paquetes como sparkR.

La manipulación de datos en SQL, aquí aplicada a una estructura JSON, resulta muy natural:

```
SELECT
  persona.nombre   AS nombre
  persona.apellido AS apellido,
  edad
FROM json.`trace.json`
  WHERE edad > 18;
```

Resulta fácil entender por qué Spark es tan popular entre los desarrolladores, ya que sus hábitos no cambian mucho.

3.2.5 Apache Hadoop frente a Apache Spark

Ahora nos situamos en el contexto de Hadoop V3.2.

¿Cómo elegir una arquitectura entre Hadoop sin Spark, Hadoop y Spark, Spark sin Hadoop, sabiendo que Spark gestiona bien HDFS?

Para ello, debemos tener en cuenta ciertos hechos:

- Hadoop gestiona volúmenes monstruosos de datos y no resulta justificado cuando los volúmenes son bajos. Sobre todo porque el tiempo de latencia de su herramienta Pig es significativamente mayor que el tiempo de latencia de acceso a los datos con Spark.
- Spark sabe utilizar la potencia de acceso a datos de Hadoop para grandes volúmenes, pero también puede interactuar en otros contextos de big data.

- Los desarrollos de Hadoop sin *middleware* adicional se basan en Java y Pig (por lo que su uso es más confidencial).
- Es posible desarrollar en Spark en un portátil y **escalarlo** (*scale*) a arquitecturas de despliegue sin demasiadas sorpresas, pero resulta más complicado con Hadoop porque es más difícil de instalar en una máquina local.
- Apache Spark puede utilizarse para establecer *workflows* que impliquen diversas transformaciones de datos, a veces sofisticadas, sin que se requieran conocimientos de Hadoop. Puede integrarse en arquitecturas multiinquilino (en las que una aplicación se comparte entre varios «inquilinos»).

En conclusión:

- Podemos ver que Spark se utiliza ampliamente en plataformas de aprendizaje automático de todos los tamaños y que Hadoop se usa más cuando el proyecto consta de volúmenes muy grandes.
- Cuando se necesita una arquitectura de BI o de aprendizaje automático con gran capacidad de respuesta, hay que considerar una arquitectura como Spark. Es el caso, por ejemplo, de *dataviz*, donde los resultados de las predicciones realizadas por los modelos deben transmitirse rápidamente a los servicios o a los usuarios finales de forma más o menos interactiva.
- El coste de uso de Hadoop (excluyendo Spark) evoluciona linealmente con los volúmenes de datos, añadiendo nuevos nodos, mientras que el coste de uso de Spark (excluyendo Hadoop/HDFS) evoluciona por etapas ligadas a la saturación de procesadores y memoria asociada, lo que puede resultar sorprendente si se requiere aumentar la capacidad de procesamiento de la noche a la mañana; en lugar de añadir una nueva máquina, en algunos casos tendrá que reemplazar su máquina actual.

Capítulo 4
Descubrir la algoritmia

1. Conceptos básicos

1.1 Un primer ejemplo de algoritmo

Si el burgués gentilhombre de Molière, el señor Jourdain, practicaba la prosa sin ser consciente de ello, todos nosotros, sin darnos cuenta, utilizamos un modo de pensar racional y analítico que puede compararse, en cierto sentido, a un algoritmo. Nuestra vida personal y profesional está llena de objetivos que nos fijamos, o que nos asignan, y que intentamos alcanzar de la mejor manera posible. Por lo general, para lograrlo descomponemos el camino —a veces, un laberinto— en etapas y acciones que nos conducen desde la idea del objetivo hasta su realización. Ilustrémoslo con un ejemplo trivial tomado de nuestra vida cotidiana: una receta de cocina.

Supongamos que es usted un cocinero novato, con una vitrocerámica y la capacidad de utilizar utensilios de cocina, incluida una cacerola. Se acerca la hora de comer y decide preparar un plato rápido de pasta con mantequilla. Para ello, realiza la siguiente secuencia de acciones:

```
Tomar un cazo
Llenarlo de agua
Llevar el agua a ebullición
Tomar la pasta
```

```
Sumergirla en el agua cuando empiece a hervir
Programar 7 minutos en el temporizador
Apagar los fogones cuando suene el temporizador
Retirar la cacerola del fuego
Escurrir la pasta con un escurridor
Servir la pasta en un plato
Tomar la barra de mantequilla
Agarrar un cuchillo
Cortar una nuez de mantequilla con el cuchillo
Mezclar la mantequilla con la pasta
```

Al preparar este almuerzo, acaba de ejecutar un algoritmo sin darse cuenta; es decir, formulado en pocas palabras, ha efectuado una secuencia de acciones para alcanzar un objetivo.

El resultado de este algoritmo es un plato de pasta con mantequilla elaborado con dos ingredientes: pasta y mantequilla.

Diremos que los ingredientes (pasta y mantequilla) constituyen las **entradas** del algoritmo, mientras que el plato preparado (pasta con mantequilla) es la **salida** del algoritmo.

Supongamos, además, que las acciones realizadas en esta secuencia son elementales para el cocinero: esto significa que no requieren ninguna descomposición más fina para ser realizadas correctamente por el cocinero. Por ejemplo, si tenemos en cuenta la cuarta acción, «Tomar la pasta», una descomposición más fina en subacciones podría consistir en la siguiente secuencia:

```
Subacciones de la acción "Tomar la pasta":

   Ir al cajón que contiene los feculentos
   Abrir el cajón
   Localizar el paquete de pasta
   Tomar el paquete de pasta
   Cerrar el cajón
```

Llamaremos **primitivas** a las acciones elementales que no necesitan descomponerse para que el cocinero las lleve a cabo. Además, llamaremos **procesador** al cocinero (equipado con todo lo necesario, vitrocerámica y utensilios), como entidad capaz de ejecutar las primitivas.

Ahora podemos reformular la definición de **algoritmo** de la siguiente manera:

Un algoritmo es una secuencia de **primitivas**, ejecutables por un **procesador**, que recibe unas **entradas** y produce una **salida** que se ajusta a su objetivo (o meta).

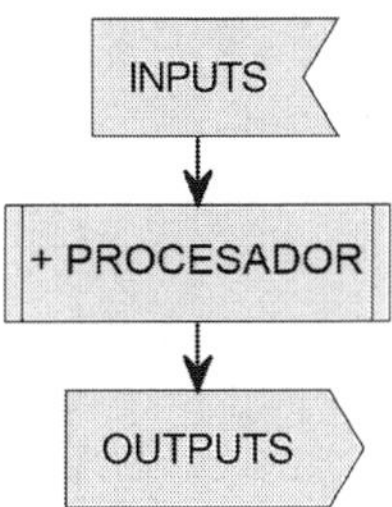

Algoritmo, primitivas ejecutables por un procesador

1.2 Un poco de historia...

La palabra algoritmo es la traducción al latín del nombre de un erudito persa, Al-Juarismi. Nacido en la década de 780 en el actual Uzbekistán, fue matemático, geógrafo, astrólogo y astrónomo. El vínculo entre su obra y el concepto moderno de algoritmo radica en que, sin haberlos inventado, sí clasificó los algoritmos de su época.

Los primeros algoritmos de los que se tiene constancia se remontan al reino de Babilonia, en el sur de Mesopotamia, cuya civilización comenzó dos milenios antes de Cristo y terminó a principios de nuestra era. Estos algoritmos ya se utilizaban para aplicaciones prácticas, como el comercio y la arquitectura.

Uno de los algoritmos más antiguos que se conocen, y que todavía se enseña, es el algoritmo de Euclides, un antiguo matemático griego, aunque es improbable que él fuera su inventor. Su objetivo es calcular el máximo común divisor (o MCD) de dos números enteros.

1.3 El lugar del algoritmo en el desarrollo de un programa

El primer ejemplo de algoritmo que acabamos de ver es tan sencillo que tiene más que ver con el automatismo o la rutina que con un esfuerzo reflexivo. Preparar pasta con mantequilla no requiere planificación previa; es una receta que todos hemos hecho varias veces. En este sentido, nuestro ejemplo no refleja verdaderamente la utilidad real de un algoritmo.

Por otro lado, supongamos que quiere invitar a unos amigos a cenar y demostrar sus dotes culinarias. Esta vez, la elección de pasta con mantequilla no es la más apropiada, así que opta por un plato más sofisticado, que requiere el uso de un recetario. Para ser precisos, un recetario no es más que un banco de algoritmos listos para usar (*off-the-shelf*) que pueden utilizarse como modelos estándar. En el contexto de esta invitación, la utilidad de la receta, es decir, del algoritmo, queda clara: le muestra, paso a paso, cómo alcanzar su objetivo.

Sin embargo, no hay modelos para todos los fines. Por tanto, el desarrollador debe ser capaz de elaborar una receta que alcance un objetivo concreto. Si ampliamos la metáfora al contexto culinario, imaginemos que, como no queremos tirar las sobras de las comidas, las guardamos sistemáticamente en la nevera para utilizarlas más tarde, con el fin de ahorrar dinero y evitar el despilfarro alimentario. Supongamos que una noche decide preparar una comida utilizando el contenido de su frigorífico. Tendrá que imaginar y crear de antemano una receta para aprovechar al máximo las sobras.

Este es el uso más común de los algoritmos. Corresponde a la fase ascendente del diseño de software: partiendo de la idea de un objetivo que se ha de alcanzar, se trata de imaginar un **camino**, es decir, una secuencia de **primitivas**, desde las entradas hasta la salida, que corresponda al objetivo deseado. El algoritmo responde así a la pregunta de **cómo** realizar, es decir, alcanzar, el objetivo deseado. Hablamos aquí de **un** camino, y no **del** camino, porque siempre hay varias formas distintas de escribir un algoritmo.

Algunas son más elegantes y, sobre todo, más eficientes en el sentido de que consumen menos recursos (CPU o memoria). También es posible medir, o al menos estimar, un orden de magnitud de la complejidad de un algoritmo en función del número de entradas.

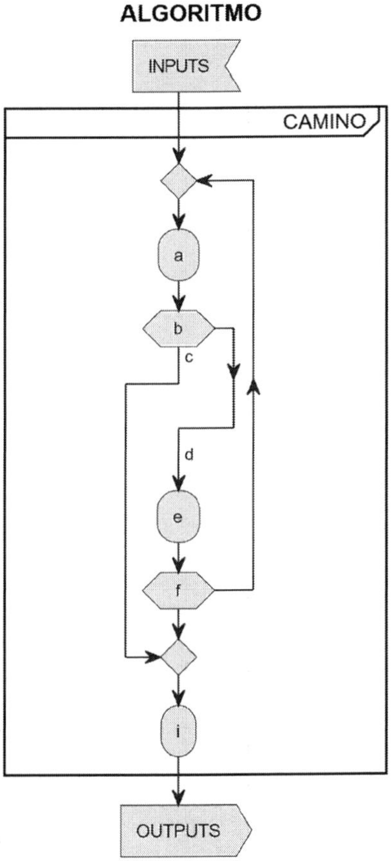

ALGORITMO

INPUTS

CAMINO

a

b

c

d

e

f

i

OUTPUTS

Algoritmo como camino

En el ejemplo inicial de la preparación de pasta con mantequilla, la receta (el algoritmo) constaba de 14 acciones sucesivas (primitivas), partiendo de las entradas (pasta, mantequilla) para llegar al resultado, es decir, la salida (pasta con mantequilla):

```
ENTRADAS -> CAMINO -> SALIDA
(pasta, mantequilla) -> (P1->P2->P3-> .... -> P14) -> (pasta con mantequilla)
```

Con:

```
        P1= Tomar una cacerola
        P2= Llenarla de agua
                ...
        P14= Cerrar el cajón
```

Salgamos ahora de la cocina y pasemos al desarrollo de software. En este contexto, sin duda sabrá que lo más habitual es que un desarrollador escriba un programa en un lenguaje de programación de destino, conocido como lenguaje de alto nivel (de abstracción), como R o Python. En nuestra jerga, decimos que el desarrollador escribe «código fuente». Este código fuente no es directamente utilizable por el procesador, que no puede ejecutarlo. Primero debe traducirse o compilarse en código objeto, escrito en un lenguaje de máquina (binario) o en lenguaje ensamblador (equivalente al lenguaje de máquina, pero legible por el ser humano).

El algoritmo se escribe antes del código fuente, usando R, Python o cualquier otro lenguaje, y sigue una gramática precisa y un formalismo cercano al del lenguaje natural. Es lo que se conoce como pseudocódigo. Este pseudocódigo debe ser muy fácil de entender para los humanos, incluso más que el lenguaje de programación de destino al que luego se traducirá. En la práctica, sin embargo, cuando los desarrolladores están acostumbrados a trabajar con un lenguaje de programación específico, tienden a codificar el algoritmo directamente en ese lenguaje en lugar de pasar primero por la etapa del pseudocódigo. No obstante, creemos que empezar a aprender a programar con un pseudocódigo genérico es útil desde el punto de vista pedagógico, ya que el pseudocódigo tiene la ventaja de estar escrito en la lengua materna del desarrollador y su gramática es más sencilla que la de un lenguaje de programación. También hay que señalar que el propio propósito del algoritmo, que es decirle a la máquina todo lo que tiene que hacer para lograr un objetivo (**el cómo**), remite al paradigma de programación imperativa más que declarativa, en el que el objetivo (**el qué**) se define sin especificar cómo debe lograrse.

Cabe añadir que, dentro del paradigma de programación imperativa, es posible escribir algoritmos en diferentes «estilos» de programación: procedimental, funcional, orientado a objetos, etc.

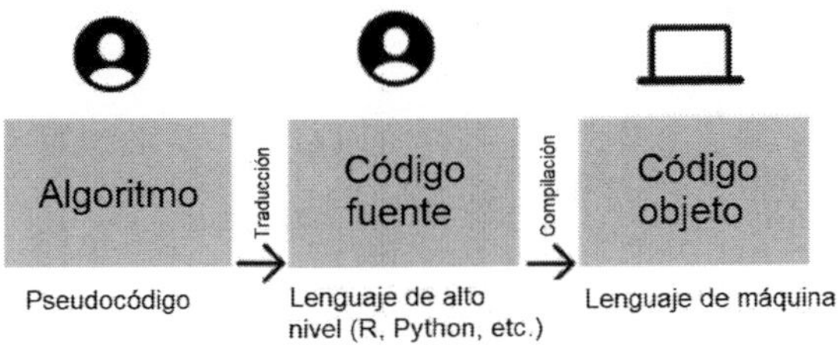

Algoritmos y programación

2. Algoritmos y programación

Veremos un modelo sencillo de pseudocódigo en la siguiente sección de este capítulo, pero primero interesémonos por la creación o el diseño del algoritmo. ¿Cómo se puede facilitar esta etapa clave? Las tres secciones siguientes describen los componentes de lo que llamaremos el **marco del algoritmo**. Creemos que la elaboración de este marco es, en sí misma, un método para facilitar la fase de creación del algoritmo.

2.1 El objetivo del algoritmo

El punto de partida es, naturalmente, el objetivo del programa y, por tanto, el del algoritmo. El objetivo responde a la pregunta **qué**, que a su vez se deriva de la razón de ser del programa, o **por qué**. El algoritmo, por su parte, responde a la pregunta **cómo**, es decir, cómo poner en práctica el objetivo o cómo enlazar las entradas con la salida, escribiendo el camino como una secuencia de primitivas.

Es necesario que el objetivo describa el resultado esperado del programa con la mayor precisión. También es posible, e incluso deseable, especificar las limitaciones de esa salida. La formulación del objetivo también puede describir las entradas al programa, pero es posible que, en esta fase, las entradas necesarias para producir la salida aún no estén perfectamente claras en la mente del desarrollador.

Considere el siguiente objetivo simple: «Calcular el resto de la división entera de dos números enteros naturales».

En este ejemplo, hemos descrito claramente la salida esperada (el resto de una división entera) y también hemos indicado las entradas del algoritmo (dos números naturales). Podríamos añadir una restricción; por ejemplo, «El resto debe ser un número entero natural», lo que implicaría que no puede ser negativo.

2.2 Ejecución paso a paso de un ejemplo para inducir un principio más general

El **principio** del algoritmo expresa, preferiblemente en una frase, la idea que permite crear un posible camino que vincule entradas y salida. Pero ¿cómo se establece este principio? En ciencias, una de las formas de producir conocimiento se llama inducción, que consiste en generalizar, es decir, partir de ejemplos para inferir una ley más general. Este enfoque puede utilizarse en algoritmos para inducir el principio general del algoritmo, analizando uno o varios ejemplos y utilizando tanto la intuición como la deducción.

Tomemos el ejemplo del objetivo enunciado anteriormente: «Calcular el resto de la división entera de dos números enteros naturales». Reescribamos este objetivo de forma más precisa: «Calcular el resto r de la división entera de dos números enteros naturales a y b, llamados, respectivamente, *dividendo y divisor*; se denomina *cociente* al resultado de la división q» y añadamos la restricción «El resto r debe ser un número entero natural».

El enfoque propuesto consiste en tomar un primer ejemplo, que en este caso implica la elección de dos valores arbitrarios para las entradas (preferiblemente, valores simples), por ejemplo, 15 y 2.

La pregunta se simplifica considerablemente, ya que se reduce al siguiente caso especial: «Calcular el resto r de la división entera del dividendo $a = 15$ por el divisor $b = 2$».

En esta fase, el resto depende de la intuición. En este ejemplo, podemos poner primero su división y escribir su significado:
15 = 7*2+1, es decir, **a = b*q+r**.

A continuación, utilizamos intuitivamente una sencilla definición de multiplicación aprendida en la escuela primaria, que expresa el resultado de la multiplicación como una sucesión de sumas **(7*2 = 2+2...+2, 7 veces)**. A partir de ahí, podemos escribir que **15 = (2+2+2+2+2+2+2) + 1**, lo que equivale a **1 = 15 -2-2-2-2-2-2-2**.

Vemos que para calcular *r*, nuestro objetivo, hemos tenido que restar 7 veces el divisor al dividendo, y nos preguntamos: ¿por qué hemos tenido que restar 7 veces el divisor y no 6? En otras palabras, ¿cuál es la condición de parada en la repetición de la resta del divisor? Podemos entonces razonar por el absurdo. ¿Qué habría pasado si a 15 le hubiera restado 6 veces 2 en lugar de 7 veces 2? Probemos... Si restamos 6 veces 2 a 15, obtenemos la siguiente ecuación:
15 - 2-2-2-2-2-2 = 15 - 12 = 3.

Constatamos que podríamos haber restado 2 una séptima vez, ya que el resto 3 sigue siendo mayor que el divisor 2.

Ahora bien, ¿podríamos haber restado 2 una octava vez? ¿Qué habría pasado? Intentémoslo de nuevo: **5 - 2-2-2-2-2-2-2-2 = 15 - 16 = -1**.

Esta vez, la restricción ya no se respeta, puesto que el resto es negativo y, por tanto, no es un número natural.

Estos intentos sucesivos nos permiten **intuir** la condición de parada: restar el divisor *b* del dividendo *a* varias veces, siempre que el resto de la sucesión de restas de *b* sea mayor que *b*, sin llegar a ser negativo.

A continuación, preguntémonos: ¿la condición de parada precisa es «mayor en sentido estricto» o «mayor o igual que»? Para responder a esta pregunta, tenemos la intuición de que debemos establecer las condiciones en las que el resto es cero, lo que significa que el dividendo es múltiplo del divisor; por ejemplo, con **a=15** y **b=3**. En este segundo ejemplo, después de restar 5 veces 3 a 15, el resto pasa a ser cero y se detiene la repetición (o iteración, en computación) de restas, porque, de lo contrario, con una nueva resta, el resto sería negativo (-3) y ya no se cumpliría la restricción del objetivo.

Por último, el análisis de estos dos ejemplos, o «casos particulares» (a=15 y b=2, luego a=15 y b=3), es decir, la ejecución paso a paso de las primitivas que nos permiten alcanzar el objetivo para estos casos específicos, nos ha facilitado comprender o más bien **inducir** un principio, generalizando el método utilizado intuitivamente, a cualquier par a y b. Este principio puede enunciarse de la siguiente manera «El resto *r* de la división entera de dos números naturales *a* y *b*, llamados respectivamente dividendo y divisor, se obtiene restando tantas veces como sea necesario el divisor *b* del dividendo *a*, es decir, tantas veces como sea necesario siempre que el resto de la sucesión de restas del divisor al dividendo sea mayor o igual que el divisor».

2.3 Descomposición por análisis descendente

En el método de elaboración de un principio general descrito anteriormente, hemos utilizado nuestra intuición y hemos procedido por inducción a partir de casos concretos. Al hacerlo, hemos utilizado dos «medios de acceso al conocimiento» descritos por René Descartes en su *Discurso del método*. En este célebre discurso, el matemático, físico y filósofo expone cuatro reglas: la evidencia, la división (del problema que hay que resolver), el orden y la enumeración.

La segunda regla, la de la división, define el análisis que consiste en dividir un problema complejo en elementos simples. Esta regla es la que nos interesará ahora, ya que es fundamental para la producción de algoritmos que cumplan objetivos complejos.

Para ilustrar este principio de descomponer lo complejo en elementos simples, retomemos la situación en la que quiere invitar a sus amigos a cenar el próximo fin de semana. Su objetivo es, sin duda, que la velada sea un éxito. Cuando lo piensa, eso significa, en primer lugar, enviar las invitaciones, después asegurarse de que el piso esté limpio y ordenado el día de la fiesta y, por último, que la cena sea un éxito, lo que implica elegir un menú, comprar los ingredientes, etc.

De este modo, el objetivo final de una «velada exitosa» se descompone de forma natural en subobjetivos que van de lo general (el objetivo de más alto nivel) a lo específico (el objetivo de más bajo nivel). Además, cada subobjetivo puede a su vez descomponerse según el mismo principio, lo que, mediante la recursividad, acaba dando lugar a un árbol cuya raíz es el objetivo general, mientras que todos los demás nodos son los subobjetivos de distintos niveles. También se puede definir un orden de precedencia decidiendo que el árbol se recorra de izquierda a derecha. De este modo, las invitaciones preceden al orden, que a su vez precede a la limpieza.

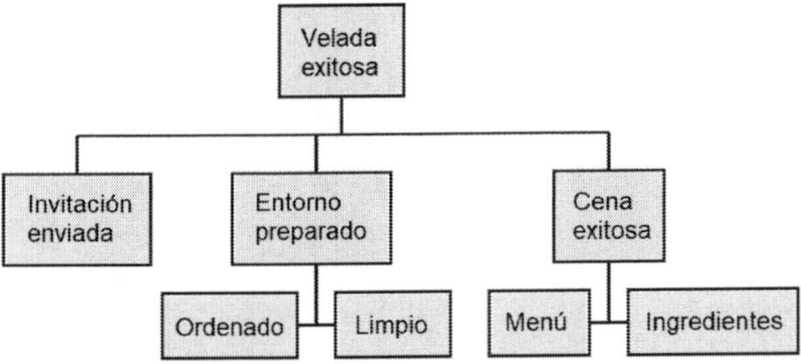

Composición por análisis descendente

Por poner otro ejemplo, supongamos que, en el marco de una oposición que consta de varias pruebas, se le pide que escriba un programa para clasificar a los candidatos. Este objetivo, «clasificar a los candidatos de la oposición», puede desglosarse en dos subobjetivos, el segundo de los cuales depende del primero:

- calcular la nota media de todos los candidatos de la oposición a partir de las notas obtenidas en las distintas pruebas;
- clasificar a los candidatos por orden decreciente de su nota media en la oposición.

La descomposición por análisis descendente permite escribir un programa de forma modular, con varios subprogramas coherentes. Este desacoplamiento funcional permite escribir programas más cortos y legibles. Otra ventaja es que cada subprograma es un bloque de construcción elemental que puede reutilizarse, proporcionando una biblioteca de programas estándar, como un libro de recetas. En nuestro ejemplo, los subprogramas de cálculo de la media aritmética y de ordenación pueden reutilizarse en otros contextos.

Por último, debemos añadir que el análisis descendente es un método de trabajo utilizado en muchos sectores empresariales; podemos establecer un paralelismo con el método de descomposición utilizado en la gestión de proyectos conocido como *Work Breakdown Structure* (WBS).

2.4 Definición del entorno del algoritmo

El algoritmo, tal y como lo hemos definido, enlaza las entradas con la salida mediante un camino, es decir, una secuencia de primitivas. Pero ¿qué son las entradas y la salida?

En un contexto culinario, las entradas son los ingredientes y la salida es el plato preparado, pero, en el contexto del software informático, se trata de objetos digitales en lugar de físicos. En lugar de hablar de objetos, que es un término connotativo porque se utiliza en el paradigma de la programación orientada a objetos, hablaremos de datos. En el ejemplo del algoritmo para calcular el resto de la división entera de dos números, vimos que los datos eran todos números naturales, tanto de entrada como de salida. En el ejemplo de establecer la clasificación de los candidatos en una oposición, la naturaleza de los datos de entrada es más compleja; podemos imaginar una matriz como entrada, en la que cada fila contiene el nombre de un candidato, seguido de una lista de sus notas. La salida podría ser un vector o una lista de pares (apellido;nombre) de candidatos, y la posición del par en el vector o la lista indicaría la clasificación del candidato. En informática, no se habla de naturaleza, sino de **tipificación** o tipo de datos. El tipo de datos define el conjunto de los valores posibles para un dato. Por ejemplo, si una variable X es de tipo numérico, entonces X puede tomar cualquier valor numérico dentro de los límites de la representación impuesta por el lenguaje de programación de destino. Existen otros tipos básicos, como el carácter, la cadena de caracteres, los tipos compuesto y lógico. Trataremos este punto con más detalle en la segunda parte del capítulo.

Definimos **el entorno** de un algoritmo como el conjunto de sus datos, tanto de entrada como de salida, especificando su tipo, su valor inicial y, para la salida, su valor final. Para representar el entorno, proponemos la siguiente tabla:

Variable	Tipo	Entrada/Salida	Valor inicial	Valor final
				...

2.5 El marco del algoritmo: objetivo, principio, ejemplo(s), descomposición y entorno

Hemos visto todos los elementos necesarios para definir un marco para el algoritmo, su objetivo, su principio, uno o (mejor) varios ejemplos detallados paso a paso, una posible descomposición por análisis descendente y su entorno.

Utilizando el ejemplo del algoritmo que calcula el resto de la división entera de dos números enteros naturales, obtenemos:

Objetivo

Calcular el resto de la división entera de dos números enteros naturales.

Ejemplos

En los ejemplos siguientes, definimos:

```
    a = dividendo,
    b = divisor,
    q = cociente,
    y r = resto
    de modo que a = b*q+r
```

Ejemplo 1: a no es múltiplo de b

```
a = 15 y b = 2

15 = 7*2+1
1 = 15 -2-2-2-2-2-2-2
r = a -b-b-b-b-b-b-b
```

Ejemplo 2: a es múltiplo de b

```
a = 15 y b = 3

15 = 5*3+0
0 = 15 -3-3-3-3-3
r = a -b-b-b-b
```

Estos ejemplos nos permiten caracterizar este algoritmo del siguiente modo:

Principio: el resto *r* de la división entera de dos números enteros naturales *a* y *b*, llamados respectivamente dividendo y divisor, se obtiene restando tantas veces como sea necesario el divisor *b* al dividendo *a*, es decir, tantas veces como sea necesario siempre que el resto de la sucesión de restas del divisor al dividendo sea mayor o igual que el divisor.

Descomposición: este algoritmo no requiere ninguna descomposición.

Entorno:

Variable	Tipo	Entrada/Salida/ Interna	Valor inicial	Valor final
a	Entero natural	Entrada	Dada por el usuario	Valor inicial
b	Entero natural	Entrada	Dada por el usuario	Valor inicial
r	Entero natural	Salida	Indeterminado	a - b * q

Solo queda escribir el algoritmo propiamente dicho, lo que presupone un formalismo mínimo que abordaremos a continuación...

3. Rudimentos de formalización

Vamos a ver cómo escribir algoritmos sencillos utilizando pseudocódigo simple. Al final del capítulo, un ejemplo ilustrará la traducción del pseudocódigo a dos lenguajes de destino elegidos por nosotros, R y Python.

Hay que señalar que el formalismo presentado está fuertemente inspirado en el ya antiguo libro *Introducción a la programación* de J. Biondi y G. Clavel (publicado por la editorial Elsevier - Masson), con el que el propio autor de estas líneas, entonces estudiante, aprendió algorítmica. Ni que decir tiene que recomiendo este libro (y sus otros dos volúmenes) a cualquier lector que desee profundizar en el estudio de los algoritmos.

3.1 Datos y acciones elementales

Como hemos dicho, los algoritmos manipulan los datos de entrada para calcular los de salida. Además, suelen necesitar otros datos internos para realizar cálculos intermedios.

Todos estos datos pueden ser constantes o variables. Por definición, los datos constantes son invariables.

Aunque las constantes pueden aparecer de forma «dura» en el algoritmo, es decir, explícitamente, recomendamos darles un nombre para facilitar la lectura del pseudocódigo. Obviamente, el número π es más fácil de leer que 3,14159265358979.

Por tanto, un dato es una constante o una variable, tiene un nombre y se le puede **dar** o **asignar** un valor. La primera asignación se denomina inicialización; antes de esto, el dato tiene un valor indeterminado, es decir, desconocido.

Anotaremos la asignación de un valor a un elemento de datos denominado `NOMBRE_DEL_DATO` de la siguiente manera:

```
NOMBRE_DEL_DATO <- valor
```

El valor asignado a un dato puede ser el resultado de una operación:

```
SUMA <- 10 + 5
```

El tipo del valor asignado debe ser idéntico o compatible con el de los datos. Cuando son diferentes pero compatibles, se realiza implícitamente una conversión.

Por ejemplo, `NUM NÚMERO <- '4'` implica la conversión del carácter `'4'` en un número. En este caso, consulte la ayuda o la guía del lenguaje de programación en cuestión para conocer las reglas de conversión que se aplican de un tipo de datos a otro.

Antes hemos mencionado la noción de tipificación de datos, que define los valores admisibles o posibles para un dato, y a continuación enumeramos los principales tipos de datos básicos.

3.1.1 El tipo numérico NUM

Los datos numéricos pueden ser de distintos tipos, encapsulados o anidados como muñecas rusas: enteros naturales, enteros relativos, números racionales (cocientes de enteros relativos) y números reales.

Los lenguajes informáticos suelen ofrecer distintos tipos de datos para representar números, distinguiendo al menos entre números enteros relativos y números racionales. En este capítulo, nos limitamos a utilizar un tipo numérico genérico utilizando la palabra clave NUM. Nótese de paso que, en informática, una palabra clave es una palabra predefinida y reservada, reconocible por un compilador. Sin embargo, aunque el pseudocódigo propuesto aquí no está destinado a la compilación (esta sería posible siempre que se escribiera un compilador *ad hoc*), conviene recordar que el objetivo de ese pseudocódigo es escribir el algoritmo de manera formal y precisa, para que pueda traducirse directamente a un lenguaje de programación de destino.

Por ejemplo, un porcentaje de IVA, PI o una variable que represente la facturación anual de una empresa serán de tipo numérico NUM.

Las operaciones matemáticas básicas (+, -, *, /) son acciones elementales predefinidas para este tipo de datos en el pseudocódigo.

3.1.2 El tipo carácter CAR

El tipo carácter se refiere a los caracteres alfanuméricos, una mezcla de letras (mayúsculas y minúsculas) y números, aumentada por los caracteres disponibles en el teclado de un ordenador. Los caracteres van encerrados entre apóstrofos; por ejemplo: '*a*', '*AA*', '3', '@'.

3.1.3 El tipo cadena de caracteres CHA

Otro tipo muy utilizado, sobre todo en el procesamiento del lenguaje natural, es el tipo cadena de caracteres CHA, que representa palabras o frases formadas por varios caracteres. Una cadena de caracteres va entre comillas: "Esto es una cadena de caracteres".

3.1.4 El tipo lógico LOG

El procesador solo conoce el lenguaje binario, cuyo alfabeto está formado por 0 y 1. Veremos más adelante que las expresiones condicionales se utilizan mucho en los algoritmos, en particular para decidir el resultado de una prueba lógica que toma los valores 0 para falso y 1 para verdadero.

En el álgebra booleana, rama de las matemáticas centrada en la lógica de las operaciones binarias, consideramos que los operadores binarios elementales Y, O y O_EXCLUSIVO, así como el operador unario NO, están predefinidos en el pseudocódigo.

Un operador binario es un operador que toma como entrada dos datos de tipo lógico LOG, llamados operandos, y devuelve un resultado de tipo igualmente lógico.

Las tablas denominadas «tablas de verdad» resumen los resultados lógicos de estos operadores en los distintos casos de operandos de entrada (Op1, Op2).

Tabla de verdad de Y

Y	0	1
0	0	0
1	0	1

Esta tabla significa que, de izquierda a derecha y de arriba abajo:

```
0 Y 0 = 0,
0 Y 1 = 0,
1 Y 0 = 0,
1 Y 1 = 1
```

Tabla de verdad de O

O	0	1
0	0	1
1	1	1

Tabla de verdad de O EXCLUSIVO

O_EXCLUSIVO	0	1
0	0	1
1	1	0

Tabla de verdad de NO (operador unario)

NO	NO Op1	NO
0	1	0
1	0	1

3.1.5 El tipo fecha DAT

El tipo fecha, DAT, se utiliza para procesar la cronología de los acontecimientos. Por lo general, este tipo ofrece operaciones elementales prácticas (suma de días, diferencia entre dos fechas, etc.).

En este libro, las fechas se escriben entre corchetes angulares y se utiliza el formato español **<DD/MM/AAAA>**.

Por ejemplo, el 31 de diciembre de 2025 se anota como **<31/12/2025>**.

3.1.6 El tipo compuesto CMP

El tipo compuesto CMP puede utilizarse para manipular datos que agregan varios elementos de datos elementales cuyo tipo es uno de los cinco tipos enumerados anteriormente. Esto permite agrupar datos heterogéneos, pero estrechamente relacionados dentro de un elemento de datos compuesto manipulable.

Por ejemplo, en un sistema contable que registra flujos de transacciones, cada flujo se define por un número de orden, un número de cuenta, un mensaje, una tarjeta (débito «D» o crédito «C») y un importe:

Orden	Cuenta	Mensaje	Tarjeta	Importe
678	512	"Anticipo de sueldo"	'C'	3000

Aquí, Orden, Cuenta e Importe son de tipo NUM, Mensaje es de tipo CAR y Tarjeta es de tipo CHA.

La variable `FLUJO`, de tipo CMP, está formada por cinco componentes a los que se puede acceder utilizando la notación de puntos:

```
FLUJO.Orden es 678
FLUJO.Cuenta es 512
FLUJO.Mensaje es "Anticipo de sueldo"
FLUJO.Tarjeta es 'C'
FLUJO.Importe es 3000
```

3.2 Declaración y alcance de los datos

Por lo general, los lenguajes de programación exigen que se declaren los datos, las constantes y las variables antes de poder utilizarlos. Declarar significa especificar el nombre y el tipo y, si es necesario, asignar un valor inicial. Recomendamos que esto se haga sistemáticamente al principio del algoritmo, basándose en la tabla que hemos llamado entorno. Esta declaración previa adquiere todo su sentido con un lenguaje informático porque, la mayoría de las veces, la variable solo existe a partir del momento en que se declara, y todo el código que la precede no está en lo que llamamos el **ámbito o alcance de** la variable. El ámbito de una variable puede definirse como todos los lugares del código en los que puede utilizarse dicha variable.

Para garantizar la coherencia y la legibilidad de las variables del algoritmo, es necesario definir una convención de nomenclatura. Nos limitaremos a escribir los nombres en mayúsculas y a utilizar el guion bajo (*underscore*) para las palabras compuestas. También es preferible que los nombres sean explícitos: COCIENTE será más fácil de leer que Q. Por último, especificaremos datos constantes y los distinguiremos de las variables mediante la palabra clave CONST.

Ejemplo de declaración con o sin asignación de valor inicial:

3.2.1 Sin asignación

```
NUM CUOTA
CHA NOMBRE_FAMILIA
CONST NUM PI
DAT FECHA
```

3.2.2 Con asignación

```
NUM COCIENTE <- 15
CONST NUM PI <- 3,14159265358979
```

3.3 Interacción con los usuarios

Muy a menudo, el primer código informático que aprendemos es el famoso «Hola mundo», que consiste en mostrar esta cadena de caracteres en la pantalla, llenando de orgullo al neófito que acaba de realizar su primera interacción en forma de visualización por pantalla.

La interacción entre el hombre y la máquina permite una forma de diálogo en la que los dos interlocutores pueden intercambiar información.

Diremos que la información que va de la máquina al hombre se hará mediante la palabra clave `MUESTRA`, que permite mostrar en el monitor una cadena de caracteres o un dato de tipo CHA.

Las siguientes líneas de pseudocódigo:

```
CONST CHA STRING <- "Hola mundo"
MUESTRA CHA
MUESTRA "Hola mundo"
```

El resultado es la siguiente visualización en el monitor del ordenador:

```
    "Hola mundo" "Hola mundo"
```

El retorno de carro en una pantalla se invocará utilizando la palabra clave reservada RC, que sería:

```
MUESTRA RC
```

Establecemos que el flujo de información del ser humano a la máquina se realiza a través de la palabra clave LECTURA, que lee la cadena de caracteres escrita en el teclado del ordenador hasta el primer retorno de carro y la asigna a un elemento de datos. El retorno de carro (o *return*, en inglés) es un carácter específico que se utiliza en este caso para finalizar la entrada y pasársela al algoritmo. En otras palabras, el locutor humano ha terminado de expresarse; ahora es el turno de la máquina.

Por ejemplo, la siguiente secuencia inicializa la variable NOMBRE con el resultado de lo que ha introducido el operador humano hasta el primer retorno de carro:

```
CHA NOMBRE
LECTURA NOMBRE
```

3.4 Estructuras condicionales

La primera estructura de control que examinamos es el diagrama condicional. Por estructura de control entendemos las instrucciones de un lenguaje imperativo (que describe las instrucciones paso a paso), lo que permite controlar el flujo de ejecución, es decir, el orden en que se ejecutan las instrucciones.

El esquema condicional corresponde a la noción de alternativa, que se refiere a la elección entre dos posibilidades. En informática, la elección entre las dos posibilidades de una alternativa depende de un predicado lógico, es decir, de una expresión booleana que puede tomar los valores 1 para verdadero o 0 para falso. Un predicado puede ser un valor booleano (0 o 1), una condición simple (por ejemplo, NOTA > 10) o una expresión lógica que combine varias condiciones simples y operadores lógicos (véase más arriba), por ejemplo (NOTA > 10 Y NO (ALUMNO_AUSENTE)).

El esquema condicional más simple crea una bifurcación a una instrucción o a un bloque de instrucciones si el predicado es verdadero. Veamos el pseudocódigo asociado al esquema condicional:

Caso con una única instrucción si Predicado; es decir, si Predicado es verdadero:

```
SI <Predicado>
ENTONCES
  Instrucción 1
FINSI
```

Caso con un bloque de instrucciones, es decir, una secuencia de instrucciones (aquí, 3 instrucciones):

```
SI <Predicado>
ENTONCES
  Instrucción 1.1
  Instrucción 1.2
  Instrucción 1.3
FINSI
```

Observe la sangría de las tres instrucciones del bloque; normalmente, se aplica para mejorar la legibilidad del código.

El esquema condicional también puede crear una rama adicional a una instrucción o bloque de instrucciones si el predicado es falso:

Caso con una única instrucción si Predicado; es decir, si Predicado es verdadero:

```
SI <Predicado>
ENTONCES
  Instrucción 1
SINO
  Instrucción 2
FINSI
```

Caso con un bloque de instrucciones, es decir, una secuencia de instrucciones (aquí, 3 instrucciones) para el caso (NO Predicado); es decir, si Predicado es falso:

```
SI <Predicado>
ENTONCES
  Instrucción 1
SINO
  Instrucción 2.1
  Instrucción 2.2
  Instrucción 2.3
FINSI
```

El esquema condicional general puede representarse del siguiente modo:

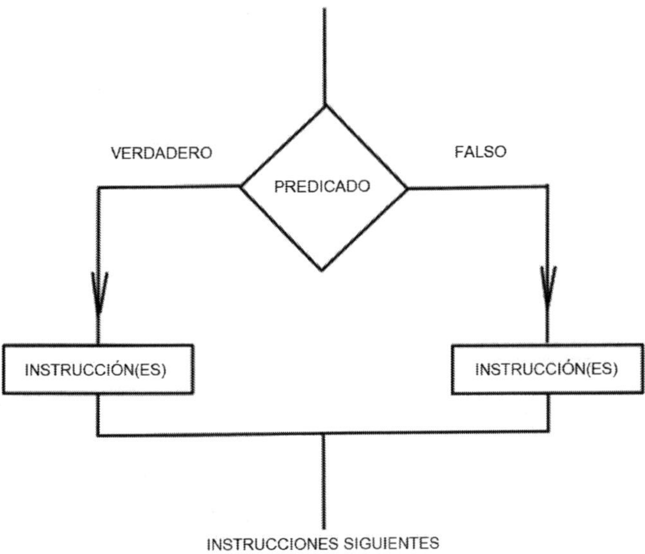

Esquema general condicional

Ilustremos la utilización del esquema condicional con un ejemplo en el que un profesor introduce las notas obtenidas por un alumno en las cinco asignaturas de su especialidad. A continuación, el programa informático indica si el alumno ha obtenido o no su diploma y, en caso afirmativo, especifica la nota:

```
INICIO

  NUM ASIGNATURA1, ASIGNATURA2, ASIGNATURA3, ASIGNATURA4, ASIGNATURA5
  NUM MEDIA

  MUESTRA "Por favor, introduzca las notas obtenidas
           por el alumno en las cinco asignaturas de su especialidad: "

  LECTURA ASIGNATURA1
  LECTURA ASIGNATURA2
  LECTURA ASIGNATURA3
  LECTURA ASIGNATURA4
  LECTURA ASIGNATURA5

  MEDIA <- (ASIGNATURA1 + ASIGNATURA2 + ASIGNATURA3 + ASIGNATURA4
+ ASIGNATURA5) / 5

  SI (MEDIA < 5)
  ENTONCES
    MUESTRA "Suspenso".
  SINO
      SI (MEDIA < 6)
      ENTONCES
        MUESTRA "Aprobado".
      SINO
      SI (MEDIA < 7)
       ENTONCES
         MUESTRA "Bien".
       SINO
           SI (MEDIA < 9)
           ENTONCES
              MUESRTRA "Notable"
           SINO
              MUESTRA "Sobresaliente"
           FINSI
        FINSI
      FINSI
  FINSI
FIN
```

En este algoritmo, la secuencia de los cuatro esquemas condicionales anidados no es fácil de leer, a pesar de la sangría. La mayoría de los lenguajes de programación ofrecen una estructura de control que generaliza el patrón condicional SI ENTONCES SINO FINSI utilizando la palabra clave `switch`. Aquí llamamos a esta estructura de control CONMUT, de conmutador.

Con esta nueva estructura de control, el algoritmo anterior es más fácil de leer:

```
INICIO

  NUM ASIGNATURA1, ASIGNATURA2, ASIGNATURA3, ASIGNATURA4, ASIGNATURA5
  NUM MEDIA

  MUESTRA "Por favor, introduzca las notas obtenidas
           por el alumno en las cinco asignaturas de su especialidad: "

  LECTURA ASIGNATURA1
  LECTURA ASIGNATURA2
  LECTURA ASIGNATURA3
  LECTURA ASIGNATURA4
  LECTURA ASIGNATURA5

  MEDIA <- (ASIGNATURA1 + ASIGNATURA2 + ASIGNATURA3 + ASIGNATURA4
+ ASIGNATURA5) / 5

  CONMUT
   CASO (MEDIA<5): MUESTRA "Suspenso"
   CASO (MEDIA<6): MUESTRA "Aprobado"
   CASO (MEDIA<7): MUESTRA "Bien"
   CASO (MEDIA<9): MUESTRA "Notable"
   OTROSCASOS: MUESTRA "Sobresaliente"
  FINCONMUT

FIN
```

3.5 Iteraciones

Después de la estructura condicional, la otra estructura básica de control imprescindible en cualquier algoritmo es la iteración. En el ejemplo anterior, se habrá fijado en el número de notas, que eran cinco. Si no hubiera habido cinco notas, sino mil o cualquier número determinado por una variable, habría sido imposible escribir el pseudocódigo correspondiente.

Por tanto, necesitamos una estructura de control adaptada a la repetición de secuencias (bloques) de instrucciones y que responda al concepto de bucle.

En el contexto de este enfoque introductorio, distinguimos entre dos estructuras de control comunes. Sin embargo, los lenguajes de programación ofrecen distintas variantes...

3.5.1 El esquema: PARA _ HACER _ FINHACER

La particularidad de este primer esquema iterativo es que tiene un número conocido de iteraciones, en función de un índice variable que recorre un conjunto de valores enteros, ordenados de forma ascendente o descendente según un incremento.

Tenga en cuenta que, cuando no se especifica el incremento, es +1.

Por ejemplo:

```
INICIO
NUM i

PARA i DE 0 A 10 HACER
    MUESTRA i
FINHACER

FIN
```

Este algoritmo produce la visualización `012345678910` en el dispositivo de salida (monitor).

El siguiente ejemplo introduce un incremento de 2:

```
INICIO
NUM i

PARA i DE 0 A 10 HACER INC +2
    MUESTRA i
FINHACER

FIN
```

Esta vez, el algoritmo muestra `0246810`.

Este tipo de estructura de control no sería muy útil si no tuviéramos un tipo de datos adicional que aprovecha el índice del bucle: los arrays. Hay que tener en cuenta que otras estructuras de datos, como las listas enlazadas, también son adecuadas para el procesamiento iterativo de bucles, pero en aras de la simplicidad solo consideraremos los arrays.

El tipo array o ARR puede definirse como una estructura de datos formada por datos simples del mismo tipo almacenados contiguamente en memoria.

El tipo de los elementos del array puede ser cualquier tipo aceptado por el procesador, incluido un tipo array previamente definido como tipo simple, lo que permite definir una matriz.

La siguiente sintaxis define un array de 10 números:

```
NUM ARR ARRAY[10]
```

Definiremos el nuevo tipo «array de 10 números» llamado ARRAY_DE_10_-NUM como sigue:

```
TIPO ARRAY_DE_10_NUM NUM ARR[10]
```

Utilizando este nuevo tipo, podemos declarar una variable array de 10 números como:

```
ARRAY_DE_10_NUM ARRAY
```

Tanto si utilizamos la declaración directa como indirecta, mediante la creación de un tipo de tabla específico, se accede a cada elemento de la tabla utilizando un índice. Aceptamos arbitrariamente variar este índice de 1 a n, donde n es el número de elementos de la tabla, correspondiente a su tamaño. Nótese que algunos lenguajes comienzan la indexación desde 0 y no desde 1.

Ejemplo de asignación y visualización:

```
ARRAY[1] <- 10
MOSTRAR ARRAY[1]
```

Utilizando estas convenciones de escritura, podemos declarar una matriz de 10 X 10:

```
TIPO ARRAY_DE_10_NUM NUM ARR[10]
ARRAY_DE_10_NUM ARR MATRIZ_10_X_10[10]
```

MATRIZ_10_X_10[1] es una matriz de 10 elementos (es decir, un vector correspondiente a la primera fila de la matriz), MATRIZ_10_X_10[1][5] es el quinto elemento de la primera fila.

Se accede al elemento de coordenadas (i,j) de esta matriz mediante MATRIZ_10_X_10[i][j], donde i y j van de 1 a 10.

Como aplicación de la estructura iterativa PARA y del tipo array, vamos a escribir un algoritmo útil para enseñar a los niños de primaria las tablas de multiplicar, mostrando los 100 productos i X j, donde i y j son números del 1 al 10:

```
INICIO
  NUM i, j
  TIPO ARRAY_DE_10_NUM NUM ARR[10]
  ARRAY_DE_10_NUM ARR MATRIZ_10_X_10[10]

  PARA i DE 1 A 10 HACER
    MUESTRA "Tabla de:"
    MUESTRA i
    MUESTRA RC
  PARA j DE 1 A 10 HACER
    MATRIZ_10_X_10[i][j] <- i*j
    MUESTRA i
    MUESTRA "*"
    MUESTRA j
    MUESTRA " = "
    MUESTRA MATRIZ_10_X_10[i][j]
    MUESTRA RC
  FINHACER
     MUESTRA RC
  FINHACER
FIN
```

Por supuesto, este ejemplo tiene únicamente fines pedagógicos en el sentido de que el almacenamiento de los 100 productos de esta matriz (array de arrays) no se reutiliza. En cambio, este almacenamiento sería útil si, por ejemplo, al cabo de un minuto, la pantalla desapareciera y dejara una serie de preguntas para comprobar que el niño ha memorizado correctamente las 10 tablas de multiplicar.

3.5.2 El esquema: MIENTRAS _ HACER _ FINHACER

Veamos ahora una segunda estructura de control iterativa: MIENTRAS HACER FINHACER.

A diferencia del esquema PARA HACER FINHACER, esta vez no conocemos el número de iteraciones. Es más, este segundo esquema iterativo no se basa en un índice de bucle, sino en una condición de parada en forma de predicado booleano. Su funcionamiento es sencillo: mientras el predicado sea verdadero, las iteraciones continúan. Por lo tanto, es necesario asegurarse de que la condición de parada se cumple en un momento dado, en cuanto se escribe el entorno del algoritmo.

Esquema general:

```
MIENTRAS (Predicado) HACER
  Instrucción o bloque de instrucciones
FINHACER
```

Es posible utilizar este esquema iterativo de la misma forma que el anterior, pero esto no suele ser útil ni óptimo en términos de recursos de la máquina:

```
INICIO

 NUM i

 PARA i DE 0 A 10 HACER
    MUESTRA i
 FINHACER

 NUM i <- 0

 MIENTRAS (i < 10) HACER
   MUESTRA i
   i <- i + 1
 FINHACER

FIN
```

Reconsideremos ahora el principio del algoritmo que vimos antes, para calcular el resto de la división entera de dos números naturales:

«El resto *r* de la división entera de dos números naturales *a* y *b*, llamados respectivamente dividendo y divisor, se obtiene restando tantas veces como sea necesario el divisor *b* del dividendo *a*, es decir, tantas veces como sea necesario con tal de que el resto de la sucesión de restas del divisor al dividendo sea mayor o igual que el divisor».

Este principio menciona una iteración («restar tantas veces como sea necesario el divisor *b* del dividendo *a*») y especifica la condición para detener las iteraciones («mientras el resto de la sucesión de restas del divisor al dividendo sea mayor o igual que el divisor»).

En otras palabras, la estructura de control iterativa MIENTRAS HACER FINHACER se adapta de forma natural a este procesamiento.

Escribamos este algoritmo calculando, de paso, el cociente:

```
INICIO

  NUM DIVIDENDO, DIVISOR, COCIENTE, RESTO

  LEER DIVIDENDO
  LEER DIVISOR

  COCIENTE <- 0
  RESTO <- DIVIDENDO

  MIENTRAS (RESTO >= DIVISOR) HACER
     RESTO <- (RESTO-DIVISOR)
     COCIENTE <- COCIENTE + 1
  FINHACER

  MUESTRA "El resto de la siguiente división entera" &
           DIVIDENDO & "dividido por " & DIVISOR &
           " es:" & RESTO

FIN
```

Como habrá observado, hemos introducido el símbolo *ampersand* (&) en la pantalla. Utilizamos este símbolo para concatenar cadenas de caracteres, con el fin de simplificar la escritura.

3.6 Escritura modular

Antes hemos visto que uno de los principios fundamentales de la escritura de programas informáticos es el análisis descendente, que consiste en partir del objetivo inicial y descomponerlo en subobjetivos, de forma recursiva (véase la sección Recursividad, más adelante).

El objetivo es crear módulos funcionales elementales que puedan reutilizarse. Al igual que el algoritmo principal, estos módulos aceptan datos de entrada y producen o calculan datos de salida que constituyen su propio objetivo.

Distinguiremos entre dos tipos de módulos: los procedimientos y las funciones.

3.6.1 Procedimientos

Un procedimiento tiene dos tipos de parámetros, uno o varios parámetros de entrada y uno o varios parámetros de resultado.

Un parámetro, ya sea «de entrada» o «de resultado», es un dato de un tipo determinado. Los parámetros de entrada no son modificados por el procedimiento, mientras que los parámetros de resultado sí lo son.

El siguiente ejemplo corresponde al pseudocódigo para declarar un procedimiento con dos parámetros de entrada y un parámetro de salida:

```
PROCEDIMIENTO MI_PROCEDIMIENTO (
  ENTRADA <TIPO> PARAM1,
  ENTRADA <TIPO> PARAM2,
  RESULTADO <TIPO> PARAM3)

INICIO
FIN
```

He aquí un ejemplo concreto:

```
PROCEDIMIENTO RESTO_DE_DIVISIÓN (
  ENTRADA NUM DIVIDENDO,
  ENTRADA NUM DIVISOR,
  RESULTADO NUM RESTO)

INICIO
  RESTO <- DIVIDENDO
```

```
    MIENTRAS (RESTO >= DIVISOR) HACER
        RESTO <- (RESTO - DIVISOR)
        FINHACER
FIN
```

Los parámetros que aparecen en la declaración se denominan parámetros formales, mientras que los que se suministran cuando se llama al procedimiento se denominan parámetros efectivos.

A continuación se muestra un ejemplo de cómo llamar al procedimiento `RESTO_DE_DIVISIÓN`:

```
ALGORITMO_PRINCIPAL
INICIO

  NUM DIVIDENDO_EFECTIVO, DIVISOR_EFECTIVO, RESTO_EFECTIVO

  RESTO_DE_DIVISIÓN(10, 3, RESTO_EFECTIVO)
  MUESTRA "El resto de la división entera de 10 entre 3 es: " &
           RESTO_EFECTIVO

  MUESTRA "Introduzca el dividendo: "
  LEER DIVIDENDO_EFECTIVO
  MUESTRA "Introduzca el divisor: "
  LEER DIVISOR_EFECTIVO

  RESTO_DE_DIVISIÓN(DIVIDENDO_EFECTIVO,
                    DIVISOR_EFECTIVO,
                    RESTO_EFECTIVO)

  MUESTRA "El resto de la división entera de " &
  DIVIDENDO_EFECTIVO" por "& DIVISOR_EFECTIVO" es: "&
  RESTO_EFECTIVO

FIN
```

Como puede ver, es mejor evitar dar el mismo nombre a los parámetros formales y los efectivos.

3.6.2 Funciones

Las funciones son módulos que devuelven un valor. La sintaxis en pseudocódigo, equivalente a la del procedimiento anterior, es la siguiente:

```
<TIPO> PARAM3 FUNCIÓN MI_FUNCIÓN (
   ENTRADA <TIPO> PARAM1,
   ENTRADA <TIPO> PARAM2)
INICIO
FIN
```

Volviendo a nuestro ejemplo, la declaración, la cabecera y el cuerpo de la función equivalente al procedimiento que calcula el resto de la división de enteros son los siguientes:

```
NUM RESTO FUNCIÓN RESTO_DE_DIVISIÓN (
   ENTRADA NUM DIVIDENDO,
   ENTRADA NUM DIVISOR)
INICIO
  NUM VARIABLE_RESTO_LOCAL <- DIVIDENDO
  MIENTRAS (VARIABLE_RESTO_LOCAL >= DIVISOR) HACER
     VARIABLE_RESTO_LOCAL <- (VARIABLE_RESTO_LOCAL - DIVISOR)
  FINHACER
  DEVUELVE VARIABLE_RESTO_LOCAL
FIN
```

A continuación se muestra un ejemplo de cómo llamar a la función RESTO_DE_DIVISIÓN:

```
ALGORITMO_PRINCIPAL
INICIO

  NUM DIVIDENDO_EFECTIVO, DIVISOR_EFECTIVO, RESTO_EFECTIVO

  MUESTRA "El resto de la división entera de 10 por 3 es: " &
          RESTO_DE_DIVISIÓN(10, 3)

  MUESTRA "Introduzca el dividendo: "
  LEER DIVIDENDO_EFECTIVO
  MUESTRA "Introduzca el divisor: "
  LEER DIVISOR_EFECTIVO

  MUESTRA "El resto de la división entera de " &
          DIVIDENDO_EFECTIVO " por " &
          DIVISOR_EFECTIVO" es: " &
```

```
        RESTO_DE_DIVISIÓN(DIVIDENDO_EFECTIVO, DIVISOR_EFECTIVO)

FIN
```

La ventaja obvia es que las funciones pueden utilizarse como operandos o parámetros, mientras que los procedimientos, no. Otra diferencia es el número de parámetros de resultado, que es único en el caso de las funciones y potencialmente múltiple en el caso de los procedimientos. Este último punto es relativo, ya que un mismo dato puede ser de tipo compuesto...

3.7 Traducción a un lenguaje de programación

Para concluir esta breve introducción a los algoritmos, y tras presentar una muestra de pseudocódigo formalizado, retomemos el ejemplo del cálculo del resto de la división de dos enteros, en este caso 10 dividido por 3.

Como puede ver a continuación, el pseudocódigo algorítmico se traduce directamente a un lenguaje de programación de destino. Nosotros hemos elegido R y Python.

3.7.1 Algoritmo para calcular el resto de la división de dos enteros escrito en pseudocódigo

```
INICIO

  NUM DIVIDENDO, DIVISOR, RESTO
  DIVIDENDO <- 10
  DIVISOR <- 3

  RESTO <- DIVIDENDO

  MIENTRAS (RESTO >= DIVISOR) HACER
     RESTO <- (RESTO - DIVISOR)
  FINHACER

  MOSTRAR RESTO

FINALIZAR
```

Código R equivalente

```
dividendo <- 10
divisor <- 3

# Calcula el resto de dividir el dividendo
# por el divisor únicamente restas

resto <- dividendo
while(resto >= divisor)
{
  resto <- resto - divisor
}

# Mostrar el resultado
print(resto)
--| [1] 1
```

Código Python equivalente

```
dividendo = 10
divisor = 3

# Calcular el resto de la división del dividendo
# por el divisor utilizando únicamente restas

resto = dividendo

while resto >= divisor
      resto -= divisor

# Mostrar el resultado
print(resto)
--| 1
```

3.7.2 Recursividad

La escritura modular basada en la noción de función nos permite introducir otra forma de iteración, la recursividad, que se refiere a la idea de un algoritmo que se invoca (o se llama) a sí mismo.

El cálculo de $n!$ es un buen ejemplo.

Por definición, $n! = n^* (n- 1) ^*...^* (1)$, pero también se puede escribir $n! = n^* (n- 1)!$ añadiendo que $0! = 1$ porque se necesita una condición de parada para la recursividad, igual que con las estructuras de control de tipo MIENTRAS HACER FINHACER.

He aquí un ejemplo de pseudocódigo para la función factorial:

```
Factorial (NUM n) =
INICIO
   SI (n = 0)
   ENTONCES
      1
   SINO
      n * Factorial(n-1)
   FINSI
FIN
```

Código R equivalente

El código R simple tiene una **sintaxis muy similar al pseudocódigo**, así que vamos a expresarnos directamente en R.

Vamos a ver dos formas de calcular un factorial, la primera sin utilizar la recursividad y la segunda con ella. Lo aplicaremos al cálculo del factorial de 10. El factorial de un número entero positivo n se escribe $n!$

Recuerde que 10! = 10 * 9 * 8 * 7 * 6 * 5 * 4 * 3 * 2 * 1 y que, por convención, 0! = 1.

La primera forma de calcular 10! podría ser el algoritmo simple correspondiente a este código R:

```
# Cálculo simple de 10! sin recursividad

n <- 10
factorial_de_n <- 1
repeat{
  factorial_de_n <- factorial_de_n*n
  n  <- (n - 1)
  if (n == 1) break
}
print(factorial_de_n)
--| [1] 3628800
```

Pero si observa que 10! = 10 * 9!, estará tentado de utilizar la recursividad, es decir, definir una función que se llame a sí misma. Evidentemente, hay que detenerse en algún punto, en este caso imponiendo el valor de 1 a 0! Nótese que no hay que confundir la recursividad con la simple iteración (recorrer un bucle). ¡No tiene nada de trivial proponer la recursividad en un lenguaje informático!

He aquí un cálculo recursivo que da el mismo resultado: definimos una función que se llama a sí misma:

```
# Cálculo de 10! utilizando la recursividad
factorial <- function(n) {
  if(n==0) {return(1)}              # porque 0! = 1
  return(n * factorial(n-1))        # porque n! = n * (n-1)!
}
print(factorial(10))
--| [1] 3628800
```

4. Minicaja de herramientas de algoritmos

Hemos seleccionado un pequeño número de temas para ilustrar el poder del pensamiento algorítmico y ofrecerle algunos ejemplos útiles.

Esta caja de herramientas incluye, por supuesto, el algoritmo MapReduce que vimos con anterioridad y que trataremos de nuevo. Además, en el capítulo Guía de iniciación a Python - TL;DR, echamos un breve vistazo al tema de la selección de una lista.

La mayoría de los algoritmos de referencia son objeto de paquetes dedicados y lo más frecuente es que tenga que elegir entre estas implementaciones, en lugar de implementar usted mismo su código. En nuestra opinión, esta elección será tanto más pertinente si se ha preocupado de comprender sus características y ha dedicado algún tiempo a escribir sus propias versiones de algunos de ellos. Dicho esto, hemos comprobado en varias ocasiones que, a veces, es más saludable escribir una versión sencilla de un algoritmo que conoce bien que no utilizar a ciegas un paquete «mágico».

4.1 Equilibrio de la carga (load balancing)

Es habitual tener que repartir el esfuerzo de procesamiento (CPU, volúmenes, etc.) entre varios procesadores, discos, etc. Este es el tema del equilibrio de carga (*load balancing*).

El objetivo aquí es equilibrar y distribuir la carga de un servicio entre varias entidades. A menudo tenemos que elegir el algoritmo que mejor se adapte a nuestro contexto, por ejemplo: «cómo distribuir el acceso a la información ubicada en varios ordenadores, entre varias personas, en paralelo y favoreciendo o no un comportamiento global determinado».

Este tipo de algoritmo comprende dos familias (las dos listas no son exhaustivas):

- Algoritmos estáticos:

  Round-robin: las peticiones de los clientes se envían a diferentes instancias del servicio en orden secuencial. Por lo general, los servicios no deben tener estado.

  Sticky round-robin: es una mejora del algoritmo round-robin. Si la primera solicitud se envía al servicio A, las siguientes solicitudes del mismo cliente también se envían al servicio A.

  Weighted round-robin: el administrador puede especificar el peso de cada servicio. Los servicios con mayor ponderación procesan más solicitudes que los demás.

- Algoritmos dinámicos, más adaptables al contexto:

  Least connections: se envía una nueva solicitud a la instancia de servicio con menos conexiones simultáneas.

  Least response time: se envía una nueva solicitud a la instancia de servicio con el menor tiempo de respuesta.

Aquí tiene una tabla comparativa de estos algoritmos de equilibrio de carga (*load balancing*), que le ayudará a elegir la solución adecuada para este tipo de problema. Tenga en cuenta que, de hecho, cada uno de estos algoritmos puede hacer frente a algunos de los problemas que naturalmente cubren los demás y que, a menudo, es una buena idea probar varios de ellos.

Algoritmos	Principal comportamiento buscado
Round-robin	Simplicidad
Sticky round-robin	Equidad
Weighted round-robin	Personalización
Least connections	Equilibrio de la carga
Least response time	Rendimiento

Para que se haga una idea, a continuación le mostramos cómo es un *round-robin* en general, sin tener en cuenta el envío entre los distintos servidores.

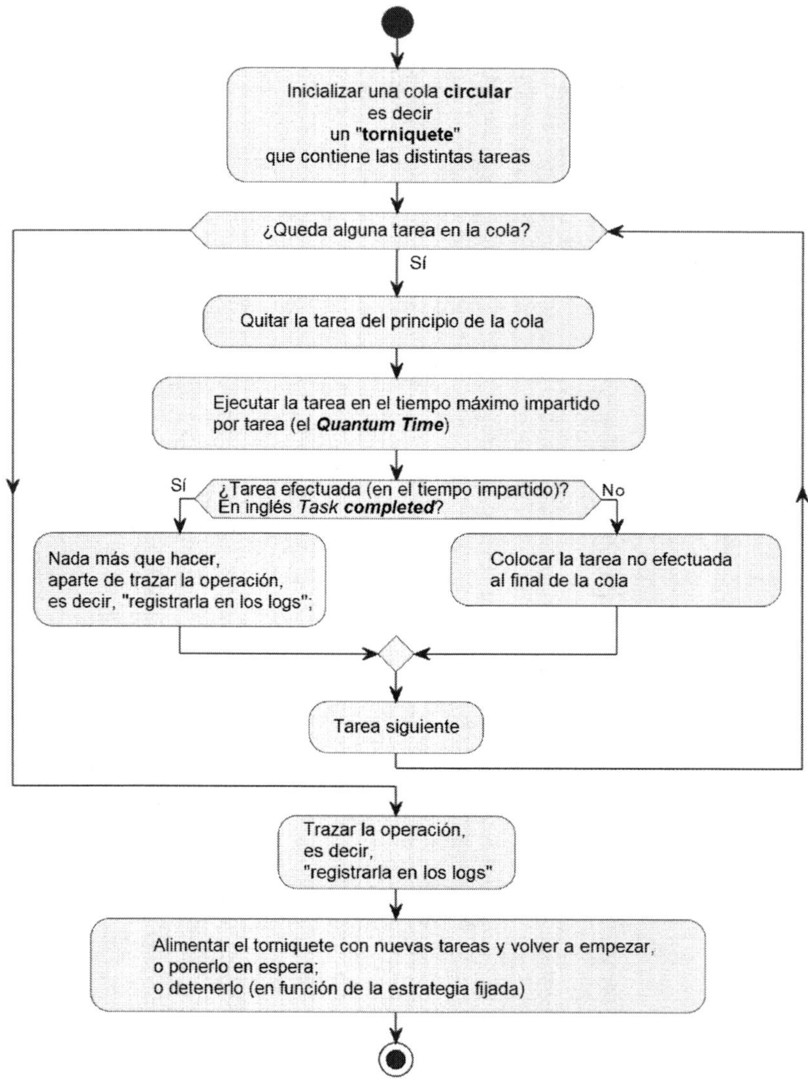

Representación simplificada del algoritmo round-robin

Cuando observe un diagrama como este, sin duda se dará cuenta de que determinar el *quantic time* a priori resulta complicado: si es demasiado corto, una tarea nunca se ejecutará, y si es demasiado largo, el algoritmo perderá su eficacia. Por eso hay que entender bien las características de un algoritmo antes de utilizarlo, aunque todo el mundo afirme que el algoritmo es muy eficaz. Un algoritmo, aunque sea muy eficaz, no siempre se adapta a su contexto.

4.2 Transformada rápida de Fourier

Como primera aproximación, podríamos decir que la transformada discreta de Fourier permite identificar las frecuencias que constituyen el núcleo de una señal y su intensidad (por ejemplo, frecuencias musicales, colores, series múltiples temporales, financieras o bursátiles, etc.).

Cuando analizamos una señal (como la música, que es una mezcla de diferentes sonidos), nos encontramos con diferentes frecuencias que trabajan juntas. Estas frecuencias son algo así como los bloques de construcción de la señal.

La FFT (*Fast Fourier Transform*) es un algoritmo utilizado para calcular eficazmente la transformada *discreta* de Fourier (DFT, *Discrete Fourier Transform*) de una serie temporal muestreada.

Una serie temporal es un conjunto de medidas tomadas en instantes regulares en el tiempo. En el contexto de la FFT, a menudo se considera que la serie temporal representa la señal que se desea estudiar. Esto requiere un muestreo cuidadoso de un fenómeno o proceso físico.

La serie temporal se muestrea a una frecuencia de muestreo determinada, lo que significa que se mide a intervalos de tiempo regulares. El tamaño de la serie temporal suele venir dado por el número de muestras. La FFT nos ayuda a identificar las frecuencias clave de la señal.

La FFT descompone la señal en frecuencias individuales bien ordenadas. Es, por tanto, una técnica matemática que revela la estructura interna de las señales. Hay que tener en cuenta que los valores (colores, sonidos, etc.) contenidos en la señal dependen de sus coordenadas en el espacio y el tiempo: esto permite descomponer la señal en sus componentes de frecuencia, que luego se analizan por separado.

En otras palabras, la FFT puede utilizarse para determinar qué frecuencias están presentes en una señal y cuándo lo están.

La **fase** es una medida del adelanto o del retraso de una onda con respecto a una onda de referencia. En el caso de la FFT, la fase se utiliza para determinar el desplazamiento temporal entre los distintos componentes de frecuencia de una señal.

La representación en amplitud y fase es más adecuada para describir señales que la representación solo en amplitud. La FFT utiliza números complejos, que son números con una parte real y otra imaginaria, lo que permite representar las señales en amplitud y en fase utilizando un único número.

Los números complejos que representan la amplitud y la fase de las distintas frecuencias que componen una señal muestreada se denominan **coeficientes de Fourier** en la FFT. Esta es la finalidad del algoritmo.

Los coeficientes complejos de Fourier se utilizan, por tanto, para descomponer la señal en sus componentes frecuenciales e identificar las distintas frecuencias que la componen. Este espacio de frecuencias es mucho más sencillo de utilizar y permite manipular las señales sin demasiado esfuerzo.

Lo bueno de todo esto es que podemos acabar **utilizando la transformada inversa de Fourier para reconstruir señales reales** a partir de este espacio de coeficientes.

En IA, por ejemplo, puede entrenar su modelo en el espacio de coeficientes, inferir en este espacio (es decir, crear/prever/generar señales como música o imágenes) y, a continuación, reconstruir señales del mundo real (música, sonido, etc.).

La versatilidad de la FFT es notable. Sus aplicaciones se extienden a la mayoría de los campos: arte, física, ingeniería, biología, economía, finanzas, etc.

Nos permite cambiar de perspectiva y ahondar en el corazón de los patrones (*patterns*) que nos rodean y, en su caso, identificar patrones recurrentes, ya que la FFT desvela las capas de las señales para revelar sus componentes fundamentales.

Sin entrar en detalles, es interesante ver hasta qué punto es trivial la estructura del algoritmo correspondiente. En este caso, la versión simplificada que presentamos utiliza simplemente un bucle de iteración anidado doble con el que recorremos todas las frecuencias y muestras.

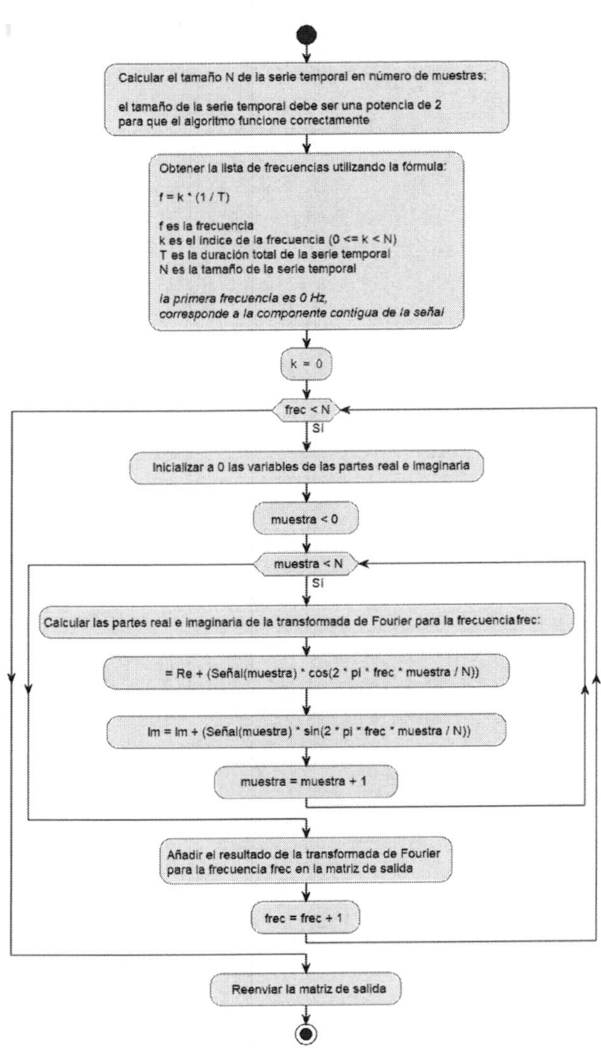

Transformada rápida de Fourier

Nótese que, a este nivel de detalle, a diferencia del algoritmo anterior, este no tiene parámetros, lo que facilita las cosas y reduce el tiempo necesario para configurar el proceso.

4.3 Optimización mediante un gradiente estocástico: el caso Adam

Muchos problemas pueden resumirse en la búsqueda de uno o varios óptimos (mínimos o máximos). Este tipo de problema conlleva cierto número de parámetros, que varían a lo largo de un camino más o menos inteligente (a través del algoritmo), y en cada etapa se calcula la función que se debe optimizar hasta que estemos convencidos de haber encontrado un conjunto de parámetros que corresponden al óptimo que buscamos.

Por desgracia, este problema es terriblemente complicado, ya que puede haber óptimos locales (igual que una cordillera puede tener varios picos de diferentes alturas y varios valles de profundidades distintas), irregularidades en la función o topologías muy particulares.

En la mayoría de los casos, no podemos confiar en una representación visual de la función porque casi siempre tiene muchos parámetros, mientras que nosotros, como humanos, solo podemos captar fácilmente curvas y superficies que tienen uno o dos parámetros respectivamente.

Aquí proponemos echar un vistazo a la referencia actual para este tipo de algoritmos, llamada Adam (*Adaptive Moment Estimation*).

El algoritmo de Adam es un método de optimización utilizado a menudo en el *deep learning* para determinar los parámetros del modelo de IA que se está entrenando, tratando de minimizar la suma de las diferencias entre lo inferido por el modelo y la realidad.

En general, Adam es un algoritmo de gradiente estocástico (= que implica sucesos aleatorios y se basa en conjeturas, que en este caso son suposiciones a priori sobre la dirección que hay que tomar para encontrar el óptimo).

La idea que subyace a los métodos de gradiente es bastante sencilla: variamos los parámetros de la función que debe optimizarse en la dirección en la que la mejora fue más rápida en iteraciones anteriores. Es un poco como decidir tomar la pendiente más pronunciada (el gradiente), perpendicular a las líneas de nivel de una montaña que se quiere bajar o subir lo más rápido posible.

El algoritmo Adam utiliza las medias móviles de los gradientes y los cuadrados de los gradientes para adaptar los *learning rates* de cada parámetro, es decir, el tamaño de los saltos realizados a lo largo de la trayectoria en la que se busca un óptimo. Adam es reconocido por su estabilidad y su capacidad de convergencia rápida.

Observación

Como media móvil, se suele utilizar la media de las últimas X etapas. El resultado es un valor medio que varía en todos los puntos y corresponde más o menos a una curva suavizada que se aproxima a la función en cuestión.

Más concretamente, en este algoritmo, la noción de momento hace referencia a los promedios de los gradientes y a los segundos momentos de los gradientes. El algoritmo de optimización Adam utiliza dos momentos para actualizar los parámetros del modelo durante el entrenamiento:

- El primer momento, llamado momento medio, o simplemente «media» (*mean*), es una media móvil de los gradientes. Se utiliza para estimar la tendencia general de los gradientes.
- El segundo momento, denominado momento medio de los cuadrados (la varianza), es una media móvil de los cuadrados de los gradientes. Se utiliza para estimar la varianza de los gradientes.

La palabra «estimar» es importante: no podemos calcular los momentos de todos los datos, pero podemos estimarlos utilizando medias móviles.

Estos dos momentos se utilizan para calcular las tasas de aprendizaje adaptativas de cada parámetro del modelo. Las tasas de aprendizaje adaptativas se utilizan para ajustar el ritmo de actualización de los parámetros en función de la naturaleza de los gradientes observados.

Utilizando estos momentos, el algoritmo Adam puede tener en cuenta tanto la dirección como la magnitud de los gradientes cuando actualiza los parámetros. Esto permite que el algoritmo converja de forma rápida y estable.

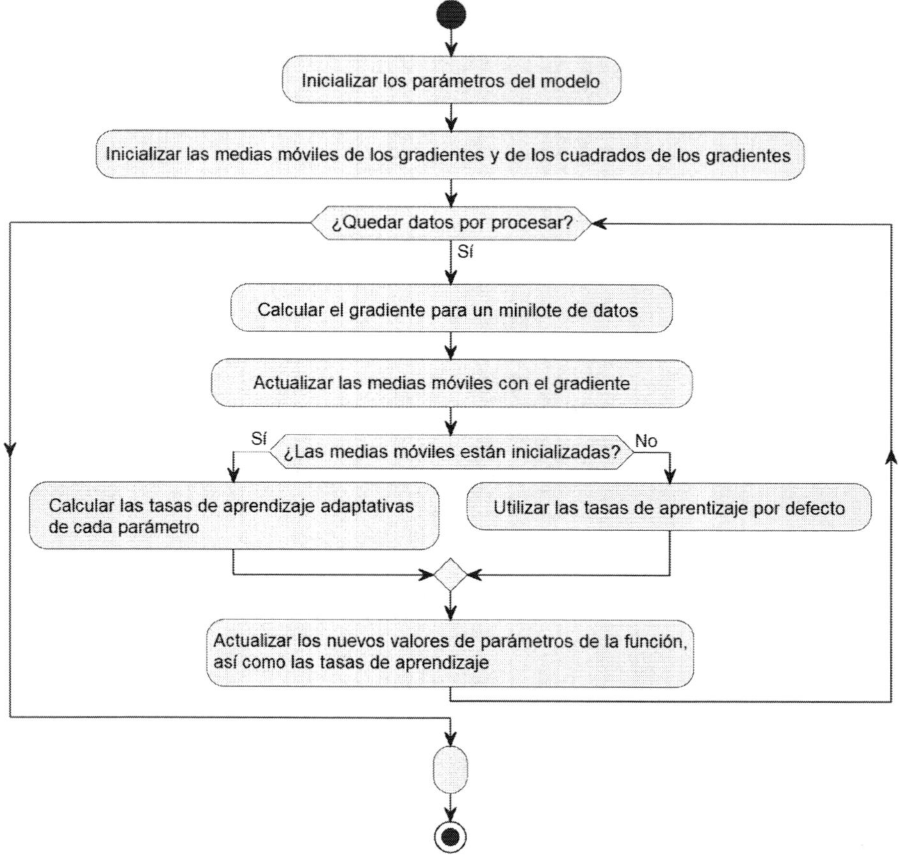

Optimización mediante el algoritmo Adam

Observe el procesamiento de minilotes de datos, que se encuentra en muchos algoritmos modernos y que requiere determinar el tamaño del lote.

Como ejemplo de función que debe optimizarse, hemos elegido, como todo el mundo, la función de Rosenbrock. Esta función tiene una topología extraña (parece una silla de montar a caballo) y suele utilizarse para probar algoritmos de optimización.

Aquí presentamos un prototipo de código con varios puntos débiles:

- el cálculo de las derivadas parciales (gradientes) se ha realizado manualmente; para casos muy difíciles, habríamos utilizado una función dedicada a la aproximación de cualquier derivada, extraída de un paquete especializado;
- además, se ha evitado el tratamiento por lotes de las medias móviles;
- y, finalmente, nuestro código debería manejar un vector de coordenadas a través del paquete NumPy, en lugar de manejar las coordenadas x e y por separado.

Comenzamos importando NumPy y, sobre todo, definiendo la función que hay que optimizar.

```
import numpy as np

def f(x, y):
      ''' Función de Rosenbrock, óptima f(1,1) = 0
      '''
      return(1 -x)**2 + 100 * (y - x**2)**2
```

El código de Adam es bastante sencillo:

```
def adam_optimization(learning_rate, beta1, beta2, epsilon,
                      num_iteraciones):
   '''
    Ejemplo de utilización

    learning_rate = 0.01
    beta1 = 0.9
    beta2 = 0.999
    epsilon = 1e-8
    num_iteraciones = 1000
    '''
    x , y = 0.0, 0.0        # inicialización del punto de partida
    m _x, m_y = 0.0, 0.0 # inicialización del primer momento
    v _x, v_y = 0.0, 0.0 # inicialización del segundo momento
    t = 1      # contador de iteraciones
```

```
    h = 0.0001  # el "paso de discretización" para calcular la derivada

    for i in range(num_iteraciones):
        # derivada parcial del eje x
        gradiente_x = (f(x + h, y) - f(x -h, y)) / (2 * h)
        # derivada parcial del eje y
        gradiente_y = (f(x, y + h) - f(x, y -h)) / (2 * h)

        # vector momento_1 x
        m_x = beta1 * m_x + (1 - beta1) * gradiente_x
        # vector momento_1 y
        m_y = beta1 * m_y + (1 - beta1) * gradiente_y
        # vector momento_2 x
        v_x = beta2 * v_x + (1 - beta2) * (gradiente_x**2)
        # vector momento_2 y
        v_y = beta2 * v_y + (1 - beta2) * (gradiente_y**2)

        # corrección de los sesgos estadísticos
        m_x_hat = m_x / (1 - beta1**t)
        m_y_hat = m_y / (1 - beta1**t)
        v_x_hat = v_x / (1 - beta2**t)
        v_y_hat = v_y / (1 - beta2**t)

        # x e y cambian en una pequeña cantidad
        # a lo largo de la pendiente elegida
        # el learning_rate se adapta con nuestros cálculos
        x -= learning_rate * m_x_hat / (np.sqrt(v_x_hat) + epsilon)
        y -= learning_rate * m_y_hat / (np.sqrt(v_y_hat) + epsilon)

        t += 1

    return x, y
```

Ahora, solo nos queda probarlo:

```
#Prueba

learning_rate = 0.01
beta1 = 0.9
beta2 = 0.999
epsilon = 1e-8
num_iteraciones = 1000
x_opt, y_opt = adam_optimization(learning_rate,
                                 beta1,
                                 beta2,
                                 epsilon,
```

```
                                    num_iteraciones)
print("Parámetros para el valor óptimo,
          "\n   x = ", x_opt,
          "\n   y = ", y_opt)

--|  Parámetros para el valor óptimo
--|     x = 0.9999810294059605
--|     y = 0.9999624134160129
```

```
print("Nivel óptimo: ", f(x_opt, y_opt))

--| Nivel óptimo: 3,724323341404611e-10
```

Obtenemos valores de los parámetros cercanos a (1,1) para un nivel óptimo de 0 (recuerde: *e-10* es la notación Python para 10^{-10}).

Observación

Recuerde la forma** «manual» **de calcular una derivada parcial** que hemos utilizado en este código. La derivada se calcula simplemente como un índice de variación sobre una pequeña desviación en el eje en cuestión (derivada parcial en el eje x, eje y, etc.). **¡El gradiente es simplemente el vector que contiene estas derivadas parciales!

4.4 Algoritmos genéticos, aplicación para la búsqueda de un óptimo

Los algoritmos genéticos se inspiran en la teoría de la evolución biológica.

Por analogía con la naturaleza, llamaremos «individuo» a una observación de la realidad. La lista de parámetros que definen a un individuo se llamará «cromosoma».

Se trata de generar sucesivas poblaciones de individuos a partir de las anteriores, caracterizadas obviamente por sus cromosomas, hasta que un individuo se adapte de forma particular al problema planteado.

Esta investigación se lleva a cabo mediante mecanismos inspirados en la genética: selección de progenitores de una población, cruce de individuos (*crossover*) y mutaciones.

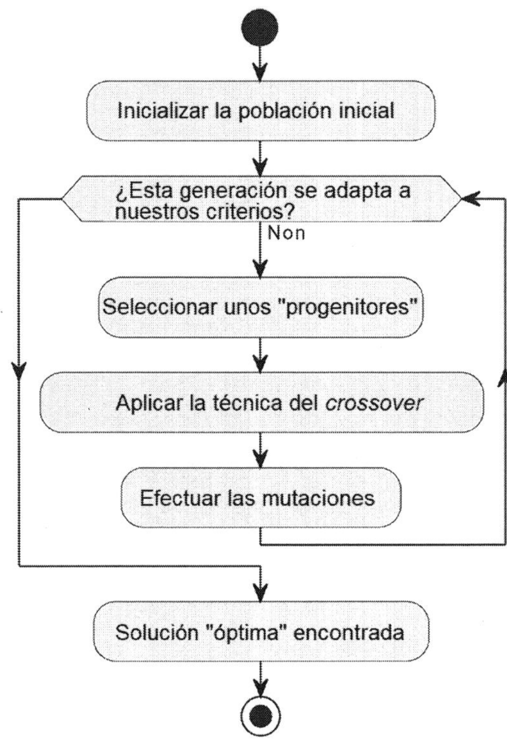

Algoritmo genético

4.4.1 Selección de los progenitores

La selección de los progenitores consiste en elegir a los individuos que se reproducirán para crear una nueva generación. Se pueden utilizar varios métodos de selección de progenitores, como la *selección* proporcional al nivel de adaptación de los individuos (*fitness proportionate selection*), la *selección por* torneo, que consiste en elegir al individuo mejor adaptado de una lista creada al azar (*tournament selection*) o, por último, la selección aleatoria entre toda la población.

4.4.2 Crossover (cruce)

El *crossover* es la etapa en la que los progenitores seleccionados se reproducen para crear una nueva generación de individuos. Esta operación simula el proceso de reproducción biológica, en el que las características genéticas de los progenitores se combinan para producir descendencia.

Mediante el *crossover*, se intercambian partes de los cromosomas de los progenitores para crear nuevos individuos. Los dos cromosomas se cortan de la misma manera. Cada borde del corte se denomina «punto de crossover». Por ejemplo, si imaginamos un cromosoma [x1,y1,z1,t1] y un cromosoma [x2,y2,z2,t2] con dos puntos de *crossover* situados en la segunda y la tercera coma, podríamos obtener los siguientes cromosomas: [x2,y2,z1,t2] y [x1,y1,z2,t1].

En la medida en que los progenitores eran más o menos los mejor adaptados de su generación, se espera crear una nueva generación con unos cuantos individuos igual de bien adaptados.

4.4.3 Mutaciones

Las mutaciones son cambios aleatorios realizados en los cromosomas de los individuos. Introducen nuevas variaciones genéticas en la población y permiten explorar nuevas regiones del espacio de soluciones.

Por lo general, las mutaciones se aplican con una probabilidad baja a cada posición del cromosoma. Cuando se produce una mutación, el valor de un gen puede cambiar aleatoriamente. Las mutaciones pueden ayudar a evitar la convergencia prematura hacia soluciones subóptimas al introducir diversidad genética.

Observación

Como ejemplo de solución subóptima, imagine que busca el pico más alto de los Alpes y cree que lo ha conseguido al encontrar el Monte Rosa (4634 metros). En realidad, su algoritmo se ha quedado bloqueado en una solución subóptima, ya que el Mont Blanc alcanza los 4807 metros.

Es importante señalar que la probabilidad de mutación que se utiliza suele ser baja, ya que un exceso de mutaciones podría perturbar la evolución de la población e imposibilitar la convergencia hacia soluciones «buenas».

4.4.4 Codificación de un algoritmo genético

He aquí el código de un algoritmo genético aplicado a la búsqueda del mínimo de una función de tres variables. Nuestros cromosomas son, por tanto, tripletes y el nivel de adaptación sería encontrar f(x,y,z) lo más bajo posible.

Comenzamos inicializando un generador de números aleatorios y cualquier variable de control global para el programa.

```
import random # generador de números aleatorios

# permite generar los mismos números aleatorios de nuevo ran-
dom.seed(666)

# variable global para limitar el número de líneas impresas
# intermediario en la función algoritmo_genetico() - más adelante
= NUM_LÍNEAS 5
```

Ahora tenemos que definir el problema que hay que resolver. En este caso, la optimización de una función sobre tres variables. Matemáticamente el resultado sería trivial; por eso utilizamos esta función con fines demostrativos, para darle confianza en el algoritmo. En (0,0,0) nuestro óptimo debería ser 0... Eso es lo que vamos a comprobar con nuestro algoritmo.

```
#--------------------- EL PROBLEMA QUE HAY QUE RESOLVER
def función_que_optimizar(x, y, z):
   '''Función que hay que optimizar, buscamos un mínimo
   '''
   return x**2 + y**2 + z**2

# Rango de valores posibles para x, y, z
# ¡Este es el dominio de definición de la función!
rango_x = (-5, 5)
rango_y = (-5, 5)
rango_z = (-5, 5)
```

Este algoritmo está parametrizado por el tamaño de la población original, el número de generaciones que vamos a crear y su tasa de mutación. Estos parámetros suelen denominarse «hiperparámetros», y se utilizan diversos algoritmos para determinarlos automáticamente cuando parecen demasiado difíciles de establecer para un problema concreto. En lo que respecta a nuestro código, nos conformamos con realizar unos cuantos ensayos hasta que el resultado obtenido nos pareció correcto en el menor tiempo posible.

En el contexto del aprendizaje automático, la determinación automática de estos parámetros es consustancial a la noción de **AutoML**, es decir, la capacidad de un algoritmo de aprendizaje automático de parametrizarse automáticamente.

```
# ---------------------------------------------- PARAMETRIZACIÓN

# Parámetros del algoritmo genético
# El ajuste fino de estos parámetros mediante ensayos sucesivos
# es delicado

tamaño_población = 30  # evitar las poblaciones demasiado grandes
generaciones = 500     # podríamos buscar
                       # el valor óptimo para este parámetro
tasa_mutación 0.1      # las mutaciones demasiado bruscas rompen
                         el algoritmo
                       # las mutaciones demasiado lentas requieren un gran
                       # número de generaciones y a veces se pierden
                       # en los óptimos locales
```

¡Ahora hay que escribir las funciones adecuadas!

```
    # ------------ EL ALGORITMO

def crear_individuo():
    ''' Crear un individuo al azar
    '''
    x = random.uniform(rango_x[0], rango_x[1])
    y = random.uniform(rango_y[0], rango_y[1])
    z = random.uniform(rango_z[0], rango_z[1])
    return x, y, z
```

```
def evaluar_adaptación(individuo):
    ''' Evaluar la adaptación de un individuo (cuanto más baja, mejor)
    '''
    x, y, z = individuo
    return función_que_optimizar(x, y, z)
```

```
def mutar(individuo):
    ''' Para realizar una mutación
    '''
    x, y, z = individuo
    nueva_x = x + random.uniform(-tasa_mutación, tasa_mutación)
    nueva_y = y + random.uniform(-tasa_mutación, tasa_mutación)
    nueva_z = z + random.uniform(-tasa_mutación, tasa_mutación)
```

```
    nueva_x = max(min(nueva_x, rango_x[1]), rango_x[0])
    nueva_y = max(min(nueva_y, rango_y[1]), rango_y[0])
    nueva_z = max(min(nueva_z, rango_z[1]), rango_z[0])
    return nueva_x, nueva_y, nueva_z
```

```
def crossover(parent1, parent2):
    ''' El crossover, en un único punto pivote (one_point)
    '''
    punto_cruce = random.randint(0, len(parent1) - 1)
    child1 = parent1[:punto_cruce] + parent2[punto_cruce:]
    child2 = parent2[:punto_cruce] + parent1[punto_cruce:]
    return child1, child2
```

Lo ensamblamos.

```
def algoritmo_genético(tamaño_población, generaciones):
    '''Función principal del algoritmo genético
    '''
    población = [crear_individuo() for_ in rango(tamaño_población)]

    for generación in rango(generaciones):
        # Evaluar la adaptación de cada individuo
        adaptaciones [evaluar_adaptación(indv) for indv in población]

        # Seleccionar los progenitores en función de la adaptación
        progenitores = random.choices(
            población,
            k=2,
            weights=[1 /(adapt + 1e-10) for adapt in adaptaciones])

        nueva_población = []

        # Crear la siguiente generación mediante cruce
        # crossover y mutación

        for_ in rango(tamaño_población):
            # Usar cruce para crear individuos
            hijo1, hijo2 = cruce(progenitores[0], progenitores[1])
            hijo1 = mutar(hijo1)
            hijo2 = mutar(hijo2)
            nueva_población.extend([hijo1, hijo2])

        población = nueva_población

        # Determinar el mejor individuo de esta generación
        mejor_individuo = min(población, key=evaluar_adaptación)
```

```
        mejor_adaptación = evaluar_adaptación(mejor_individuo)

        # Mostrar las últimas generaciones
        global NUM_LÍNEAS # indica a python que la variable es global

        # Para editar, redondeemos el resultado (8 porque poscoma)
        m = tuple(map(lambda x: round(x, 8), mejor_individuo))

        # Resultados truncados
        if NUM_LÍNEAS >=0 and generación > generaciones -NUM_LÍNEAS:
            NUM_LÍNEAS = NUM_LÍNEAS -1
            print(f"Generación {generación + 1}: ",
                  f"Mejor adaptación = {mejor_adaptación}" \n",
                  f"Individuo = {m}") \n",

    return min(población, key=evaluar_adaptación)
```

Probemos nuestro código.

```
# Ejecutar el algoritmo genético para optimizar la función
mejor_solución = algoritmo_genético(tamaño_población,
                                    generaciones)
--| Generación 497: Mejor adaptación = 0.00042726976388616253O
--| Individuo = (0.0024809, -0.02031898, -0.00287295)
--|
--| Generación 498: Mejor adaptación = 0.0011926098517320133
--| Individuo = (0.00967261, 0.02192951, -0.02486256)
--|
--| Generación 499: Mejor adaptación = 6.553928139416333e-05
--| Individuo = (-0.00690855, 0.0038585, -0.00170974)
--|
--| Generación 500: Mejor adaptación = 0
--| Individuo = (0.00838681, -0.0089829, 0.00171172)
```

```
mejor_adaptación = evaluar_adaptación(mejor_solución)

# Para editar, redondeemos el resultado (8 porque poscoma)
m = tuple(map(lambda x: round(x, 8), mejor_solución))

print(f "Solución óptima: \n",
      f"x = {m[0]},",
      f"y = {m[1]},",
      f"z = {m[2]}")

--| Solución óptima:
```

```
--| x = 0.00838681, y = -0.0089829, z = 0.00171172
```

```
print(f"Nivel de adaptación alcanzado = {mejor_adaptación}")

--| Nivel de adaptación alcanzado = 0,00015396099258966996
```

El resultado es satisfactorio, ya que se aproxima al resultado matemáticamente esperado. La función se anula en el origen del sistema de referencia (0,0,0) y este valor nulo es su mínimo en el dominio de definición.

No se sorprenda si hay pequeñas diferencias entre el resultado matemáticamente correcto y el resultado empírico obtenido mediante un algoritmo. Esto ocurre más o menos siempre en las disciplinas que llamamos:

- **análisis numérico**, algoritmos incorporados a ordenadores «reales» y estudio de los errores de discretización;
- **investigación operativa**, investigación sobre el uso óptimo de los recursos.

Se debe a varias razones:

- el recorrido del algoritmo es discreto (es decir, paso a paso);
- el algoritmo es mucho más genérico que el problema planteado y, por tanto, suele estar menos adaptado a él;
- el ordenador maneja valores con «un número limitado de decimales», por lo que estamos sujetos a lo que se conoce como **errores de truncamiento**, ya que las representaciones de los números reales están truncadas.

Uno de los autores de este libro trabajó (en el siglo pasado...) en métodos para reducir estos errores de truncamiento. El más conocido es el método de las perturbaciones: por ejemplo, se pueden inyectar microerrores aleatorios en los valores reales manejados por el programa durante su ejecución, dando preferencia a la implementación de códigos que aun así sigan convergiendo en los valores correctos.

4.5 Recorrer un árbol

Las estructuras en forma de árbol son muy útiles, ya que permiten almacenar elementos jerarquizados. Pero aún hay que encontrar la información. He aquí un pequeño ejemplo de árbol y su recorrido transversal, de «izquierda» a «derecha», pasando por cada uno de sus nodos. Este pequeño código no es generalizable, ya que se basa en una estructura de representación de árbol que facilita el trabajo, pero da una idea general del tema.

Este es el árbol que vamos a recorrer.

```
├── A
    ├── B
    │   └── C
    ├── D
    │   └── E
    └── F
        ├── G
        │   └── H
        └── I
            └── J
```

Codificaremos nuestro árbol recursivamente: *lista_de_nodos:= [nodo, lista_de_nodos]*.

Nuestro árbol de ejemplo se codifica como sigue, teniendo en cuenta que una lista solo puede tener un nodo:

['**A**', ['**B**', 'C'], ['**D**', 'E'], ['**F**', ['G', 'H'], ['I', 'J']]]

Esto corresponde a los siguientes enlaces desde la parte superior del árbol (A):

```
A -> B
A -> D
A -> F
```

La sublista ['**B**', 'C'] corresponde a:

```
B -> C
```

¡Le toca explorar el resto!

```
# Definición de un árbol
tree = ['A', ['B', 'C'], ['D', 'E'], ['F', ['G', 'H'], ['I','J']]]

# Recorre el árbol de nodos de izquierda a derecha, recursivo
def recorre_tree(tree):
  for level in tree:
      if is instance(level, list):
         recorre_tree(level)
      else:
         print(nivel, end= ' ')

# Muestra visualmente el árbol
def print_tree(tree, prefix="", is_last=False):
    print(prefix + ("└──" if is_last else "├──") tree[0])
    for i, node in enumerate(tree[1:]):
          is_last = i == len(tree[1:]) -1
          child_prefix = prefix + (" " if is_last else"     ")
          if isinstance(node, list):
              print_tree(node, child_prefix, is_last)
          else:
             print(child_prefix + ("└──" if is_last else"├──") + node)
```

Visualicemos nuestro árbol.

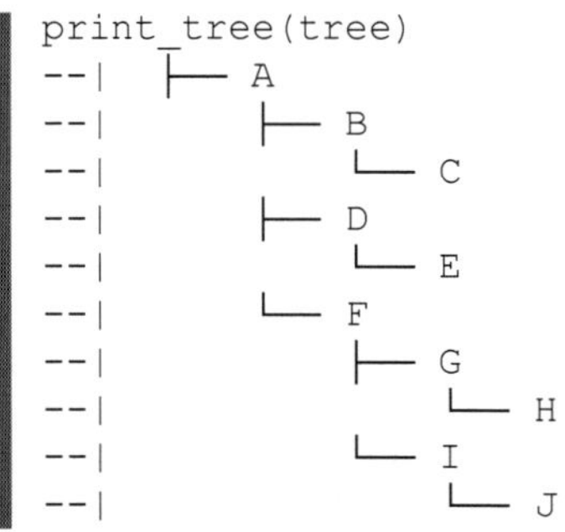

```
print_tree(tree)
--| ├── A
--|     ├── B
--|         └── C
--|     ├── D
--|         └── E
--|     └── F
--|         ├── G
--|             └── H
--|         └── I
--|             └── J
```

Veamos el camino recorrido.

```
recorre_tree(tree)
--| A B C D E F G H I J
```

Todos los nodos han sido invocados.

Simple y eficaz, ¿verdad?

4.6 Biblioteca de algoritmos útiles

En esta biblioteca encontrará una lista de algoritmos, junto con los paquetes de Python que los implementan y un enlace a su documentación.

Dependiendo de su interés en estos diferentes temas, le animamos a que juegue con los parámetros y tutoriales de estos algoritmos leyendo su documentación.

Esta lista contiene los llamados algoritmos clásicos, ya sea por su formidable eficacia, por la frecuencia con que se utilizan o por los conceptos que sustentan.

Encontrará esta lista al final del libro, en los anexos. ¡No deje de prestarle atención!

Capítulo 5
El código y la Web

1. Introducción

No nos detendremos demasiado en este tema, que ya está muy presente en la vida cotidiana de nuestros lectores. Vamos a introducir los *Markup Language* y la noción de web semántica, para no centrarnos de forma tan inmediata en la sempiterna cuestión de «cómo crear páginas web».

En la parte que viene a continuación, hemos decidido ofrecerle algunos puntos de referencia siguiendo en el espíritu de TL;DR.

2. Conocimiento, ontología, Markup Language, web semántica

Observación

El propósito de esta breve introducción no es recorrer la historia de la Web, sino que persigue un objetivo didáctico: ayudar a comprender cómo se estructura la información en ella.

Uno de los pilares de la *World Wide Web*, lanzada en 1989, es el uso de un viejo concepto, el **hipertexto**, caracterizado por la introducción de enlaces que pueden seguirse en un documento hasta otra parte de este (un **ancla**) o hasta otro documento situado localmente o en otro lugar.

Diez años antes, ya se habían identificado las ventajas de estructurar los documentos en forma de árboles que representaban su estructura interna (título, subtítulo, etc.) hasta llegar a la propia información en forma de texto.

En esta fase, la idea era separar «el contenido de la forma» para poder crear documentos aparentemente diferentes, pero basados en el mismo contenido. Esto conduce inevitablemente a la creación de **hojas de estilo** que definen el aspecto de estas estructuras en función de cómo se vayan a presentar.

Muy pronto se hizo una segunda observación: ciertas estructuras y ciertos elementos de información se repiten y, de hecho, representan árboles taxonómicos similares que sería interesante identificar y, a continuación, imponer en los documentos que manejan a menudo los mismos tipos de información. Por ejemplo, podríamos definir un concepto de dirección que debería seguir sistemáticamente una estructura determinada, sobre la que se podrían imponer reglas, como por ejemplo «un país debe pertenecer a una lista de países existentes«, «un código postal se compone de tales letras y números...».

```
dirección
  persona o entidad
  ubicación en la localidad
  localidad
  código postal
  país
```

Observación

Podemos ver que esta información está estructurada, pero menos que la incluida en las bases de datos relacionales. Por eso se le ha dado la etiqueta un tanto imprecisa de ***datos semiestructurados****.*

Por tanto, las hojas de estilo también pueden aplicarse a estructuras con significado, y no solo a los **niveles de ruptura** de un documento (título, subtítulo, texto). Una cosa lleva a la otra y empezamos a imaginar que, con el tiempo. podremos definir no solo el aspecto de títulos, subtítulos y textos de forma genérica, sino también la presentación específica de determinadas estructuras de datos.

Mejor aún, nos percatamos de una obviedad: documentar no es solo describir algo; es, ante todo, estructurar esa descripción en función de la comprensión que se tiene del mundo.

En 1986, una norma ISO estabilizó el incipiente estándar SGML (*Standard Generalized Markup Language*). Un documento SGML se estructura mediante marcadores o etiquetas que determinan el principio y el final de una información. Esta información puede anidarse. Las combinaciones de información autorizadas se controlan mediante un archivo anexo denominado DTD (*Document Type Definition*). Un documento que se ajusta a su DTD se considera «bien formado». La presentación del documento cuando se imprime puede gestionarse mediante una hoja de estilo.

En 1992, una versión simplificada del SGML revoluciona Internet: el HTML (*HyperText Markup Language*). Esta versión introdujo el hipertexto para navegar de un documento a otro, tanto localmente como cambiando de sitio. Su simplicidad facilita su difusión, pero frena la aparición de una web semántica, ya que la forma (la presentación) se impone y las herramientas que existían para gestionar un cierto nivel de taxonomía, como la DTD, desaparecen. En este contexto, las URL (*Uniform Resource Locator*) permiten a las herramientas HTML implementar de forma concreta la noción de hipertexto, local o no, en relación con el sitio en el que se aloja la página HTML.

Observe que la URL describe la ubicación de un recurso, pero también va precedida de una referencia al protocolo que debe aplicarse al recurso para interpretarlo, por ejemplo :

- página web: `http://`o `https://`
- archivo descargable mediante ftp: `ftp://`
- correo electrónico: `mailto:`
- archivo local: `file:///`

Observación

Dentro de un mismo sitio web, puede utilizar simplemente una ruta relativa, como en Linux (./ para la carpeta actual, ../ para la carpeta padre, / para la raíz del sitio). Se trata de una ***buena práctica*** *que conviene recordar, ya que permite mover fácilmente un sitio de un directorio físico a otro sin que falle la* ***resolución de direcciones*** *por parte del servidor HTTP.*

La noción de URL ha evolucionado hacia la noción más general de URI (*Uniform Resource Identifier*), que engloba las URL habituales, pero también permite designar los recursos por su nombre dentro de una tipología de nombres, sin prejuzgar su localización. Sin embargo, esto requiere la declaración previa del espacio en el que se describen estos nombres: los espacios de nombres (**URN**: *Uniform Resource Name*).

Así pues, volvemos a encontrar la gestión de objetos por su naturaleza. Los vocabularios utilizados son cuidadosamente definidos por diversos agentes más o menos institucionales. Las siguientes fuentes URN son bien conocidas por autores, periodistas e investigadores:

- URN ISBN: para libros, gestionado por la Agencia Internacional del ISBN. Ejemplo: urn:isbn:0459450523;
- URN DOI: para objetos digitales, gestionado por CrossRef. Ejemplo: urn:doi:10.1000/189;
- URN ISSN: para publicaciones seriadas (periódicos, revistas), gestionado por el Centro Internacional del ISSN. Ejemplo: urn:issn:0197-6423.

Paralelamente al desarrollo de HTML, el volumen de información textual disponible no ha dejado de crecer. Esta información sería difícil de procesar sin estructuración, pero un exceso de estructuración resultaría inaceptable en determinadas producciones textuales.

XML (*Extensible Markup Language*), un subconjunto de SGML, ha demostrado ser un excelente punto medio entre flexibilidad y rigor. Las posibilidades de extensión de XML permiten definir dialectos para usos muy diversos y basarse no solo en DTD, sino también en esquemas más elegantes, los XSD (*XML Schema Definition*). Estos permiten invocar simultáneamente vocabularios de orígenes diferentes (de hecho, ontologías) a través de espacios de nombres (*namespace*).

Observación

Se intentó armonizar HTML y XML bajo el nombre de XHTML, pero este estándar no tuvo el éxito esperado, ya que los proveedores de navegadores prefirieron avanzar hacia un estándar más enfocado en lo multimedia: HTML5. ¡Pero seguimos utilizando espacios de nombres XHTML!

Para que se haga una idea, veamos un tipo del espacio de nombres definido por el INSEE, el instituto nacional de estadística de Francia. Este es el esquema del tipo `NacimientoType`:

```
<xs:complexType name="NacimientoType">

  <xs:annotation>
    <xs:documentation>
    Fecha y lugar de nacimiento deben estar presentes obligatoriamente.
    </xs:documentation>
  </xs:annotation>

  <xs:sequence>

    <xs:element name="FechaNacimiento"
                type="ie:FechaType"/>
    <xs:element name="LugarNacimiento"
                type="ie:LugarType">
      <xs:annotation>
        <xs:documentation>
           Elemento obligatorio: dejar en blanco si se desconoce el lugar.
        </xs:documentation>
      </xs:annotation>
    </xs:element>

    <xs:element name="NumeroActaNacimiento"
                type="ie:NumeroActaType"
                minOccurs="0"/>

  </xs:sequence>
</xs:complexType>
```

Podemos ver que los tipos o los elementos de este esquema a veces **heredan** a su vez de otro tipo; por ejemplo, `NaciemientoType`hereda de `complexType` y `LugarNacimiento` hereda de `LugarType`. Si además observamos que el tipo `NacimientoType` **se compone** de varios elementos, podemos deducir que es posible describir ontologías compatibles con los principales conceptos de la POO (programación orientada a objetos) mediante XSD. De hecho, en torno al año 2000, uno de los autores de este libro cofundó eXMLMedia, una start-up que desarrolló una base de datos de objetos mediante un mecanismo XML y que ha ganado varios premios.

Observación

Las herramientas XML aceptan Unicode (UTF-8 y 16), lo que permite trabajar con seguridad y eficacia en cualquier idioma.

Los principales elementos de la sintaxis XML son los siguientes; incluimos también una breve descripción (más adelante veremos un ejemplo).

- **Etiquetas**: las etiquetas se utilizan para delimitar elementos en un documento XML. Están encerradas entre **corchetes angulares** (< y >). Una etiqueta de apertura sirve para empezar un elemento, mientras que una de cierre sirve para terminarlo.
- **Elementos**: los elementos son los componentes principales de un documento XML. Pueden contener otros elementos o texto.
- **Atributos**: los atributos proporcionan información adicional sobre los elementos. **Se especifican dentro de la etiqueta de apertura** y contienen un par nombre-valor.
- **Texto**: los elementos XML pueden contener texto, que se encierra en las etiquetas de apertura y cierre del elemento. El texto puede ser cualquier contenido legible para el ser humano.
- **Comentarios**: Los comentarios XML van enmarcados por " ". Se utilizan para añadir anotaciones o documentación al documento XML, pero no se interpretan como datos.
- **Declaraciones**: una declaración XML, a menudo denominada «prólogo», se utiliza para especificar la versión de XML y la codificación del documento. Suele situarse en la parte superior del documento y comienza por `<?xml`.
- **Espacios de nombres**: XML admite el uso de espacios de nombres y evita conflictos de nombres entre distintos elementos y atributos. Dichos espacios de nombres se declaran en la etiqueta de apertura de un elemento.
- **Autocierre**: algunos elementos XML pueden ser «autocierre», es decir, no tienen etiqueta de cierre y terminan con una barra (/) al final de la etiqueta de apertura.
- **Validez**: un documento XML puede validarse con respecto a una estructura predefinida mediante esquemas XML, como DTD (*Document Type Definition*) o XSD *(XML Schema Definition*).

Llegados a este punto, es normal pensar que seremos capaces de describir eficazmente varias ontologías y empezar a abordar ciertos aspectos formales de la **ingeniería del conocimiento**.

Observación

*Una **ontología** se centra en la representación formal de los conceptos y sus relaciones en un dominio de conocimiento, mientras que una **taxonomía** se centra en la clasificación jerárquica de objetos o entidades según sus características comunes. Ambos enfoques son complementarios y pueden utilizarse conjuntamente para organizar y comprender mejor un área de conocimiento. A menudo, es difícil para los informáticos distinguirlos, salvo por el hecho de que una taxonomía se representa simplemente en forma de árbol.*

He aquí algunos ejemplos actuales de dialectos XML, que ya se asemejan en mayor o menor medida a ontologías, o al menos a taxonomías operativas que a veces incluyen algunos enlaces cruzados.

Acrónimo	Significado	Propósito
XHTML	*Extensible HyperText Markup Language*	Creación de páginas web conformes con los estándares.
SVG	*Scalable Vector Graphics*	Creación de gráficos vectoriales.
MathML	*Mathematical Markup Language*	Representación de notaciones matemáticas complejas en la Web.
OWL	*Web Ontology Language*	Se utiliza para definir ontologías para la representación del conocimiento.
UBL	*Universal Business Language*	Normalización de los intercambios de datos entre empresas, específica para la logística.
SMIL	*Synchronized Multimedia Integration Language*	Descripción de presentaciones multimedia sincronizadas.

Esta tabla muestra que existe incluso un dialecto XML para ayudarle a definir ontologías: OWL.

He aquí algunos ejemplos de ontologías relativamente generales que le invitamos a consultar, con el fin de fomentar el uso sistemático de este tipo de repositorios cuando decida crear una definición, un vocabulario, un esquema de clases, determinar un protocolo funcional de intercambio de datos, etc.

Acrónimo	**Significado**	**Tema**	**Sitio web de referencia**
SKOS	*Simple Knowledge Organization System*	Organización del conocimiento	https://www.w3.org/2004/02/skos/
DBpedia	*DBpedia*	Similar a Wikipedia	https://wiki.dbpedia.org/
DCMI	*Dublin Core Metadata Initiative*	Metadatos	https://dublincore.org/
SCHEMA.org	SCHEMA.org	Etiquetado semántico para la Web	https://schema.org/
WGS84	*World Geodetic System 1984*	Sistema de coordenadas	https://en.wikipedia.org/wiki/World_Geodetic_System
BFO	*Basic Formal Ontology*	Ontología de base	http://www.ifomis.org/bfo
CC	*Creative Commons Ontology*	Estructuración de los derechos de autor	https://creativecommons.org/ns
SIOC	*Semantically-Interlinked Online Communities*	Comunidades en línea	http://rdfs.org/sioc/spec/

Acrónimo	Significado	Tema	Sitio web de referencia
ModSCI	Modern Science Ontology	Ciencias	https://saidfathalla.github.io/Science-knowledge-graph-ontologies/doc/ModSci_doc/index-en.html

También existen ontologías más especializadas por ámbitos. He aquí algunos ejemplos.

Acrónimo	Significado	Tema	Sitio de referencia
AIRO	*AI Risk Ontology*	Inteligencia artificial	https://delaramglp.github.io/airo/#Dominio
CIDOC-CRM	*CIDOC Conceptual Reference Model*	Museos y patrimonio cultural	http://www.cidoc-crm.org/
EDGAR	*Electronic Data Gathering, Analysis, and Retrieval*	Finanzas e informes financieros	https://www.sec.gov/edgar.shtml
GEMET	*GEneral Multilingual Environmental Thesaurus*	Medio ambiente	https://www.eionet.europa.eu/gemet/en/themes/
OLS	*Ontology Lookup Service*	Biomédica	https://www.ebi.ac.uk/ols4
EFO	*Experimental Factor Ontology*	Biología experimental	https://www.ebi.ac.uk/efo/
AGROVOC	AGROVOC	Agricultura	https://www.fao.org/agrovoc/
ChEBI	*Chemical Entities of Biological Interest*	Química biomolecular	https://www.ebi.ac.uk/chebi/
PO	*Plant Ontology*	Botánica	http://www.plantontology.org/

Acrónimo	Significado	Tema	Sitio de referencia
BioPortal	Biblioteca de ontologías biomédicas y referenciales	Biomédica	https://bioportal.bioontology.org/

Nos acercamos, pues, a una representación relativamente estructurada de las relaciones entre todos nuestros conocimientos estáticos, que pueden expresarse a través de un texto.

Pero necesitamos poder navegar rápidamente por estos repositorios, utilizarlos en nuestras páginas, acceder a ellos a través de API, navegar por ellos e inferir información diferente, etc.

Para ello, necesitamos representar fácilmente este conocimiento en forma de grandes grafos y saber cómo navegar por ellos. Esto es lo que ofrece la web semántica a través de uno de sus estándares: RDF (*Resource Description Framework*).

RDF es el núcleo del concepto de web semántica. Uno de sus puntos fuertes reside en su capacidad para interconectar datos procedentes de diversas fuentes. Las tripletas RDF pueden enlazar información de diferentes ontologías y dominios, creando una red de conocimientos interconectados, a través de los siguientes conceptos:

- **Tripleta RDF**: una tripleta RDF se compone de tres partes.
  - el sujeto (a menudo un recurso o una entidad);
  - el predicado (la relación entre el sujeto y el objeto);
  - el objeto (el valor u otro recurso).

Un ejemplo de tripleta RDF podría ser : *Alicia (sujeto) come (predicado) pan (objeto)*.

- **Grafos de conocimiento**: RDF puede utilizarse para codificar inmensos grafos de conocimiento (**KG**: *Knowledge Graph*) en los que la información se representa en forma de nodos y enlaces. Los nodos corresponden a recursos (como personas, objetos, conceptos, documentos, etc.), mientras que los enlaces, portadores de «tripletas», indican las relaciones entre esos recursos.

- **Uso de URI**: para garantizar la unicidad de los recursos y facilitar la interoperabilidad, RDF utiliza identificadores uniformes de recursos (*Uniform Resource Identifiers*) para identificar cada recurso. Esto significa que cada uno de ellos está asociado a un identificador único que permite distinguirlo sin ambigüedad.

Las tripletas RDF pueden codificarse en JSON (*JavaScript Object Notation*), un formato de lenguaje de marcado muy generalista y relativamente sencillo, que no es un dialecto de XML, y que muchos lenguajes, incluido Python, pueden manejar bien. Las tripletas RDF también se pueden codificar en XML o en un lenguaje de marcado menos común, pero que la gente aprecia mucho para dichas tripletas porque las hace muy legibles por estar especializado en RDF: **Turtle** (*Terse RDF Triple Language*).

Una vez codificada, una lista de tripletas RDF forma un árbol de conocimiento que se puede recorrer y consultar mediante una sintaxis especial, similar a SQL: el lenguaje **SPARQL**.

He aquí un ejemplo de código que utiliza un espacio de nombres llamado ***foaf***, que contiene la definición de la noción de persona. El repositorio *foaf* (*friend of a friend*) es la ontología utilizada para describir redes de individuos; hasta donde sabemos, ha sido la más usada en el mundo.

Puede consultar este repositorio aquí: http://xmlns.com/foaf/0.1/, es decir, en la misma dirección que se indica en el código que sigue.

Vamos a crear manualmente tres personas siguiendo *foaf* en un formato **RDF codificado en JSON** y a realizar una sencilla consulta SPARQL.

```
import rdflib
# Definición del JSON/RDF
foaf_json = """
{
  "@context": {
    "foaf": "http://xmlns.com/foaf/0.1/",
    "rdf": "http://www.w3.org/1999/02/22-rdf-syntax-ns#",
    "xsd": "http://www.w3.org/2001/XMLSchema#",
    "name": "foaf:name",
    "age": "foaf:age",
    "email": "foaf:mbox"
  },
  "@graph": [
```

```
    {
      "@id": "_:person1",
      "@type": "foaf:Person",
      "name": "Alicia",
      "age": {
        "@value": "25",
        "@type": "xsd:integer"
      },
      "email": "alicia@ejemplo.com"
    },
    {
      "@id": "_:person2",
      "@type": "foaf:Person",
      "name": "Roque",
      "age": {
        "@value": "30",
        "@type": "xsd:integer"
      },
      "email": "roque@ejemplo.com"
    },
    {
      "@id": "_:person3",
      "@type": "foaf:Person",
      "name": "Carlos",
      "age": {
        "@value": "28",
        "@type": "xsd:integer"
      },
      "email": "carlos@ejemplo.com"
    }
  ]
}
"""

# Cargar el JSON/RDF
g = rdflib.Graph()  # creación del grafo de conocidos
g.parse(data=foaf_json, format="json-ld")

# Definir la consulta SPARQL
query = """
PREFIX foaf: <http://xmlns.com/foaf/0.1/>
SELECT ?name ?age ?email
WHERE {
  ?person a foaf:Person ;
```

```
            foaf:name ?name ;
            foaf:age ?age ;
            foaf:mbox ?email .
}
"""

# Ejecutar la consulta SPARQL
results = g.query(query)

# Mostrar los resultados
for row in results:
    name, age, email = row
    print(f"Nombre: {name}, Edad: {age}, Email: {email}")

--|  Nombre: Alicia, Edad: 25, Email: alicia@ejemplo.com
--|  Nombre: Roque, Edad: 30, Email: roque@ejemplo.com
--|  Nombre: Carlos, Edad: 28, Email: carlos@example.com
```

Podríamos haber hecho lo mismo utilizando un formato **RDF codificado en XML** cambiando un poco el inicio del código.

```
import json
import xml.etree.ElementTree as ET
from xmljson import parker
import rdflib

# RDF/XML
=foaf_rdf """
<rdf:RDF
    xmlns:rdf="http://www.w3.org/1999/02/22-rdf-syntax-ns#"
    xmlns:foaf="http://xmlns.com/foaf/0.1/"
    xmlns:xsd="http://www.w3.org/2001/XMLSchema#">

    <rdf:Description rdf:about="#person1" rdf:type="foaf:Person">
        <foaf:name>Alicia</foaf:name>
        <foaf:age rdf:datatype="xsd:integer">25</foaf:age>
        <foaf:mbox>alicia@ejemplo.com</foaf:mbox>
    </rdf:Description>

    <rdf:Description rdf:about="#person2" rdf:type="foaf:Person">
        <foaf:name>Roque</foaf:name>
        <foaf:age rdf:datatype="xsd:integer">30</foaf:age>
        <foaf:mbox>roque@ejemplo.com</foaf:mbox>
    </rdf:Description>
```

```
    <rdf:Description rdf:about="#person3"
rdf:type="foaf:Person">
        <foaf:name>Carlos</foaf:name>
        <foaf:age rdf:datatype="xsd:integer">28</foaf:age>
        <foaf:mbox>carlos@ejemplo.com</foaf:mbox>
    </rdf:Description>

</rdf:RDF>
"""

# Parsear el RDF/XML en un árbol XML
root = ET.fromstring(foaf_rdf)

# Convertir el árbol XML en un diccionario JSON
=foaf_json = json.dumps(parker.data(root))
```

También se podía trabajar en **RDF codificado en Turtle**, de nuevo con pequeñas modificaciones al inicio del código.

```
   import rdflib

# Definición de Turtle/RDF
# Fíjese en ^^xsd:integer: Atribuye a la persona cierta edad
# e indica que este valor debe interpretarse como un entero
# (integer) utilizando un esquema XML (XML Schema)
# como definición del tipo de datos

foaf_turtle = """
@prefix rdf: <http://www.w3.org/1999/02/22-rdf-syntax-ns#> .
@prefix foaf: <http://xmlns.com/foaf/0.1/> .
@prefix xsd: <http://www.w3.org/2001/XMLSchema#> .

<#person1> a foaf:Person ;
    foaf:name "Alicia" ;
    foaf:age "25"^^xsd:integer ;
    foaf:mbox "alicia@ejemplo.com" .

<#person2> a foaf:Person;
    foaf:name "Roque" ;
    foaf:age "30"^^xsd:integer ;
    foaf:mbox "roque@ejemplo.com" .

<#person3> a foaf:Person;
```

```
    foaf:name "Carlos" ;
    foaf:age "28"^^xsd:integer ;
    foaf:mbox "carlos@ejemplo.com" .

"""

# Inicializar el grafo RDF
g = rdflib.Graph()

# Parsear la definición Turtle/RDF
g.parse(data=foaf_turtle, format="turtle")
```

Efectivamente, se constata que Turtle es más legible. La buena noticia es que, sean cuales sean sus fuentes RDF, puede enlazarlas y navegar por ellas de forma coherente.

Por si acaso, aquí tiene un rápido resumen de la sintaxis JSON:

- **Objetos**: los objetos JSON están delimitados por llaves `{` y `}`. Un objeto JSON comienza con una llave de apertura y termina con una llave de cierre. Dentro de estas llaves hay una lista de pares clave-valor.
- **Clave**: cada par clave-valor de un objeto JSON comienza con una clave, que es una cadena de caracteres entre comillas dobles. Las claves se utilizan para identificar los valores asociados.
- **Valores**: los valores asociados a las claves de un objeto JSON pueden ser de distintos tipos, como números, cadenas de caracteres, booleanos, matrices, otros objetos JSON o el valor nulo. Los valores se separan de las claves mediante dos puntos `:`.
- **Tablas**: las tablas JSON están delimitadas por corchetes `[` y `]`. Una tabla JSON comienza con un corchete de apertura y termina con un corchete de cierre. Dentro de los corchetes hay una lista de valores, separados por comas.
- **Cadenas de caracteres**: las cadenas de caracteres JSON son secuencias de caracteres Unicode entre comillas dobles. Se utilizan para representar texto.
- **Números**: los números en JSON pueden ser enteros o decimales. Se escriben sin comillas.
- **Booleanos**: los valores booleanos en JSON son `true` o `false`, que representan respectivamente verdadero o falso.

- **Valor nulo**: el valor nulo en JSON es `null` y representa la ausencia de un valor.
- **Comentarios**: la sintaxis JSON estándar no admite comentarios.

Observación

*YAML (**Yet Another Markup Language**), que no es un lenguaje de marcado, se traduce fácilmente a JSON y más o menos viceversa en casos sencillos. YAML es el lenguaje preferido para describir configuraciones en el contexto de **DevOps CI/CD**. Por lo tanto, puede crear programas que consulten las relaciones entre los componentes de su CI/CD utilizando SPARQL.*

Esperamos que esta introducción le haya abierto el apetito por la Web semántica y los grafos de conocimiento. De hecho, es poco probable que pueda evitar encontrarse con estos conceptos en el mundo de las redes sociales o en la economía del conocimiento y la inteligencia artificial.

3. HTML5 y CSS3

3.1 En pocas palabras

HTML (*HyperText Markup Language*) es un lenguaje de *markup* utilizado para presentar contenidos en la web. Dicho de otro modo, HTML proporciona un conjunto de etiquetas (de apertura y cierre) que pueden utilizarse para estipular la naturaleza de lo designado, en este caso enmarcado, por sus etiquetas.

Estas son algunas de las etiquetas más utilizadas:

- títulos de distintos niveles (`<h1>`, `<h2>`, `<h3>`);
- párrafo (`<p>`);
- enlaces (`<a>`);
- imágenes (`<img>`);
- listas (lista no ordenada `<ul>`, lista ordenada `<ol>`, línea `<li>`);
- tablas (tabla `<table>`, fila `<tr>`, celda `<td>`);

- formularios de entrada (formulario `<form>`, entrada `<input>`, menú `<select>`);
- zonas «div» (`<div>`).

Observación

Las zonas div se utilizan para separar partes de la página según su función, comportamiento o aspecto. Su uso no es obligatorio. Las zonas div pueden contener otros elementos HTML, como párrafos, imágenes, listas, formularios, etc. También pueden tener estilos dedicados aplicados mediante CSS para personalizar su apariencia. Pueden anidarse de forma que el flujo de trabajo de la página resista los cambios de tamaño cuando se minimiza la ventana del navegador o cuando la página se visualiza en un smartphone. Los frameworks de creación de sitios web le liberan de la tarea algo complicada de gestionar estas zonas y también facilitan la gestión de las interacciones entre el servidor y el usuario (entradas, formularios, get/post, etc.). Estos frameworks gestionan sus prototipos de página (plantillas) y los rellenan en el momento del intercambio HTTP.

HTML5 es una versión reciente de HTML. HTML5 añade nuevas funciones a la antigua versión HTML 4, como elementos de sintaxis HTML para datos audiovisuales, formularios interactivos, gráficos vectoriales y anotaciones.

Estas son algunas de las novedades de HTML5 :

- Las etiquetas HTML se han ampliado para incluir nuevas funciones, como `<video>` y `<audio>` para medios de audio y vídeo, `<canvas>`para gráficos vectoriales y `<section>` para definir secciones de contenido.
- El atributo `placeholder` permite definir un texto de sustitución para los campos de formulario hasta que sean rellenados por el usuario.
- El modificador `required` puede añadirse a un campo de formulario para indicar que debe rellenarse antes de enviar el formulario.
- La etiqueta `<nav>` se utiliza para definir una sección de navegación, mientras que la etiqueta `<footer>` se utiliza para definir una sección de pie de página.

CSS3 (*Cascading Style Sheets*) es, por su parte, un lenguaje de estilo utilizado para definir la apariencia de un documento escrito en HTML. Permite controlar el diseño de la página, la fuente, el color, el tamaño, el interlineado, etc.

Estas son algunas de las novedades de CSS3:

- Se pueden utilizar selectores avanzados para apuntar a elementos con mayor granularidad, como `:first-child` para el primer elemento de una serie, `:last-child` para el último elemento, `:nth-child()` para un elemento específico de una serie (por ejemplo `:nth-child(2n+1)` significa «elemento impar»).
- Las propiedades de color, como `rgba()`, pueden utilizarse para definir colores con valores alfa para conseguir efectos de transparencia.
- Se pueden añadir sombras y reflejos a los elementos mediante las propiedades `box-shadow` y `text-shadow`.
- Se pueden añadir animaciones y transiciones a los elementos utilizando la regla `@keyframes` y la propiedad `transition-property`.

3.2 Ejemplo de página web trivial

El código comienza con los parámetros de la página.

```
<!DOCTYPE html>
<!--Declaración del tipo de documento HTML5 -->
< html lang ="es">
<!--Declaración del idioma utilizado en el documento -->
```

Declaramos la cabecera de la página. Aquí, todo el código CSS se ha insertado en la cabecera de la página. Sin embargo, en muchos casos se utilizan archivos que contienen este código. Cada CSS modifica el anterior.

```
<head>
    <meta charset="UTF-8">
    <!-- Codificación de caracteres utilizada en el documento -->
    <title>Mi página web</title>
    <!--Título de la página web -->
```

Al principio del CSS, declaramos los elementos de estilo más genéricos, que abarcarán toda la página (*body*), pero que pueden modificarse posteriormente.

Los niveles h1, h2, h3, etc., corresponden a títulos, subtítulos, etc. Además, «p» corresponde al nivel de párrafo.

```
<style>
        body {
            font-family: Arial, sans-serif;
            /*Fuente por defecto para el cuerpo del texto */
            background-color: #f0f0f0;
           /*Color de fondo del sitio web */
            margin: 0;
            /*Márgenes horizontal y vertical nulos */
            padding: 0;
            /*Sin relleno */
           line-height: 1.5;
            /*Altura de línea 1,5 veces el tamaño de la fuente */
        }
        h1 {
            color: #00698f;
           /*Color azul oscuro para los títulos 1 */
            font-size: 36px;
            /*Tamaño de fuente para los títulos H1 */
           margin-bottom: 20px;
            /*Margen inferior de 20 píxeles para los títulos H1 */
        }
        p {
            font-size:18px;
            /*Tamaño de fuente de los párrafos */
            line-height: 1.5;
            /*Altura de línea 1,5 veces el tamaño de la fuente */
        }
```

Continuamos con la definición de un botón, que es un ancla hacia una acción determinada (más adelante se especificará esta acción como «ir a Google»).

```
a.boton {
            background-color: #007bb6;
            /*Color azul claro para los botones */
             border: none;
             /*Los botones no tienen borde */
             color: #fff;
            /*Color blanco para el texto de los botones */
             padding: 10px 20px;
             /*Relleno vertical de 10 píxeles y horizontal de 20 píxeles */
             text-decoration: none;
             /*Sin decoración para los botones */
```

```
            border-radius: 5px;
             /*Esquinas de los botones redondeadas */
            box-shadow: 0 0 10px rgba(0, 0, 0, 0.2);
             /*Sombra proyectada por los botones */
        }
        a.boton:hover {
             background-color: #00698f;
            /*Color azul oscuro al pasar el ratón sobre los botones */
        }
    </style>
</head>
```

El cuerpo de la página no contiene menciones a los estilos visuales, solo indica la disposición de las distintas zonas.

```
<body>
    <!-- Cuerpo del documento -->
    <h1>Bienvenido a mi página web</h1>
    <!-- Título principal de la página -->
    <p> Este es un ejemplo de página web creada con HTML5 y CSS3.</p>
    <!-- Párrafo -->
    <a class="boton" href="https://www.google.es/">Haz clic aquí
para ir a Google</a>
    <!-- Botón que apunta hacia la página principal de Google -->

</body>
</html>
```

Aquí se muestra la página correspondiente:

BIENVENIDO A MI PÁGINA WEB

Este es un ejemplo de página web creada con HTML5 y CSS3.

Haz clic aquí para ir a Google

Página web con un botón

En realidad, toda la información de nuestra página se transcribe en una estructura específica en la que se basa nuestro navegador: el DOM (*Document Object Model*), del que hablaremos brevemente a continuación.

4. El DOM

El *Document Object Model* (DOM) es una representación jerárquica de todos los elementos de una página web. Sirve para manipular los elementos de las páginas web y lo utilizan los navegadores para mostrar correctamente estas páginas.

El DOM se divide en varios artefactos.

- **Documento**: es el nivel superior del DOM, que contiene todos los demás elementos. Está representado por un objeto llamado *Document*, que refleja nuestra página.
- **Elementos HTML**: representan los elementos estructurales de una página web, como las etiquetas HTML. Los elementos HTML se representan mediante objetos heredados de la clase *Element*.
- **Atributos HTML**: son los atributos asociados a los elementos HTML; por ejemplo, el atributo `href` para los enlaces. Los atributos se representan mediante pares clave-valor.
- **Textos y comentarios**: son los textos y comentarios presentes en el código HTML, que no son característicos de HTML. Los textos se representan mediante objetos de tipo *Text*, mientras que los comentarios se representan mediante objetos de tipo *Comment*.
- **Nodos**: el DOM también se compone de nodos (*Nodes*), que son puntos de convergencia entre los distintos elementos del documento. Los nodos pueden ser elementos HTML, texto, comentarios o espacios en blanco.
- **Árbol DOM**: el árbol DOM es una representación del DOM en forma de grafo, donde cada elemento está representado por un nodo, y las relaciones entre elementos, por ramas. El árbol DOM puede utilizarse para navegar por la estructura de un documento.

El DOM puede manipularse mediante lenguajes de programación como JavaScript, que permiten añadir, modificar o eliminar elementos del documento. Esto permite a los desarrolladores crear efectos dinámicos en una página web, como la aparición o desaparición de elementos, cambios en el contenido de un campo de formulario, etc.

Cuando se modifica el DOM, el navegador actualiza la página web para volver a mostrar los elementos que se han visto afectados. El DOM puede actualizarse mediante el método `update` del objeto *Document*.

El DOM permite seleccionar elementos utilizando varios métodos, como `querySelector` o `getElementById`. Estos métodos permiten seleccionar elementos en función de su nombre, clase o ID (identificador).

El DOM gestiona eventos, como la pulsación de un botón o el envío de un formulario, que pueden ser procesados por funciones de JavaScript. Los eventos permiten responder a las acciones de los usuarios y desencadenar acciones personalizadas.

A continuación se muestra un pequeño código JavaScript que manipula directamente el DOM a través de estos eventos.

5. JavaScript

JavaScript, que en ningún caso debe confundirse con Java, es desde hace tiempo el lenguaje preferido para el desarrollo web nativo. Vamos a compararlo rápidamente con Python en varios aspectos.

- Sintaxis: similar a C++, la sintaxis de JavaScript utiliza llaves para definir bloques de código y punto y coma para terminar las líneas, mientras que Python utiliza sangrías (desplazamientos) para estructurar su código.
- Naturaleza dinámica: al igual que Python, JavaScript es un lenguaje de programación de tipado dinámico, lo que significa que no es necesario declarar variables antes de utilizarlas.
- Orientado a objetos: al igual que Python, JavaScript es un lenguaje orientado a objetos, lo que significa que todo en el lenguaje se considera un objeto, incluidos los artefactos no declarados como tales. En términos de programación de objetos, los dos lenguajes tienen algunos conceptos similares, como clases, objetos, atributos y métodos.
- Funciones de primer orden: al igual que Python, JavaScript permite definir funciones de primer orden, que pueden asignarse a variables, pasarse como argumentos a otras funciones e incluso ser devueltas por funciones. Ambos lenguajes también permiten definir funciones recursivas.

- Asíncrono: JavaScript es de forma nativa un lenguaje asíncrono, mientras que Python ha evolucionado parcialmente en esta dirección. Esto permite realizar operaciones de red, animar gráficos y actualizar la interfaz de usuario sin bloquear el *thread* de ejecución principal.
- Ejecución en el servidor en contextos web: de forma nativa, JavaScript se ejecutaba en la estación de trabajo cliente, pero desde hace tiempo se utilizan ampliamente entornos profesionales como Node.js, que permiten la ejecución de JavaScript en el lado del servidor. De manera similar, en los contextos web en los que se ha decidido utilizar Python, encontrará numerosas configuraciones, por ejemplo basadas en frameworks como Flask o Django, que también permiten ejecutar código Python en el servidor dentro de un contexto web.

De hecho, incluso cuando se utiliza un framework web no JavaScript, suele aparecer algo de código JavaScript en alguna parte de la aplicación, ya que la cantidad de código, *widgets* y soluciones creadas con JavaScript para el desarrollo web es considerable.

5.1 Ejemplo en JavaScript

Para que pueda comparar JavaScript con Python, hemos reutilizado nuestra función de visualización de árboles, que ofrece :

```
const tree = ['A', ['B', 'C'], ['D', 'E'],
             ['F', ['G', 'H'], ['I', 'J']]];

function printTree(tree, prefix = '', isLast = false) {
  console.log(prefix + (isLast ? '└── ' : '├── ') + tree[0]);
  for (let i = 1; i < tree.length; i++) {
    const node = tree[i];
    const isLastNode = i === tree.length - 1;
    const childPrefix = prefix + (isLastNode ? '    ' : '│   ');

    if (Array.isArray(node)) {
      printTree(node, childPrefix, isLastNode);
    } else {
      console.log(childPrefix + (isLastNode ? '└── ' : '├── ') + node);
    }
  }
}
```

```
console.log('Nuestro árbol:\n');
printTree(tree);
console.log('\n');
```

Esto produce el mismo resultado que nuestro código Python (puede probarlo aquí: https://playcode.io/javascript).

JavaScript es un poco más verboso que Python, pero se puede descifrar fácilmente sin demasiados problemas.

5.2 Inserción de código JavaScript en una página HTML

He aquí un pequeño código que cambiará el color de fondo de una zona div. El código JavaScript está integrado en la zona con la etiqueta **script**.

Este código muestra cómo se puede manipular el DOM.

Para empezar, necesitamos describir una cabecera HTML.

```
<!DOCTYPE html>
<html>
<head>
    <title>Ejemplo de página HTML con JavaScript</title>
</head>
```

A continuación, vamos a iniciar el cuerpo de la página definiendo una zona div, la zona cuyo color de fondo puede cambiar.

```
<body>
 <!--Elemento al que queremos cambiar el color de fondo -->
  <div id="myBackground"
       style="width: 200px;
       height: 200px;
       background-color: #ccccff;">
    <!-- Texto para mostrar -->
   <h3>Color de fondo modificable</h3>
  </div>
```

Es necesario declarar un formulario para introducir el nuevo color.

```
<!--Formulario para introducir el nuevo color de fondo -->
    <form>
     <label for="newColor">Nuevo color de fondo: </label>
     <input type="text" id="newColor" name="newColor">
     <input type="submit" value="Cambiar el color de fondo">
  </form>
```

Observe el último tipo de entrada del formulario (*submit*), que se utiliza para generar el evento que tiene en cuenta el hecho de que el usuario ha enviado el formulario.

Después de invocar el DOM, el siguiente código JavaScript captura el evento del formulario (la entrada de una nueva etiqueta de color) porque estaba escuchando (*listen* en inglés), y luego utiliza este evento para cambiar la propiedad `backgroundColor`.

```
<!--Script JavaScript para cambiar el color -->
<script>
//Evento de envío del formulario
document.addEventListener(
  "DOMContentLoaded",
  function() {
    const form =document.querySelector("form");
    form.addEventListener(
      "submit",
    function(event) {
      event.preventDefault();
      const newColor =document.querySelector("#newColor").value
      document.getElementById("myBackground").style.backgroundColor =
          newColor;
      });
    });
</script>

</body>
</html>
```

He aquí el resultado, una página en la que acabamos de introducir el color «gris claro» (*lightgrey*).

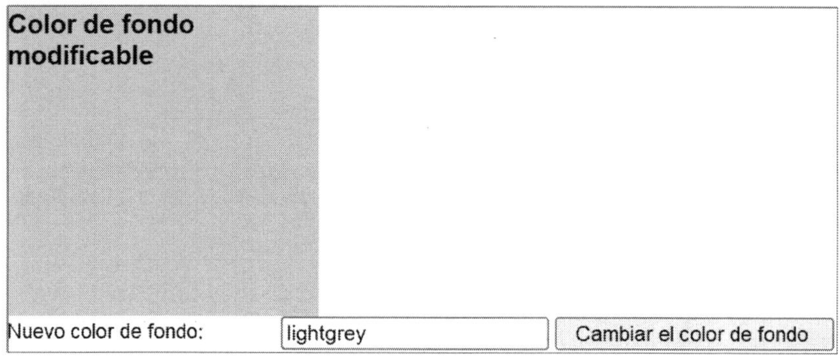

Un formulario para cambiar un atributo visual

5.3 Página web con Python; notas sobre Flask, POST y GET

Las dos herramientas más conocidas para distribuir páginas web interactivas mediante código Python son Flask y Django. Flask es muy fácil de usar para crear aplicaciones sencillas.

Django es más complejo, pero permite desarrollos más industriales y muy resistentes si su aplicación está diseñada en torno a una base de datos con un modelo relacional compuesto por varias tablas, cuyas restricciones de integridad necesita asegurar en un contexto interactivo de lectura/escritura.

Django utiliza naturalmente otros estándares web que implican JavaScript y CSS sofisticados, como Vue.js (por su simplicidad), React (por su potencia) y Bootstrap (por su estética). Django tiene una curva de aprendizaje relativamente larga y, por lo tanto, está fuera del alcance de este libro.

Las aplicaciones más sencillas son las mejores, así que no utilice un framework sofisticado a menos que sepa lo que está haciendo. Dicho esto, la idea sería dominar los fundamentos de Flask, y luego elegir conscientemente su arquitectura y sus frameworks en función de sus necesidades reales, en armonía con su contexto, sus aspiraciones, la documentación disponible y el tiempo de formación del que disponga.

A veces nos encontramos con equipos que pasan muchas horas generando páginas de blog con herramientas como Flask o Django, cuando el uso de un CMS como **WordPress** con buenos **plugins** (complementos) habría superado sus expectativas en términos de aspecto profesional, seguridad y facilidad de uso.

En contraposición, también encontramos blogs de WordPress de aspecto trivial, con páginas estáticas cuyo despliegue ha requerido una plataforma pesada, cuando con el uso de un buen generador de páginas HTML como **Hugo** habría sido suficiente, al tiempo que habría proporcionado, además, una seguridad nativa muy alta (un sitio estático es muy resistente por naturaleza) con un coste de despliegue mínimo. En este último caso, también habría sido posible añadir unas pocas líneas de código Flask para manejar los pocos aspectos interactivos del sitio (utilizando las etiquetas `shortcode` de Hugo).

Para crear aplicaciones de presentación de datos o *dashboards* sin actualizar la base de datos, recomendamos **Streamlit** o **Dash** o, en algunos casos, Gradio.

Para crear aplicaciones que demuestren el uso de modelos de algoritmos, aprendizaje automático o inteligencia artificial, recomendamos **Gradio** o, en algunos casos, Streamlit.

He aquí un código Flask que ilustra lo fácil que es crear una miniaplicación de este tipo. Esta aplicación pide el valor del radio de un círculo y devuelve el valor de su área.

```
from flask import Flask, request

app = Flask('app')

@app.route('/', methods=['GET', 'POST'])
def calculo_superficie_circulo():
  if request.method == 'POST':
    try:
      radio = float(request.form['radio'])
      superficie = 3.14159 * radio * radio
      return "La superficie del círculo es: " + str(superficie)
    except ValueError:
      return "Introduzca un número válido para el radio."

  return '''
    <form method="POST">
```

```
        <label for="radio">Introduzca el radio del círculo:</label>
        <input type="text" id="radio" name="radio" required>
        <input type="submit" value="Calcular">
    </form>
'''

app.run(host='0.0.0.0', port=8080)
```

La aplicación, tal como está configurada para esta prueba (especificando el *host* y el puerto 8080), es accesible localmente desde su navegador sobre el bucle *localhost* en el puerto designado introduciendo la dirección: **localhost:8080**.

Comentemos algunos aspectos del código.

GET y **POST** son dos métodos de solicitud que utiliza el protocolo HTTP para transmitir información entre un cliente (como un navegador web) y un servidor.

GET se utiliza para obtener recursos de un servidor (el código anterior describe un POST). Cuando se realiza una solicitud GET, los datos se envían a la URL de la solicitud. Por ejemplo, cuando un usuario envía un formulario de búsqueda, los términos de búsqueda suelen incluirse en la URL de la solicitud GET.

Las solicitudes GET se utilizan generalmente para obtener datos que no modifican el estado del servidor.

POST se utiliza para enviar datos al servidor para su procesamiento. A diferencia de GET, los datos que se envían con una solicitud POST no son visibles en la URL. En su lugar, se incluyen en el cuerpo de la solicitud.

Las solicitudes POST se utilizan a menudo para enviar formularios, transmitir datos confidenciales (como contraseñas) y realizar operaciones que modifican el estado del servidor, como crear o actualizar recursos.

En una aplicación Flask más profesional, habríamos separado mejor la presentación y la dinámica del programa colocando el código HTML en un *template* (¡una plantilla!), que suele llamarse index.html.

Tenga en cuenta que un servidor HTTP con una configuración normal busca ciertas páginas denominadas index.extension en la carpeta más alta de la jerarquía y ejecuta una de estas páginas si la encuentra, utilizando la página de mayor prioridad correspondiente a su configuración (normalmente, la página con una extensión que contiene un código que, a su vez, generará una página HTML, que resulta ser index.php para las personas que todavía desarrollan aplicaciones web utilizando el lenguaje PHP).

Ese template se parecería a lo siguiente, añadiendo un enlace a una hoja de estilo CSS. La plantilla podría haberse enriquecido con JavaScript para añadir algunos comportamientos agradables. Dicho JavaScript podría haberse derivado del uso de un framework profesional que permitiera crear páginas de gran calidad visual y ergonómica.

```
<DOCTYPE html>
<html>
<head>
    <title>Cálculo de la superficie de un círculo</title>
</head>
<body>
    <h1>Cálculo de la superficie de un círculo</h1>
    <form method="POST">
        <label for="radio">Introduzca el radio del círculo:</label>
        <input type="text" id="radio" name="radio" required>
        <input type="submit" value="Calcular">
    </form>
    <br>
    <p>
        {% if superficie %}
            La superficie del círculo es: {{ superficie }}
        {% endif %}
    </p>
</body>
</html>
```

La plantilla podría haberse invocado de la siguiente manera, sustituyendo la expresión que debe devolver la función por una llamada a la plantilla :

```
return render_template('index.html', superficie=superficie)
```

En esta plantilla, detectamos inmediatamente expresiones como `id="radio"` en el POST y `{{ superficie }}`, que permiten a Flask generar una página HMTL capaz de manipular estas dos variables.

No olvide que la página que recibe el navegador no es su plantilla, sino una página creada a partir de ella, conceptualmente más simple, más rica en términos de información y, sobre todo, ¡interpretable por un navegador!

También se habrá fijado en la expresión `@app.route...`, que es lo que llamamos un **decorador** en Python y que transformará la función que sigue en una función Flask sin que usted tenga que hacer nada. Esa misma función puede usarse más tarde en otro framework que tenga sus propios decoradores. Algunos desarrolladores prueban sus funciones de aplicación, que no son técnicas y no están conectadas a una base de datos, en Flask antes de transcribirlas a Django.

En el capítulo Guía de iniciación a Python - TL;DR de este libro, aprenderá a crear sus propios decoradores.

Capítulo 6
Linux, Shell, Contenedores, WSL: ¿qué son?

1. Introducción

En este capítulo, vamos a centrarnos en lo que constituye la corriente principal de los entornos de trabajo de los desarrolladores actuales. Su contexto profesional será, sin duda, diferente, pero los siguientes elementos forman parte integrante de la cultura común de los desarrolladores actuales en materia de sistemas operativos.

Encontrará una lista de instrucciones básicas de Linux, junto con breves ejemplos de sintaxis, en el capítulo Prontuario, al final del libro.

Así que vamos a centrarnos en Linux y «sus amigos», sobre todo porque macOS y Windows (a través de WSL o Docker) se utilizan a menudo como estaciones de trabajo ¡para desarrollar aplicaciones en Linux!

La elegancia de Linux radica en su versatilidad, tanto para ordenadores de sobremesa como para servidores o sistemas integrados. Destaca en términos de estabilidad y seguridad, lo que lo convierte en la opción preferida en entornos críticos.

La interfaz de línea de comandos (*CLI/shell*) de Linux es cada vez más popular. Sus sistemas de gestión de paquetes/software, como apt, snap, yum y pacman, simplifican la instalación y actualización de software con buenas garantías de integridad, gracias a su capacidad para gestionar eficazmente las dependencias e interacciones entre componentes.

Observación

Android *no se basa directamente en Linux, pero utiliza el núcleo de Linux como base. El sistema operativo Android se construye sobre este núcleo Linux, pero no en las capas posteriores.* ***macOS****, el sistema operativo desarrollado por Apple para sus ordenadores Macintosh, tampoco se basa en Linux. Tiene su propia base Unix, derivada del sistema operativo Berkeley Software Distribution (BSD), no de Linux. macOS utiliza el sistema operativo Darwin, que incluye componentes de BSD y otras fuentes, pero no es una distribución de Linux.*

En nuestra opinión, las distribuciones de Linux más utilizadas por los profesionales son las siguientes.

- **Debian**: una de las distribuciones de Linux más antiguas. Es reconocida por su estabilidad y su respeto a los principios del software libre y de código abierto.
- **Ubuntu**: se basa en Debian y ofrece un entorno para el usuario final más amable. Incluye su propio conjunto de paquetes y personalizaciones. Los paquetes de Debian son compatibles con Ubuntu.
- **Kali Linux**: esta distribución se utiliza principalmente para pruebas de penetración y ciberseguridad, y está basada en Debian. Es la distribución que se utiliza a diario en la estación de trabajo personal del autor de estas líneas, ya que existe una imagen Docker que contiene una gran cantidad de software para el sistema que se puede completar con una sola instrucción (véase más adelante).
- **Red Hat Enterprise Linux (RHEL)**: distribución comercial de Linux dirigida a empresas, desarrollada por Red Hat, Inc. Es famosa por su estabilidad y soporte. RHEL es la fuente de CentOS.
- **CentOS**: CentOS son las siglas de *Community ENTerprise Operating System*. Es una distribución de Linux gratuita y de código abierto creada a partir del mismo código fuente que Red Hat Enterprise Linux (RHEL).

- **Oracle Linux**: es otra distribución estrechamente vinculada a RHEL. Está diseñada para funcionar perfectamente con el software y los servicios de Oracle. *En el momento de escribir estas líneas, Oracle ofrece un alojamiento de prueba gratuito, de por vida y de nivel profesional, en el que se puede practicar la instalación de una aplicación o unos servicios realmente accesibles y seguros en la Web. Le recomendamos que esté atento a iniciativas de este tipo que le permitan formarse en condiciones reales (es decir, no en su puesto de trabajo, sino en una completa y a veces compleja infraestructura en la nube).*
- **SUSE Linux Enterprise**: es una distribución comercial de Linux desarrollada por SUSE. Está diseñada para clientes empresariales y ofrece asistencia y certificación en una amplia gama de aplicaciones de hardware y software.
- **openSUSE**: es el proyecto de código abierto que sirve de fuente en sentido ascendente para SUSE Linux Enterprise. Se centra en la innovación y ofrece diversos entornos de escritorio.

Hay muchas distribuciones disponibles, algunas con características atractivas para sus necesidades personales o para aplicaciones específicas: cada mes, la prensa especializada informa sobre ellas. Dedicar un poco de tiempo a probarlas le abre la mente y, a veces, le da buenas ideas.

Observación

*Algunos comandos básicos de Linux pueden utilizarse de forma nativa en Windows en lugar de DOS, por ejemplo, instalando la interfaz **GitBash**, muy práctica para los desarrolladores de Linux que necesitan trabajar en Windows.*

Las distribuciones Linux marcadas como **LTS** (*Long-Term Support*) se benefician de un soporte a largo plazo. Reciben actualizaciones de seguridad y correcciones de errores durante un periodo prolongado, generalmente de dos a cinco años, o incluso más en algunos casos.

En los archivos de configuración, a menudo se hace referencia a las distribuciones por su apodo oficial (*nickname, pretty name*). Por ejemplo, Ubuntu 20.04 LTS tiene el apodo «Focal Fossa». No deje que esto le confunda, sobre todo cuando vea este tipo de apodos en un tutorial: puede que tenga que sustituirlo por el apodo de su distribución para adaptar el tutorial a su contexto particular en Linux.

2. Sobrevivir con Linux - Lo mínimo que hay que saber

2.1 Puntos de referencia

El comando más utilizado de Linux, `ls`, permite listar archivos y directorios que no están ocultos.

```
ls

bin boot dev etc home lib lib32 lib64 libx32 media
mnt opt proc root run sbin srv sys tmp usr var
```

Nuestro uso cotidiano se basará en los siguientes elementos.

Directorio	**Contenido**
bin	Binarios (ejecutables) de programas del sistema y comandos de usuario.
boot	Arranque del sistema, gestor de arranque (*bootloader*), configuración del kernel.
etc	Configuración del sistema y de las aplicaciones.
home	Directorio personal del usuario actual.
lib x	Bibliotecas compartidas.
opt	Paquetes de software opcionales instalados por el usuario o por aplicaciones de terceros.
root	Directorio personal del usuario root (superusuario).
tmp	Directorio temporal donde las aplicaciones pueden almacenar archivos temporales. Los archivos de este directorio suelen borrarse al reiniciar el sistema.
usr	Archivos y programas utilizados por los usuarios, como aplicaciones instaladas, bibliotecas, etc.
var	Datos variables, como archivos de registro, archivos de base de datos, archivos de caché, etc.

Utilizando el comando `cd` (*change directory*), vamos a situarnos en nuestro propio espacio personal, que no es el de nuestros compañeros.

```
cd home/
```

La / no es obligatoria aquí, pero se utiliza para llamar su atención sobre la estructura de las rutas de acceso en Linux.

En nuestro espacio, ahora vamos a crear una carpeta y luego borrarla.

```
mkdir provisional/
ls
```

Esto da:

```
provisional
```

Destruyamos este directorio:

```
rmdir temporary/
ls
```

¡Ya no queda nada en nuestro home!

```

```

He aquí otros comandos cotidianos:

- Desde una carpeta, `cd ..` permite subir un nivel en su jerarquía.
- La instrucción `cd ~` le lleva a su home.
- La instrucción `cd /` permite ir a la parte superior del árbol de carpetas.
- Si se pierde, teclee `pwd` y `whoami` y sabrá dónde está y en qué cuenta ha iniciado sesión (es decir, su login).

En caso de duda sobre los procesos en curso, utilice esto:

```
ps
```

Devuelve una lista de procesos y otra información, como sus identificadores (PID), que a veces es muy útil conocer, aunque solo sea para poder matar un proceso usando la instrucción `kill valor_del_pid`.

```
PID TTY          TIME CMD
    9 pts/0    00:00:00 bash
   31 pts/0    00:00:00 vi
   47 pts/0    00:00:00 less
   48 pts/0    00:00:00 ps
```

Cuando quiera listar los archivos y subcarpetas de una carpeta, incluyendo los ocultos y los permisos asociados a los archivos, con los últimos archivos modificados al final de la lista (para evitar desplazarse hacia arriba en la ventana para verlos), escriba `ls -ltra`.

Para encontrar la ruta de acceso a determinados archivos, puede probar con `whereis nombre_archivo`.

2.2 Manipular un archivo

Ahora vamos a crear un archivo vacío y editarlo.

```
touch archivo1
```

Vamos a editar nuestro archivo utilizando una versión de vi, el editor más común, aunque poco amigable: **vim**. Este editor, disponible en versiones más sofisticadas, también puede utilizarse en Windows. Es capaz de editar archivos monstruosamente grandes, a diferencia de otros editores.

Estas son las instrucciones básicas.

```
# Para editar un fichero
vim mi_archivo

# Si desea asegurarse
# de que está en modo comando
# pulse la tecla <ESC> (escape) dos veces

# Los comandos comienzan con ":"

# para numerar las líneas
:set_number

# para saber dónde está el cursor en el texto
:set ruler
# colores visibles en todos los terminales
```

```
:colorscheme_evening

# para crear texto escriba "a"
# ahora está en modo inserción

# Introduzca varias líneas de texto
# pulsando la tecla "enter"
# al final de la línea.

# Utilice las flechas para mover el cursor,
# la tecla "retroceso" para borrar un carácter.

# Vuelva al modo de comando <ESC> <ESC>
# para guardar su archivo:
:write

# para guardarlo con otro nombre:
:saveas otro_nombre

# para salir sin guardar
# ¡Es perfecto, acaba de guardar!
:q!
```

En muchas configuraciones básicas, también encontrará el editor **nano**, muy fácil de usar para las acciones cotidianas.

Para ver el contenido de un archivo sin editarlo, escriba: `cat mi_archivo` o, si el archivo es muy largo, para verlo página por página: `less file`.

Para eliminar un archivo, escriba: `rm mi_archivo`.

Para copiar un archivo: `cp ruta_archivo1 ruta_archivo2` y, por último, para copiar una carpeta (*directory*) y todo su contenido de forma recursiva (es decir, todo el árbol): `copy - r dir1 dir2`.

2.3 Redirección, tuberías, grep

El resultado de un comando puede enviarse a un archivo redirigiéndolo mediante el símbolo **>**, por ejemplo. para enviar el resultado de un *ls -ltra* a un archivo: `ls -ltra > mi_lista_archivos`.

El resultado de un comando se puede enviar a otro comando a través de la **tubería** (**|**), que es uno de los puntos fuertes de Linux. Por ejemplo, si sabe que el comando **`grep`** se puede utilizar para filtrar un archivo mostrando solo las líneas que le interesan, para encontrar el proceso `less` en el resultado del comando `ps` anterior, todo lo que tiene que hacer es escribir:

```
ps | grep less
```

Esto nos da un extracto de la lista de procesos que contiene la cadena `less` en algún lugar:

```
 47 pts/0    00:00:00 less
```

2.4 Instalación, en pocas palabras

Si le falta una aplicación en Linux, tiene que instalarla. Para ello, a veces hay que indicar en un archivo la ubicación del **repositorio** donde instalar el software, normalmente editándolo mediante vim, y luego hay que lanzar el gestor de paquetes para instalar el software.

En Ubuntu, la instalación de un paquete (*package*) suele tener este aspecto:

```
apt update && apt -y install paquete_deseado
```

Aquí hay dos comandos, separados por **`&&`** para que quepan en una sola línea (pero se podrían haber puesto en dos líneas). Uno prepara el trabajo de instalación, que actualiza la configuración en relación con los repositorios declarados, y el otro obtiene los paquetes adecuados de internet o de un proxy gestionado por el administrador del sistema.

A veces la configuración es tal que no se tienen los derechos para realizar este tipo de trabajo. En algunas distribuciones de Linux, y siempre que conozca el login/contraseña de administrador (*root*), basta con anteponer a su comando la instrucción de actualización de privilegios `sudo` para poder ejecutarlo:

```
sudo apt update && apt -y install paquete_deseado
```

Observación

La lista de repositorios Debian en Ubuntu gestionada por el gestor de paquetes ***apt*** *(Advanced Package Tool) se encuentra generalmente en /etc/apt/sources.list o en /etc/apt/sources.list.d/, la línea que debe añadirse al archivo para declarar el repositorio tiene este aspecto:* `deb http://www.ejemplo.com/debian experimental main`*, aquí configurado para la distribución* `experimental` *del componente* `main`*.*

2.5 Permisos

Nos gustaría llamar su atención sobre el sistema de permisos de Linux, que puede tener un gran impacto en la forma en que utiliza el sistema y en su seguridad. El sistema de permisos de Linux es un mecanismo para controlar el acceso a archivos y directorios. Garantiza la seguridad y la confidencialidad de los datos mediante la definición de derechos de acceso para diferentes usuarios y grupos.

Se basa en tres categorías de usuarios:

- el propietario del archivo,
- el grupo propietario,
- los demás usuarios.

Cada categoría puede tener derechos de lectura (r), escritura (w) y ejecución (x) sobre un archivo o directorio:

- Lectura (**r**): muestra el contenido de un archivo o directorio.
- Escritura (**w**): sirve para modificar el contenido de un archivo o directorio.
- Ejecución (**x**): ejecuta un archivo o recorre un directorio.

Se pueden definir permisos para el propietario, el grupo propietario y los demás usuarios. Por ejemplo, un archivo puede configurarse para que el propietario tenga todos los derechos (lectura, escritura y ejecución), el grupo propietario solo tenga derechos de lectura y los demás usuarios no tengan derechos.

Los principales comandos para gestionar los permisos son `chmod` y `chown`. El comando `chmod` se utiliza para cambiar los permisos de un archivo o directorio, mientras que el comando `chown` se utiliza para cambiar el propietario de un archivo o directorio.

El comando `chmod` se utiliza a menudo mediante un atajo numérico. Recuerde estos casos:

- `chmod 600 mi_archivo`: solo usted puede leer y escribir; a menudo se utiliza para archivos de datos.
- `chmod 700 mi_archivo`: solo usted puede leer, escribir y ejecutar el archivo. Este es el caso de los scripts que contienen comandos *shell* que usted podría crear y querer ejecutar (archivos.sh). Sin este `chmod`, o un `chmod` más permisivo en términos de ejecución, sus scripts no podrán ejecutarse.
- `chmod 644 mi_archivo`: usted puede leer y escribir, cualquiera puede leer; es perfecto para una página web.
- `chmod 755 mi_archivo`: usted puede leer, escribir, ejecutar, y todos los demás pueden leer y ejecutar los programas y scripts que desee compartir. Esta es la opción que aplicará después de descargar un script o ejecutable de instalación.

Observación

Por tanto, si un script o ejecutable no quiere ejecutarse, su primera reacción será `ponerle chmod 700` o `755`, según corresponda.

Cuando ya no necesite un script de instalación, o un ejecutable potente, pero quiera conservarlo en su máquina, **¡restrinja sus permisos inmediatamente!**

Como norma general, y por razones obvias de seguridad, **aplique** a sus archivos y directorios en máquinas pertenecientes a una red o conectadas a la Red **los derechos mínimos** compatibles con el uso que hace de ellos.

Encontrará una lista de instrucciones para cambiar los atributos de un archivo, incluidos los permisos, junto con breves ejemplos de sintaxis, en el capítulo Prontuario, al final del libro.

3. Daemons (servicios residentes o demonios) y cron

¿Se ha preguntado alguna vez cómo «espera» su sistema a recibir diversas peticiones antes de procesarlas, o cómo conseguir que realice tareas sin su intervención?

¡Ese es el propósito del *daemon*!

Un *daemon* es un proceso o servicio en segundo plano que se ejecuta **continuamente** en un sistema informático, por lo general sin interacción directa con el usuario («se ejecuta en segundo plano»).

Estas son algunas características de los daemons.

- **Procesos en segundo plano**: por lo general, se inician automáticamente al arrancar el sistema informático y continúan ejecutándose hasta que se apaga el sistema (a menos que cree su propio *daemon*...).
- **Varias funciones**: gestión de periféricos de hardware (por ejemplo, el daemon de impresión), gestión de servicios de red (por ejemplo, el daemon de servidor web), supervisión de eventos del sistema (por ejemplo, el daemon de registro del sistema)...
- **Programación**: algunos daemons se encargan de programar tareas y ejecutarlas en momentos o intervalos específicos. Se denominan «daemons **cron**» y suelen utilizarse para automatizar tareas rutinarias.
- **Seguridad**: los daemons correctamente configurados son esenciales para la seguridad del sistema, por ejemplo, para la monitorización. Sin embargo, los daemons mal configurados o vulnerables pueden plantear riesgos de seguridad, ¡así que vaya con cuidado!

El término «daemon» suele asociarse a los sistemas operativos tipo Unix (por ejemplo, Linux, macOS y BSD). En Windows, los procesos similares se denominan «servicios». En español, a veces se usa el término «demonio».

Los daemons más comunes en un servidor incluyen el del servidor web Apache (httpd), el NTP (*Network Time Protocol*) (ntpd) y el de resolución del Sistema de Nombres de Dominio (DNS) (*named*).

Observación

El nivel cero para crear su propio daemon sería utilizar la siguiente sintaxis en uno de sus programas: `while true`*. Sin embargo, la técnica más común para crear un daemon es configurar una tarea* ***cron****.*

Echemos un vistazo más de cerca al uso de un **cron** de Linux, de la palabra griega «chronos».

Cron se utiliza para programar (**scheduling**) tareas o trabajos que se ejecutarán a intervalos predefinidos o en momentos específicos (mantenimiento del sistema, copias de seguridad de datos, rotación de registros, ejecución de scripts, etc.).

Los principales atributos de un cron son:

- **Cron Jobs**: cada tarea se define mediante un conjunto de instrucciones que especifican cuándo y con qué frecuencia debe ejecutarse. Estas instrucciones se almacenan en un archivo de configuración llamado «crontab».
- **Crontab**: archivo de texto que contiene una lista de trabajos cron y sus horarios. Cada línea del crontab representa una jop independiente y consta de cinco campos de tiempo:
  - Minuto (0-59),
  - Hora (0-23),
  - Día del mes (1-31),
  - Mes (1-12),
  - Día de la semana (0-7, donde 0 y 7 representan el domingo).

  A esto se añade la mención de un comando o script para ejecutar.

- **Caracteres genéricos y rangos**: para crear horarios flexibles, puede definir rangos en los campos. Por ejemplo, un asterisco en el campo «Día del mes» significa «todos los días» y un asterisco en el campo «Mes» significa «todos los meses»:
  - `0 2 * * *`: este trabajo se realiza todos los días a las 2.00 horas.
  - `30 3 * * 1-5`: este trabajo se realiza a las 3.30 horas de lunes a viernes.
  - `0 0 1 * *`: este trabajo se ejecuta a medianoche el primer día de cada mes.

Cron registra la salida de cada trabajo en un archivo: es el llamado **registro** (***logging***), que facilita el examen de los resultados y la resolución de problemas *después de que se hayan producido*.

Tenga en cuenta que las tareas cron se ejecutan con los permisos del usuario que las creó, por lo que es importante asegurarse de que solo los usuarios de confianza puedan crear y modificar tareas cron, para evitar vulnerabilidades de seguridad.

Encontrará una lista de instrucciones cron con breves ejemplos de sintaxis en el capítulo Prontuario, al final del libro.

4. Sugerencias para un uso más profesional de Linux

A continuación encontrará algunas prácticas o herramientas que a los autores les gusta utilizar. A veces requieren la instalación de diferentes paquetes, algunos de los cuales están disponibles en el contenedor Kali del que hablamos en este capítulo.

4.1 Aprender el shell de bash

Un *shell* Linux es un programa que permite al usuario interactuar con el sistema operativo Linux mediante comandos de texto. *bash* es el shell más utilizado.

Encontrará una lista de instrucciones *bash* con breves ejemplos de sintaxis en el capítulo Prontuario, al final del libro.

El *shell bash* está muy bien documentado, pero puede resultarle útil disponer de una pequeña herramienta de depuración como https://www.shell-check.net/

Este es el código de un script de *bash* que cuenta los archivos ocultos en un directorio.

```
#!/bin/bash

# Pide el nombre de un directorio
read -p "Introduzca el nombre de una carpeta: " carpeta

# Función recursiva para contar los archivos ocultos
# en una carpeta y sus subcarpetas
cuenta_archivos_ocultos() {
  carpeta_actual="$1"
  contador=0

  #  Examina todos los archivos del directorio actual
  for carpeta in "$archivo_actual"/* ; do
      if [["$archivo" == .*]]; then
          # Comprobar si el archivo está oculto
          if [[-f "$archivo" ]]; then
              contador=$((contador + 1))
          fi
          # Comprueba si el archivo es una carpeta
          if [[-d "$archivo" ]]; then
             # Llama recursivamente a la función para las subcarpetas
             contador subcarpeta=$(contador_archivos_ocultos "$archivo")
             contador=$((contador contador_subcarpeta))
           fi
  done

  # Devuelve el contador final
   echo "$contador"
}

# Muestra la ruta de cada carpeta
# y el número de archivos ocultos que contiene
echo "Lista de carpetas con su número de archivos ocultos:"
find "$carpeta" -type d | while read -r subcarpeta; do
   num_archivos_ocultos=$(cuenta_archivos_ocultos "$subcarpeta")
   echo "$subcarpeta: $num_archivos_ocultos
done

read -p "pulsar cuando lo haya leído" leído
```

Como puede constatar, este código es bastante legible, siempre y cuando entienda el papel del símbolo `$` y que el `if` termina con un `fi`.

En este script Bash, `$1` es una referencia al primer argumento pasado a una función. En este contexto específico, se utiliza para pasar la ruta del directorio a la función `cuenta_archivos_ocultos` cuando se llama de forma recursiva:

- El script comienza pidiendo al usuario que introduzca el nombre de un directorio y almacena esta entrada en la variable `carpeta` utilizando el comando `read`.
- La función `cuenta_archivos_ocultos` está definida para contar los archivos ocultos en un directorio y sus subdirectorios. Toma un argumento, `carpeta_actual`, que representa el directorio que vamos a procesar.
- Dentro de la función:
  - `$1` (es decir, `carpeta_actual`) se utiliza para referirse al directorio que se pasa como argumento a la función. Esto permite que la función trabaje en diferentes directorios cuando se llama de forma recursiva.
  - La función explora todos los archivos y carpetas del directorio actual (`$carpeta_actual`) y cuenta los archivos ocultos.
  - Si se encuentra un subdirectorio, la función se llama a sí misma recursivamente, pasando el subdirectorio como argumento (`$archivo`).
- Una vez definida la función, el script utiliza el comando `find` para listar todos los directorios y subdirectorios del directorio especificado por el usuario.
- Para cada subdirectorio encontrado, llama a la función `cuenta_archivos_ocultos`, pasando la ruta al subdirectorio como argumento (`"$subcarpeta"`) para contar los archivos ocultos en ese subdirectorio.
- A continuación, el script muestra la ruta de cada directorio (`$subcarpeta`) y el número de archivos ocultos en ese directorio.

Para practicar, imaginemos que este archivo se llama mi_bash.sh y que se ha creado con un editor de Windows.

Si hemos instalado GitBash en Windows, nuestra primera sorpresa es que, simplemente haciendo clic en él, nuestro script funciona. De hecho, este script cuenta los archivos que empiezan por un punto, que corresponde a los archivos ocultos cuando se usa Linux.

Ahora imaginemos que queremos llevar este script a un contenedor Docker de Linux para ejecutarlo en este nuevo entorno (para más detalles sobre Docker, véase la sección Contenedores y Docker de este capítulo).

Primero, necesita copiar el script usando la instrucción `docker cp`, que copia una *ruta_de_origen* al *ID del contenedor:una_ruta_sobre_el_objetivo*. Hemos obtenido el ID del contenedor utilizando la instrucción `docker ps`. En nuestro caso, sería:

```
docker cp mi_bash.sh 6ec5ac25c75b:\
```

Nuestro trabajo continuará ahora en el terminal de contenedores. Después de comprobar la presencia de nuestro archivo mediante un `ls`, tenemos que transformar su formato de codificación Windows en un formato Unix/Linux. Es muy sencillo:

```
dos2unix mi_bash.sh
```

Ahora hay que hacerlo ejecutable:

```
chmod 755 mi_bash.sh
```

Ahora podemos ejecutar nuestro script:

```
bash mi_bash.sh
```

Recuerde estos pasos.

4.2 Estudiar e implementar Systemd y trabajar con los cgroups

Systemd es un gestor de inicialización (sistemas, servicios, etc.) para sistemas operativos Linux. Está diseñado para sustituir al tradicional sistema de init SysV y proporciona una serie de características y capacidades para gestionar y controlar los procesos del sistema.

Systemd puede iniciar servicios en paralelo, lo que permite arrancar el sistema con mayor rapidez. También utiliza archivos de configuración sencillos y legibles para definir los servicios y las dependencias entre ellos. Systemd ofrece además funciones avanzadas, como la gestión de registros, la supervisión de servicios, **la gestión de los cgroups** para el control de recursos, la gestión de unidades de montaje, etc.

Los cgroups (grupos de control) se utilizan para gestionar y asignar recursos del sistema, como CPU, memoria, almacenamiento de E/S y otros, a procesos o grupos de procesos específicos.

- **Aislamiento de recursos**: los cgroups pueden utilizarse para aislar los recursos del sistema entre distintos grupos de procesos mediante la asignación de cuotas de recursos específicas a un grupo de procesos.
- **Limitación de recursos**: los cgroups pueden utilizarse para limitar los recursos asignados a un grupo de procesos. Por ejemplo, puede definir un límite de memoria.
- **Priorización de recursos**: puede asignar prioridades a grupos de procesos para determinar el orden de acceso a los recursos (y, por tanto, definir prioridades).
- **Supervisión de recursos**: puede obtener información detallada, muy útil para la depuración y la optimización del rendimiento.
- **Jerarquización de cgroups**: los cgroups se organizan en una estructura jerárquica que permite crear grupos anidados de procesos y facilita la gestión de recursos para aplicaciones complejas con múltiples componentes.

Los cgroups se utilizan habitualmente en entornos de virtualización y contenedorización (como Docker) para garantizar que los contenedores o máquinas virtuales no acaparen todos los recursos del sistema anfitrión. También se emplean para gestionar la prioridad de la CPU y el control de la memoria.

Vamos a ilustrar todo esto creando un grupo de control y usando Systemd para configurar los límites de recursos en el cgroup.

1. Creación de un archivo de servicio

En primer lugar, cree un archivo de servicio para su aplicación o proceso. Puede dejarlo en el directorio /etc/systemd/system/ con una extensión .service (mi_app.service).

2. Contenido del archivo de servicio

```
[Unit]
Description=Mi aplicación con cgroup

[Service]
Slice=mi_cgroup.slice
ExecStart=ruta/a/su/aplicación

[Install]
WantedBy=multi-user.target
```

En la sección `[Service]`, la opción `Slice` especifica en qué cgroup debe lanzarse el proceso. Aquí, `mi_cgroup.slice` es el nombre del cgroup.

3. Creación del cgroup con systemd: `systemctl set-property`

```
sudo systemctl set-property mi_app.service CPUCuota=20%.
```

Corresponde a un límite del 20 % en el uso de la CPU para el servicio `my_app`.

4. Activación del servicio

```
sudo systemctl enable mi_app.service
```

5. Inicio del servicio

```
sudo systemctl start mi_app.service
```

El servicio `mi_app` se ejecuta ahora en el cgroup `mi_cgroup.slice` con un límite de uso de CPU del 20 %.

Se puede utilizar `systemd-cgtop` o `systemctl show` para monitorizar todo esto en tiempo real.

Encontrará una lista de instrucciones de *Systemd y cgroups* con breves ejemplos de sintaxis en el capítulo Prontuario, al final del libro.

4.3 Sugerencias - Red y servicios

Consulte una lista de instrucciones para gestionar redes en Linux, así como una lista de comprobación de Apache2, acompañada de pequeños ejemplos de sintaxis, en el capítulo Prontuario, al final del libro.

Las siguientes instrucciones pueden ahorrarle mucho tiempo.

- Para **iniciar un servicio** en su máquina, por ejemplo, el servidor Apache2 (siempre que esté instalado), simplemente escriba:

```
service apache2 start
```

- La búsqueda de «**interfaces**», aquí lanzada en un contenedor Docker Kali, es trivial:

```
p0f -L
```

El resultado es muy fácil de leer.

```
-- Available interfaces --

  0: Name        : eth0
     Description : -
     IP address  : 172.17.0.2

  1: Name        : any
     Description : Pseudo-device that captures on all interfaces
     IP address  : (none)

  2: Name        : lo
     Description : -
     IP address  : 127.0.0.1

  3: Name        : bluetooth-monitor
     Description : Bluetooth Linux Monitor
```

```
   IP address  : (none)

4: Name        : nflog
   Description : Linux netfilter log (NFLOG) interface
   IP address  : (none)

5: Name        : nfqueue
   Description : Linux netfilter queue (NFQUEUE) interface
   IP address  : (none)

6: Name        : dbus-system
   Description : D-Bus system bus
   IP address  : (none)

7: Name        : dbus-session
   Description : D-Bus session bus
   IP address  : (none)
```

Reconocemos la interfaz `eth0`, que suele estar asociada a la primera tarjeta de red física de un sistema. Puede utilizarse para establecer una conexión por cable a una red local o para conectarse a un enrutador y acceder a internet.

También existe el bucle local, en forma de interfaz «lo» (*loopback interface*). Se utiliza para permitir que un ordenador se comunique consigo mismo, sin pasar por la red física. La interfaz «lo» se configura con la dirección IP 127.0.0.1. Cuando un programa del ordenador envía datos a la dirección IP 127.0.0.1, estos datos se enrutan directamente a la interfaz «lo» y son procesados localmente por el sistema operativo, sin pasar por la red física.

Todo el mundo conoce la siguiente instrucción; el resultado es un poco largo, pero a menudo útil.

```
ifconfig -a
```

El resultado es complementario al anterior, en particular porque podemos ver la dirección IP de eth0 en el host: `172.17.0.2`.

```
eth0: flags=4163<UP,BROADCAST,RUNNING,MULTICAST>  mtu 1500
        inet 172.17.0.2  netmask 255.255.0.0  broadcast 172.17.255.255
        ether 02:42:ac:11:00:02  txqueuelen 0  (Ethernet)
        RX packets 126  bytes 90743 (88.6 KiB)
        RX errors 0  dropped 0  overruns 0  frame 0
        TX packets 92  bytes 8798 (8.5 KiB)
        TX errors 0  dropped 0 overruns 0  carrier 0  collisions 0
```

```
lo: flags=73<UP,LOOPBACK,RUNNING>  mtu 65536
       inet 127.0.0.1  netmask 255.0.0.0
       loop  txqueuelen 1000  (Local Loopback)
       RX packets 20  bytes 1000 (1000.0 B)
       RX errors 0  dropped 0  overruns 0  frame 0
       TX packets 20  bytes 1000 (1000.0 B)
       TX errors 0  dropped 0 overruns 0  carrier 0  collisions 0
```

Buscar **puertos abiertos** es vital. Configurar un cortafuegos consiste en abrir los puertos correctos ¡y solo esos! Aquí hemos echado un vistazo a Wikipedia, pero la idea es que compruebe sus propias máquinas.

```
# dig ofrece resultados rápidos y fáciles de leer
dig https://es.wikipedia.org/

# Uno de los elementos de la respuesta
;; SERVER: 192.168.65.7#53(192.168.65.7) (UDP)

# Echemos un vistazo (/32 es la máscara del host)
# nmpap está muy bien documentado, es la herramienta estándar
nmap -v -O -sV 192.168.65.7/32 -Pn

# Algunas líneas de la respuesta
Discovered open port 53/tcp on 192.168.65.7
Discovered open port 3128/tcp on 192.168.65.7

# Se reconocen dos puertos conocidos
port 53: el DNS
port 3128: suele ser un proxy

# Podemos ver que Wikipedia no deja sus puertos
# abiertos a cualquiera...
```

4.4 Sugerencias - Seguridad

He aquí algunos consejos útiles:

- Instale un **servidor SSH** en sus máquinas (para más detalles, utilice la lista de comprobación sobre este tema en el capítulo Prontuario).
- Instale **SSL en sus sitios web** (para más detalles, utilice la lista de comprobación sobre este tema en el capítulo Prontuario).
- **Configure un cortafuegos** (para más detalles, utilice la lista de comprobación sobre este tema del capítulo Prontuario).

  Un cortafuegos se utiliza para controlar el tráfico de red que entra y sale de un sistema. He aquí algunos ejemplos comunes:

  - **iptables**: el más conocido, es una utilidad de línea de comandos para configurar reglas de cortafuegos en Linux. Resulta un poco difícil de dominar para las configuraciones más complejas.
  - **ufw** (*Uncomplicated Firewall*): es una interfaz fácil de usar para gestionar iptables, a menudo utilizada en sistemas basados en Ubuntu.
  - **firewalld**: es una herramienta de gestión de cortafuegos preinstalada en algunas distribuciones de Red Hat, como CentOS y Fedora. Ofrece una interfaz dinámica y fácil de usar.
  - **nftables**: es una solución más moderna que iptables que pretende ofrecer un mejor rendimiento y una sintaxis más expresiva.

  Cuando ejecuta Linux en la infraestructura de un proveedor de nube (AWS, Azure, Google Cloud, etc.), también puede aprovechar sus servicios de cortafuegos integrados, externos a sus máquinas. Esto no significa que no pueda colocar su propio cortafuegos adicionalmente.

  Dependiendo de su configuración, puede hacerse una idea de lo que está implementado en su máquina con el uso de comandos como:

```
iptables -L
ufw status
firewall-cmd --list-all
```

- Compruebe las **huellas** (***hash***) de sus archivos o carpetas. Cuando descarga un archivo (ejecutable o no), o cuando manipula una carpeta cuyo contenido no debería haber cambiado, por ejemplo, tras descomprimirla, es importante comprobar que su hash no ha cambiado, lo que podría significar que el objeto ha sido comprometido, accidentalmente o no. El algoritmo hash más común se llama md5, y la probabilidad de que dos objetos tengan la misma huella digital es estadísticamente cero. Así es como puede obtenerse esa huella digital:

```
Dc3dd if=mi_archivo_o_carpeta hash=md5

# El resultado tendrá este aspecto:
899953a796ca6e2d545d2143f4188ece
```

- **Analice sus propias vulnerabilidades** de tipo inyección SQL utilizando una herramienta como **sqlmap**. Comience con la siguiente instrucción y aprenda a utilizar este tipo de herramienta, que le ahorrará un montón de problemas.

```
sqlmap -u "url_mi_sitio_en_construccion"
```

- **Compruebe el tráfico en determinados puertos** que considere importantes; por ejemplo, aquí el puerto 25, que corresponde al SMTP (*Simple Mail Transfer Protocol*), utilizado para el envío de correos electrónicos, y que quizá quiera controlar si existe riesgo de fuga de datos (*data leak*):

```
tcpdump -i eth1 port 25
```

- Compruebe que no se puede encontrar **información clave en su sitio web**, por ejemplo, creando una lista de palabras clave (*login password .sh .txt .htm .cgi .pl .bak .old*) que le interesen en una lista llamada *wordlist* y pidiendo a dirb que las busque por usted en el sitio. Encontrará información sobre este tipo de herramientas en los apartados «enumeración» (recogida de información sobre usuarios, servicios, puertos abiertos, nombres de dominio, direcciones IP, etc.) y *foot printing*:

```
dirb "url" wordlist
```

– No dude en formarse en las herramientas de código abierto del OWASP (*Open Web Application Security Project*), en particular ZAP (*Zed Attack Proxy*), utilizadas para detectar vulnerabilidades como inyecciones SQL, fallos XSS (*Cross-Site Scripting*) y problemas de configuración de seguridad. ZAP es una herramienta bastante sencilla de usar.

5. Contenedores y Docker

5.1 Docker, VM, servicios, en pocas palabras

5.1.1 Empezar con Docker

Docker es una tecnología de contenedorización. El objetivo de la contenedorización es virtualizar los procesos. Así, un proceso contenedorizado se ejecuta en un entorno optimizado para sus fines, pero utilizando los recursos del sistema del ordenador anfitrión.

Hay otras tecnologías de contenedorización más difíciles de comprender, como LXC (LXC proporciona contenedores de sistema de alto rendimiento y bajo nivel, mientras que Docker se centra en contenedores de aplicaciones con una interfaz fácil de usar y un ecosistema de herramientas especialmente abundante).

Docker está disponible para Windows, Linux, macOS, etc. Puede utilizar Docker dentro de un contenedor Docker o en una máquina virtual sin que ello afecte al rendimiento del conjunto, lo que significa que puede trabajar con Docker en configuraciones en la *nube*.

Dentro de un contenedor se pueden alojar servicios «grandes», como un servidor http Apache, o servicios «pequeños», como microservicios, a menudo transportados por API (*Application Programming Interfaces*) que permiten a distintas aplicaciones de software comunicarse e interactuar entre sí. Las API definen los métodos y formatos de datos que las aplicaciones pueden utilizar para solicitar e intercambiar información.

Un contenedor Docker trata de utilizar el mínimo de recursos de software, es decir, solo lo que le permite prestar el servicio. Cuanto más evolucionan las tecnologías de contenedorización, más se «conectan» al hardware para no verse ralentizadas por las características del host que las aloja.

Docker no es, por tanto, una tecnología de máquina virtual (VM). De hecho, con una tecnología de máquina virtual como VirtualBox, VMWare o WSL, un único ordenador, el host, puede ejecutar varias instancias de VM (*Virtual Machine*), los invitados. Cada invitado utiliza un gran archivo en el disco para definir su sistema operativo y de archivos aislado y se ejecuta como un único proceso, consumiendo los recursos de CPU del host.

Observe que, si usted es un usuario de Windows y desea utilizar una máquina virtual para invocar una configuración clásica de servidor Linux en su equipo con objeto de desarrollar en su máquina como si fuera una máquina Linux «nativa», tiene sentido instalar WSL2. Una vez hecho esto, puede instalar su máquina virtual Linux (Ubuntu, Debian, Kali Linux, openSUSE, Fedora) con un solo clic. Esta máquina virtual es muy eficaz, pero un poco pesada en términos de espacio en disco. La integración con Windows es un éxito: puede, por ejemplo, utilizar el IDE de Visual Studio en Windows y ejecutar su código directamente en la máquina virtual que elija.

Observación

Ya sea en el contexto de la virtualización o de los contenedores, el término bare metal se utiliza a menudo para referirse al uso de software de ***hipervisor*** *instalado directamente en el hardware físico de un servidor, sin sistema operativo host intermedio. Esto permite crear y gestionar máquinas virtuales o contenedores de forma eficiente y segura, haciendo un uso óptimo de los recursos de hardware del servidor y aislando las diferentes instancias instaladas en la máquina anfitriona.*

He aquí un flujo de trabajo típico de Docker:

- Creación de una imagen a partir de un archivo llamado Dockerfile, que a menudo comienza invocando la recuperación de una imagen de un registro Docker como Docker Hub, y luego contiene sus propias instrucciones para instalar un contenedor construible a partir de su imagen.
- Iu, descarga de una imagen existente de un registro público o privado. Por defecto, cuando se crea un contenedor, si no se especifica nada, Docker busca la imagen en su registro público (el Docker Hub) y descarga la última versión de esta imagen (etiquetada con el número de versión: *latest*).
- Utilización de la imagen en su entorno Docker para crear un contenedor. A partir de una imagen, se crea un contenedor, es decir, un entorno de ejecución que incluye los sistemas operativos, el software y las configuraciones estipuladas en la imagen. Por ejemplo, su resultado podría ser un contenedor en el sistema operativo Ubuntu que ejecute una versión de una base de datos MariaDB, creando una base de datos específica con los usuarios y tablas requeridos.

Estos contenedores ejecutables pueden iniciarse y detenerse del mismo modo que una máquina virtual o un ordenador. Los cambios en los contenedores no afectan a la imagen que se utiliza para crearlos.

Encontrará una lista de instrucciones básicas de Docker, junto con pequeños ejemplos de sintaxis, en el capítulo Prontuario, al final del libro.

Una vez instalado Docker, puede utilizarlo de forma trivial. Por ejemplo, en Windows, basta con asegurarse de que se ha iniciado DockerDesktop y acceder a un terminal en modo administrador (es decir, en la línea de comandos) para poder utilizar los siguientes comandos.

Observación

Los comandos de Docker van precedidos de la palabra clave `docker` *y, en ocasiones, el resto de la sintaxis recuerda a la de un intérprete de comandos, como bash.*

Vamos a descargar la última imagen de Linux Ubuntu.

```
docker pull ubuntu
```

Para iniciar un terminal interactivo de Ubuntu (parámetro `-it`) que se puede utilizar bajo la línea de comandos del shell bash de este contenedor y darle un nombre al contenedor (no es obligatorio, pero resulta práctico), simplemente escriba:

```
docker run -it --name mi_contenedor ubuntu bash
```

Ahora usted dispone de un prompt en el sell bash Ubuntu, creado a partir de una imagen de Ubuntu, del tipo:

```
root@fd371717ed25:/#
```

Puede hacer lo que quiera en él sin ningún peligro, porque cuando el contenedor se destruye, todo desaparece.

Una vez creado el contenedor, para detenerlo utilizando el shell que usó para crearlo, simplemente introduzca:

```
docker stop mi_contenedor
```

Para reiniciarlo en modo interactivo, escriba:

```
docker start -i mi_contenedor
```

Para listar todas las imágenes disponibles en su máquina, introduzca:

```
docker images
```

Para listar los contenedores activos, que en realidad son procesos, introduzca:

```
docker ps
```

Para listar todos los contenedores, activos o no, introduzca:

```
docker ps -activos
```

Para buscar rápidamente una imagen en el Docker Hub, por ejemplo, aquí imágenes cuyo nombre contenga la palabra «jupyter», basta con escribir:

```
docker search jupyter
```

Además, la lista de imágenes públicas del Docker Hub puede explorarse en su sitio: https://hub.docker.com/

Si quiere experimentar con Linux sobre una base de Ubuntu ligeramente modificada, le sugerimos que instale la distribución Kali (que adoran los hackers de la seguridad) y luego instale un gran paquete de software de una sola vez (tenga en cuenta que tarda mucho, normalmente una hora). De este modo, obtendrá una gran configuración a su disposición para probar muchas cosas.

```
docker pull kalilinux/kali-rolling
docker run -it --name kali_1 kalilinux/kali-rolling bash

# Luego ejecute la megainstalación en la terminal
apt update && apt -y install kali-linux-large
```

5.1.2 Persistencia

A veces, cuando ha realizado cambios de configuración o ha instalado software mientras usaba el contenedor, quiere validarlos para crear una nueva imagen que pueda usarse para crear otros contenedores similares. Para ello, puede utilizar un *docker commit* de esta imagen, asignándole una versión (llamada *tag*). Pero, en términos absolutos, esto no es una buena práctica, ya que sería mejor redefinir la nueva imagen usando un Dockerfile bien escrito (si bien es cierto que resulta muy práctico en fases de exploración, durante las cuales está probando manualmente varios cambios en su contexto de ejecución).

Cuando quiera compartir una imagen con su equipo o con todo el mundo, envíe sus imágenes a un registro Docker compartible, que permita a cualquiera invocar esa imagen.

Para almacenar sus datos, hacerlos persistentes o compartirlos en cuanto alcancen un tamaño significativo, tendrá que definir volúmenes Docker persistentes y adjuntarlos a sus contenedores.

Encontrará una lista de instrucciones para gestionar volúmenes Docker, junto con pequeños ejemplos de sintaxis, en el capítulo Prontuario, al final del libro.

He aquí un ejemplo prototípico de cómo crear un contenedor MySQL con un volumen persistente:

- Cree un volumen Docker persistente utilizando el comando `docker volume create`.

```
docker volume create mysql_data
```

  Esto crea un volumen Docker llamado `mysql_data` que se utilizará para almacenar los datos del contenedor MySQL de forma persistente.

- Ejecute el contenedor MySQL, especificando el volumen persistente con la opción `-v`:

```
docker run -d --name mysql -e MYSQL_ROOT_PASSWORD=mi_contraseña
-v mysql_data:/var/lib/mysql mysql:latest
```

  Este comando inicia un contenedor MySQL usando la imagen `mysql:latest` con los siguientes parámetros (opciones):

  `-d` separa el contenedor y lo lanza en segundo plano;

  `--name` define el nombre del contenedor, en este caso `mysql`;

  `-e` permite especificar la variable de entorno `MYSQL_ROOT_PASSWORD` que define la contraseña de root para el servidor MySQL;

  `-v` monta el volumen persistente `mysql_data` en el directorio /var/lib/mysql del contenedor, donde MySQL almacena sus datos.

A partir de ahí, puede conectarse al servidor MySQL utilizando un cliente MySQL y la contraseña de root que haya especificado. Los datos almacenados en el contenedor son persistentes, incluso si el contenedor se detiene o se reinicia en una fecha posterior (¡siempre que no destruya el contenedor!).

Cuando necesite hacer que varios contenedores funcionen juntos, por ejemplo, para dividir su aplicación en un contenedor Ubuntu que aloje un servidor HTTP y un contenedor Ubuntu que aloje una base de datos SQL MariaDB persistente, es aconsejable utilizar una tecnología como Docker Compose para describir y configurar las relaciones entre los dos contenedores, como los puertos donde se exponen sus servicios.

No olvide que las imágenes Docker son mínimas; por ejemplo, el Ubuntu que hemos usado ni siquiera contiene un editor de texto.

5.2 Ejemplo de arquitectura multicontenedor

Vamos a esbozar cómo crear y enlazar operativamente los contenedores del siguiente diagrama, donde el ordenador anfitrión (*host*) es una máquina Linux Ubuntu que aloja una red virtual de tres contenedores.

El servidor HTTP Apache escucha las peticiones HTTP de los navegadores web y devuelve los archivos y datos solicitados, normalmente páginas HTML. Es compatible con varios lenguajes de programación, como PHP, Perl, Python y JavaScript/node.js, lo que permite crear sitios web dinámicos e interactivos. Utilizando los lenguajes y marcos activados en el servidor, los prototipos de páginas HTML (***templates***) se rellenan con los datos adecuados –a veces de una base de datos, pero no siempre– y se transforman en páginas HTML que solo contienen código HTML/CSS3/JavaScript, fácilmente interpretable por el navegador en la estación de trabajo cliente.

El proxy inverso de Nginx se utiliza para redirigir las peticiones de los clientes a los servidores apropiados de acuerdo con reglas de enrutamiento predefinidas. Se utiliza para los siguientes fines:

- **Caché HTTP**: Nginx almacena en memoria las respuestas de los servidores *backend* a las solicitudes recurrentes, lo que mejora los tiempos de respuesta de la arquitectura y suaviza el uso (la «carga»).
- **Seguridad**: Nginx se utiliza para reforzar la seguridad del sistema filtrando las peticiones maliciosas.
- **SSL/TLS**: Nginx gestiona las conexiones SSL/TLS actuando como punto final SSL/TLS para los clientes. Gestiona los certificados SSL/TLS y cifra las comunicaciones.
- **Reescritura de URL**: Nginx traduce las URL de las solicitudes entrantes y oculta los detalles de la infraestructura de backend, simplifica las URL o realiza redirecciones cuando es necesario.

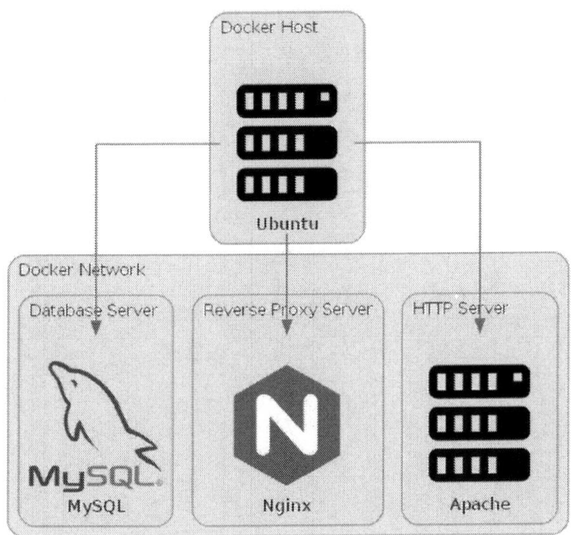

Arquitectura de contenedores web con proxy

He aquí un prototipo de Dockerfile basado en una imagen de Ubuntu, que hemos llamado `myubuntu` y que podría utilizarse para generar los tres contenedores:

```
FROM ubuntu:latest

# Instalación de Apache
RUN apt-get update && apt-get install -y apache2

# Instalación de Nginx
RUN apt-get update && apt-get install -y nginx

# Instalación de MySQL
RUN apt-get update && apt-get install -y mysql-server

# Configuración de Apache
CMD ["apache2-foreground"]

# Configuración de Nginx
CMD ["nginx", "-g", "daemon off;"]

# Configuración de MySQL
CMD ["mysqld"]
```

Usamos la última versión de Ubuntu, instalamos lo que vamos a utilizar y, por último, declaramos los comandos que se pueden invocar en el contenedor.

Encontrará una lista de instrucciones para incluir en un DockerFile, junto con pequeños ejemplos de sintaxis, en el capítulo Prontuario, al final del libro.

El siguiente código YAML se utiliza para indicar a Docker Compose cómo se implementarán y comunicarán los servicios. Observe la relación declarada a través de *depends_on* y la *translación* entre los puertos (el puerto 3306, que se utiliza para acceder a la base de datos, aparece con el valor 3306).

```
version: '3'

services:
  frontend:
    image: myubuntu
    command: apache2-foreground
    ports:
      - 80:80

  reverse-proxy:
    image: myubuntu
    command: nginx -g 'daemon off;'
    ports:
      - 8080:80
    depends_on:
     - frontend

  database:
    image: myubuntu
    command: mysqld
    ports:
      - 3306:3306
```

Observación

En el código anterior, `version: '3'` significa que se utiliza la versión 3 de la sintaxis de Docker Compose.

Para hacerlo correctamente, habría que adjuntar un **volumen** para alojar la base de datos (**serializar** los datos).

Las instrucciones tendrían entonces que componerse siguiendo las líneas del siguiente código, que utiliza el ejemplo dado anteriormente en la línea de comandos:

```
version: '3'
services:
  mysql:
    image: mysql:latest
    restart: always
    environment:
      MYSQL_ROOT_PASSWORD: mi_contraseña
    volumes:
      - mysql_data:/var/lib/mysql
volumes:
  mysql_data:
```

Convenimos en que esto resulta más sencillo de escribir, ¿verdad?

Debe tener mucho cuidado con los derechos de acceso que da a este tipo de archivos después de utilizarlos, ya que las contraseñas aparecen de forma explícita.

Encontrará una lista de instrucciones de Docker Compose, junto con pequeños ejemplos de sintaxis, en el capítulo Prontuario, al final del libro.

¿Por qué no se han utilizado tres máquinas «reales» o tres instancias separadas accesibles a través de una *nube* ofrecida por un proveedor?

Puede haber muchas razones para ello, por ejemplo:

- Nuestra arquitectura de contenedores solo se utilizará localmente para desarrollar nuestros programas, mientras que se usará otra arquitectura para el despliegue en un contexto desconocido. El hecho de que todo se haya automatizado cuidadosamente mediante scripts garantizará una transición segura al contexto de producción.
- Planeamos implementar el aprovisionamiento dinámico de contenedores, que más adelante utilizará varias instancias de contenedores dependiendo de la carga. Normalmente, nos encontramos en un contexto DevOps CI/CD, y esta arquitectura facilitará con el tiempo su implementación.
- Una vez que domine esta tecnología, podrá instalar una arquitectura de este tipo en cuestión de minutos.

Capítulo 7
Guía de iniciación a Python - TL;DR

1. El espíritu de esta guía de iniciación a Python

Para sentirse cómodo utilizando esta guía de iniciación, es necesario que ya esté relativamente familiarizado con algunas nociones de programación en algún lenguaje. En caso contrario, deberá tener Wikipedia a mano para consultar el significado de algún término o concepto que no hayamos explicado. También puede encontrar la documentación de Python en este enlace: https://www.python.org/

Este capítulo no es un curso exhaustivo sobre Python, ni un manual o recetario de trucos y consejos sobre Python. Por el contrario, **se trata de un recorrido lineal para leer y practicar secuencialmente**, que lo familiarizará con este lenguaje, al tiempo que construye paso a paso las referencias cognitivas o prácticas útiles para que aprenda a codificar en Python de forma eficaz, sencilla, limpia, legible y escalable.

Inicialmente, le aconsejamos que no varíe las fuentes de información y que utilice esta guía de iniciación de la forma más completa posible. Así evitará perderse y limitará el desánimo que puede producirle echarle un vistazo a la abrumadora cantidad de información disponible sobre Python.

Python es un lenguaje muy rico y permite realizar una operación de diferentes maneras. Hemos seleccionado cuidadosamente aquellas sintaxis que son eficaces de inmediato o que son lo suficientemente didácticas como para permitirle abordar, más adelante, la lectura y la transcripción en su propio contexto de códigos en Python (o en otro lenguaje) que encontrará aquí y allá.

Hemos evitado las etapas teóricas, las discusiones detalladas, los consejos y trucos «pythónicos» y los comentarios sobre el estilo bueno o malo en Python que se pueden encontrar en casi todas partes. Tendrá tiempo de sobra para desarrollar una «filosofía» de uso del lenguaje durante sus futuros años de práctica. No obstante, introducimos discretamente algunos aspectos técnicos que tienen cierta profundidad teórica o «profesional»: programación funcional, programación orientada a objetos, generadores, tensores, manipulación de *dataframes*, SQL, etc.

2. Nomenclatura y convenciones

A la hora de nombrar los objetos, las variables y las funciones que va a crear, o de presentar el código, no hemos seguido las «buenas prácticas» de la profesión, con la esperanza de facilitar la lectura a un programador novato. Hemos utilizado un «espanglish» poco académico que no le aconsejamos que utilice en su práctica profesional. En cualquier caso, tendrá que ajustarse a las prácticas de nomenclatura de su organización, a menudo de acuerdo con la PEP8_style_guide (https://peps.python.org/pep-0008/), que le instamos a leer con detenimiento **después de** asimilar esta guía de iniciación a Python. Finalmente, le sugerimos que utilice herramientas como **flake8** y **pylint** para ayudarle a identificar posibles anomalías en su código (https://flake8.pycqa.org/en/latest/ y https://docs.pylint.org/).

Dicho esto, y en la medida en que no parece afectar a la sencillez de nuestra exposición, hemos intentado seguir unas cuantas reglas básicas (cuyo significado quizá le quede claro conforme avance en este documento):

- Las variables u objetos con escaso significado funcional, como los índices de un bucle o los parámetros de funciones técnicas o matemáticas, se formulan de la forma más breve posible, como: a, b, c, d, e, f, i, j, k, l, m, n, i_, i1, i_max, A, B, X, etc. La única restricción es limitar las ambigüedades de lectura.
- Los objetos que tienen un interés didáctico, documental o funcional se representan en minúsculas separadas por el símbolo *guion bajo*, por ejemplo: f_clientes, prueba_disponibilidad, etc.
- Las matrices empiezan por mayúscula: A, A1, M, M_transpone.
- Las variables que se corresponden con nombres clásicos quedan sujetas a las costumbres de la profesión o del creador de un paquete importado, por ejemplo: HTTPrequest.
- Las clases de objetos que creamos en nuestro código empiezan con mayúscula, por ejemplo: Ciudadano.
- Las variables globales o los parámetros generales van en mayúsculas, por ejemplo: P1_ALL.
- Ciertos objetos que recuerdan a objetos matemáticos deben parecerse a su expresión matemática.

Observe los siguientes supuestos (que no tienen significado normativo):

- Para los informáticos «de la vieja escuela», las letras i, j, k, l evocan la noción de índice de bucle o valores enteros; las letras n, m evocan números o dimensiones; x, y, z, incógnitas o valores «mudos».
- Para los usuarios de Python, la letra k se refiere a la palabra *key*, y la letra v, a la palabra *value*, mientras que *arg* se refiere a un parámetro de función (abreviatura de «argument»).
- Además, la letra f evoca a menudo la noción de archivo; df, la noción de *dataframe*; o u obj, un objeto; u, v, w, vectores; x, y, números reales o vectores de números reales; el triplete (x,y,z), coordenadas espaciales; w, un peso o un vector de pesos (coeficientes); e, una noción de error; c, un carácter; s, una cadena (*string*); ts, una serie temporal.

3. El zen de Python

He aquí una transcripción personal y muy modificada de algunos de los consejos de *The Zen of Python*, de Tim Peters. Estos consejos no son anecdóticos, sino que reflejan la forma en que debería enfocar la programación (tanto en Python como en otros lenguajes). Su significado se irá aclarando a medida que practique, así que **léalos a menudo**:

- Lo bello es mejor que lo feo.
- Lo explícito es mejor que lo implícito.
- Lo simple es mejor que lo complejo.
- Lo complejo es mejor que lo complicado.
- Un estilo de programación muy lineal es mejor que un estilo anidado.

  Traducción técnica: evite bucles innecesarios y cascadas de "if then else" inútiles. Utilice técnicas de programación funcional: funciones simples, generadores/iteradores o mapas, funciones lambda. Utilice objetos y métodos compactos, evitando clases y funciones demasiado prolijas.
- El lenguaje claro es preferible al lenguaje denso.
- La legibilidad es muy importante (traducción técnica: sangrías agradables de 2 o 4 caracteres, líneas de menos de 80 caracteres, elección de los nombres de los objetos, comentarios concisos y útiles, doc_string actualizado, etc.).
- Los casos particulares no son tan particulares como para saltarse las normas, aunque **la practicidad debe primar sobre la pureza**.
- Los errores durante la ejecución del código nunca deben silenciarse (**if imprevisto: log y stop**), a menos que se silencien explícitamente por una razón propia y **documentada**.

  A veces, esto significa restringir la genericidad de un código para tener en cuenta circunstancias imprevistas: declarar el tipo de las variables, comprobar el resultado de las consultas o de determinados métodos y tratar explícitamente los casos en que no devuelven nada o un resultado parcial (o que queda fuera de la definición del tratamiento que sigue). Además, esto exige que los códigos y las etiquetas de error sean muy explícitos y estén documentados.

- No reinvente la rueda y utilice paquetes de eficacia probada cuya filosofía comprenda y comparta.
- No se limite a copiar consejos y trucos que encuentre por ahí: reinterprételos con su propio estilo de programación (¡y pruébelos a fondo!).

  Lea regularmente el código elaborado por otros desarrolladores (en GitHub, Stackoverflow y https://www.programcreek.com/python/; este último enlace permite buscar por palabra contenida en el código).
- Para crear sus modelos de datos, clases y casos de uso, su código y sus pruebas, piense en:
  - expresarse en forma de *stories: como, quiere < >, para*;
  - expresarse en términos de reglas: *si esto, entonces aquello*, señalando las excepciones a su regla: *a menos que*;
  - hágase las preguntas clave:
    - ¿Esto es una especie de (*is_a* = herencia)?
    - ¿Está formado por *al menos 0 o 1 y como máximo 1 o n de esto* (*has_a*: composición/cardinalidad)?
  - haga referencia a taxonomías, ontologías y modelos de procesos existentes.
- Recuerde que debe producir un código lo menos adherente posible:
  - Limite el cumplimiento de las especificaciones de su sistema operativo y arquitectura de hardware (Windows, Linux, móvil, integrado, GPU, nombre/versión de la base de datos, etc.).
  - Consulte los modelos de diseño y ejecución (MVC, API, microservicios, paralelismo, *broker*, contenedores, etc.) y familiarícese con los patrones de diseño en cuanto se sienta capaz.
- Ante la ambigüedad, rechace la tentación de adivinar o dejar que otros adivinen.
- Estudie los *namespaces*, módulos y paquetes y utilícelos con prudencia.
- Haga un uso serio de un sistema de pruebas unitarias (y documente sus pruebas).
- Utilice un sistema de gestión de versiones (y haga commits o copias de seguridad periódicas).

- A la hora de tomar decisiones técnicas, recuerde que:
  - no siempre estará ahí para mantener ese software;
  - el despliegue a principios del siglo XXI será sin duda en modo DevOps: *infraestructura as a code*, lo que significa que todo debe poder hacerse con scripts (es decir, no puede configurar su aplicación a través de una GUI, ¡a menos que esa GUI genere un script!).
- El software se entrega como un paquete coherente, con un número de versión para el paquete y:

  1. El código comentado y probado.
  2. El sistema de pruebas, en particular las pruebas unitarias y los datos de las pruebas.
  3. La actualización de la documentación técnica.
  4. Un recordatorio de las especificaciones o stories originales, mencionando lo que se ha hecho y lo que no (o lo que se ha hecho parcialmente) y la lista de anomalías residuales.
  5. Los scripts de construcción documentados.
  6. La descripción del contexto arquitectónico y las razones de esa arquitectura.
  7. Las restricciones de uso y una descripción de las mejoras futuras deseables.
  8. El sistema de pruebas de integración o de usuario y la lista de anomalías residuales.
  9. La documentación para el usuario o los elementos clave de esta, que preparará un equipo especializado.
  10. Todo acompañado de una nota de publicación (*release note*) en la que se indiquen los cambios con respecto a la entrega anterior.

  Los puntos 1 y 2 son innegociables para un commit; los puntos 3 y 4 son innegociables al final de un sprint, y los puntos 5 a 10 son innegociables antes de una fase de integración o lanzamiento.

4. Contexto de trabajo

Python está disponible en las versiones 2.x (normalmente, 2.7) y 3.x (actualmente > 3.11). Las versiones 2.x de Python se siguen utilizando en contextos en los que no se ha realizado la migración por diversas razones económicas o prácticas, pero hoy en día lo habitual es desarrollar en una versión superior o igual a la 3.8. Para evitar frustraciones, hemos utilizado este nivel de versión en nuestros ejemplos.

Tenga en cuenta que puede disponer de varias versiones en la misma máquina, gracias a diferentes mecanismos, como los entornos Python (venv) o conda. En este caso, necesitará invocar el entorno correcto antes de empezar a codificar.

En esta guía de iniciación, asumimos que Python está instalado y que es una versión superior o igual a 3.5, en el que está autorizado a instalar nuevos paquetes (librerías, packages), típicamente a través de la siguiente instrucción de línea de comandos :
`pip install nuevo_paquete`.

Para probar Python en línea sin instalarlo en su máquina, puede utilizar:

- Google Colab: https://colab.research.google.com/
- replit: https://replit.com/languages/python3
- onlineGDB : https://www.onlinegdb.com/online_python_interpreter
- tutorials point:
  https://www.tutorialspoint.com/online_python_compiler.php

Para instalar un paquete de Python (= *package, library*), existen varias formas de proceder (en un entorno dedicado o no, usando pip, pip3, conda, etc.) que pueden ejecutarse en la línea de comandos. Pero cuando se utiliza un contexto en línea para probar Python, no siempre será posible acceder a la línea de comandos. Para forzar la instalación de un paquete en un entorno de este tipo, sin siquiera haberlo identificado, puede utilizar la siguiente sintaxis en su script Python, mediante el uso del signo de exclamación: `!`.

```
!pip install lo_que_sea
```

Además, para asegurarse de que todo va bien en cuanto a la codificación de caracteres establecida en su programa Python 2.X, es una buena idea insertar el siguiente comentario mágico al principio de sus programas (es mágico porque se ejecuta cuando debería actuar como un comentario).

```
# coding: utf-8
```

5. Primeros pasos

Aquí vamos a abordar los elementos más centrales, y a veces frustrantes, de la transcripción de un algoritmo sencillo a Python utilizando un Python muy básico.

5.1 Python, como una calculadora

Puede utilizar Python como una calculadora trivial (* representa la multiplicación, ** representa la potencia).

```
a = 1
b = 3
c = 2*a + b**2
print(c)
--| 11
```

Para integrar en su código objetos que no están presentes por defecto, debe importarlos.

```
# numpy es un paquete con muchas funciones de cálculo
import numpy as np # una de las sintaxis de importación
```

Para hacerse una idea del número de funciones disponibles en numpy, escriba:

```
dir(np)
```

Observación

Como la lista es muy larga, no la hemos incluido en este documento.

Su calculadora dispone ahora de una serie de funciones nuevas, como el valor absoluto, que solo tiene un parámetro (el argumento), y el redondeo, que tiene dos argumentos (el número real que hay que redondear y el número de dígitos después del punto decimal).

```
print(np.abs(-10.45))          # función valor absoluto

--|10.45
```

```
print(np.round(11.78945,2)) # redondea a dos

--|11.79
```

5.2 Toma de decisiones

Para asignar un valor en función de una única condición, la sintaxis más eficiente es: `resultado = (expresión_if_true if condición else expresión_if_false)`.

Por ejemplo, para decir que si x es estrictamente negativo entonces queremos obtener 0 y, en caso contrario, queremos obtener 10, escribimos:

```
x  = -50
y  = (0 if x < 0 else 10)
print(x,y)
--|  -50 0
```

```
x  = 100
y  = (0 if x < 0 else 10)
print(x,y)
--|  100 10
```

Observación

Con esta sintaxis, los paréntesis no son obligatorios, pero mejoran la legibilidad.

Cuando desee realizar una operación en función de una lista de condiciones, deberá enlazar `if`, `elif` y `else` en función del número de condiciones que desee comprobar.

Aquí tenemos tres condiciones explícitas y una cuarta para cubrir todos los demás casos. Pruebe a ejecutar este código con distintos valores de `temperatura`.

```
temperatura = 30

if    19 <= temperatura <= 21 :
      print("temperatura razonable")
elif  13 <= temperatura < 19  :
      print("hace fresco")
elif  21 < temperatura <= 28  :
      print("hace un poco de calor")
else  :
      print("temperatura desagradable")

--|  temperatura desagradable
```

Si solo tiene una alternativa, utilice `if`; si tiene dos alternativas, utilice `if` y `else`.

5.3 Estructuras de control iterativas

Varios lenguajes disponen de estructuras como `while`, `for` y `repeat`. En Python, `repeat` no existe. Para simularlo, generalmente usamos un bucle `while`, del que se sale usando la sentencia `break` cuando se cumple la condición de salida.

Además, Python no admite los operadores `i++` o =+ de incremento/decremento como otros lenguajes de programación.

En contraposición, en Python se utiliza a menudo `i += 1` para incrementar e `i -= 1`para decrementar.

He aquí son dos ejemplos triviales.

1. Bucle while

Sintaxis

```
while condición:
    # código que se ejecuta mientras la condición se cumpla
```

Ejemplo

```
i = 0
while i < 5:
    print(i)
    i += 1
```

Explicación: el bucle `while` ejecuta el bloque de código repetidamente mientras la condición especificada sea `True`. Debe actualizar manualmente la variable del bucle (`i` en este caso).

2. Bucle for

Sintaxis

```
for variable in iterable:
    # código que se ejecuta para cada elemento del iterable
```

Ejemplo

```
for i in range(5):
    print(i)
```

Explicación: el bucle `for` itera sobre los elementos de un iterable (por ejemplo, una lista o un rango) y ejecuta el bloque de código para cada elemento. Actualiza automáticamente la variable del bucle (`i`, en este caso).

5.4 Crear sus propias funciones

En esta sección, nos contentaremos con una visión minimalista de las funciones: un nombre de función, la documentación de la función, uno o más argumentos de entrada no opcionales que no se modificarán y un resultado.

Idealmente, estas funciones solo procesan y producen tipos nativos de Python (*built-in*), en particular enteros (int), reales (float), booleanos (bool), cadenas de caracteres (string), tuplas, conjuntos, diccionarios y listas (que veremos más adelante), o combinaciones/imbricaciones de estos tipos nativos.

Además, el resultado de estas funciones solo debe depender de sus argumentos entrantes, y no de ninguna otra información capturada directamente dentro de la función.

Siempre que pueda, procure crear este tipo de función, conocida como función «pura», que es similar a una función matemática.

Observación

Las funciones con E/S (entradas/salidas), por ejemplo, entrada, impresión o visualización, con acciones externas de lectura/escritura en archivos o bases de datos, no son funciones puras. Pero a menudo son necesarias. Por lo tanto, la estrategia consiste en aislar las funciones puras y luego utilizarlas en las demás funciones, donde se intentará acercarse al estilo de las «funciones puras». Las funciones creadas en objetos, llamadas métodos, que veremos más adelante, pueden ser un poco menos puras en el sentido de que utilizan directamente variables internas del objeto.

Vamos a transformar en una función un ejemplo dado anteriormente. El nombre de la función es `prueba_temperatura` y la documentación incorporada a la función se encuentra entre tres comillas dobles. Este tipo de documentación se llama *docstring* y permite crear documentación automática, pruebas automáticas y una ayuda (*help*) para la función. Más adelante veremos que también podemos documentar clases de objetos del mismo modo.

```
# Creación de una función pura y documentada

def prueba_temperatura(temperatura):
 """
  Evalúa la sensación en función de la temperatura ambiente.

  Paremeters:
    temperatura (int o float): temperatura ambiente

  Returns:
    string: sensación en español

  Pruebas doctest incorporadas (resultados esperados
en ciertos casos,
¡falta completarlo!):
    >>> prueba_temperatura(20)
    'temperatura razonable'

    >>> prueba_temperatura(0)
    'temperatura desagradable'

  """

 #  cuerpo de la función
  if    19 <= temperatura <= 21 :
        sensación = "temperatura razonable"
  elif  13 <= temperatura < 19  :
        sensación = "hace fresco"
  elif  21 < temperatura <= 28  :
        sensación = "hace un poco de calor"
  else  :
        sensación = "temperatura desagradable"
  return sensación # el resultado que devuelve la función
```

Ahora podemos utilizar esta función como queramos.

```
print(prueba_temperatura(19.5))

--| temperatura razonable
```

Observación

Añadiendo el siguiente código al final del archivo donde usted define sus funciones, puede ejecutar todas las pruebas unitarias descritas en su doctest. De hecho, al final de cada archivo de Python, se incluye una prueba para determinar si este es el archivo desde el que se lanza la ejecución (la prueba es `if __name__ == '__main__':`). Con el siguiente código, solicita que la ejecución de este archivo lance las pruebas unitarias. La idea es que sus funciones se utilicen realmente a través de otro archivo de Python que tenga su propio `main`. Esto es lo que probamos en la siguiente sección, Crear sus propias bibliotecas de funciones, que introduce los módulos.

```
if __name__ == '__main__':
    import doctest
    doctest.testmod()
```

Pruebe a realizar un pequeño cambio en una de las respuestas de test situadas en la cadena de documentación (>>>) y verá que, gracias a `doctest`, se mostrará un mensaje de «Test Failure» como el que se muestra a continuación.

```
$ python func_con_texto_doc.py
**********************************************************************
File "fonc_con_texto_doc.py", line 13, in __main__.prueba_temperatura
Failed example:
    prueba_temperatura(20)
Expected:
    'temperatura razonableX'
Got:
    'temperatura razonable'
**********************************************************************
1 items had failures:
   1 of   2 in __main__.prueba_temperatura
***Test Failed*** 1 failures.
```

Observación

También puede poner el «modo detallado» para ver la ejecución de `testmod()` aunque no haya ningún error, invocando al archivo de funciones mediante la siguiente línea de comandos (tenga en cuenta el parámetro `-v`):

```
python func_con_texto_doc.py -v
```

Observación

Asimismo, puede invocar `testmod()` incluso sin especificar `if name == "main": import doctest doctest.testmod()` en el script de Python, invocando el archivo de funciones con la siguiente línea de comandos:

python -m doctest -v fonc_con_texto_doc.py

En su editor de Python, si es compatible con la ayuda de Python, puede escribir esto para obtener ayuda sobre la función.

```
help(prueba_temperatura)
--| Help ob¡n function prueba_temperatura in module__main:
--|
--| prueba_temperatura(temperatura)
--|      Evalúa la sensación según la temperatura ambiente.
--|
--|      Parameters:
--|        temperatura (int o float): temperatura ambiente
--|
--|      Returns:
--|        string: sensación en español
--|
--|      Pruebas doctest integradas (resultados esperados
en ciertos casos, falta completarlo)
--|      >>> prueba_temperatura(20)
--|      'temperatura razonable'
--|
--|      >>> prueba_temperatura(0)
--|      'temperatura desagradable'
```

A continuación, obtendrá su texto de documentación.

5.4.1 Alcance de las variables y paso de parámetros

Las variables declaradas dentro de una función son **locales**, es decir, no se puede acceder a ellas desde fuera de la función. Es lo que se conoce como el **alcance** de una variable. Las variables declaradas en un nivel superior de la jerarquía del programa (es decir, fuera de la función) son variables **globales**. Pocas veces es prudente, y siempre peligroso, en términos de anomalías potenciales, utilizar variables globales en sus funciones, excepto para parámetros globales en el contexto de ejecución de su programa. No utilice variables globales en una función a menos que la función tenga este rol explícito.

Las funciones de Python que devuelven nuevos valores a los parámetros que se les pasan (es decir, que cambian estos valores) o que tienen un número variable de argumentos son **procedimientos**.

A menos que tenga una buena razón, como la creación de un procedimiento «herramienta» diseñado para hacer frente a muchas situaciones diferentes y que se utilizará en varios contextos distintos, evite este estilo de función, que se basa en técnicas de programación anticuadas y es probable que introduzca numerosas anomalías por efectos indeseados.

En cualquier caso, los procedimientos son más difíciles de probar y, por lo tanto, deben documentarse y probarse con mayor detenimiento.

Los desarrolladores que le ofrecen paquetes utilizan estos procedimientos (o clases que contienen procedimientos) para factorizar su trabajo y proporcionarle herramientas ricas y completas. Pero, si se fija en cómo están escritos estos procedimientos, a menudo verá que llaman a funciones infinitamente más simples.

Observación

Por tanto, puede crear un procedimiento que encapsule gran parte de su trabajo y lo exponga como una herramienta bien documentada y versátil. Pero este procedimiento, o la clase que expone y que lleva este procedimiento como método, debe construirse sobre funciones lo más puras posible, si es necesario como métodos de varios objetos simples. Dentro de estas funciones o métodos, debe apostar por un estilo funcional.

5.4.2 Muerte rápida

Cuando una condición o un resultado no se ajusta a lo esperado en un programa (es decir, una contingencia potencialmente perjudicial), hay que informar y detener el programa.

Para detener el programa, puede inspirarse en el siguiente código; fíjese en el uso de `assert`, que detiene el programa si se introduce el valor `False`, pero antes emite una cadena de caracteres para explicar lo que ha ocurrido.

```
def func_prueba_error() :
  ''' Aquí se gestionan uno o varios errores'''

  error = False # a priori, no hay errores

  # aquí se pone el test o los tests para constatar el posible error

  # aquí se informa sobre el contexto del error
  error          = True
  error_lib      = "error x, procesamiento incorrecto"
  error_context  = "ha ocurrido aquí"

  return error, error_lib, error_context

e,l,c = func_prueba_error()
assert not e, f'hay un {l}, en el contexto {c}'
```

Esto provoca el siguiente error (en inglés: *to raise an error*).

```
AssertionError: hay un error x, procesamiento incorrecto,
en el contexto ha ocurrido aquí
```

Antes de detener el programa, el error podría haberse escrito en un archivo o sistema de *logging* (rastros de la ejecución de un programa).

5.5 Crear sus propias bibliotecas de funciones

Crear su propia biblioteca, conocida como **módulo**, no podría ser más fácil:

- Cree un archivo que contenga sus funciones, manteniendo la llamada a `doctest` en su parte **`main`**, ya que **`main`** solo se invoca si ejecuta directamente este archivo de módulo.
- Cree su programa, empezando por importar el módulo bajo una abreviatura corta y especificando su código (¡que, sin duda, llama a una función del módulo!) en su parte **`main`**.

Por ejemplo, una vez que hemos creado un archivo modulo1.py que contiene el código que hemos visto anteriormente con la definición de la función `prueba_temperatura` seguida de la llamada a `doctest` mencionada, podemos invocar nuestra función de la siguiente manera:

```
   importar modulo1 como m1

if __name__ == '__main__':

   print("""
   Este programa llama a la función prueba_temperatura()
   del módulo modulo1.py
   """)

   for t in -1,13,19,20,28 :
      m1.prueba_temperatura(t)
```

Su ejecución da el resultado siguiente:

```
Este programa llama a la función prueba_temperatura()
  del módulo modulo1.py

'temperatura desagradable'
'hace fresco'
'temperatura razonable'
'temperatura razonable'
'hace un poco de calor'
```

Un conjunto de módulos forma un paquete (***package***).

5.6 Sus dos primeros tipos built-in compuestos

5.6.1 Las t_uplets (tupla)

Una t_uplet (o p_uplet para algunos matemáticos), es decir, una secuencia ordenada de objetos, es un tipo construido a partir de otros tipos. Es el tipo construido más básico de Python. No confunda las t_uplets con las listas, que veremos más adelante.

Las t_uplets más conocidas son los pares y los tripletes.

Aunque parezca rústica, esta estructura es una de las más eficaces en términos de rendimiento (velocidad de ejecución), mucho más rápida que las listas.

Sintácticamente, solo hay que enumerar los objetos con comas para separarlos (puede o no encerrar esta secuencia entre paréntesis).

```
u = 1, 3, 4, 4, 0, 1  # un t_uplet
u
--|  (1, 3, 4, 4, 0, 1)
```

Comprobemos que el tipo del objeto u es el esperado:

```
print(type(u))
--|  <class 'tuple'>
```

Probemos a utilizar paréntesis y a introducir en ellos diversos objetos, como cadenas de caracteres.

```
us = ("un", "dos", "tres")  # un t_uplet de strings
print(us)

--|  ('un', 'dos', 'tres')
print(type(us))

--|  <class 'tuple'>
```

Podemos ver que con o sin paréntesis, obtenemos un objeto de tipo tupla.

Probémoslo con números reales.

```
ur = 1.58 , np.pi , -125.7, 10e-4, 10e2
print(ur)
--|  (1.58, 3.141592653589793, -125.7, 0.001, 1000.0)
```

En el ejemplo anterior, observe cómo hemos podido utilizar la definición del número pi contenida en el paquete numpy y la forma de escribir potencias de 10.

Probemos con expresiones booleanas.

```
ub = True,False,not True,1 == 1,1 == 2,1 < 2,1 >= 2,True & True,False | True
print(ub)
--|  (True, False, False, True, False, True, False, True, True)
```

Veamos cómo crear una tupla vacía. Aquí, los paréntesis sí que son importantes.

```
v = ()
print(v
--| ()
```

Y ahora, veamos cómo crear una tupla con un único elemento. Por extraño que parezca, ¡este es el caso que más atrae a los desarrolladores novatos de Python!

```
u1 = 666,       # Cuidado, ¡si no ponemos coma, obtenemos un entero!
print(u1)
--| (666,)
print(type(u1))

--| <class 'tuple'>
```

Para crear una tupla que contenga una secuencia de enteros, utilice la función `range`.

```
tuple(range(5))        # enteros de 0 a 4 (se excluye la última
posición)
--| (0, 1, 2, 3, 4)
tupla(rango(1,5))      # enteros de 1 a 4
--| (1, 2, 3, 4)
tuple(range(-3,10,2)) # enteros de -3 a 9, pero de dos en dos
--| (-3, -1, 1, 3, 5, 7, 9)
```

Tomemos nuestra tupla u y calculemos el número de objetos que contiene.

```
n = len(u)
print(n)
--| 6
```

Para añadir uno o varios elementos, basta con utilizar el símbolo +.

```
u = u + u1
n = len(u)
print(u)

--| (1, 3, 4, 4, 0, 1, 666)
```

```
print(n)

--| 7
```

Para crear una tupla que corresponda a la agregación de varias tuplas, utilice el símbolo * (equivale a varios +). ¡Tenga en cuenta que esto no realiza ninguna multiplicación en la tupla!

```
u3 = 3*u
print(u3)
--| (1, 3, 4, 4, 0, 1, 666, 1, 3, 4, 4, 0, 1, 666, 1, 3, 4, 4, 0, 1, 666)
```

Crear una tupla vacía es sencillo.

```
v = ()
print(type(v)) # esto es una tupla
--| <class 'tuple'>
```

Veamos todas las funciones vinculadas al objeto u, porque es una tupla.

```
dir(u)
```

```
--| [ '__add__', '__class__', '__contains__', '__delattr__', '__dir__',
'__doc__',
--| '__eq__', '__format__', '__ge__', '__getattribute__', '__getitem__',
--| '__getnewargs__', '__gt__', '__hash__', '__init__', '__init_subclass__',
--| '__iter__', '__le__', '__len__', '__lt__', '__mul__', '__ne__', '__new__',
--| '__reduce__', '__reduce_ex__', '__repr__', '__rmul__', '__setattr__',
--| '__sizeof__', '__str__', '__subclasshook__', 'count', 'index']
```

Estas funciones son numerosas y, como están adjuntas al objeto u de la clase `tuple`, las llamamos «métodos».

Veamos lo que podemos hacer fácilmente con algunos de los métodos de nuestra tupla u.

```
u.__getitem__(0) # primer elemento (¡empieza en cero!)
--| 1
u[0]             #idem
--| 1
u[1]             # segundo elemento
--| 3
u.count(1)       # número de veces que el elemento 1 está presente
--| 2
u.index(4)       # índice de la primera posición que contiene el elemento 4
--| 2
u[-1]            # último elemento
--| 666
```

Las tuplas son inmutables; no puede asignar un nuevo valor a una posición, `u[1] = b`, esto no es posible. Pero puede crear otra tupla con el mismo nombre de la primera.

```
b = 25              # crea una nueva tupla u con un elemento adicional
u = u + (b,)
u
--|  (1, 3, 4, 4, 0, 1, 666, 25)
```

La tupla es la estructura «iterable» más sencilla para controlar un bucle.

```
for e in u : print(e**2) # cuadrados de los valores contenidos en u

--|  1
--|  9
--|  16
--|  16
--|  0
--|  1
--|  443556
--|  625
```

Si realiza varios cálculos en una función, devuelva una tupla del siguiente modo: `return resultado1, resultado2, resultado3`. Esto no afecta a la pureza de la función.

También puede utilizar una tupla para controlar una elección.

```
if 666 in u : print("hay que hacer algo")

--| hay que hacer algo
```

5.6.2 map y lambda

Aquí introducimos la importantísima función **map**, que permite aplicar una función en cada posición de un iterable sin escribir un bucle. Es legible, fácil y potente.

Veamos cómo aplicar una función $f(x)$ para obtener una nueva tupla donde cada valor se ha incrementado en un 10 %.

```
def f(x) : return x * 1.10  # la función que debe aplicarse en cada elemento

m = tuple(map(f , u))       # el mapping de f sobre u, y su casting en tupla
print(m)
--|  (1.1, 3.3000000000000003, 4.4, 4.4, 0.0, 1.1, 732.6, 27.500000000000004)
```

Introduciendo la instrucción `lambda`, la instrucción estrella de la programación funcional, ya no es necesario nombrar la función que se va a aplicar.

```
m = tuple(map(lambda  x : x * 1.1 , u))
print(m)
--|  (1.1, 3.3000000000000003, 4.4, 4.4, 0.0, 1.1, 732.6,
27.500000000000004)
```

Intente seguir los consejos de estilo que se describen a continuación.

Cuando necesite hacer cálculos muy anidados, no ceda a la tentación de escribir expresiones como:

```
def f(x) : return np.sin(x * np.cos(x**2 + 2*x - 1 ))
print(f(1))
--|  -0.4042391538522658
```

Lo mejor es proceder por etapas y crear una o varias *pipe*:

1. Identifique las expresiones más bajas en el orden de los paréntesis anidados, aquí (x^2 + $2x$ - 1) y realice esos cálculos primero:

```
step1 = x**2 + 2*x - 1
```

2. Exprese el siguiente nivel de paréntesis utilizando `step1`:

```
np.sin(x * np.cos(step1))
```

3. Y así sucesivamente...

En este caso, obtenemos una expresión cuya construcción y cuyos resultados pueden analizarse paso a paso:

```
def f(x) :
  step1 = x**2 + 2*x - 1
  step2 = x * np.cos(step1)
  step3 = np.sin(step2)
  return step3
```

```
print(f(1))
--|  -0.4042391538522658
```

Durante la depuración de su función, esto le permite comprobar los resultados intermedios. No hay ninguna diferencia apreciable en el rendimiento.

También puede utilizar esta técnica durante una sesión de ***refactorización***, es decir, para mejorar su código sin cambiar sus funcionalidades.

Para aplicar su función a una estructura iterable como una tupla, utilice `map` (o un generador, que veremos más adelante) y transforme el resultado en el tipo iterable que quería obtener.

```
f_de_u = tuple(map(f,u))
```

Esta última **sintaxis es muy importante**, así que aplíquela a menudo, sobre todo porque es una sintaxis de estilo «programación funcional».

5.6.3 Conjuntos (set)

Los conjuntos (*set*) son estructuras en las que solo hay una aparición de un elemento determinado. Se les pueden aplicar las funciones matemáticas habituales para conjuntos (intersección, unión, etc.). También son muy útiles para comprobar que se ha creado una estructura sin duplicados. Un conjunto puede contener objetos de distintos tipos. En un conjunto, el orden en que se enumeran los elementos es irrelevante.

```
E1  = {6,2,3,1}
E2  = {3,6,12}

cardinal_E1 = E1.__len__()
print(cardinal_E1)
--|  4
E1.__contains__(6)
--|  True
```

```
E3 = E1.intersection(E2)
E4 = E1.union(E2)
E5 = E1.symmetric_difference(E2)

for E in (E1,E4,E5): print(E) # listar colección de conjuntos

--|  {1, 2, 3, 6}
```

```
--| {1, 2, 3, 6, 12}
--| {1, 2, 12}
```

```
el_1 = E1.pop()
print("primer pop: ", el_1, ", resto: ",E1)
--| primer pop: 1 , resto: {2, 3, 6}
```

```
el_1 = E1.pop()
print("segundo pop: ", el_1, ", resto: ",E1)
--| segundo pop: 2 , resto: {3, 6}
```

Los conjuntos se utilizan a menudo para eliminar duplicados de otro tipo de datos, por ejemplo, de una lista (más adelante veremos la noción de lista con más detalle, pero, como este uso de los conjuntos es muy habitual, hemos preferido anticiparnos un poco).

```
l = [5,9,4,5,6,6]
E = set(l)
print(E)
--| {9, 4, 5, 6}
```

A continuación, podemos reconstituir una lista que ahora está desdoblada.

```
=l_desdoblada list(E)

print(l_desdoblada)
--| [9, 4, 5, 6]
```

6. Manipulaciones habituales de datos

6.1 Utilizar la función print y descubrir las strings

Las cadenas de caracteres pueden crearse con comillas simples: `'blabla'`, o con comillas dobles: `"blabla"`.

Pueden utilizarse en la función `print`. Si el propio mensaje contiene comillas o comillas dobles, debe ir precedido del carácter \ (se conoce como carácter de escape).

Las cadenas de caracteres son inmutables y su tipo se llama string.

```
print("Una cadena de caracteres con una \" y una \'. ")
--| Una cadena de caracteres con una " y una '.
```

Para crear cadenas con varias líneas, debe delimitarlas entre tres comillas simples o dobles.

```
print(
  '''
  Este es un texto
  con varias líneas
 '''
)
--|
--|     Este es un texto
--|     con varias líneas
--|
```

También puede utilizar el mismo procedimiento que en otros lenguajes para generar saltos de línea, utilizando la secuencia de escape `\n`.

```
print("una primera línea\ncon una segunda línea y un salto
final\n")
--|   una primera línea
--|   con una segunda línea y un salto final
```

Las cadenas de caracteres son objetos que pueden manipularse utilizando varios métodos, es decir, funciones específicas de una clase de objetos. Uno de ellos es el método `format`, que busca secuencias como `{0}` en una cadena y las sustituye por otra utilizando el número de secuencia entre llaves. Para invocar un método en un objeto, utilice el punto «.».

```
print(
  "inserción_1: {0}, inserción_2: {1}, bis primero: {0}"
  .format("una cadena",666)
  )

--| inserción_1: una cadena, inserción_2: 666, bis primero:
una cadena
```

Puede dejar vacío el contenido de las llaves, en cuyo caso el orden es implícito.

```
print(
  "inserción_1: {}, inserción_2: {}, bis primero: {}"
  .format("una cadena", 666, "una cadena")
  )

--| inserción_1: una cadena, inserción_2: 666, bis primero: una cadena
```

En lugar de utilizar un número secuencial, puede nombrar los campos que se rellenarán (en este caso, *placeholders*). Este enfoque es más largo, pero a menudo más sólido en términos de programación profesional, ya que resiste los cambios posteriores en la expresión utilizada. De hecho, el riesgo de cometer un error al invocar variables se elimina porque se nombran explícitamente.

```
print(
  "inserción_1: {cadena}, inserción_2: {número}, bis primero: {cadena}".
 .format(cadena = "una cadena", número = 666)
  )

--| inserción_1: una cadena, inserción_2: 666, bis primero: una cadena
```

Obviamente, estos valores pueden pasarse como variables o constantes con nombre.

```
c1 = "una cadena"
n1 = 666
print(
  "inserción_1: {cadena}, inserción_2: {número}, bis primero: {cadena}"
 . format(cadena = c1,número = n1)
  )

--| inserción_1: una cadena, inserción_2: 666, bis primero: una cadena
```

Para crear una cadena paso a paso, también es posible concatenar varias cadenas.

```
c1 = "inicio"
c2 = "fin
blanco = " "
mi_cadena = c1+blanco+c2
print(mi_cadena)
--| inicio fin
```

Es posible extraer una cadena de caracteres de otra cadena (en inglés, esto se denomina generalmente *subsetting* o *slicing*, y se obtiene una *substring*).

Para entender la sintaxis, primero hay que comprender que los índices, es decir, las posiciones en las enumeraciones de Python, empiezan en 0 (a diferencia de R, donde empiezan en 1). En Python, los corchetes de apertura/cierre se utilizan para extraer información de una secuencia.

```
c = "abcdef"
print("el elemento en la primera posición, es decir, la posición
0: ", c[0])

--| el elemento en la primera posición, es decir, la posición 0: a
```

```
print("los elementos en las posiciones 0,1,2,3: ", c[0:4])

--| elementos en posiciones 0,1,2,3: abcd
```

Observe que `c[0:4]` significa: de la posición 0 a la posición 3, es decir, 4 – 1, ya que empezamos en la posición 0, que puede leerse rápidamente como las cuatro primeras posiciones.

Se pueden aplicar varios métodos a las cadenas.

```
c = "una expresión"
print("Añade una mayúscula: {}".format(c.capitalize()))
--| Añadir una mayúscula: Una expresión
```

Puede ser necesario determinar si la cadena corresponde a un valor numérico, por ejemplo, antes de aceptarla como entrada válida de un usuario.

```
# comprueba si la cadena puede interpretarse como un valor numérico
print("Es un valor numérico: ", c.isnumeric())

--| Es un  valor numérico: Falso
```

```
=c "777"
   print("Es un valor numérico: ", c.isnumeric())

--| es un valor numérico: True
```

Ahora vamos a crear otro tipo de secuencia: un objeto de tipo `list`.

```
# transformar ingenuamente la cadena en una lista de palabras
c = "Soy bella, oh mortales"
l = c.split()
print(l)
--| ['Soy', 'bella', ',', 'oh', 'mortales']
```

Con este último método, hemos creado un nuevo tipo de objeto: una lista (en este caso, una lista de strings).

La string original puede recuperarse aplicando el método `join` de la lista a una cadena «pequeña» que contenga un separador. Esta sintaxis puede parecer un poco extraña, pero la lógica es clara: para obtener una cadena, utilizamos otra cadena que transformamos usando un método dedicado.

```
c_new = " ".join(l)
print(c_new)
--| Soy bella, oh mortales
```

6.2 Utilizar las listas

Al igual que las cadenas, las listas son secuencias. Sin embargo, mientras que las strings están formadas por caracteres, las listas pueden contener cualquier tipo de objeto; por ejemplo, una lista de listas. Los elementos de una lista no tienen por qué ser del mismo tipo.

Las listas son **mutables**, lo que significa que se pueden añadir elementos, eliminarlos o modificarlos una vez creada la lista, a diferencia de las tuplas, que son inmutables, es decir, que no se pueden modificar una vez creadas (cualquier intento de modificar una tupla provocará un error).

El *subsetting* utilizado para crear una sublista es idéntico al descrito anteriormente, pero aquí vamos a extraer las tres primeras palabras de nuestra lista `l`.

```
print(l[0:3])
--| ['Soy', 'un', 'algoritmo']
```

Disponemos de un método para obtener el número de elementos de una secuencia, en este caso, de nuestra lista.

```
n = l.__len__()   # n = len(l) da el mismo resultado
                  # encapsulando este método


print("número de elementos de la lista: ", n)
--| número de elementos en la lista: 5
```

Ahora es fácil crear una lista de los últimos elementos de nuestra lista. Aquí vamos a extraer dos elementos.

```
print(l[n-2:n])
--| ['oh', 'mortales']
```

Esta sintaxis con el «:» comporta otras facilidades; por ejemplo, puede omitir valores y obtener entonces valores por defecto, y añadir un incremento positivo o negativo para definir el recorrido a través de la lista. Debe recordar el siguiente *subsetting*, que le permite invertir el orden de una lista.

```
print(l[::-1])
--| ['mortales', 'oh', 'hermosa', 'soy', ',']
```

Para averiguar si un valor aparece al menos una vez en una secuencia, utilice `in`.

```
"mortales" in l     # Verdadero
--| True
```

Por el contrario, para averiguar si un valor no aparece nunca en una secuencia, puede utilizar `not in`.

```
"mortales" not in l     # Falso
--| False
```

Para contar el número de apariciones de un elemento en una lista o una cadena.

```
l.count("mortales") # una vez
--| 1
```

Para identificar la posición (primer índice) de un elemento.

```
l.index("mortales")
--| 4
```

6.3 Crear y transformar listas

6.3.1 Aspectos básicos

Para insertar un elemento antes de una posición.

```
l.insert(4, "pequeños")
print(l)
--| ['Soy', 'hermosa', ',', 'oh', 'pequeños', 'mortales']
```

Para insertar un elemento en la última posición.

```
l.append("singulares")
print(l)
--| ['Soy', 'hermosa', ',', 'oh', 'pequeños', 'mortales', 'singulares']
```

Para eliminar un elemento en función de su posición (por defecto, el elemento en la última posición) y **recuperar el elemento en cuestión**.

```
e = l.pop()
print("contenido extraído: ", e)

--| contenido extraído: singulares
```

```
print(l)

--| ['Soy', 'hermosa', ',', 'oh', 'pequeños', 'mortales']
```

Para eliminar la primera aparición de un elemento.

```
l.remove("pequeños")
print(l)
--| ['Soy', 'hermosa', ',', 'oh', 'mortales']
```

Antes de iniciar un algoritmo, suele ser aconsejable inicializar de forma inteligente las variables utilizadas. En el caso de las listas, suele ser buena idea crear una lista vacía.

```
lv = list() # una lista vacía, podríamos haber escrito lv = []
print(lv)
--| []
```

Atención: a diferencia de lo que ocurre en otros lenguajes, el signo = entre dos listas no copia una lista en la otra, sino que simplemente crea un alias. Si desea una copia, debe utilizar el método `copy`.

```
# crear un alias
mi_lista = [0,10,20]
un_alias = mi_lista
mi_lista.append(30)
print("mi_lista: ", mi_lista)

--| mi_lista: [0, 10, 20, 30]
```

```
print("un_alias: ", un_alias) # un_alias y mi_lista son uno
--| un_alias: [0, 10, 20, 30]
```

```
# copiar una lista en otra

copia_lista = mi_lista.copy()        # una copia auténtica
mi_lista.append(40)
print("mi_lista: ", mi_lista)        # las listas evolucionan
                                     # independientemente

--| mi_lista: [0, 10, 20, 30, 40]
```

```
print("copia_lista: ", copia_lista)

--| copia_lista: [0, 10, 20, 30]
```

Lo mismo ocurre con las cadenas: por regla general, si identifica un método `copy` para un tipo de objeto, ¡úselo para hacer una copia!

6.3.2 Realizar un bucle en una lista

Realizar un bucle a partir de un iterable, en este caso una lista, es muy sencillo:

```
for valor in mi_lista: print(valor)
--| 0
--| 10
--| 20
--| 30
--| 40
```

Pero, a menudo, necesitamos la posición en la lista. En lugar de tener que gestionar un contador, **debería utilizar** la función `enumerate`, que evita muchos errores comunes y mejora la legibilidad para los profesionales de Python.

Esta función devuelve dos variables simultáneamente, lo que puede resultar sorprendente, pero ese es precisamente su punto fuerte. El primer valor representa la posición en el iterable, el segundo representa el valor contenido en dicho iterable.

```
for posición, valor in enumerate(mi_lista):
  print(f "posición: {posición}, valor: {valor}")
--| posición: 0, valor: 0
--| posición: 1, valor: 10
--| posición: 2, valor: 20
--| posición: 3, valor: 30
--| posición: 4, valor: 40
```

Si, en lugar de la posición (que empieza en cero), quiere contar los bucles, añada el parámetro `start = 1`.

```
for i, v in enumerate(mi_lista, start = 1):
  print(f"bucle: {i}, valor: {v}")
--| bucle: 1, valor: 0
--| bucle: 2, valor: 10
--| bucle: 3, valor: 20
--| bucle: 4, valor: 30
--| bucle: 5, valor: 40
```

6.3.3 Manipulación vectorial de una lista

Ahora vamos a abordar un punto clave: ¿cómo modificar el contenido de una lista aplicando una función a cada elemento de la lista, sin utilizar un bucle?

Encontrará varios estilos de escritura para realizar este tipo de acciones: uso de la función `map()`, listas en comprensiones (uso de la definición de lista) y utilización de un generador. Las sintaxis son similares cuando uno lee el código correspondiente, pero le aconsejamos que utilice los generadores, que tienen un estilo «pythónico», son eficientes en términos de rendimiento y pueden generalizarse a otros contextos. La idea es la siguiente: define lo que desea hacer (el generador) y lo utiliza para crear la lista.

```
def f(x): return 2*x+1                     # una función cualquiera

definición = (f(x) for x in mi_lista)      # generador
f_lista = list(definición)                 # creación de una lista
print(f_lista)
--| [1, 21, 41, 61, 81]
```

Para crear este tipo de generadores aplicando una función a cada elemento de un iterable, en este caso una lista, a menudo nos encontramos con el siguiente problema: la función que queremos aplicar tiene varios argumentos y queremos establecer un valor para cada uno de ellos. Para ello, necesitamos utilizar la función `partial` del paquete *functools*.

Como ejemplo, construiremos la función `ReLU` (*Rectified Linear Unit*), que se utiliza en redes neuronales como función de activación de las neuronas. Esta función se construye trivialmente a partir de la función `max`. Es la función que devuelve 0 para $x < 0$ y x en caso contrario.

```
from functools import partial

ReLU = partial(max,0)   # una nueva función
                        # cuyo resultado es >= 0
ReLU(-1)
--| 0
ReLU(10)
--| 10
```

La función `ReLU` solo tiene un argumento, por lo que podemos utilizarla para construir fácilmente un generador y obtener su valor para una lista entera.

```
l = [-100,-10,-1,0,10,20,30,70]
g = (ReLU(x) for x in l)    # objeto generador de la lista
                            # más conciso y legible que:
                            # g = (max(x,0) for x in l
ReLU_lista = list(g)        # creación de la lista
print(ReLU_lista)
--| [0, 0, 0, 0, 10, 20, 30, 70]
```

Observación

*El uso de **`partial`** no es anecdótico; es característico del estilo de programación funcional y significa que no tiene que recodificar funciones innecesariamente cuando ya dispone de funciones maduras con varios parámetros.*

A menudo es necesario cambiar el tipo de los elementos contenidos en una lista, por ejemplo, transformar una lista de cadenas de caracteres que representan números en valores numéricos. Esto se conoce como *type casting*. Las funciones habituales para hacerlo son `int`, `float`, `bool` y `str`, que pueden utilizarse para crear enteros, reales, booleanos y strings a partir de otros tipos.

El siguiente código utiliza un generador para transformar una lista de strings en una lista de reales.

```
lista_que_transformar = ["10","9","8","7","6"]
g = (float(x) for x in lista_que_transformar)
lista_num  = list(g) # equivale a:
list(map(float,lista_que_transformar))
print(lista_num)
--| [10.0, 9.0, 8.0, 7.0, 6.0]
```

La suma de los elementos de una lista numérica es fácil de obtener.

```
suma = sum(lista_num)
print("suma de la lista: ", suma)
--| suma de la lista: 40.0
```

Es muy sencillo realizar estadísticas básicas importando el paquete *statistics*.

```
import statistics
media               = statistics.mean(lista_num)
mediana             = statistics.median(lista_num)
desviación_típica = statistics.stdev(lista_num)
print(
  '''
  Media: {}
  Mediana: {}
  Desviación típica: {}
  '''.format(media,mediana,desviación_típica)
)
--|
--|   Media: 8.0
--|   Mediana: 8.0
--|   Desviación típica: 1.5811388300841898
--|
```

Observe la presentación en columnas mediante una cadena de caracteres en varias líneas.

Para cálculos numéricos más complejos, en lugar de copiar expresiones complicadas de internet que usan listas y diccionarios, considere el uso de los paquetes numpy (y sympy, si procede).

6.4 Numpy, tensores, matrices en pocas palabras

6.4.1 Manipulaciones básicas

Numpy es el paquete estrella para cálculos numéricos; Tensorflow es otro paquete estrella en el mundo del aprendizaje automático y la IA, y ha adoptado la misma sintaxis para sus tensores (= arrays).

En la práctica, en cuanto quiera hacer cálculos numéricos intensos, tendrá que utilizar este tipo de paquetes. Suele ser buena idea, por lo tanto, transformar sus datos numéricos en un tensor después de extraerlos y limpiarlos de la base de datos o de un .csv (a veces utilizando SQL o el paquete Pandas).

Así que necesita saber cómo transformar una lista en un tensor Numpy (array) y viceversa.

```
Import numpy as np

l = [[1,2,3,4],[10,20,30,40],
     [100,200,300,400] ] # lista de listas del mismo tamaño
print("lista de 3 listas numéricas: ", l)

--| lista de 3 listas numéricas: [[1, 2, 3, 4], [10, 20, 30, 40],
[100, 200, 300, 400]]
```

```
t = np.array(l)
print("El tensor correspondiente: \n", t)

--|   El tensor correspondiente:
--|   [[ 1 2 3 4]
--|    [ 10 20 30 40]
--|    [100 200 300 400]]
```

Es muy fácil acceder a una celda tensorial. Pero recuerde que en Python los índices empiezan en 0, lo que significa que tenemos un desplazamiento de una posición respecto a la notación algebraica habitual.

```
c = t[1,3]
print("celda en segunda línea y cuarta columna: ", c)
--| celda en segunda fila y cuarta columna: 40
```

También podemos extraer parte del tensor utilizando un **subsetting** clásico **en cada dimensión**. Los siguientes ejemplos deben estudiarse detenidamente, teniendo en cuenta que las dimensiones están separadas por comas y que en una dimensión la expresión *m:n* significa *de la línea m+1 a la línea n* en términos matemáticos, y *de la línea m a la línea n-1* en sintaxis Python, donde los índices empiezan en cero.

```
print("Primera línea: \n", t[0 , :]

--| Primera línea:
--| [1 2 3 4]
print("Segunda y tercera línea: \n ", t[1:3 , :])

--|   Segunda y tercera línea:
--|   [[ 10 20 30 40]
--|    [100 200 300 400]]
```

```
print("Primera y segunda columna: \n ", t[: , 0:2])

--| Primera y segunda columna:
--|  [[ 1 2]
--|   [ 10 20]
--|   [100 200]]
```

```
print("Un bloque: \n ", t[1:3 , 0:2])

--|  Un bloque:
--|  [[ 10 20]
--|   [100 200]]
```

Tenga en cuenta que es muy fácil transformar un tensor en una lista.

```
t.tolist() # de tensor a lista
--| [[1, 2, 3, 4], [10, 20, 30, 40], [100, 200, 300, 400]]
```

A menudo preferimos declarar como matriz las estructuras bidimensionales como el tensor anterior.

```
import numpy as np
l = [[1,2,3,4],[10,20,30,40],
     [100,200,300,400] ]   # lista de listas del mismo tamaño
print("lista de 3 listas numéricas: ", l)
```

```
--| lista de 3 listas numéricas: [[1, 2, 3, 4], [10, 20, 30, 40],
[100, 200, 300, 400]]
```

```
M = np.matrix(l)
print("la matriz correspondiente: \n", M)

--|  la matriz correspondiente:
--|  [[ 1 2 3 4]
--|   [ 10 20 30 40]
--|   [100 200 300 400]]
```

Al utilizar el tipo `matrix`, se tiene acceso a los métodos específicos de las matrices. Tenga en cuenta que puede obtener fácilmente una lista de los métodos de un objeto utilizando la función `dir()`. Como regla general, esta es una forma rápida de explorar lo que se puede hacer con un objeto.

```
print(dir(M)[97:105]) # algunos métodos aplicables
                      # a las matrices (al azar)


--| ['__sub__', '__subclasshook__', '__truediv__', '__xor__',
'_align', '_collapse', '_getitem', 'all']
```

Un tensor y una matriz de las mismas dimensiones son compatibles, por lo que puede realizar cálculos triviales con ambos y combinarlos de forma lineal.

```
print(t*100+M+0.007)
--|  [[   101.007   202.007   303.007   404.007]
--|   [ 1010.007  2020.007  3030.007  4040.007]
--|   [10100.007 20200.007 30300.007 40400.007]]
```

6.4.2 Guardar y acceder de forma inteligente a un tensor

Es fácil guardar y leer un tensor numpy (extensión .npy).

```
   import numpy as np

# Copia de seguridad de un array numpy
a = np.array([[0.0, 0.1, 0.2], [1.0, 1.1, 1.2]]) # dos filas,
                                                  # tres columnas
print(a, '\n de tipo: ', type(a))

--|  [[0. 0.1 0.2]
--|   [1. 1.1 1.2]]
--|   type:  <class 'numpy.ndarray'>
```

```
np.save('prueba_a',a)                        # el nombre es
prueba_a.npy

a_clone = np.load('prueba_a.npy')            # lee el archivo
print(a == a_clone)                          # todo concuerda

--| [[ True  True  True]
--|  [ True  True  True]]
```

Un archivo de este tipo puede leerse parcialmente, lo que permite guardar memoria para procesar archivos muy grandes.

```
# Lectura parcial desde disco: ¡ahorra memoria!
a_link = np.load('prueba_a.npy', mmap_mode='r') # enlace al archivo
print(a == a_link)                              # todo concuerda

--| [[ True  True  True]
--|  [ True  True  True]]
```

```
print(a_link, '\n de tipo: ', type(a_link))    # ¡Esto no es
                                               # un array real!

--| [[0.  0.1 0.2]
--|  [1.  1.1 1.2]]
--|  de tipo:  <class 'numpy.memmap'>
```

```
print(a_link[: , 1])      # acceso directo en disco
                          # a la segunda columna, es decir, col 1

--| [0.1 1.1]
```

Se pueden crear archivos comprimidos que contengan varios tensores, cada uno con un identificador único (extensión .npz).

```
# Copia de seguridad comprimida de varias estructuras y accesos sucesivos
b=np.array([[0.0, 0.1], [1.0, 1.1]]) # dos filas, dos columnas

np.savez('prueba_a_b', # copia comprimida con claves = identificadores.
         a=a,          # En estilo pythónico, solemos llamar claves
         b=b)          # a los identificadores, por razones
                       # mnemotécnicas, para usar posteriormente.
```

```
a_b = np.load('prueba_a_b.npz')
a_clone = a_b.get('a')    # acceso a las matrices por su identificador
b_clone = a_b.get('b')
```

He aquí una manera de descomprimir todos los tensores contenidos en el archivo.

```
# Acceso ingenuo a todos los valores de cada matriz
k = list(a_b)          # lista de claves
for i in k:
 t = a_b.get(i)
  print("\nLa matriz {} es: \n {} ".format(i,t))

--|
--| El array a es:
--|  [[0. 0.1 0.2]
--|   [1. 1.1 1.2]]
--|
--| El array b es:
--|  [[0. 0.1]
--|   [1. 1.1]]
```

Es importante identificar estas técnicas en el contexto de *Business Intelligence*, *Big Data* o *Machine Learning*.

7. Diccionarios de Python

7.1 Introducción a los diccionarios

Esta estructura es muy popular entre los desarrolladores de Python, quizás demasiado. Antes de usarla, compruebe siempre si no serían más sencillos, potentes o adecuados una lista, un array/tensor de Numpy (o Tensorflow o Pytorch) o un dataframe de Pandas (un dataframe es una estructura tabular, como un archivo csv o una tabla relacional, pero en la que cada columna puede usarse como clave de acceso sin generar problemas de rendimiento específicos).

En términos generales, un diccionario es una lista de pares clave-valor, y las claves pueden considerarse índices. A diferencia de las listas, las matrices y las tuplas, el orden en que se organiza la información en el diccionario no importa, ya que se accede a cada valor a través de su clave.

Los diccionarios están para simplificarle la vida. Cuando tenga que recurrir a técnicas complicadas o difíciles de leer para utilizar sus diccionarios, probablemente se deba a que esta herramienta no es la más adecuada. Siempre puede transcribir sus datos a otra estructura más apropiada para ganar en fiabilidad.

Las listas y el *subsetting* se caracterizan sintácticamente por el uso de corchetes `[]`, mientras que los diccionarios se caracterizan por el uso de llaves `{}`.

Es muy fácil crear un pequeño diccionario. En cuanto a las claves, lo más habitual es encontrar cadenas de caracteres o números enteros, mientras que en los valores, al igual que sucede con las listas, puede almacenarse cualquier tipo de objeto.

He aquí un ejemplo de diccionario y de utilización del método `get` para tratar el caso en que la clave no existe. Observe que, en cualquier consulta, siempre hay que contemplar el caso de que esta resulte infructuosa, ¡aunque considere que eso es funcionalmente imposible!

```
siglas ={
  "CCNE": "Comité Consultivo Nacional de Ética",
  "AMGE": "Agencia de Medioambiente y Gestión de la Energía",
  "YAML": "Yet another markup language",
  "CEE" : "Comunidad Económica Europea"
}

def encuentra_sigla(s): return siglas.get(s, "sigla desconocida")

   print(encuentra_sigla("CCNE"))

--| Comité Consultivo Nacional de Ética
```

```
print(encuentra_sigla("TOTO"))

--| sigla desconocida
```

Es fácil enumerar las tuplas que componen el diccionario.

```
for s in siglas.items(): print(s)
--| ('CCNE', "Comité Consultivo Nacional de Ética")
--| ('AMGE ', "Agencia de Medioambiente y Gestión de la Energía")
--| ('YAML', "Yet another markup language")
--| ('CEE', "Comunidad Económica Europea")
print("\nclase del objeto s: ", s.__class__) # comprobar clase de s
--|
--| clase del objeto s:  <class 'tupla'>
```

La lista de claves también es fácil de obtener.

```
for key in siglas.keys(): print(key)
--| CCNE
--| AMGE
--| YAML
--| CEE
```

7.2 Crear una función print para estructuras complejas mediante pprint

Los diccionarios, u objetos JSON, que son estructuras jerárquicas de datos semiestructurados (mediante llaves, por ejemplo), son estructuras un poco difíciles de imprimir de forma limpia. Para ello, le sugerimos que utilice el paquete **pprint** (***pretty print***). La idea es crear una o más interfaces de impresión parametrizadas para los objetos específicos que quiera imprimir.

```
import pprint
pp_dict = pprint.PrettyPrinter(indent=3, width=80,
compact=True)    pp_dict.pprint(siglas)

--| { 'AMGE': "Agencia de Medioambiente y Gestión de la Energía
--| 'CCNE': "Comité Consultivo Nacional de Ética",
--| 'CEE': "Comunidad Económica Europea",
--| 'YAML': "Yet another markup language"}
```

Observación

Existe un paquete JSON en la biblioteca estándar de Python.

7.3 Manejo de los diccionarios

Un valor puede asignarse o reasignarse directamente a una clave conocida:

```
siglas ["CEE"] = "Comunidad Económica Europea"
pp_dict.pprint(siglas)

--| { 'AMGE': "Agencia de Medioambiente y Gestión de la Energía",
--|   'CCNE': "Comité Consultivo Nacional de Ética",
--|   'CEE': "Comunidad Económica Europea",
--|   'YAML': "Yet another markup language"}
```

De forma «extraña», también podemos **crear** una nueva entrada de diccionario mediante una asignación con el signo igual:

```
siglas["XXX"] = 'Xana Xin Xug'
pp_dict.pprint(siglas)

--| { "AMGE": "Agencia de Medioambiente y Gestión de la Energía",
--|   "CCNE": "Comité Consultivo Nacional de Ética",
--|   "CEE": "Comunidad Económica Europea",
--|   "XXX": "Xana Xin Xug",
--|   "YAML": "Yet another markup language"}
```

Se puede borrar y extraer una entrada:

```
siglas_extrae = siglas.pop("XXX")
print("Esta sigla ya no está en la lista: ",siglas_extrae)

--| Este sigla ya no está en la lista: Xana Xin Xug
```

```
pp_dict.pprint(siglas)

--| { "AMGE": "Agencia de Medioambiente y Gestión de la Energía",
--|  "CCNE": "Comité Consultivo Nacional de Ética",
--|  "CEE": "Comunidad Económica Europea",
--|  "YAML": "Yet another markup language"}
```

Ahora, probemos un código que tenga en cuenta si la clave existe o no. En este caso, la clave existe:

```
siglas["XXX"] = 'Xana Xin Xug'

x_ = "XXX"
if   x_ in siglas :    # encuentra_sigla(x_) != "sigla
desconocida"
  s_ = siglas.pop("XXX")
  print("La sigla {} con significado {} se ha suprimido de
la lista".format(x_,s_))
else :
  print("La sigla {} no estaba en la lista".format(x_))


--|  La sigla XXX con significado Xana Xin Xug se ha suprimido
de la lista
```

Ahora la llave ya no existe:

```
x_ = "XXX"
if   x_ in siglas :
     s_ = siglas.pop("XXX")
     print("La sigla {} que significa {} se ha suprimido
de la lista".format(x_,s_))
else :
     print("La sigla {} no estaba en la lista".format(x_))

--|  La sigla XXX no estaba en la lista
```

Existe una sintaxis típica para los diccionarios, que debe estudiarse detenidamente. Consiste en recorrer los elementos del diccionario, extrayendo tanto la clave como el valor correspondiente. En la documentación de Python, a menudo no nos molestamos en nombrar la `key` y el valor `value`, sino que simplemente decimos `k, v`.

```
for key, value  in siglas.items(): print(key,": " , value)
--| CCNE: "Comité Consultivo Nacional de Ética"
--| AMGE: " Agencia de Medioambiente y Gestión de la Energía"
--| YAML: "Yet another markup language"
--| CEE: "Comunidad Económica Europea".
```

Obviamente, como tenemos las claves, podemos manipular los resultados a nuestro antojo.

```
for k,v  in siglas.items(): print(v.upper(),": " , k)
--| "COMITÉ CONSULTIVO NACIONAL DE ÉTICA": CCNE
--| "AGENCIA DE MEDIOAMBIENTE Y GESTIÓN DE LA ENERGÍA": AMGE
--| "YET ANOTHER MARKUP LANGUAGE": YAML
--| "COMUNIDAD ECONÓMICA EUROPEA": CEE
```

A efectos de presentación, o antes de extraer una lista de su diccionario para crear una estructura de otra naturaleza, puede decidir ordenarla. Tenga en cuenta que **sorted** genera una lista de t_uplets y, por lo tanto, debe transformarse en un diccionario mediante la función `dict`.

```
siglas_t_k = dict(sorted(siglas.items()))
 for k,v in siglas_t_k.items() : print(k,v)
--| AMGE "Agencia de Medioambiente y Gestión de la Energía"
--| CCNE "Comité Consultivo Nacional de Ética"
--| CEE "Comunidad Económica Europea"
--| YAML "Yet another markup language"
```

Para ordenar por valor, es necesario indicar que la clave de ordenación (que no tiene nada que ver con la clave del diccionario) esperada por la función `sorted` se refiera a la segunda columna del objeto que hay que ordenar (es decir, `[1]`). Para ello, utilizamos una función anónima (mediante la instrucción `lambda`). Declaramos que la clave de ordenación (`key`) es el resultado de aplicar la función al objeto que hay que ordenar (`x`) y, dado que queremos ordenar por los valores, esa función devuelve la segunda columna (`x[1]`).

Este tipo de sintaxis con el uso de `lambda` es muy común y útil en Python, ¡debería hacer el esfuerzo de asimilar bien su significado! Además, le ayudará a afianzar su comprensión de los conceptos de la **programación funcional**.

```
siglas_t_v = dict(sorted(siglas.items(),
            key=lambda x: x[1])) # col [1],
                                 # por tanto, ordenar por valor
for k,v in siglas_t_v.items() : print(v," : ", k)
--| "Comité Consultivo Nacional de Ética": CCNE
--| "Agencia de Medioambiente y Gestión de la Energía": AMGE
--| "Yet Another Markup Language": YAML
--| "Comunidad Económica Europea": CEE
```

La ayuda de la función `sorted` le ofrece la siguiente información:

```
sorted(iterable, /, *, key=None, reverse=False)
Returns a new list containing all items from the iterable in ascending
order.

A custom key function can be supplied to customize the sort order, and
the reverse flag can be set to request the result in descending order.
```

Se puede leer que la función devuelve una lista y que funciona en todas las estructuras iterables, es decir, aquellas que disponen de un «iterador» que permite pasar al elemento siguiente en un orden preciso: «al siguiente» (*next*). También puede declarar una función para definir la clave de ordenación (`key =`), como hicimos con `key=lambda \space x: x[1]`. Obviamente, la función depende del tipo de objeto que se ordene. Asimismo, puede invertir el orden de clasificación utilizando `reverse=True`.

8. Zoom sobre los generadores

Para crear su propio iterador, resulta práctico utilizar un generador (de iteradores). Se trata de una función específica que, en lugar de devolver un valor mediante `return`, devuelve el siguiente valor que se utilizará al recorrer una estructura iterable. La instrucción utilizada para especificar este valor es `yield`, que funciona como `return`.

Incluya el siguiente generador en su caja de herramientas. Como ejercicio, intente modificarlo y analice las consecuencias de sus cambios.

```
def gen_i(start,end):
  ''' gen_i genera un iterador incremental de start a end incluido '''
  for i in range(start - 1,end):
      i = i + 1
      yield i
```

Vamos a utilizarlo en un bucle `for`, ¡que es el destino más común de un iterador!

```
for j in gen_i(-2,3): print(j) # un bucle en j que varía de -2 a 3
--| -2
--| -1
--| 0
--| 1
--| 2
--| 3
```

El uso de un generador de este tipo es tan agradable como eficaz.

```
def gen_i_par(start, end):
    ''' generador de números pares '''
    for i in range(start - 1, end):
        i = i + 1
        if i.__mod__(2) == 0 : yield i # si es divisible por 2
                                       # si fuera impar, tendríamos == 1
```

```
for j in gen_i_par(-4, 9) : print(j) # números pares de -4 a 8 inclusive

--|  -4
--|  -2
--|  0
--|  2
--|  4
--|  6
--|  8
```

Este generador podría utilizarse para realizar cálculos sobre la lista de los n primeros enteros pares: «para todos los enteros pares de 0 a n: hacer f(j)».

Volvamos a nuestro diccionario de acrónimos y veamos cómo crear un generador de todos los acrónimos que empiecen por una letra determinada.

```
def g_siglas_X(X) :
    for key in siglas.keys() :
        if key[0] == X : yield key
```

Ahora podemos actuar sobre las claves de las `siglas` que empiezan por una letra cualquiera, en este caso «C».

```
for X in g_siglas_X("C"): print(X)
--| CCNE
--| CEE
```

Este **mecanismo es muy resistente**. En efecto: en nuestro caso, si se solicita la misma acción pero no se puede cumplir la condición, no ocurre nada.

```
for X in g_siglas_X("Z"): print(X) # no muestra nada
                                   # porque no hay ninguna sigla con Z
```

9. Crear sus propios objetos

9.1 Creación de clases y objetos

Para crear un objeto (una instancia de una clase), se necesita una clase para poder declarar que ese objeto hereda de esa clase. Aquí creamos una clase `ciudadano` utilizando la instrucción `individuo = Ciudadano( )`. Implementamos la definición: «este individuo *is_a* ciudadano».

La clase se describe a través de sus métodos. El primer método que se construye es el **constructor** de la clase, que en Python se denomina **`init`**. Este método se invoca cuando se crea una instancia de la clase.

El primer parámetro de su clase se llama *self* y se utiliza para prefijar las variables internas de la futura instancia haciendo referencia al propio objeto.

El primer trabajo del constructor es rellenar las variables internas `self.xxx = yyy`. En casos sencillos como este, simplemente asignamos a las variables internas los valores introducidos en los parámetros del constructor, así: `self.nombre = nombre`. Si es necesario, podemos realizar inicializaciones mucho más complejas y llevar a cabo diversas comprobaciones de coherencia.

Después de expresar el constructor, añadimos todos los métodos que definen el comportamiento de la clase.

```
class Ciudadano:
'''Clase que describe los atributos mínimos de un ciudadano español'''

  def__init__(self, apellido, nombre, num_ss):
     self.apellido  = apellido
     self.nombre    = nombre
     self.num_ss    = num_ss

  def género(self): # en el num_ss el género está
                    # en la primera posición
   ''' devuelve el género de nacimiento de un ciudadano '''
   return "femenino" if self.num_ss[0] == "2" else "masculino"
```

Ahora podemos instanciar un objeto de la clase *Ciudadano*.

```
individuo_1 = Ciudadano("Martín","Pedro","1891195555494")
```

Las variables y métodos de la clase `ciudadano` son ahora accesibles para el $individuo_1$. Las variables accesibles a cualquier método de su clase se denominan **atributos**, pero este matiz no siempre aparece en la documentación (ni tampoco en nuestro texto), así que no le dé demasiada importancia.

```
print("El género de {} {} es {}"
    .format(individuo_1.nombre, individuo_1.apellido, individuo_1.género()))

--| El género de Pedro Martín es masculino
```

Excepto en los proyectos de análisis de datos masivos, en los que se manipulan líneas que representan observaciones, debería plantearse la programación orientada a objetos en cuanto vea aparecer en sus análisis agregados lógicos de características y comportamientos. El análisis de su problema mediante UML favorece la aparición de clases y sugiere sus métodos. Cuando programe la modificación o la entrada de una estructura a través de una interfaz hombre-máquina, conviene asociar sus objetos funcionales a objetos gráficos jerárquicos de alto nivel. Por ejemplo, *el objeto individual de la clase Ciudadano* se modifica a través *del objeto instancia de la pantalla de entrada Ciudadano*. El objeto individuo, a su vez, es leído, escrito («serializado») y validado por sus métodos a través de métodos que invocan consultas a la base de datos (en SQL, por ejemplo).

Si necesita crear objetos sencillos que no puedan modificarse (en inglés: *immutable*) y que no tengan ningún método o control específico, le recomendamos que los escriba de forma rápida y eficaz utilizando la clase *namedtuple* del paquete *collections*.

```
from collections import namedtuple

# Creación de una CLASE Ficha_ciudadano
Ficha_ciudadano = namedtuple('Ficha_ciudadano', 'nombre apellido num_ss')
```

A partir de nuestra nueva clase *Ficha_ciudadano*, podemos instanciar un nuevo individuo.

```
individuo_2 = Ficha_ciudadano("López", "Patricia", "2891195555494" )
print(individuo_2.__repr__()) # __repr__ devuelve una visualización
agradable
```

```
--| Ficha_ciudadano(apellido='López', nombre='Patricia',
num_ss='2891195555494')
```

Se puede acceder a las variables internas de la clase utilizando la técnica habitual.

```
print(individuo_2.num_ss)
--| 2891195555494
```

9.2 Creación de clases y noción de encapsulación

La encapsulación tiene como objetivo ocultar la implementación interna de la clase y proporcionar una interfaz pública para interactuar con los objetos de esa clase. Esto se consigue, normalmente, escribiendo el código de forma que tanto la asignación (**setter**) como el acceso (**getter**) al valor de una variable (atributo miembro) de la clase se realice a través de un método, y no directamente nombrándolo.

En Python, puede reducir la visibilidad de una variable anteponiéndole el siguiente prefijo: `self.__myVariable`. El doble *guion bajo* no protege realmente la variable, sino que es una convención que incita a utilizar métodos para acceder a ella, ya que su visibilidad está **casi** confinada a la clase.

La mención *`self.`* se refiere al objeto que se está instanciando, por lo que esta sintaxis crea una especie de variable global cuyo alcance no se extiende más allá de la clase.

Los paradigmas asociados a la encapsulación no están implementados en Python, por lo que, por desgracia, sigue existiendo una forma de acceder a la variable directamente desde fuera del objeto; sin embargo, nunca se utiliza para no contravenir el espíritu de la programación orientada a objetos.

Los métodos **setter** funcionan por «efecto secundario», es decir, la variable no se actualiza como resultado del método, mediante un `return`, sino mediante una asignación de este estilo:
`self.__miVariable = un_valor`

Para explicar estos conceptos, es habitual utilizar el ejemplo de la actualización de una cuenta bancaria. Estudiando y luego generalizando la forma en que está escrito el siguiente código, podrá crear fácilmente clases en Python con un nivel de encapsulación bastante bueno.

```
class CuentaBancaria:
   def__init__(self, titular, saldo): # Creación del objeto
       self.__titular = titular       # Miembro casi privado
                                      # accesible por todos
                                      # los métodos de la clase
       self.__saldo = saldo           # Miembro casi privado
                                      # accesible por todos
                                      # los métodos de la clase

#  Método "Getter" para obtener (to get) el titular de la cuenta
   def obtener_titular(self):
       return self.__titular

  #  Método "Getter" para el saldo de la clase
   def obtener_saldo(self):
       return self.__saldo

  #  Método "Setter" (to set) para depositar dinero
   def depositar(self, importe):
       if importe > 0:
         self.__saldo importe # actualización por efecto secundario
        return True           # código de error, aquí no hay
   else:
        return False          # código de error, aquí un error
  #  Método para sacar dinero ("setter")
   def sacar(self, importe):
      if importe > 0 and importe <= self.__saldo:
         self.__saldo -= importe
         return True
      else:
         return False
```

Observación

self.__saldo += cantidad es un atajo que significa *self.__saldo = self.__saldo + cantidad*; esta sintaxis se encuentra en muchos lenguajes.

Ahora tenemos una clase para gestionar una cuenta bancaria. Utilicémosla para crear la cuenta de Pablo Sánchez, abierta inicialmente con 10 000 euros.

```
# Crear una instancia de la clase CuentaBancaria
cuenta = CuentaBancaria("Pablo Sánchez", 10000)
```

Si echa un vistazo al diccionario del objeto `cuenta`, comprobará con tristeza que las nociones de titular y saldo son, de hecho, accesibles: no pueden utilizarse directamente, salvo para la depuración de la aplicación (o, en su caso, para informar sobre una lista de objetos que heredan de la misma clase).

```
print(cuenta.__dict__)

--| {'_CuentaBancaria__titular': 'Pablo Sánchez',
'_CuentaBancaria__saldo': 10000}
```

Veamos ahora cómo utilizamos nuestro objeto, de forma coherente con la noción de encapsulación.

```
# Acceso al nombre del titular de la cuenta mediante el método getter
titular = cuenta.obtener_titular()
print("Titular de la cuenta: ", titular)
--| Titular de la cuenta:  Pablo Sánchez
```

```
# Acceso al saldo mediante el método getter
saldo = cuenta.obtener_saldo()
print("Saldo de la cuenta: € ", saldo)
--| Saldo de la cuenta: € 10000
```

```
# Depositar dinero
depositar = 1000
if cuenta.depositar(depósito):
    print("Depósito realizado con éxito: ", depósito)
else:
    print("El importe del depósito debe ser superior a 0")
--| Depósito realizado con éxito: 1000
```

```
# Acceso al saldo actualizado
saldo = cuenta.obtener_saldo()
print("Saldo actualizado después del ingreso: ", saldo)
--| Saldo actualizado después del ingreso: 11000
```

```
# Retirada de dinero
retirada = 500
if cuenta.retirar(retirada):
    print("Retirada completada con éxito: ", retirada)
else:
    print("El importe retirado no es válido o supera el saldo.")
--| Retirada realizada con éxito: 500
```

```
# Acceso al saldo actualizado
saldo = cuenta.obtener_saldo()
print("Saldo actualizado tras la retirada: ", saldo)
--| Saldo actualizado tras la retirada: 10500
```

```
# Retirada de efectivo
retirada = 500000
if cuenta.retirar(retirada):
    print("Retirada completada con éxito: ", retirada)
else:
    print("El importe retirado no es válido o supera el saldo.")
--| El importe retirado no es válido o supera el saldo.
```

Basándose en este enfoque, en el que se accede a las variables a través de funciones, es fácil aplicar diversas comprobaciones de coherencia, integridad y seguridad en el momento del acceso: simplemente codificándolas dentro de estas funciones.

Estas primeras implementaciones de POO en Python no permiten codificar ninguna representación de clases UML, pero son suficientes para escribir una arquitectura de clases muy robusta basada en herencias simples.

9.3 Métodos especiales

Queremos llamar su atención sobre el hecho de que «enmarcar» el nombre de un método a la izquierda y a la derecha con dos guiones bajos no tiene nada que ver con lo que hemos tratado en el apartado anterior.

La sintaxis `__unMétodo__` en Python tiene un significado especial. Se utiliza para definir métodos especiales, también llamados métodos del lenguaje, que tienen un comportamiento predefinido en determinadas situaciones.

Por ejemplo, el método `__str__` se invoca automáticamente cuando se utiliza un objeto como si fuera una cadena de caracteres. Observe este comportamiento en el siguiente código, donde aplicamos la función `print` o la función `str` a un objeto que no es una cadena de caracteres, pero que se comporta como tal:

```
class Persona:
  def __init__(self, nombre, edad):
  self.nombre = nombre
  self.edad = edad
  def __str__(self):
  return f"{self.nombre} es una persona de {self.edad} años"
p1 = Persona("Gabriel", 24)
print(p1) # Muestra "Gabriel es una persona de 24 años".
  # Muestra "Gabriel es una persona de 24 años!".
print(str(p1) + "!")
```

He aquí algunos ejemplos de métodos especiales que se utilizan habitualmente:

`__init__`: este método se utiliza para crear una nueva instancia de clase. Sirve para inicializar los atributos del objeto.

`__len__`: este método devuelve el tamaño o longitud del objeto.

`__getitem__` y `__setitem__`: estos métodos se utilizan para acceder a los elementos de un objeto como si fuera una secuencia o un contenedor. Se llama a `__getitem__` cuando se utiliza la notación de índice para acceder a un elemento, mientras que se llama a `__setitem__` cuando se utiliza la notación de índice para modificar un elemento.

`__call__`: este método permite llamar a un objeto como una función. Cuando se utiliza la notación de paréntesis para llamar a un objeto, se invoca el método `__call__`.

9.4 Decoradores

9.4.1 El decorador «métodos de clase» para crear bibliotecas de funciones

En Python, existe un «azúcar sintáctico» llamado «decorador». La idea es añadir discretamente un comportamiento genérico sin alterar la legibilidad del código. Aquí vamos a ver el uso del decorador «método de clase», que crea un método al que se puede acceder directamente a nivel de clase, sin siquiera requerir la creación de una instancia de la clase para que este método sea invocado.

Estos métodos de clase tienen muchas aplicaciones, pero vamos a utilizarlos aquí de forma simplista para agrupar funciones (métodos) bajo el mismo epígrafe.

Supongamos que quiere crear su propia biblioteca de funciones de cálculo, bien aislada en su código y, sobre todo, que sea imposible de confundir con otras funciones. Puede crear una clase `Cálculos_especiales` que se parezca a lo siguiente:

```
class Cálculos_especiales:
    '''
    Biblioteca de cálculos especiales que añade un uno por ciento
    a los resultados estándar + - * y /
    '''

    @classmethod
    def suma(cls, a, b):
    '''
    suma e incremento de un uno por ciento
    '''
    return (a + b) * 1.01

    @classmethod
    def resta(cls, a, b):
    '''
    resta e incremento de un uno por ciento
    '''
    return (a - b) * 1.01

    @classmethod
```

```
    def multiplicación(cls, a, b):
        '''
        multiplicación e incremento de un uno por ciento
        '''
        return(a * b) * 1.01

    @classmethod
    def división(cls, a, b):
        '''
        división e incremento de un uno por ciento
        '''
        return (a / b) * 1.01
```

La mención `cls` en el método de la clase es un atributo que se refiere a la propia clase (se declara en el método de la clase), pero no se puede ver de forma directa.

Ahora puede utilizar directamente estas funciones de cálculo (¡sin instanciar la clase `Cálculos_especiales`!).

```
print(Cálculos_especiales.suma(100, 200))
--| 303.0
```

Esto también proporciona una serie de facilidades, como el acceso directo a la ayuda de todos los métodos de la clase a la vez.

De hecho, podríamos haber utilizado `@staticmethod` para este ejemplo, que se habría comportado de la misma manera, pero este decorador habría creado métodos estáticos que no acceden a los atributos de la clase, lo que suele ser un problema a la hora de crear métodos inteligentemente parametrizados.

9.4.2 El decorador «property» para simplificar la llamada a los getters

Nos enfrentamos a una paradoja: queremos utilizar getters para encapsular las propiedades de nuestros objetos, pero invocar un método para acceder a estas propiedades es sintácticamente engorroso. El decorador `@property` viene a nuestro rescate, permitiéndonos mostrar el resultado de un método como si fuera una simple propiedad.

```
# ejemplo de uso del decorador property
class Cliente:
    def __init__(self, nombre, edad):
```

```
            self.nombre = nombre
            self.edad=edad

        @property
        def alcohol_ok(self):
            sí = "puede comprar alcohol"
            no = "no puede comprar alcohol"
            return (sí if self.edad >= 18 else no)

cliente_1 = Cliente("Kevin",16)
print(cliente_1.nombre,cliente_1.alcohol_ok)

--| Kevin no puede comprar alcohol
cliente_2 = Cliente("Felipe",70)
print(cliente_2.nombre,cliente_2.alcohol_ok)

--| Felipe puede comprar alcohol
```

Esta sencillez de acceso oculta las comprobaciones que se hayan podido realizar al ejecutar el método.

9.5 Crear su propio decorador: transformación sencilla de un atributo

Vamos a crear un decorador de clase que transformará el atributo devuelto por una clase trivial. Este tipo de decorador permite separar el fondo de la forma de las cosas.

```
def saludo(cls):
    ''' añade hola a un atributo devuelto '''
    class Wrapper(cls):
       def __init__(self, nombre):
           self.nombre = f"Hola {nombre}"
       return Wrapper

@saludo
class Interlocutor:
    def __init__ (self, nombre):
           self.nombre = nombre

interlocutor_1 = Interlocutor("Eva")
print(interlocutor_1.nombre)
--| Hola Eva
```

9.6 Crear su propio decorador: el patrón de diseño Singleton

Los patrones de diseño (*design patterns*) son estructuras genéricas de clases de referencia que permiten abordar problemas conocidos de forma fiable. Proporcionan estructuras e interacciones entre clases y objetos, facilitando la creación de software flexible, escalable y mantenible.

Los patrones de diseño suelen agruparse en categorías, como patrones de creación, estructurales y de comportamiento. En la práctica de los patrones, ya sean de diseño o de otro tipo, se estipula que cada patrón debe tener un nombre, describir el problema que resuelve, detallar una solución propuesta y discutir las consecuencias de su uso.

Es probable que se encuentre a menudo con el patrón **Singleton**, que se utiliza para garantizar que se crea una única instancia de una clase y se comparte en todo el sistema, y con el patrón **Observer**, que permite a un objeto supervisar y reaccionar a los cambios en el estado de otro objeto.

Vamos a crear un decorador **`@singleton`** que nos permitirá implementar el patrón de diseño del mismo nombre.

9.6.1 Paso de argumentos por posición o nombre (arg y kwargs)

Antes de empezar a construir nuestro decorador, vamos a fijarnos en una característica importante de Python que necesitaremos utilizar: usted puede definir los parámetros de una función en términos de posición o nombrarlos explícitamente. Para ello, se utilizan las siguientes expresiones en la definición de la función: `*arg` y `**kwargs`.

La primera expresión corresponde a una lista ordenada de argumentos, lo que significa que, cuando se llama a la función, los parámetros deben introducirse en el orden correcto.

La segunda expresión corresponde a un diccionario de argumentos, cada uno con el nombre del argumento (su clave) y el valor del argumento. En este caso, el orden en que se presentan los argumentos no importa cuando se llama a la función: `f(apellido = "Sánchez", nombre = "Pablo")` da el mismo resultado que `f(nombre = "Pablo", apellido = "Sánchez")`.

Naturalmente, los argumentos sin nombre y ordenados se pasan primero a la función, seguidos de los argumentos con nombre y sus claves.

Aquí lo ilustramos con una función en la que están presentes ambos estilos de paso de argumentos.

```
def f(*args, **kwargs):
    i = 0
    for arg in args:
        i = i + 1
        print("posición: ", i, ", valor: ", arg)
    for key, value in kwargs.items():
        print("clave: ", key, ", cuyo valor es: ", value)

f("un argumento sin nombre en la primera posición",
  "un argumento sin nombre en la segunda posición",
  3,
  4,
  primer_argumento_llamado = 'zzzz',
  segundo_argumento_llamado = 666,


--| posición: 1, valor: un argumento sin nombre en la primera posición
--| posición: 2, valor: un argumento sin nombre en la segunda posición
--| posición: 3, valor: 3
--| posición: 4, valor: 4
--| clave: primer_argumento_llamado, cuyo valor es: zzzz
--| clave: segundo_argumento_llamado, cuyo valor es: 666
```

Como un **decorador de función es, de hecho, una función de una función o clase**, su implementación requiere que capturemos todos los argumentos de la función decorada, por lo que necesitamos la sintaxis descrita aquí para crear nuestro propio decorador.

9.6.2 Creación del decorador @singleton

Este decorador es un decorador de clases (puede decorar clases o funciones).

Nuestro decorador solo debería permitir una instancia de clase. De hecho, cuando intentamos instanciar una clase decorada como singleton varias veces, solo se realiza la primera instanciación y los demás intentos no hacen nada. Esto le impide imponer un camino lineal a través de su código. Por ejemplo, si su usuario puede desencadenar una acción que no necesita repetirse (como una inicialización) en varios lugares de su interfaz hombre-máquina, utilizar este patrón le ahorra muchos problemas porque no tiene que establecer un sistema de control que cubra toda su aplicación. Si solo hay un patrón de diseño que recordar, ¡es este!

Como en la mayoría de los decoradores que creará, su definición contiene un envoltorio (*wrapper*) que extrae todos los argumentos de la función que se va a envolver. Este envoltorio implementará la lógica del decorador aplicándola a la clase que se debe decorar (`cls`). Aquí, simplemente invocamos la clase cuando aún no tiene una instancia y, en caso contrario, no hacemos nada.

```
def singleton(cls):  # solo autoriza una instancia de la clase
    instancias = {}  # lista de instancias

    def wrapper(*args, **kwargs): # usa todos los argumentos
                                  # de la clase: *args, **kwargs
        if cls not in instancias:  # aún no hay instancias
                instancias[cls] = cls(*args, **kwargs)
        return instancias[cls]

    return wrapper
```

Vamos a decorar una clase con nuestro nuevo decorador. Aquí, el propósito de nuestra clase es crear un recurso muy especial: «Dios».

```
@singleton
class Dios:
   def __init__(self):
           print("Dios ha sido creado")
```

Comprobemos que este recurso es único, aunque intentemos instanciarlo dos veces.

```
dios_1 = Dios()

--| Dios ha sido creado
```

```
dios_2 = Dios() # no hay reacción porque Dios ya ha sido creado
```

```
"un solo dios" if dios_1 == dios_2 else "varios dioses".
--| 'un solo dios'
```

Veamos qué ocurre si no utilizamos nuestro decorador.

```
# Sin el decorador que implementa el patrón singleton

class Dioses:
    def __init__(self):
       print("se ha creado un Dios")

dios_1 = Dioses()
--| se ha creado un Dios
dios_2 = Dioses()
--| se ha creado un Dios
```

```
"un solo dios" if dios_1 == dios_2 else "varios dioses"

--| "varios dioses
```

Este no es el resultado que queríamos.

Capítulo 8
Desarrollo, conocimientos complementarios

1. Introducción

Aquí encontrará algunos complementos que nos han resultado muy útiles. Esta selección restringida de técnicas complementarias es muy empírica. No dude en escribirnos para animarnos a ampliarla de cara a una posible reedición del libro.

2. Manipulación de datos con Pandas

Encontrará una lista de instrucciones de Pandas con breves ejemplos de sintaxis en el capítulo Prontuario, al final del libro.

2.1 Introducción a Pandas

En 2023, se podía leer en el sitio web de Pandas (en inglés; traducción propia): «Pandas es una herramienta de código abierto de análisis y manipulación de datos, rápida, potente, flexible y fácil de usar, basada en el lenguaje de programación Python».

Además, se destacaba que Pandas proporciona las dos características siguientes:

- «Un objeto DataFrame rápido y eficaz para la manipulación de datos con indexación integrada».
- «Herramientas para leer y escribir datos entre estructuras de datos en memoria y distintos formatos: archivos CSV y de texto, Microsoft Excel, bases de datos SQL y el formato rápido HDF5».

2.2 Lectura y transformación de un archivo csv con Pandas

Vamos a intentar leer un archivo .csv (disponible en el sitio web de ENI, pero usted puede crear fácilmente un archivo equivalente).

Para crear este archivo, extrajimos datos de texto de una página del sitio FUN, una plataforma francesa de cursos en línea; esta acción de tomar texto de una página web suele denominarse ***scraping***. El resultado no era muy legible, así que utilizamos Pandas para limpiar rápidamente el contenido del archivo. Es una oportunidad para utilizar un mínimo de Pandas y un poco de programación funcional.

Observación

Existen varios paquetes dedicados al scraping, como ***Beautiful Soup*** *y* ***scrapy****, que ayudan a seleccionar y limpiar los datos extraídos de las páginas web. El siguiente código no pretende sustituir a estas soluciones profesionales.*

```
# pandas, csv, transformaciones por map en un archivo
# scraping del sitio FUN

# leer un csv con pandas, procesar el dataframe, guardar y comprobar
el resultado

import pandas as pd

ruta_csv = "dataFUN.csv"
df       = pd.read_csv(path_csv, sep=' ') # preste atención a la elección
                                          # del separador
                                          # para escogerlo,
                                          # vea su archivo con
                                          # un editor como Nano, Vim ...
```

```
print(df)

--|                                                       Column 1
--| 0 Dominar el shell de Bash - sesión 4\n             ... NaN
--| 1 Smartphone Pocket Lab: Experimental Classical     ... NaN
--| 2 Formación en cuidados paliativos\n                ... NaN
--| 3 Física general para un buen comienzo de la enseñanza ... NaN
--| 4 Estrategias de diagnóstico del cáncer\n           ... NaN
--| .. ... ..
--| 371 Web semántica y web de datos - sesión 2\n       ... NaN
--| 372 Introducción al mapeo de procesos de negocio    ... NaN
--| 373 Fundamentos de Big Data - sesión 1\n            ... NaN
--| 374 Análisis de datos multidimensionales - ses      ... NaN
--| 375 Principios de redes de datos - sesión 02\n      ... NaN
--|
--|  [376 rows x 2 columns]
```

```
print(df['Column']) # ¡Porque así se llama la primera columna!

--| 0   Dominar el shell de Bash - sesión 4\n                 ...
--| 1   Smartphone Pocket Lab: Experimental Classical         ...
--| 2   Formación en cuidados paliativos\n             \n     ...
--| 3   Física general para un buen comienzo de la enseñanza ...
--| 4   Estrategias de diagnóstico del cáncer\n               ...
--| ...
--| 371 Web semántica y web de datos - sesión 2\n             ...
--| 372 Introducción al mapeo de procesos de negocio          ...
--| 373 Fundamentos de Big Data - sesión 1\n                  ...
--| 374 Análisis de datos multidimensionales - sesión         ...
--| 375 Principios de redes de datos - sesión 02\             ...
--| Name: Column, Length: 376, dtype: object
```

He aquí el análisis del contenido y las diversas transformaciones realizadas con `map` y `lambda`, siguiendo el espíritu de la programación funcional.

```
l = list(df['Column'])         # constatemos la presencia de \n

c40 = list(map(lambda x:x[0:40], l)) # prueba: acorta las cadenas
for s in c40[0: 5] : print(s) # veamos las 5 primeras líneas
                              # KO: contienen saltos de línea

--| Dominar el shell de Bash - sesión 4
--|
--|
--| Smartphone Pocket Lab: Experimental Clas
```

```
--| Formación en cuidados paliativos
--|
--|
--| Física general para un buen comienzo en
--| Estrategias de diagnóstico del cáncer
--|
```

Confirmación del problema planteado por el contenido del archivo de *scraping*: vemos \n, que generan saltos de línea.

```
df_40 = pd.DataFrame(c40) # un nuevo marco de datos, nada del otro mundo
print(df_40)

--|                                                    0
--| 0 Dominar el shell de Bash - sesión 4\n
--| 1 Smartphone Pocket Lab: Experimental Clas
--| 2 Formación en cuidados paliativos \n         \n
--| 3 Física general para empezar con buen pie
--| 4 Estrategias de diagnóstico para el cáncer \n
--| ..                                          ...
--| 371 Web semántica y web de datos - sesi
--| 372 Introducción al mapeo de procesos
--| 373 Fundamentos de Big Data - sesión
--| 374 Análisis de datos multidimensionales
--| 375 Principios de redes de datos - sesi
--|
--| [376 rows x 1 columns]
```

Intento de mejora tratando realmente los strings a través de un salto de línea. Hagamos una prueba.

```
"sfqsf\nfsdfsd".split("\n")    # prueba de la sintaxis split sobre
\n
                               # produce una lista por etiqueta
--| ['sfqsf', 'fsdfsd']
```

¡Vamos allá!

```
ll = list(map(lambda x: x.split("\n"), l))
                        # obtenemos una lista de listas
                        # solo nos interesa
                        # el primer elemento de cada lista
```

```
print(ll[0:1])          # observemos el primer elemento
```

```
--|   [  [  'Dominar el shell de Bash - sesión 4', '        ', '
--|         '            univ-reunion - ', '          128001', '
--|         '              Inicio: febr 12, 2023', '          ', '
--|         '            ', '              ', '                ',
--|         '                  Carrera opciones dropdown', '
--|         '              ', '              ', '
--|         '                    ', '                    ',
--|         '                            Desinscribirse', '
--|         '                  ', '                  ',
--|         '                            Parámetros de mensajería']]
```

Esto confirma que el primer elemento de la lista es otra lista, de la que solo nos interesa el primer elemento. Así que vamos a extraer cada primer elemento.

```
lll = list(map(lambda x: x[0], ll))   # solo se guarda el primer elemento
                                      # de cada lista

df_1 = pd.DataFrame(lll)    # crear un dataframe a partir de lll
                            # dar un nombre, en este caso, a la columna
df_1.columns = ["etiqueta"] # lista de nombres de columnas, aquí una sola

print(df_1["etiqueta"])

--| 0                        Dominar el shell de Bash - sesión 4
--| 1          Smartphone Pocket Lab: Experimental Classical ...
--| 2                           Formación en cuidados paliativos
--| 3 Física general para un buen comienzo de la enseñanza ...
--| 4                     Estrategias de diagnóstico del cáncer
--| ...
--|                371 Web semántica y web de datos - sesión 2
--| 372         Introducción al mapeo de procesos de negocio ...
--| 373                      Fundamentos de Big Data - sesión 1
--| 374            Análisis de datos multidimensionales- ses...
--| 375                 Principios de redes de datos - sesión 02
--|  Name: Etiqueta, Length: 376, dtype: object
```

Comprobemos algunas líneas: en este caso, una línea cada 50, empezando por el final (excluyendo la última línea). Unas cuantas pruebas de este tipo nos permitirán hacer algo más que comprobar la primera o la última línea.

```
for s in df_1["etiqueta"][ :-1 : 50] : print(s)
--| Dominar el shell de Bash - sesión 4
--| Formación para la docencia en la enseñanza superior
--| Espectroscopia: fundamentos y aplicaciones
--| Los ríos y las personas: hidrología, hidráulica y geomorfología
--| Anatomía de la madera
--| Música más allá de lo digital - sesión 2
```

```
--| Introducción a la estadística con R -sesión 10
--| Diseño para la innovación: introducción a la teoría C-K - sesión 2
```

Parece que está correcto, así que vamos a guardar nuestro trabajo en un archivo .csv.

```
path_csv_limpio = 'dataFUN_limpio.csv' # guarda nuestro trabajo en
csv
df_1.to_csv(path_csv_limpio ,
            sep    = ' ',
            index  = False,
            header = True
            )
```

Comprobamos que nuestra copia de seguridad se ha llevado a cabo correctamente.

```
df_1_control = pd.read_csv(path_csv_limpio) # comprobar que todo
está OK
print(df_1_control)
--|                                                     etiqueta
--| 0                       Dominando el shell de Bash - sesión 4
--| 1          Smartphone Pocket Lab: Experimental Classical ...
--| 2                            Formación en cuidados paliativos
--| 3    Física general para un buen comienzo de la enseñanza ...
--| 4                        Estrategias de diagnóstico del cáncer
--| ..                                                        ...
--| 371                   Web semántica y web de datos - sesión 2
--| 372         Introducción al mapeo de procesos de negocio ...
--| 373                         Fundamentos de Big Data - sesión 1
--| 374            Análisis de datos multidimensionales - ses...
--| 375                  Principios de redes de datos - sesión 02
--|
--| [376 rows x 1 columns]
```

A estas alturas, apenas hemos utilizado ninguna de las funciones típicas de Pandas y, sin embargo, hemos sido capaces de llevar a cabo un procesamiento masivo en excelentes condiciones de rendimiento. ¡Eso debería animarle a ir más allá!

Tenga en cuenta que ahora existen magníficas alternativas a Pandas. De todas formas, necesitará saber cómo leer código Pandas, pero, para un procesamiento masivo de sus propios datos, tendrá que elegir el paquete que más le convenga. **Polars** y **DataTable**, por ejemplo, parecen ser buenas alternativas en términos de rendimiento. Tenga en cuenta que Polars se integra bien con el entorno Apache Arrows, que permite intercambios masivos y traducciones de datos entre diferentes contextos.

2.3 Pandas y SQL

Vamos a utilizar un paquete particularmente simple y rápido para crear DataFrames de Pandas a partir de otro DataFrame de Pandas y una consulta SQL (los datos utilizados provienen del paquete seaborn, pero no se invoca fuera de este).

```
import seaborn as sns      # para acceder a nuestro dataset

  # Para obtener la lista de los dataset disponibles, haga:
  # lista_data_set = sns.get_dataset_names()
  # print(lista_data_set)

df = sns.load_dataset("flights")
print(df)
--|       year month  passengers
--|  0    1949   Jan         112
--|  1    1949   Feb         118
--|  2    1949   Mar         132
--|  3    1949   Apr         129
--|  4    1949   May         121
--|  ..    ...   ...         ...
--|  139  1960   Aug         606
--|  140  1960   Sep         508
--|  141  1960   Oct         461
--|  142  1960   Nov         390
--|  143  1960   Dec         432
--|
--|  [144 rows x 3 columns]
```

Como siempre, vamos a importar nuestros packages.

```
import pandas as pd

# !pip install inline_sql # install standard
from inline_sql import sql, sql_val
```

Ahora podemos realizar varios SELECT en nuestros datos. Fíjese en lo siguiente:

- la sintaxis ^, que introduce la cadena de caracteres que contiene la consulta SQL;
- la sintaxis que nos permite definir el año de selección antes de la consulta y, luego, introducirlo en la consulta escribiendo **$ano**, que será sustituido por el contenido de **ano**.

```
# Un select trivial

ano = 1949 # dato que se transmitirá a la consulta

s = sql^ """
    SELECT * FROM df
    WHERE year = $ano
"""

type(s) # ¡En efecto, s es un dataframe de pandas!

--| <class 'pandas.core.frame.DataFrame'>
```

```
print("\n", s)
--|
--|       year month  passengers
--|  0    1949   Jan         112
--|  1    1949   Feb         118
--|  2    1949   Mar         132
--|  3    1949   Apr         129
--|  4    1949   May         121
--|  5    1949   Jun         135
--|  6    1949   Jul         148
--|  7    1949   Aug         148
--|  8    1949   Sep         136
--|  9    1949   Oct         119
--|  10   1949   Nov         104
--|  11   1949   Dec         118
```

Ahora vamos a ejecutar una consulta con alias (vía AS), que nos permitirá imponer los nombres de las columnas del DataFrame de Pandas generado. He aquí una consulta que agrupa los registros por año, suma el número de pasajeros y devuelve el resultado en orden ascendente (habríamos especificado DESC para aplicar un orden descendente).

```
# Una consulta con alias

s = sql^ """
    SELECT year AS ano,SUM(passengers) AS total_pasajeros FROM df
    GROUP BY year
    ORDER BY year ASC
"""
print("\n", s)
--|
--|              ano  total_pasajeros
--|  0    1949            1520.0
--|  1    1950            1676.0
--|  2    1951            2042.0
--|  3    1952            2364.0
--|  4    1953            2700.0
--|  5    1954            2867.0
--|  6    1955            3408.0
--|  7    1956            3939.0
--|  8    1957            4421.0
--|  9    1958            4572.0
--| 10    1959            5140.0
--| 11    1960            5714.0
```

Se trata de un mecanismo muy eficaz para reelaborar DataFrames de Pandas de tamaño razonable con unas pocas líneas de código.

3. Validar y asignar tipos simples con total seguridad

Vamos a utilizar un paquete bastante antiguo, de forma muy parcial, invocando los controles de tipo que proporciona: el package hug.

```
# !pip install hug

# Asignación, validación y traducción de tipos simples:
# import de los tipos

from hug import types as typ_h
```

Creemos una función genérica que valide, asigne y traduzca un valor al formato requerido. Usando las sentencias `try`, `except` y `raise`, hacemos que el programa «se rompa» si el valor propuesto no es conforme. Esta técnica es otra forma de conseguir lo que antes hemos llamado «morir rápido».

```
def valida(x,f_tipo) :
 try :
   x = f_tipo(x)
   return x
 except :
  lib = "tipo no válido, necesita un: " + f_tipo.__doc__
  print(lib)
 raise Exception(lib)
```

Vamos a comprobar si un valor representa un número entero válido.

```
# asignación de un número entero válido
x = valida(10,typ_h.number)
print(x, tipo(x))
--| 10 <class 'int'>
```

```
x = valida("100",typ_h.number)
print(x, tipo(x))

--| 100 <class 'int>
```

Esto «bloquea» el programa:

```
x = valida("100.1",typ_h.number)

x = valida("eee",typ_h.number)
```

Se genera un mensaje automáticamente con una referencia al problema encontrado, en este caso:

```
tipo no válido: A whole number
```

Así es como se procesa un valor de cadena:

```
# asignación de una cadena de caracteres
x = valida("un texto",typ_h.text)
print(x, tipo(x))

--| un texto <class 'str'>
```

```
x = valida(666,typ_h.text)
print(x, tipo(x))

--| 666 <class 'str'>
```

Esto «bloquea» el programa:

```
x = valida([8,4],typ_h.text)
```

Los valores reales pueden gestionarse.

```
# asignación de un real
x = valida(10.145,typ_h.float_number)
print(x, tipo(x))

--| 10.145 <class 'float'>
```

```
x = valida(10,typ_h.float_number)
print(x, tipo(x))

--| 10.0 <class 'float'>
```

```
x = valida("10",typ_h.float_number)
print(x, tipo(x))

--| 10.0 <class 'float'>
```

Esto «bloquea» el programa:

```
x = valida("fff",typ_h.float_number)
```

Hay muchas formas de asignar un booleano y, aquí, vamos a hacerlas converger.

```
# asignación de un booleano
x = valida(0,typ_h.smart_boolean)
print(x, tipo(x))

--| False <class 'bool'>
```

```
x = valida(True,typ_h.smart_boolean)
print(x, tipo(x))

--| True <class 'bool'>
```

```
x = valida("F",typ_h.smart_boolean)
print(x, tipo(x))

--| False <class 'bool'>
```

```
x = valida("0",typ_h.smart_boolean)
print(x, tipo(x))

--| False <class 'bool'>
```

Esto «bloquea» el programa:

```
x = valida("0y",typ_h.smart_boolean)
```

Puede crear sus propias funciones de validación/asignación mediante técnicas similares.

4. Gestión de las excepciones, de un vistazo

El tratamiento de excepciones (`try ... except`), que permite «morir rápido», se utiliza tanto al principio del proceso de codificación para comprobar que el programa funciona de verdad como más adelante en el proceso para atrapar esas excepciones, tratarlas y registrarlas sin «romper» el programa, que ya ha sido depurado a fondo. De este modo, el programa no se detiene durante su funcionamiento en condiciones reales, a pesar de que, durante su desarrollo, se fomentó, precisamente, el comportamiento contrario. Lo bueno de esto es que la misma técnica de tratamiento de excepciones se aplica durante las dos fases del proceso (desarrollo y puesta en producción).

Python maneja una jerarquía de errores comunes, denominada *exception hierachy* en su documentación. Si sospecha que su código puede contener alguno de estos tipos de error, puede tratarlos individualmente. El siguiente código detecta seis tipos de error.

```
try:
   # código probado
   pass # no hace nada, es un placeholder
        # donde pones tu propio código
except (RuntimeError,
        ValueError,
        ZeroDivisionError,
        ArithmeticError,
        NameError,
        OSError) as error:
    print(f"Se ha producido un {type(error).__name__}")
```

El tipo `OSError` incluye muchos errores, siendo el más conocido `FileNotFoundError`. ¡Su mensaje no puede ser más claro!

5. Ordenación recursiva de un vector de datos (lista)

Vamos a implementar la ordenación de una lista. Obviamente, las listas tienen un método de ordenación, que ordena la lista *in situ*, es decir, se pierde el orden original de la lista (pero no se duplica, para ahorrar espacio).

La idea es la siguiente: tomamos el primer elemento de la lista y posicionamos todos los elementos menores antes de él, y los demás, después, tras haber realizado esta misma operación en ambas listas (la de los menores y la de los mayores). Como estamos llamando a nuestra función desde dentro de ella misma, estamos en un proceso recursivo. El peligro de un proceso así es que nunca se detenga. Para pararlo, establecemos un criterio, una excepción; en este caso, una prueba sobre la longitud de la lista: la recursividad se detendrá cuando la lista esté vacía.

Esto nos da el algoritmo clásico siguiente:

```
def ordena_R(lista):
   if len(lista) > 1:
      e _         = lista[0]      # valor del primer elemento
      l           = lista[1: ]    # el resto de la lista

      l_izquierda  = [e for e in l  if e <= e_] # define lista izquierda
      l_derecha    = [e for e in l  if e >  e_] # define lista derecha
      #  concatenación, sintaxis diferente para tipos diferentes /!\
      return ordena_R(l_izquierda) [e_] ordena_R(l_derecha)
   else:
      return lista

# prueba
print([1,8,1,999,-456]," --> ",ordena_R([1,8,1,999,-456]) )

--| [1, 8, 1, 999, -456]  --> [-456, 1, 1, 8, 999]
```

```
print([]               ," --> ",ordena_R([]) )

--|  []  -->  []
print([9]              ," --> ",ordena_R([9]) )

--|  [9]  -->  [9]
```

Ahora vamos a escribir el mismo algoritmo de forma que no tengamos que preocuparnos por la naturaleza de la excepción y que utilice un único `return` (es más «limpio»).

```
def ordena_r(lista):
    try :
      e_        = lista[0]
      l         = lista[1: ]

      l_izquierda = [e for e in l  if e <= e_]
      l_derecha   = [e for e in l  if e > e_]
      # concatenación, sintaxis diferente para tipos diferentes /!\
      lista = ordena_r(l_izquierda) + [e_] + ordena_r(l_derecha)
    except : None # ¡nada es imposible!
    return lista


print([1,8,1,999,-456]," --> ",ordena_r([1,8,1,999,-456]) )

--|  [1, 8, 1, 999, -456]  -->  [-456, 1, 1, 8, 999]
```

```
print([]              ," --> ",ordena_r([]) )

--|  []  -->  []
```

```
print([9]             ," --> ",ordena_r([9]) )

--|  [9]  -->  [9]
```

```
if ordena_r([1,8,1,999,-456]) == ordena_R([1,8,1,999,-456]) :
  print("¡Ambas funciones dan el mismo resultado!")

--|  ¡Ambas funciones dan el mismo resultado!
```

6. Gestión de fechas de forma estandarizada y eficaz, datetime y pytz

Se puede acceder a las fechas gestionando *timezones* y manipularlas de diferentes formas.

```
from datetime import datetime as dt
importar pytz

d = dt.now()
print("formato completo: ",d)

--| formato completo: 2023-10-22 00:58:47.016094
```

```
print("en cadena de caracteres con separador de espacios: ",
d.isoformat(sep " ")

--| en cadena de caracteres con separador de espacios:
2023-10-22 00:58:47.016094
```

```
print("el día de la semana: ", d.isoweekday())

--| día de la semana: 7
```

```
print("Versión Unix de la hora, útil para cálculos: ",d.timestamp())

--| Versión Unix de la hora, útil para cálculos: 1697929127.016094
```

```
UTC = pytz.utc
d_utc = dt.now(UTC)
print("fecha y hora en utc: ", d_utc.isoformat(sep=" "))

--| fecha y hora en utc: 2023-10-21 22:58:51.613521+00:00
```

Si existe una diferencia horaria de una o varias horas entre la hora local y la hora UTC, puede gestionarla según los requisitos de su aplicación.

Observación

UTC (tiempo universal coordinado, en inglés Coordinated Universal Time) es una escala de tiempo utilizada como referencia internacional. Se basa en el tiempo atómico internacional (TAI) y se ajusta para tener en cuenta las variaciones en la rotación de la Tierra. El UTC se utiliza para coordinar actividades en todo el mundo y es la referencia para los husos horarios.

Para comparar eventos funcionales repartidos por todo el mundo, le recomendamos que gestione y almacene todas las fechas/horas en UTC, y luego las exprese en hora local para sus usuarios (especificando un huso horario).

7. Un programa utilizable desde la línea de comandos

Existen varias técnicas para pasar parámetros a un programa Python que se utiliza en la línea de comandos. Le sugerimos que use el package click para ello. Sus características se implementan usando decoradores, lo que significa que puede dividir su trabajo en dos pasos: crear la característica que desea exponer y, a continuación, hacer que esté disponible en la línea de comandos, añadiendo cualquier ayuda que necesite.

El siguiente programa escribe en mayúsculas la primera letra de una palabra o frase introducida.

```
# Documentación click :
# https://click.palletsprojects.com/en/8.1.x/
import click

@click.command()
@click.option('--expresión',
   prompt='Expresión cuya inicial debe ponerse en mayúsculas',
   help='La inicial se pondrá en mayúsculas, prueba con la palabra:
evaluar')
def cap(expresión):
   click.echo(f'Aquí está el resultado: \n{expresión.capitalize()}')

if __name__ == '__main__':
    cap()
```

Este es el diálogo **interactivo** que puede obtener a través de la línea de comandos (ejecutar el archivo python click_cap.py que contiene el código anterior, responder al prompt tecleando «obviamente», que da el resultado esperado):

```
$ python click_cap.py
Expresión cuya inicial debe ponerse en mayúsculas: obviamente
Aquí está el resultado:
Obviamente
```

El usuario accede a la ayuda a través del siguiente diálogo.

```
$ python click_cap.py --help
Utilización: click_cap.py [OPCIONES]

Opciones:
  --expresión TEXT La letra inicial se escribirá en mayúsculas,
prueba con
                     la palabra: evaluar
  --help             Show this message and exit.
```

Gracias a la función de ayuda, comprendemos que podemos utilizar el programa nombrando los argumentos de entrada, sin interactividad (la entrada manual se sustituye por el parámetro dado en la línea de comandos). La sintaxis es la siguiente:

```
python click_cap.py --expresión "evalúa esto"
Aquí está el resultado:
Evalúa esto
```

Vemos, por lo tanto, que podríamos haber creado un programa con muchos parámetros y utilizarlo en cualquier shell.

Capítulo 9
Documentar los aspectos de un proyecto

1. Introducción

A lo largo de la vida de un proyecto, este debe documentarse cuidadosamente. La documentación se gestiona en configuración (versiones), del mismo modo que el código: es parte integrante del proyecto y debe entregarse al mismo tiempo que la producción de los elementos técnicos.

Muchos departamentos informáticos disponen de procesos para asegurar la calidad y cumplen normas diseñadas para garantizar que, de un proyecto a otro, su producción de software madure y no empeore en diversos criterios. Uno de los autores de este libro ha tenido la oportunidad de certificar el nivel de madurez de varias grandes organizaciones de TI según la norma CMMI (*Capability Maturity Model Integration*) de ISACA, ahora en su versión 2 (ISACA cuenta con más de 140 000 miembros y profesionales certificados en más de 180 países).

Esta lista de comprobación es, en cierto modo, fruto de esa experiencia: representa los temas que hay que sacar a la luz, dirigir y documentar para prepararse a alcanzar el primero de los cinco niveles de madurez de CMMI, que, paradójicamente, es el nivel 2 (el nivel 1 indica una madurez no homogénea en los procesos del proyecto).

Si usted es «responsable funcional del proyecto», «jefe de proyecto», «responsable de método o de calidad», «business owner» o «scrum master», estamos convencidos **de que tendrá esta lista de comprobación a mano durante muchos años.**

Si su organización no dispone de un marco documental, tendrá que mantener su propio esquema documental para garantizar la calidad de sus proyectos. Utilizar una lista de este tipo le ahorrará muchos quebraderos de cabeza y le animará a **plantearse las preguntas adecuadas** a lo largo del proyecto.

Entonces, ¿se ajusta esta lista a nuestro objetivo TL;DR? Creemos que sí porque no detalla los puntos mencionados, mientras que los marcos metodológicos documentales que utilizan las grandes empresas tienen cientos de páginas.

2. Características principales de la documentación de un proyecto informático

Los proyectos mal documentados rara vez llegan a buen puerto.

Una documentación pertinente, completa –sin ser excesiva–, garantiza una mejor coordinación entre todos los implicados en el proyecto, acelera la integración de los recién llegados y reduce el riesgo de conflictos, decepciones y malentendidos respecto a los entresijos del proyecto.

La documentación forma parte de los entregables de un proyecto tanto como su código.

Al igual que el código, la documentación debe gestionarse en términos de configuración (versionada, estructurada, etc.) y mantenerse actualizada. Los elementos de la documentación que estén obsoletos deben, como mínimo, marcarse como obsoletos, para evitar cualquier confusión entre los futuros lectores. Para gestionar la obsolescencia de los componentes de la documentación, puede, como primera aproximación, adjuntarlos a las grandes ramas gestionadas en su herramienta de control de versiones (Git, etc.).

Una cuidadosa documentación de los proyectos informáticos es esencial para garantizar su convergencia a medio plazo, su mantenimiento y su escalabilidad a largo plazo. La documentación facilita a los desarrolladores que vendrán detrás la comprensión y modificación del código fuente, y reduce el riesgo de errores y fallos. También garantiza la transmisión de conocimientos y buenas prácticas entre los miembros del equipo de desarrollo y las partes interesadas externas.

Una buena documentación de un proyecto informático debe ser clara, concisa y estar estructurada de forma que facilite la navegación y la búsqueda de la información pertinente. Debe abarcar todos los aspectos de la gestión, la convergencia y la calidad del proyecto. También debe contener una descripción completa de la arquitectura del software, las interfaces, los flujos de datos y las reglas de negocio, así como instrucciones para utilizar y mantener el sistema. También debe actualizarse periódicamente para reflejar la evolución y los cambios del proyecto a lo largo del tiempo. Por último, es importante garantizar que la documentación sea fácilmente accesible y se pueda compartir con todos los miembros del equipo de desarrollo y las partes interesadas.

En las siguientes líneas, encontrará la estructura de una documentación de este tipo, que podrá adaptar ampliamente a su contexto profesional y que puede considerar como una lista de comprobación exhaustiva del contenido de la documentación de un proyecto informático.

Dicho esto, ¡es hora de repasar nuestra lista de comprobación!

3. Documentación de los aspectos clave y de los métodos de gestión de proyectos

En cuanto se habla de la oportunidad de un proyecto, las cuestiones clave asociadas guían naturalmente los debates en torno a este proyecto. Sin embargo, la comprensión de estas cuestiones evoluciona durante el proyecto, por lo que es importante mantener esta información actualizada a lo largo del proceso y recordar los supuestos en los que se basó cada decisión.

En algunas organizaciones, toda esta información se registra en un plan de proyecto que se actualiza periódicamente (puede tratarse de un sitio web o una aplicación dedicada alojada en un entorno como Gitlab, Obsidian, etc.), compartido y conocido por todos, que hace referencia a todos los demás documentos del proyecto, ya sean cuadros actualizados de seguimiento del progreso o documentos técnicos.

3.1 Necesidades que motivan la creación del proyecto

Describa el origen de los requisitos preliminares: cambio de normativa, mal funcionamiento de la solución existente, innovación, conclusiones de auditorías, deseo o necesidad de aplicar un cambio, lanzamiento de un nuevo producto, rediseño, actualización de un producto (familias de productos, tipos de productos, métodos de gestión de productos, etc.).

Más adelante en la vida del proyecto, estas necesidades impulsarán la definición de requisitos, casos de uso o *user stories* gestionadas en un ciclo ágil.

Describa los canales de distribución y los posibles objetivos de marketing del proyecto.

3.2 Ámbito de aplicación y situación

Explorar el «por qué» del proyecto.

3.2.1 Definición del problema

Presente una declaración que resuma el problema que este proyecto pretende resolver. Se puede utilizar el siguiente formato.

	[describir el problema]
incumbe	[quiénes son las partes interesadas afectadas por este problema]
cuyas consecuencias son	[cuál es el impacto del problema]
una solución eficaz permitiría	[enumerar las principales ventajas de una solución eficaz]

3.2.2 Posicionamiento del producto o de la solución

Describa la posición que el producto o solución pretende ocupar en el mercado o en relación con su organización. Puede utilizarse el siguiente formato.

Para	[definición del tipo de cliente o usuario]
Que desea	[descripción de su necesidad o de una oportunidad]
Esta solución es una especie de	[tipo de solución]
Le permite alcanzar	[lista de beneficios previstos]
A diferencia de	[una solución alternativa]
Porque	[puntos positivos y diferenciadores]

Destaque la importancia del proyecto para todas las partes implicadas.

3.2.3 Contexto

Presente la situación actual en relación con el perímetro del proyecto:

- procesos existentes afectados;
- partes interesadas afectadas (agentes y estructuras);
- productos asignados;
- sistema de información afectado.

3.3 Definición y objetivos

Describa el objetivo u objetivos que se pretenden alcanzar con la ejecución del proyecto.

Intente presentar cifras, por ejemplo: ahorrar 30 días en ese proceso, ganar un 10 % de productividad, etc.

3.4 Describir uno o varios escenarios para el proyecto

Detalle el escenario o escenarios posibles, en particular los siguientes puntos:

- el macrocalendario;
- los costes estimados (a lo largo de la duración del proyecto) y los beneficios que se obtendrán (en los cinco años siguientes a la finalización del proyecto);
- una descripción de los riesgos que entraña la realización del proyecto;
- una descripción de los principales elementos de arquitectura y criterios del escenario.

Aborde los recursos disponibles o necesarios: humanos y materiales.

Indique el escenario preferido y por qué, con una posible propuesta de composición del equipo del proyecto.

3.5 Trayectoria del proyecto

Descripción de lo que deben saber (y tener en cuenta) los jefes de proyecto, el propietario del producto, el *scrum master* y los arquitectos, incluyendo especialmente:

- **Enfoque del proyecto**: presentar el método de desarrollo; por ejemplo, integración de software, producto independiente, desarrollo externo, desarrollo interno, así como detalles de cómo se interconectará el proyecto con los sistemas existentes, si corresponde.
- **Entregables**: describir los entregables del proyecto o los resultados esperados: confirmar todos los entregables del proyecto. Sea lo más claro posible y no olvide incluir elementos como documentación actualizada, procedimientos operativos adaptados, funcionalidades nuevas/modificadas, hardware nuevo/mejorado, hardware/aplicaciones retiradas, etc.
- **Exclusiones**: todo lo mencionado en esta sección NO forma parte del alcance del proyecto y NO DEBE tenerse en cuenta a la hora de planificar el trabajo y estimar los costes, la duración del proyecto, etc.
- **Restricciones**: una restricción es una limitación que afecta al rendimiento del proyecto; por ejemplo, un presupuesto fijo. Indique aquí todas las limitaciones que hayan tenido (o puedan tener) un impacto en alguno de los aspectos de la definición del proyecto o en la capacidad de llevarlo a buen término. Por ejemplo, puede que no sea posible realizar pruebas exhaustivas de extremo a extremo o que haya que restringir el alcance del proyecto para cumplir un plazo externo. Otros ejemplos podrían ser: presupuesto restringido, disponibilidad limitada de recursos.
- **Dependencias/dominios afectados**: todas las interfaces del proyecto. No se trata de interfaces técnicas, sino de interfaces organizativas o de procesos de negocio.
- **Hipótesis**: todas las hipótesis que se han hecho al definir el proyecto y redactar este PGP (Plan de Gestión del Proyecto). Por ejemplo, puede haber estimado que el presupuesto estará disponible en una fecha determinada, que los recursos estarán disponibles en la fecha deseada, etc.
- **Referencias**: enumere todos los documentos utilizados para elaborar su plan.

3.6 Calendario global del proyecto

Desde la puesta en marcha (*kick-off*) del proyecto, asegúrese de que las partes interesadas comprenden el significado y los retos de las fases que va a enumerar en este calendario general.

Fases	Carga de trabajo estimada (días-hombre)	Fecha de inicio	Fecha final
Fase inicial		*dd/mm/aa*	*dd/mm/aa*
Fase de estudio			
Fase de diseño			
Fase de validación			
Fase de despliegue			
Fase de cierre			

3.7 Beneficios esperados

Los beneficios pueden obtenerse en varios ámbitos:

- **Productividad**: carga de trabajo estimada en días-hombre y traducida a euros.
- **Sistemas**: ahorro de tiempo en el procesamiento del sistema.
- **Materiales**: ahorro en suministros y servicios (externos).
- **Clientes/plazos**: percepción de la mejora del servicio por parte del cliente (plazos de entrega, herramientas web, calidad de la información, fidelización).
- **Productos/ventas**: aumentar la cuota de mercado, mejorar las herramientas de venta y ahorrar tiempo al personal de ventas...

AÑO	Productividad	Sistemas	Materiales	Clientes / Plazos	Productos / Ventas	Total
A+1						
A+2						
A+3						
Total						

3.8 Evaluación de los costes

A veces es lo único que les interesa a sus interlocutores, además de la planificación, así que debe tener mucho cuidado y compartir sus estimaciones con muchos interlocutores antes de comprometerse con esta tabla.

Anote cada una de las hipótesis que ha utilizado para elaborar la tabla y haga que las validen cuidadosamente.

Gastos directos (euros)	A	A+1	A+2	A+3	etc.		Total
1 - Flujo de caja							
Remuneración del personal							
Formación del personal							
Instalaciones							
Compra/alquiler de oficinas							
Equipamiento/Muebles							
Equipos informáticos							
Software							
Comunicaciones							
Viajes							
Transportes							
Comercial							

Gastos directos (euros)	A	A+1	A+2	A+3	etc.		Total
Honorarios							
Otros							
Subtotal							
2 - Con amortización							
Remuneración del personal							
Formación del personal							
Instalaciones							
Compra/alquiler de oficinas							
Equipamiento/Muebles							
Equipos informáticos							
Software							
Comunicaciones							
Viajes							
Vehículos							
Subtotal							

3.9 Planificar y presupuestar el subproyecto informático

También en este caso hay que validar las hipótesis y registrarlas cuidadosamente para delimitar la naturaleza de los compromisos de cada parte.

Planifique su proyecto informático utilizando un ciclo de vida en V o en W e integre principios y técnicas ágiles utilizando un marco de tipo scrum, al menos durante las fases de construcción.

Si quiere tener el control de su proyecto, ponga en marcha procesos ágiles **desde las fases de desarrollo hasta el despliegue (y el soporte)** para tener éxito y aplique **prácticas modernas de DevOps y CI/CD**.

En todos los casos, asegúrese de que su proceso de prueba está a la vanguardia de la tecnología y alterne las fases de prueba de verificación y validación en torno a las fases técnicas:

- La **verificación** es la evaluación de si un producto, servicio o sistema cumple o no una normativa, requisito, especificación o condición impuesta. Suele ser un proceso **interno**. Debe distinguirse de la validación.
- La **validación** es la garantía de que un producto, servicio o sistema satisface las necesidades del cliente y otras partes interesadas identificadas. A menudo implica la aceptación y adecuación para clientes o usuarios finales **externos** (el propietario del producto no es un usuario final estándar). Debe distinguirse de la verificación.

Fase	**Etapa**	**##**	**Tareas / Entregables**	**Responsable**	**Carga de trabajo estimada (d-h)**	**Fecha de inicio**	**Fecha de final**
Inicialización	Etapa preliminar	*1.1.*				*dd/ mm/ aaaa*	
	Lanzamiento	*1.2.*					
Definición	Recopilación de las necesidades de los usuarios	*2.1.*					
	Especificación técnica	*2.2.*					
	Planificación	*etc.*					
Realización	Diseño						
	Desarrollo (iteraciones de scrum)	*Sprint 1, Sprint 2, etc.*					
	Verificación						

Aceptación	Aceptación funcional						
	Aceptación técnica						
Despliegue	Piloto						
	Despliegue						
Cierre	Evaluación del proyecto						
	Cierre del proyecto						

3.10 Gestión de riesgos

Elabore una breve descripción de las tareas de gestión de riesgos que se llevarán a cabo durante el proyecto. Deberá describir lo siguiente:

- El enfoque que se utilizará para identificar los riesgos y cómo se analizará y priorizará la lista de riesgos.
- Las estrategias de gestión de riesgos que se utilizarán, incluidas las estrategias de mitigación, evitación o prevención de los riesgos más significativos (el «top 10»).
- Cómo se supervisará la situación de cada riesgo significativo y sus actividades de mitigación.
- Los calendarios para la revisión de los riesgos y la elaboración de informes. La revisión de los riesgos debe formar parte de la revisión de aceptación de cada fase o iteración.

Es buena idea nombrar a un responsable del seguimientodel riesgo (*risk owner*), que se asegure de que el riesgo se gestiona con recursos suficientes (presupuestos, medios, etc.), que sean apropiados, estén disponibles y se desplieguen realmente.

Los riesgos deben controlarse de forma escrupulosa a lo largo de todo el proyecto, sin desviarse de lo descrito aquí, pues de lo contrario cualquier problema se le atribuirá inevitablemente a usted en términos de responsabilidad.

3.11 Calidad del proyecto

A partir de la lista de normas de calidad aplicables al proyecto, el objetivo de esta sección es determinar cómo cumplirá el proyecto dichas normas, recurriendo en caso necesario a las recomendaciones de la situación actual.

Los principales temas que se tratarán son:

- **Control de calidad**: el control de calidad consiste en supervisar los productos específicos del proyecto para determinar si cumplen las normas de calidad pertinentes. Se trata de las actividades que realiza el equipo del proyecto para garantizar la calidad de los entregables. Identifique las actividades de control de calidad que tendrán lugar durante el proyecto, quién será responsable de ellas y qué resultados producirán. Por ejemplo: revisiones por pares, pruebas.
- **Arquitectura, seguridad e integridad de los datos**: enumere las actividades diseñadas para garantizar que el proyecto cumple todas las normas de arquitectura, seguridad y datos.
- **Garantía de calidad**: la garantía de calidad consiste en comprobar que el proyecto utiliza los procesos necesarios para cumplir los requisitos. Generalmente lo lleva a cabo una persona ajena al proyecto para garantizar su independencia y objetividad. Identifique las actividades de garantía de calidad del proyecto, quién será responsable de ellas y los entregable que producirán. Por ejemplo: auditoría de calidad, evaluación de procesos.

Compruebe la coherencia del ciclo PDCA:

- **Planificar**: ¿es realista el plan del proyecto e incluye tareas de calidad?
- **Hacer**: ¿la logística del proyecto es sólida y realista?
- **Verificar**: ¿existen procesos sistemáticos para comprobar que se cumplen los objetivos y medir las desviaciones?
- **Actuar**: ¿las medidas de mitigación son realistas y se controlan¿, ?están adaptados los procesos de gestión del proyecto para incorporar medidas correctoras duraderas?
- ¿Los ciclos PDCA se suceden de forma sistemática y armoniosa?

Listas de control / plan de revisión de la calidad

Cómo elaborar un plan de revisión de la calidad:

- **Tareas de revisión y auditoría**: describa brevemente cada tipo de revisión y auditoría que se llevará a cabo en el proyecto. Para cada tipo, identifique los artefactos del proyecto que se revisarán o auditarán. Puede tratarse de revisiones conjuntas entre el cliente y el desarrollador, mediciones cíclicas de determinados indicadores, auditorías de procesos, auditorías de clientes o auditorías de cumplimiento de normas internas o externas.
- **Calendario**: especifique el calendario de revisiones y auditorías. Esto incluye las revisiones y auditorías programadas en los hitos del proyecto, así como las revisiones provocadas por la entrega de artefactos del proyecto. Esta subsección puede hacer referencia al plan del proyecto.
- **Organización y responsabilidades**: enumere los grupos o individuos específicos implicados en cada una de las actividades de revisión y auditoría identificadas. Describa brevemente las funciones y responsabilidades de cada uno. Enumere también los organismos externos que se espera que aprueben o regulen los resultados del proyecto.
- **Resolución de problemas y medidas correctivas**: en este subapartado se describen los procedimientos para notificar y tratar los problemas detectados durante las revisiones y auditorías del proyecto. El plan de resolución de problemas puede referenciarse y versionarse.
- **Herramientas, técnicas y metodologías**: describa las herramientas, técnicas o metodologías específicas que se utilizarán para llevar a cabo las actividades de revisión y auditoría identificadas en este plan. Debe describir el proceso explícito que se seguirá para cada tipo de revisión o auditoría. Es posible que su organización disponga de un manual estándar de procedimientos de revisión y auditoría, al que puede hacer referencia en su plan. Estas descripciones de procedimientos también deben abordar la recopilación, el almacenamiento y el archivo de los registros de revisión del proyecto.

3.12 Plan de comunicación

El plan de comunicación del proyecto se elabora para garantizar que las partes interesadas comprendan los objetivos del proyecto y acepten las perturbaciones y problemas que puedan surgir en su organización cotidiana como consecuencia del proyecto.

Los principales temas que se abordarán son (centrándose en la comunicación del proyecto):

- Definir las necesidades de comunicación en función del público destinatario.
- Planificar acciones de comunicación para transmitir la visión y dirección del proyecto, y aclarar la estructura de *reporting*.
- Garantizar que la información de referencia del proyecto sea fácilmente accesible para todos los equipos.
- Asegurarse de que la comunicación sea eficaz.

Se destacarán los cuatro puntos siguientes:

- visión y dirección del proyecto;
- reuniones previstas con el equipo del proyecto;
- comités previstos con los principales patrocinadores;
- reuniones planificadas con las partes interesadas (subcontratistas, proveedores, colaboradores, etc.);
- alimentación del *reporting* institucional de la organización.

Es importante responder a las siguientes preguntas al elaborar el plan de comunicación, para detallar las características de cada comunicación considerada:

- **QUIÉN**: ¿a quién va dirigida esta comunicación?
- **QUÉ**: ¿cuál es el contenido típico de la comunicación?
- **CÓMO**: ¿qué medios deben utilizarse?
- **CUÁNDO**: ¿cuándo, con qué frecuencia, en respuesta a qué acontecimiento?

- y **POR QUÉ** (justificación en términos de objetivos, riesgos, calendario, etc.).

3.12.1 Comunicación inicial

Durante la fase de lanzamiento, se comunican los retos y objetivos del proyecto mediante:

- una reunión o un acto especial;
- debates sobre el proyecto en un acto especial organizado con otros fines;
- el sitio web de la intranet B2E;
- el sitio web;
- redes sociales;
- boletín interno;
- carta de la dirección general;
- una reunión de lanzamiento informático;
- etc.

3.12.2 Comunicación durante el proyecto

Deben mantenerse canales de comunicación regulares con todas las partes interesadas:

- *Business as usual* (refuerzo de la información inicial, si todo está en orden);
- comités de dirección;
- reuniones scrum;
- sitio web o wiki que describa el DevOps del proyecto (es decir, la forma en que se garantiza el ciclo CI/CD).

3.12.3 ¡Adelante!

Antes de ponerse en marcha, tiene que volver a planificar cuidadosamente sus comunicaciones:

- la formación que se impartirá a las partes interesadas;
- la comunicación realizada para preparar el lanzamiento;
- la comunicación en términos de marketing externo (o interno en una gran empresa);
- la comunicación sobre el medio (a corto, medio y largo plazo) que estará a disposición de las partes interesadas.

4. Arquitectura global del SI en relación con el proyecto

La arquitectura global ofrece una visión general de la arquitectura de la solución, representando sus distintos aspectos mediante diferentes vistas. Su objetivo es captar, aclarar y transmitir las decisiones de arquitectura significativas que se han tomado o se deben tomar.

La arquitectura global ofrece una visión completa de la arquitectura de la solución. Sirve de medio de comunicación entre el patrocinador y los arquitectos en relación con los puntos importantes del proyecto. La arquitectura global es el documento de referencia para las revisiones que verificarán la calidad de la arquitectura dedicada al proyecto, tanto intrínsecamente como con respecto a las normas de arquitectura de la organización.

4.1 Personalización de la arquitectura global

El plan de la arquitectura global puede adaptarse a la naturaleza del proyecto. Algunas secciones pueden considerarse no pertinentes o acortarse. Algunos aspectos específicos pueden requerir su propia sección adicional. Pueden añadirse apéndices para explicar determinados aspectos.

4.2 Alcance de la arquitectura global

Describa su arquitectura global:

- ¿Qué necesidades se cubren? ¿Cuáles son los principales procesos/actividades y las partes interesadas involucradas? ¿Existen vínculos con otras áreas, socios comerciales, clientes finales o sistemas externos?
- ¿Qué aplicaciones crea, sustituye o modifica el proyecto? ¿Son aplicaciones internas, B2B *(Business to Business)* o B2C (*Business to Consumer*)?
- ¿Es el proyecto una oportunidad para construir un nuevo marco arquitectónico o una nueva infraestructura?
- ¿Existen requisitos previos para el proyecto o vínculos con otros proyectos? ¿Puede desincronizarse el proyecto de otros proyectos?
- ¿Se trata de un proyecto urgente o de un proyecto clásico?
- ¿Qué no hace el proyecto o la solución? (Indíquelo explícitamente). ¿Qué elementos se excluyen del proyecto?
- ¿La solución propuesta es general o desechable?

4.2.1 Definiciones, acrónimos y abreviaturas

Enumere todas las definiciones, siglas y abreviaturas a las que se hace referencia en la arquitectura global.

4.2.2 Resumen para los no técnicos

Describa en términos sencillos la arquitectura global para ayudar a comprender los principales retos.

4.3 Arquitectura empresarial

Se trata de recordar el contexto (actividad comercial, logística, etc.), el alcance y los procesos de la solución en el contexto de la empresa u organización, con el fin de dejar claro que su arquitectura global encajará bien en la empresa.

4.3.1 Introducción

Responda a las siguientes preguntas:

- Desde el punto de vista del modelo operativo de la organización, ¿qué cambios propicia el proyecto? ¿Cómo modifica el día a día de los equipos, las partes interesadas y los clientes?
- ¿Está en consonancia con la estrategia declarada de la organización?
- ¿Se trata de un proyecto estratégico para la organización? ¿Por qué sí o por qué no?
- ¿Hay repercusiones en los procedimientos internos y externos? ¿Cuáles son?
- En el caso de un proyecto relativo a la comercialización de una gama de productos, ¿qué familias de productos, tipos de productos, métodos de gestión de productos y tipos de riesgo, canales de distribución y objetivos de comercialización son soportados o no por el proyecto?

La arquitectura empresarial se describe mediante procesos y actividades empresariales descompuestos y orquestados que se desencadenan a partir de acontecimientos (a menudo comerciales o logísticos) y los generan. Estos procesos y actividades operan en un contexto humano, organizativo y técnico que debe definirse.

4.3.2 Contexto de negocio

Identifique todas las entidades humanas, organizativas o técnicas y las partes interesadas (por ejemplo, sistemas informáticos, aplicaciones, dispositivos) que intervienen en el ámbito de la solución desde la perspectiva del negocio de la empresa.

Nombre	Definición
Nombre de la parte interesada	Definición de parte interesada

Puede formalizar el contexto empresarial de la solución mediante un diagrama de flujo de alto nivel que exprese cómo se vincula la solución empresarial con las entidades externas y las partes interesadas dentro del perímetro. Además de formalizar el contexto, este diagrama de flujo de alto nivel muestra los intercambios externos.

También puede formalizar el contexto empresarial mediante un diagrama de casos de uso de negocio UML de alto nivel. Todas las partes interesadas dentro del perímetro están representadas por actores de negocio. Recuerde que dichos actores no sólo representan a seres humanos, sino a todo tipo de entidades externas, como organizaciones, por ejemplo. Los intercambios pueden representarse como flujos de información entre la solución empresarial y las partes interesadas dentro del perímetro. También pueden formalizarse en diagramas UML de comunicación o colaboración.

4.3.3 Procesos de negocio

Realice un inventario de los macroprocesos operativos detallados, de los procesos y de las actividades que intervienen en la solución empresarial (denominados «procesos incluidos en el perímetro»), agrupados por los procesos propietarios.

Procesos propietarios / Actividades	Nombre	Definición
Proceso/Actividad	Nombre del proceso/ de la actividad	Definición del proceso/de la actividad

Esta lista puede presentarse en forma de diagramas de proceso, utilizando símbolos de proceso de BPMN o representaciones similares.

Alternativamente, los procesos y actividades de negocio pueden describirse utilizando la técnica de casos de uso o diagramas de actividad UML, preferiblemente estipulando tipos de actores en forma de *swimlanes*.

4.3.4 Eventos de negocio

Las partes interesadas y los procesos incluidos en el perímetro interactúan mediante desencadenantes que se corresponden con eventos operativos. Enumere los eventos operativos intercambiados entre las partes interesadas y los procesos incluidos en el perímetro.

Nombre	Definición	Partes interesadas emisoras	Actividades emisoras	Partes interesadas receptoras	Actividades receptoras
Nombre del acontecimiento	Definición del acontecimiento	Lista de partes interesadas	Lista de actividades	Lista de partes interesadas	Lista de actividades

4.3.5 Impactos de negocio

Para contextualizar un proyecto informático y facilitar la toma de decisiones cuando los requisitos empresariales no son del todo explícitos, es importante recopilar y referenciar los siguientes puntos:

- ¿Qué partes interesadas y procesos operativos actuales se ven afectados o modificados?
- ¿Hay nuevos procesos o actividades que implementar o dotar de herramientas?
- ¿Qué otros procesos operativos intervienen?

4.4 Arquitectura funcional y servicios que deben desplegarse

El objetivo de esta sección es muy amplio: describir las funciones, servicios o casos de uso de alto nivel de la solución.

4.4.1 Composición de las funciones/servicios

Identifique y describa los bloques funcionales anidados de alto nivel o los casos de uso de alto nivel de la solución que dan soporte a los procesos/actividades incluidos en el alcance. Estos bloques funcionales pueden formalizarse utilizando diagramas de paquetes UML, y los casos de uso, con diagramas de casos de uso.

Nombre	Descripción
Nombre del bloque funcional/ servicio/caso de uso	Descripción del bloque funcional/ servicio/caso de uso

4.4.2 Características principales y casos de uso más importantes

Enumere las características, servicios y casos de uso más significativos de la solución:

- ¿Cuáles son las funcionalidades y casos de uso más exigentes en términos de diseño?
- ¿Cuáles son los puntos específicos y delicados de la solución?
- ¿Cuáles son las funcionalidades y casos de uso más esperados por los futuros usuarios del proyecto?

4.4.3 Comunicación e interacciones funcionales

Identifique y describa los flujos funcionales entre los bloques funcionales o servicios incluidos en el perímetro y otros bloques funcionales del SI. Describa cómo interactúan entre sí y con otros bloques funcionales. Esto puede formalizarse utilizando diagramas de colaboración o comunicación UML.

Emisores	Receptores	Nombre	Descripción
Lista de emisores	Lista de receptores	Nombre del flujo funcional	Descripción del flujo funcional

4.4.4 Impactos funcionales

Describa el impacto funcional de la solución en el SI:

- ¿Qué es lo que no ha cambiado?
- ¿Qué se suprime? ¿Qué se sustituye?
- ¿Qué se ha adaptado?
- ¿Qué es nuevo?

4.4.5 Trazabilidad con el negocio

Establezca el vínculo entre la arquitectura de negocio y la arquitectura funcional, determine qué bloques funcionales soportan cada proceso/actividad incluido en el perímetro.

4.4.6 Modelo de datos o modelo semántico (ontología)

Identifique y describa las entidades conceptuales del dominio de la solución y sus relaciones.

Esto puede formalizarse mediante diagramas de clases UML simplificados, que describan los principales conceptos del proyecto y cómo se relacionan entre sí. Si la solución afecta a distintos temas o ámbitos, cada uno debe tener un modelo de datos independiente. Estos modelos de datos deben vincularse mediante un metamodelo de datos que destaque las principales entidades gestionadas por la empresa (se puede hacer referencia a marcos como el *Master Data Management*, es decir, métodos que permiten gestionar los datos de referencia). Si el número de entidades y relaciones es limitado, facilite su descripción en el cuerpo del documento; en caso contrario, utilice un anexo.

Entidades de dominio:

Nombre	Descripción
Nombre de la entidad	Descripción de la entidad

Relaciones de dominio:

Número	Significado	Descripción
Número de relación	Par de frases para describir la relación en ambos sentidos	Descripción de la relación

4.4.7 Ciclos de vida de los objetos

Si procede, identifique las entidades con un ciclo de vida y formalícelo mediante un diagrama de estados UML simplificado.

4.4.8 Datos de referencia

Identifique y enumere los datos de referencia utilizados o necesarios. ¿Existen estructuras de información que puedan o deban promoverse como datos de referencia?

Es posible que su entidad haya designado un gestor de datos dentro de la organización, en cuyo caso deberá trabajar con él y pedirle que valide sus propios datos de referencia.

4.4.9 Trazabilidad funcional

Establezca una matriz de trazabilidad desde las estructuras de información hasta la arquitectura funcional: ¿qué estructuras de información soportan cada uno de los bloques funcionales incluidos en el perímetro?

4.4.10 Conformidad con la arquitectura empresarial

Indique la conformidad de la solución empresarial con el modelo funcional de arquitectura empresarial de la organización (a menudo gestionado por una entidad especializada):

- ¿Qué funciones relacionadas con su proyecto están referenciadas en este modelo funcional? ¿Cuáles no?
- Indique también la conformidad con el modelo de información de la arquitectura empresarial de la organización.
- ¿Qué información sobre su proyecto está referenciada en este modelo de información? ¿Cuál no?

Comente cualquier discrepancia.

4.5 Arquitectura de la aplicación

Objetivo: identificar y describir los módulos lógicos que componen la solución, así como sus dependencias e interacciones.

Lo ideal sería presentar un modelo que no dependiera demasiado de la plataforma tecnológica considerada, para poder elegir soluciones «objetivas».

4.5.1 Composición de la aplicación

Identifique y describa los módulos lógicos que soportan la arquitectura funcional requerida y componen la solución. Cada módulo lógico representa un dominio aislado que la solución debe integrar. Cada uno tiene una misión. Es posible que ya esté implementado o no. Puede ilustrar la arquitectura de aplicación de la solución y su arquitectura lógica en capas mediante un diagrama de paquetes UML.

Proporcione una descripción general de los módulos lógicos de la solución.

Sus casos de uso completos, estructura (entidades y relaciones) y descripción de comportamiento (ciclo de vida del objeto) pueden explicarse en un anexo.

Si ya se ha fabricado un módulo lógico o si se trata de un paquete comercial que se va a comprar, facilite una descripción general de su arquitectura funcional.

Módulos lógicos:

Nombre	Misión	Reutilizado (sí/no)	Implementado en
Nombre del módulo	Declaración de misión		Lenguaje

Preguntas que le ayudarán a identificar los módulos lógicos de la solución:

- ¿La solución se basa en uno o en varios paquetes comerciales? ¿Qué paquetes?
- ¿La solución se basa en microservicios o API (para reutilizar o desarrollar desde cero, compartidos o no, con un acuerdo de nivel de servicio claro o no)?
- ¿Hay módulos lógicos que deban desarrollarse desde cero?
- ¿Hay módulos lógicos que puedan reutilizarse?
- ¿La solución necesita intercambiar datos (o servicios) con otras aplicaciones? En caso afirmativo, ¿utiliza una infraestructura de intercambio existente (*middleware*, etc.) o requiere una nueva?
- ¿La solución necesita producir un gran número de informes y debe utilizar un módulo lógico para generar esos informes, ya sean impresos o interactivos (a veces, los informes se denominan *dashboard*, *listing*, *report*, *print*, *impresiones*, etc.)?
- ¿La solución requiere logging (registro en un log de las operaciones informáticas realizadas en un sistema) y debe utilizar un componente dedicado a ello?
- ¿Cuáles son los niveles exigidos en materia de seguridad, trazabilidad y pistas de auditoría?
- ¿La aplicación debe ser multilingüe (internacionalización)?
- ¿Cuáles son los requisitos de depuración y archivado?
- ¿Deben emitirse alertas en determinados casos, y a qué o a quién?

- ¿Cómo deben configurarse las aplicaciones (mediante una interfaz, archivos de configuración, etc.)?
- ¿Es necesaria la ayuda en línea para los usuarios?
- ¿Puede la aplicación enviar mensajes (correos electrónicos, tweets, etc.)?
- ¿Necesita gestionar un *flujo de trabajo* explícito y controlado (un *workflow* formal)?
- ¿Cómo se gestionan las clasificaciones, listas, tablas de decisión y propiedades definidas por el usuario (por ejemplo, la declaración de que una persona pertenece a un determinado departamento)?

4.5.2 Dependencias de la aplicación

Identifique y describa las dependencias de uso entre los módulos lógicos de la solución y otros módulos lógicos, aplicaciones o sistemas. Puede tratarse de vínculos estructurales o de comunicación.

Dependencias de uso entre los módulos lógicos incluidos en el perímetro:

Módulo de usuario	Módulo utilizado	Motivos de uso
módulo1	módulo2	Razones por las que el módulo1 utiliza el módulo2

Puede ilustrar estas dependencias utilizando un diagrama de paquetes UML.

4.5.3 Servicios de aplicaciones

Identifique y describa los servicios requeridos y prestados por los módulos lógicos de la solución.

Servicios de aplicaciones:

Módulo propietario	Nombre	Descripción	Necesario/ Suministrado
Módulo lógico	Nombre del servicio	Descripción del servicio	

4.5.4 Flujos e interacciones de las aplicaciones

Identifique y describa los flujos de aplicación enviados y recibidos entre los módulos lógicos de la solución y otros módulos lógicos de los sistemas informáticos. Identifique y describa las interacciones entre los módulos y servicios lógicos incluidos en el perímetro y otros módulos lógicos y servicios.

Puede formalizar los flujos y las interacciones de las aplicaciones mediante diagramas de interacción UML:

- diagramas de comunicación;
- diagramas de colaboración;
- diagramas de secuencia.

4.5.5 Repercusión en una aplicación existente

Describa el impacto de la solución en los módulos de aplicación (¡si aquella ya existe!):

- ¿Qué novedades hay?
- ¿Qué es lo que no ha cambiado?
- ¿Qué se ha eliminado?
- ¿Qué se ha sustituido?
- ¿Qué se ha adaptado?

4.5.6 Trazabilidad funcional

Vincule la arquitectura funcional a la arquitectura de la aplicación. Describa cómo se implementan en la arquitectura de la aplicación los bloques funcionales incluidos en el perímetro.

4.5.7 Bases de datos y nomenclaturas de referencia

Estas son algunas preguntas de la metodología Master Data Management:

- ¿Qué datos de otros campos se necesitan?
- ¿Qué datos deben compartirse con otros dominios?
- ¿Qué datos podrían convertirse en datos de referencia?

- ¿Dónde pueden encontrarse los datos de referencia?
- ¿Qué bases de datos y nomenclaturas de referencia se utilizan?
- ¿Se utilizan bases de datos de referencia y nomenclaturas comunes? En caso afirmativo, ¿cómo? En caso negativo, ¿por qué?
- ¿Es una oportunidad para crear nuevas bases de datos de referencia y nomenclaturas que aún no existen?

4.5.8 Conformidad con la arquitectura general de la empresa

Indique cómo cumple la solución los principios y normas de la arquitectura empresarial de su organización, o comente cualquier deficiencia explicando cómo se gestionan los impactos o los riesgos asociados a estas deficiencias.

4.6 Requisitos en materia de arquitectura de software

Objetivo: describir los requisitos que influyen en la arquitectura del software.

4.6.1 Tamaño y rendimiento

Describa las principales características y limitaciones cuantitativas de la solución (como las limitaciones de rendimiento) que repercuten en la arquitectura.

4.6.2 Otros requisitos y limitaciones

Preguntas que pueden ayudarle:

- ¿Qué productos listos para usar y paquetes comerciales se utilizan?
- ¿Son de código abierto o no?
- ¿Se ajustan las licencias de productos y componentes a sus necesidades y limitaciones?
- ¿Existen requisitos de distribución para la aplicación?
- ¿Qué tecnologías debe utilizar?
- ¿Hay algún código existente que deba reutilizar?
- ¿Qué nuevo marco de arquitectura o infraestructura puede utilizarse?

- ¿Qué hay del uso de tecnologías de virtualización, contenedorización y orquestación como Docker y Kubernetes?
- ¿La arquitectura invoca microservicios o no?
- ¿Existen necesidades en Big Data, Data Science, Machine Learning, AI, DataViz, reporting o BI?
- ¿Se incluye el procesamiento de lenguaje natural, sonido, imagen y vídeo?
- ¿Se incluyen la movilidad, la computación periférica (*edge computing*) y el IoT?
- ¿Qué ocurre con el uso compartido de recursos entre esta aplicación y otras?
- ¿Cuáles son las necesidades en términos de regionalización (por región, país, lengua, cultura, hábitos locales, etc.)?
- ¿Cuáles son las limitaciones en materia de QoS (calidad de servicio)?
- ¿Necesita la solución integrarse con API internas/externas existentes, B2B, B2C, flujos, aplicaciones y actores externos?
- ¿La arquitectura consume o suministra servicios PasS, SaaS o API externas?
- ¿La integración se realiza a través de la capa de datos (intercambio de archivos, misma base de datos, replicación de bases de datos, etc.), la capa de servicios, la capa de mensajes, la capa de presentación, etc.? ¿Utiliza un *middleware* orientado a archivos, un *middleware* orientado a mensajes, un marco de interoperabilidad (RMI, CORBA, MOM, DCOM, gRPC, etc.), EAI, integración orientada a servicios (WSI, etc.), un bus de servicios empresariales (ESB)?

Describa todas las capacidades necesarias (distintas de la funcionalidad empresarial) que debe proporcionar la arquitectura de software: extensibilidad, fiabilidad, portabilidad, reutilización, etc. Cuando estas características tengan un significado o implicaciones particulares, deben delimitarse claramente.

4.7 Arquitectura técnica

Objetivo: describir los componentes técnicos que integran la solución.

4.7.1 Composición técnica

Identifique y describa las bibliotecas, paquetes, programas y otros artefactos de código, bases de datos y archivos que soportan la arquitectura de aplicación requerida. Identifique y describa las dependencias entre estos componentes técnicos, y entre ellos y otros elementos. Puede formalizar la arquitectura técnica mediante diagramas de componentes UML.

4.7.2 Reutilización

La reutilización, cuando se gestiona correctamente, es una fuente de beneficios económicos y, al mismo tiempo, reduce el número de anomalías si se reutilizan componentes bien probados. Por tanto, debemos plantearnos, al menos, las siguientes preguntas:

- ¿Qué componentes técnicos, bases de datos y archivos existentes se reutilizan en la solución?
- ¿Qué componentes técnicos, bases de datos y archivos pueden compartirse y reutilizarse en otras aplicaciones o sistemas informáticos?
- ¿Qué herramientas pueden utilizarse para validar su resistencia actual?

4.7.3 Trazabilidad de la aplicación

Vincule la arquitectura funcional a la arquitectura técnica. Describa cómo se implementan los servicios de aplicación de la solución en la arquitectura técnica.

4.8 Arquitectura de despliegue

Objetivo: describir las ubicaciones y los nodos físicos en los que se despliega la solución.

4.8.1 Despliegue geográfico

Identifique y localice los emplazamientos en los que se implanta la solución. Hágase estas preguntas vitales:

- ¿Cuáles son los impactos de este despliegue geográfico?
- ¿Existen plataformas regionales y habrá que gestionar simultáneamente varias versiones de la aplicación?
- ¿Es posible imaginar un despliegue único (lo que se denomina un «big bang»)?
- ¿Se ha formado a todos los agentes, incluidos los de las regiones, y tienen una visión clara y los recursos en términos de tiempo, competencias y motivación para participar en el despliegue o utilizar la nueva aplicación?

4.8.2 Infraestructura

Debe desplegar su aplicación en una configuración explícita:

- Si procede, identifique y describa los nodos físicos (ordenadores, dispositivos, red, nube) en los que se despliega y ejecuta la arquitectura técnica de la solución.
- En cuanto al hardware o los contenedores, ¿cuál es su ubicación, número y características: configuración (CPU, GPU, tamaño de la memoria, etc.), limitaciones de disponibilidad, coste total de propiedad, etc.?
- Identifique y describa las interconexiones (bus, LAN, punto a punto, API, servicios, FaaS, etc.) y dependencias entre estos nodos físicos y otros nodos físicos.
- Establezca correspondencias entre los componentes técnicos de la vista técnica y los nodos físicos/virtuales.

Puede formalizar la infraestructura, así como el despliegue de la arquitectura técnica mencionada, utilizando diagramas de despliegue UML.

4.8.3 Limitaciones operativas

Si procede, describa las limitaciones operativas de la solución desplegada para el tratamiento en tiempo real, el tratamiento por lotes, la edición, la infraestructura técnica de hardware y software, el nivel de servicio requerido (disponibilidad, tiempo de respuesta, etc.).

4.9 Estrategia de desarrollo

Describa las limitaciones y los escenarios para desarrollar la solución:

- ¿Qué limitaciones podrían aplicarse al diseño y la implementación del software, las herramientas de desarrollo, la estructura del equipo, el calendario, el código existente, etc.?
- ¿Cómo pretende el equipo del proyecto desarrollar la solución informática?
- ¿Se prevén varios incrementos y versiones?
- ¿Cuál es el alcance de negocio, comercial, funcional y de aplicación de los posibles incrementos?

4.10 Estrategia de migración de datos

Cuando haya datos que migrar, describa las limitaciones y los escenarios para migrar los datos a la arquitectura de la nueva solución.

4.11 Estrategia de despliegue de hardware, redes, virtualización y (micro)servicios

Describa las limitaciones y los escenarios de despliegue de la solución, así como la infraestructura necesaria.

4.12 Estrategia de gestión de configuraciones y versiones

Describa el enfoque de la solución para la configuración del software y la gestión de versiones: Git, etc.

4.13 Restricciones de seguridad, resistencia y conformidad

Determine los requisitos de seguridad que debe cumplir la solución.

- ¿Qué normas y estándares de seguridad debe cumplir (incluidos, entre otros, el tratamiento de datos personales y el RGPD)?
- Disponibilidad (¿cuál es el tiempo medio aceptable entre fallos?).
- Integridad (impacto de los resultados incompletos, incoherentes o erróneos al utilizar el producto).
- Confidencialidad.
- Auditoría o prueba y control.
- Trazabilidad.
- Plan de continuidad de la actividad (en caso de incidente o catástrofe grave, como la inundación de las salas de máquinas).
- Otras limitaciones de seguridad.

Identifique las leyes y normativas aplicables que debe cumplir la solución: si la aplicación procesa datos personales, por ejemplo, existen limitaciones legales que deben cumplirse en función del país en el que se ejecuten los componentes. En caso de duda, póngase en contacto con sus abogados locales.

4.14 Catálogo de riesgos relacionados con la arquitectura

Identifique los distintos tipos de riesgo (riesgos de negocio, riesgos informáticos, etc.) y, a continuación, especifique los distintos riesgos estimando la gravedad de su impacto y la probabilidad de que se produzca el riesgo. Decida si la mitigación de estos riesgos debe gestionarse como un requisito del proyecto o de forma externa a él, es decir, a nivel organizativo, y cómo la conformidad o no conformidad de la arquitectura global con los elementos normativos genera o mitiga estos riesgos.

4.14.1 Conformidad con las normas y estándares

Indique cómo cumple la solución las normas y estándares de su organización, como las normas locales de EA (*Enterprise Architecture*), o comente cualquier desviación.

Compruebe la conformidad con las normas documentadas de la organización, por ejemplo:

Normas EA		**Conforme (sí/no) Razones para la no conformidad**
Reglas de modularidad		
	Regla de determinación de los componentes de la aplicación	
	Regla de disociación distribución-producción	
	Regla de uso de funciones de negocio transversales	
	Regla de uso de mecanismos comunes	
Reglas de datos de referencia		
	Regla de construcción de datos de referencia	
	Regla de sincronización de datos de referencia	

	Normas EA	Conforme (sí/no) Razones para la no conformidad
	Regla de actualización de los datos de referencia	
	Regla de intangibilidad del histórico	
	Regla de uso de los datos de referencia	
	Regla de uso de la nomenclatura	
	Otras reglas de uso de la nomenclatura	
Reglas de intercambio		
	Regla de acceso a la información	
	Regla de estandarización de los intercambios	
	Regla de aislamiento de los intercambios	
	Regla de alimentación contable	
Reglas de configuración de los componentes de la aplicación		
	Regla de identificador invariante	
	Regla de divisa	
	Regla de multicanal	
	Regla de multiorganización	
	Regla de multilenguaje	

Si ha realizado un esfuerzo especial para implantar un determinado nivel de conformidad con una regla que no está documentada por su organización (estado de la cuestión, etc.), sugiérale a esta última que integre esta regla en el fondo común de normas y estándares de su organización.

4.14.2 Conformidad con la arquitectura funcional de la empresa

Sitúe los bloques funcionales de la solución en el mapa funcional o de servicios de su organización.

La arquitectura funcional o los servicios de la organización suelen describirse mediante un modelo de arquitectura. Este modelo contiene bloques funcionales que se componen de **áreas funcionales**, que a su vez se componen de grupos de funciones o servicios. Todos estos elementos de la arquitectura funcional se ordenan en el mapa funcional.

Es útil centrarse en el «ámbito funcional» de la solución objetivo:

- En los modelos de arquitectura funcional o de servicios, los grupos de funciones o servicios se componen de macrofunciones o macroservicios, que a su vez se componen de funciones o servicios. Las funciones o servicios son utilizados por las actividades identificadas en la arquitectura empresarial.
- Por tanto, es necesario identificar el alcance funcional de la solución objetivo y comprobar su conformidad con cualquier catálogo de funciones o servicios de la organización, que contenga las macrofunciones o servicios implicados.

4.14.3 Riesgos informáticos, análisis en profundidad

Examine todos los riesgos que deben mitigarse en su organización frente a los puntos débiles clásicos:

- **Integridad:**
  - corrupción del software utilizado por la aplicación;
  - diseño o configuración deficiente del software;
  - posibilidad de funciones ocultas introducidas durante las fases de diseño y desarrollo;
  - error de utilización;
  - error de funcionamiento;
  - error de programa;
  - mala gestión de la configuración de los programas y software utilizados por la aplicación;
  - alteración maliciosa de datos a través de la red, acceso a internet, etc.;
  - infección con virus;

  - riesgos asociados al mantenimiento externo (riesgo de modificación de los datos).
- **Confidencialidad:**
  - obtención ilícita de información confidencial (robo o fotocopia de listas y documentos);
  - divulgación de información confidencial (interna o externa);
  - posibilidad de copiar archivos o programas;
  - apropiación de derechos de acceso (contraseñas débiles);
  - duplicación o copia ilícitas de programas informáticos para su aplicación;
  - robo de ordenadores portátiles o PC utilizados para la aplicación;
  - la red (cableada o móvil) permite a terceros no autorizados acceder a la aplicación;
  - aplicación para facilitar el intercambio de información (disquete, correo electrónico, fax, sistema de gestión documental);
  - intercambios de información sin prueba de origen;
  - intercambios de información sin acuse de recibo;
  - autenticación insegura;
  - registros que no pueden utilizarse para detectar fraudes.
- **Riesgos generales que pueden afectar a la aplicación:**
  - falta de coherencia en las normas dictadas para la seguridad física en el emplazamiento (incendios, inundaciones, contaminación, protección contra cortes eléctricos);
  - facilidad de intrusión en el sitio y los locales, controles de acceso débiles, acceso indirecto;
  - el personal no es consciente de la seguridad informática, en particular de la confidencialidad de las contraseñas;
  - organización inmadura, ausencia de directrices publicadas sobre seguridad lógica, estatutos, código de seguridad, etc.
- **Resiliencia:**
  - fallo del componente técnico en el que se ejecuta la aplicación;
  - accidente grave en locales que alberguen componentes técnicos que utiliza la aplicación;

- los componentes técnicos que soportan la aplicación están obsoletos o su configuración no es progresiva;
- los equipos de la aplicación son sensibles a las radiaciones (térmicas, electromagnéticas);
- componentes técnicos complejos de utilizar o poco ergonómicos;
- mal funcionamiento de la red de telecomunicaciones durante varios días (saturación, etc.);
- rendimiento inadecuado durante el periodo de crecimiento del futuro sistema (tiempo de respuesta);
- ausencia de mantenimiento de los componentes técnicos de la aplicación (falta de competencias);
- riesgos asociados al mantenimiento externo (fallo de componentes técnicos);
- plan de recuperación de aplicaciones (software y hardware) no previsto.

Cuando proceda, los riesgos informáticos pueden mitigarse de forma aplicativa, en cuyo caso el método de mitigación debe explicitarse.

5. Fichas de «Casos de uso de negocio»

Estas fichas constituyen el núcleo de su estrategia de recopilación de requisitos de los futuros usuarios de su aplicación. Establecen un vocabulario común entre usted y ellos.

Cada caso de uso de negocio debe ir acompañado de una descripción clara (puede proporcionar un diagrama de casos de uso UML).

En el ciclo ágil de gestión de proyectos, es esencial gestionar «**historias**» para entregar «**versiones de software**» que engloben «**funcionalidades**».

Un ejemplo típico de historia (*story*) de usuario es el siguiente: *Como <tipo de usuario>, quiero <...> para <...>.*

Observación

Los requisitos, los modelos UML, los modelos de arquitectura (como en TOGAF) y las funcionalidades están interconectados y a menudo vinculados a historias y casos de uso. Sin embargo, sus descripciones no siempre son exhaustivas ni están formalizadas. Por el contrario, las historias y los casos de uso tienen una definición semántica clara.

Dado que un caso de uso es más detallado que una historia:

- Algunas historias las completa el propietario del producto con una hoja de casos de uso para aclararlas.
- El equipo de desarrollo debe actualizar o crear todos los casos de uso implicados en cada nueva iteración (sprint) para garantizar la calidad del proceso de pruebas y la eficacia de la comunicación entre el propietario del producto y los miembros del equipo.
- La mayoría de las pruebas funcionales están vinculadas a los casos de uso.

Observación

Por supuesto, tendrá que proporcionar un formulario para cada caso de uso.

Plantilla de «Caso de uso de negocio»

Identificador del Caso de uso de negocio = [ ]

[Nombre]

Breve descripción

Esta descripción expresa brevemente la función y la finalidad del caso de uso de negocio. Un párrafo es suficiente para esta descripción.

Objetivos

Especifique de los objetivos o las metas mensurables del caso de uso de negocio.

Objetivos de rendimiento

Especifique las métricas relevantes para el caso de uso de negocio y defina los objetivos que desea alcanzar utilizando estas métricas.

[Nombre del objetivo de rendimiento] + Breve descripción del objetivo de rendimiento.

Flujo de trabajo

Una descripción textual del flujo de trabajo representado por el caso de uso de negocio. El flujo de trabajo describe lo que hace la empresa para ofrecer valor a un actor del negocio, no cómo resuelve sus problemas.

Observación

En las subsecciones siguientes solo se muestra un nivel en términos de etapas del flujo de trabajo, pero puede añadir más si es necesario.

Flujo de trabajo de base

[nombre de la etapa del flujo de trabajo] + Una breve descripción de la etapa del flujo de trabajo.

Flujos de trabajo alternativos

[nombre de la etapa del flujo de trabajo] + Una breve descripción de la etapa del flujo de trabajo.

Categoría

Indique si el caso de uso de negocio pertenece a la categoría «principal», «de apoyo» o «de gestión».

Riesgos

Especifique los riesgos asociados a la ejecución o implementación del caso de uso de negocio.

Potenciales

Describa el potencial de mejora estimado del caso de uso de negocio.

Responsable del proceso

Defina quién es el propietario del proceso de negocio. Se trata de la persona designada por su función o la entidad que gestiona y planifica los cambios.

Requisitos especiales

Aquí se incluyen los requisitos específicos del caso de uso de negocio. Estos requisitos no están cubiertos por el flujo de trabajo descrito en las secciones anteriores.

6. Documentación para gestionar problemas y fallos

Debe existir un sistema de gestión de problemas/fallos.

Cuándo utilizar el formulario que aparece más abajo:

- Si no utiliza un gestor de problemas integrado o si desea gestionar los problemas en detalle, puede utilizar un formulario de este tipo. Este formulario de defectos no es necesario si se utiliza una herramienta de pruebas, ya que la herramienta permite gestionar formularios y listas de defectos.
- Este formulario es un medio de comunicación entre los equipos siempre que sea necesario describir elementos adicionales para un defecto determinado. No es obligatorio para todos los defectos.

Ficha de Problema/Anomalía

Campo	Descripción del campo	Comentarios y ejemplos
0 - Cabecera		
Proyecto	El nombre del **proyecto/subproyecto** o **cartera de aplicaciones**, junto con el código del proyecto o cartera de aplicaciones que define el perímetro en el que es aplicable el formulario del fallo. Este campo es obligatorio al registrar el fallo.	
1 - Identificación		
Descripción breve	Breve identificación del fallo. Este campo es obligatorio al registrar el fallo.	

Campo	Descripción del campo	Comentarios y ejemplos
Identificador del fallo	Es el identificador del fallo, idéntico al de la lista de fallos. Este campo es obligatorio al registrar el fallo.	
Referencia de seguimiento	Corresponde al identificador utilizado como referencia para el seguimiento del tratamiento del fallo por un tercero o una herramienta específica. Si la lista de defectos y los formularios se gestionan manualmente, esta referencia puede ser idéntica al identificador del defecto.	
Asunto o tema	Esta información puede utilizarse para agrupar los fallos por tema o asunto (Función, Código de Estado de Disposición, Código de Transacción MMI, etc.).	
Nivel de prueba	Fase de la prueba en la que se produce el fallo.	
Gravedad	De mayor a menor.	
Prioridad	Es la prioridad de tratamiento del fallo. Este campo es obligatorio al registrar el fallo.	
Reproducibilidad	Indique en esta casilla si el fallo puede reproducirse o no. Este campo es muy importante, ya que un fallo no reproducible es difícil de corregir.	
Emisor del defecto	Se trata del nombre de la persona que ha comunicado el fallo. Aquí se puede especificar la entidad y el número de teléfono. Este campo es obligatorio al registrar el fallo.	

Campo	Descripción del campo	Comentarios y ejemplos
Fecha de detección	Es la fecha (dd/mm/aa) en la que se detectó el fallo. Este campo es obligatorio al registrar el fallo.	
2 - Descripción del fallo		
Descripción	Descripción detallada del fallo que pueda servir de base para el análisis y la búsqueda de una solución. En particular, indique el caso de prueba y el conjunto de pruebas que permitirían reproducir el fallo. Este campo es obligatorio.	Si necesita hacer referencia a otros documentos, sus números de referencia deben estar en esta casilla.
3 - Diagnóstico y naturaleza de la corrección		
Persona responsable de la tramitación del fallo	Es la persona responsable de gestionar el fallo. Esta persona puede realizar ella misma el análisis y la corrección o delegar todo o parte del trabajo. Esta persona se ocupa siempre de la avería de principio a fin. Este campo es obligatorio.	
Fecha en que se asumió la responsabilidad	Es la fecha (dd/mm/aa) en la que la persona responsable se ha hecho cargo de procesar el defecto para su análisis. Este campo es obligatorio.	
Carga de trabajo estimada (d-h)	La estimación (en días-hombre) del impacto de la solución representa la carga de trabajo para estudiar, aplicar y verificar la solución.	

Campo	Descripción del campo	Comentarios y ejemplos
Fecha de entrega prevista	Esta es la fecha estimada (dd/mm/aa) en la que la corrección estará terminada y se producirá la entrega al entorno de de validación. Este campo es obligatorio.	
Fecha de entrega real	Es la fecha (dd/mm/aa) en la que la corrección está disponible en el entorno de validación. Este campo es obligatorio.	
Fecha de cierre / abandono	Es la fecha (dd/mm/aa) en la que el emisor cierra el fallo (se acepta la corrección o se da por cerrado el fallo sin corregir). Es obligatorio cuando se resuelve el fallo. Este campo es obligatorio.	
Motivo del rechazo	Motivo del rechazo si se abandona el fallo.	
4 - Seguimiento del fallo		
Estado		
Fecha	Es la fecha (dd/mm/aa) en la que cambia el estado del fallo.	
Participante	Es la persona que actualiza el estado.	
Comentarios	Observaciones.	

7. Release note (nota que describe el contenido de una versión entregada)

Cada publicación en la fase de pruebas de aceptación o en producción debe incluir una descripción clara y concisa que incluya:

- un resumen de los objetivos generales de la *release*;
- el perímetro global de la publicación;
- las licencias y los derechos asociados a la versión y sus componentes;
- una lista de referencias [esta subsección proporciona una lista completa de todos los documentos referenciados con un estado claro: documento actualizado o no];
- visión global [esta subsección describe el contenido del resto de las notas de publicación y explica cómo está organizado el documento];
- características incluidas en la *release* [una descripción funcional que incluya las características o funcionalidades que definen la versión];
- productos compatibles, ese producto ha sido probado en las siguientes plataformas o con los siguientes productos:
  - [Enumere los productos o plataformas].
  - [Enumere los requisitos del entorno operativo].
- técnicas de actualización [describa el proceso de actualización desde versiones anteriores del producto, haga referencia a scripts y herramientas de instalación o actualización];
- nuevas funcionalidades que aporta la versión;
- funciones eliminadas en la versión;
- errores y limitaciones conocidos;
- principales cambios previstos en versiones posteriores.

8. Documentación técnica moderna de las aplicaciones y los sistemas de información

Al final del proyecto o de una *release* importante, hay que entregar diversos códigos, scripts, etc., pero también documentación explícita que permita iniciar el ciclo de mantenimiento de la aplicación. Esta documentación se ha ido construyendo a lo largo del proyecto y forma parte intrínseca del producto que se entrega.

Hoy en día, la documentación técnica que debe elaborarse y gestionarse en una organización adopta la forma de un «producto similar a un código informático», del mismo modo que los demás componentes de la aplicación o SI. Todos estos componentes se gestionan en configuración mediante programas informáticos como Git.

Idealmente, sus componentes deben ser los siguientes:

- Componentes puramente documentales (¡es lo mínimo!):
  - un corpus de documentos en *markdown* o similar (quarto.org, Rmarkdown Obsidian, etc.) que utilicen los otros componentes;
  - los códigos de modelos gráficos (UML, C4, Archimate, etc.) utilizados para regenerar los gráficos que se incluirán en la documentación (por ejemplo: plantUML, código Mermaid o GraphviZ, etc.);
  - cualquier posible archivo gráfico SVG (cuando tenga que dibujar en lugar de generar sus gráficos, dibuje en SVG);
  - cualquier captura de pantalla de la aplicación en formato .png (utilizar software para describir *wireframes*, es decir, diagramas de las interfaces hombre-máquina (pantallas), es una idea excelente);
  - fichas bibliográficas (en formato .bib) en las que se describan los documentos y los enlaces internos o externos que deben consultarse para comprender mejor cualquier aspecto (en el caso de las URL, debe indicarse la fecha del último acceso);
  - opcionalmente: tutoriales o vídeos creados para facilitar la asimilación de la información que se documenta.

- Componentes de trazabilidad de la construcción del producto que facilitan la comprensión de su estado actual:
  - los elementos contractuales (contratos de subcontratación, licencias de software, garantías diversas, documentación entregada por los proveedores de software y hardware);
  - las actas de los comités de proyecto y dirección, así como cualquier *sprint backlog*, documentos Kanban o Safe y documentos de estimación de carga, que ayudan a contextualizar las decisiones que hacen que la aplicación sea como es.
- Componentes de *documentation as a code*:
  - comentarios, preferiblemente normalizados, incluidos en el código y en los scripts utilizados en el desarrollo y el despliegue de la aplicación (en Python usamos a menudo *docstring* y Pydoc), que también pueden utilizarse para generar documentación técnica de referencia, minimalista en términos didácticos, pero actualizada;
  - la mecánica de la nomenclatura de variables, objetos y funciones y la descripción de cómo está estructurado el código (algunos aspectos sintácticos pueden auditarse con herramientas como Pylint);
  - las pruebas unitarias integradas que, cuando se codifican correctamente, proporcionan al lector una gran cantidad de información;
  - los comentarios normalizados asociados a los *commits* de los distintos códigos que, combinados con el *diff* (las diferencias con la versión anterior del código o script), permiten seguir el proceso de construcción del código;
  - los archivos de configuración de la documentación (codificados en YAML o JSON, etc.);
  - versiones identificadas de definiciones de contenedores con comentarios (Dockerfile, etc.) para almacenar una versión completa y accesible del estado de la documentación en una imagen Docker que pueda reconstruirse bajo demanda;
  - listas de *stories* y *epics* de un proceso scrum o listas de exigencias (*requirements*);
  - diccionarios de datos, de metadatos, de API, de servicios, etc. (en formato .csv versionado, por ejemplo);

  - enlaces a los sistemas de *ticketing* (como Jira/Confluence) de la aplicación (que enumeran las solicitudes de mejora y de corrección de anomalías) y a los casos de prueba y evaluación comparativa (rendimiento y seguridad);
  - el enlace y la referenciación de todos los archivos de diseño, de implementación de la seguridad y de despliegue de la aplicación (enlace con sus scripts DevOps o DevSecOps, etc.).

Lo ideal es que esta documentación esté disponible en línea en diferentes versiones/ramas:

- versiones intermedias no desplegadas;
- versiones desplegadas en el pasado (¿en qué sitios?) para la trazabilidad contractual;
- versiones desplegadas actualmente (¿en qué sitios?) para poder intervenir en caso de problemas;
- versión actual probada y recibida (recepción: proceso de aceptación formal por parte del cliente o representante del usuario) que se va a implantar - *latest*.

Observación

Cuando un componente de la documentación ya no está actualizado en relación con su versión, puede seguir conservándose por razones de presupuesto/tiempo del equipo, aunque contenga elementos obsoletos: ¡es absolutamente imprescindible indicárselo al lector!

Lo mejor es enemigo de lo bueno; la documentación se construye de forma iterativa, su volumen es proporcional al proyecto o a su criticidad para la organización (demasiada documentación «mata» la documentación, poca la hace inútil). La modelización exhaustiva, por ejemplo en UML + pseudocódigo de algoritmos + modelos de arquitectura Archimate, en términos de modelos gráficos, ya no es recomendada por los profesionales (salvo para las aplicaciones que requieren una gran resiliencia o con una criticidad importante, como las que podrían implicar la pérdida de vidas humanas o efectos bancarios sistémicos).

Si tiene que elaborar un documento en poco tiempo, recuerde para quién lo hace y concéntrese en:

- los aspectos didácticos y la legibilidad de lo que escribe;
- las cuestiones que puedan dar lugar a errores de funcionamiento o mantenimiento;
- los puntos difíciles de entender o identificar para el lector;
- el hecho de cubrir todos los aspectos documentales, pero sin entrar en detalles ni tratar de ser exhaustivo a toda costa.

Es una buena idea enfocar la documentación desde el punto de vista de los objetivos del lector para:

- que sea más seguro;
- hacer más fiable su trabajo sobre la aplicación y sus estimaciones de carga;
- ahorrarle tiempo;
- evitar que cometa un error que pueda afectar a su organización.

Ahora ya tiene un proyecto conforme, probado, documentado, versionado y listo para desplegarse.

Capítulo 10
Prontuario

1. Introducción

Es posible que encuentre prontuarios similares en Internet bajo los términos *refcard* o *how-to*. Le resultará útil tener a mano este documento hasta que domine la sintaxis de una herramienta o un contexto en el que necesite trabajar.

Hojee las siguientes secciones para saber dónde se encuentra cada cosa y, así, no perder tiempo cuando lo necesite.

2. Prontuario: directivas y comandos de ensamblador

2.1 Directivas en ensamblador

2.1.1 SECTION

La directiva `section` se utiliza para definir una sección en el programa ensamblador. Una sección es una parte del programa que contiene instrucciones o datos específicos.

Por ejemplo, mostrar el mensaje «¡Hola, mundo!» en la salida estándar (normalmente, la pantalla):

```
section .data
    message db '¡Hola, mundo!', 0

section .text
    global _start

_start:
    mov eax, 4
    mov ebx, 1
    mov ecx, message
    mov edx, 13
    int 0x80

    mov eax, 1
    xor ebx, ebx
    int 0x8
```

2.1.2 EXTERN

La directiva `extern` se utiliza para declarar símbolos externos, es decir, símbolos definidos en otros archivos fuente o bibliotecas.

Por ejemplo, llamar a la función `printf` para mostrar el mensaje «¡Hola, mundo!» en la salida estándar:

```
extern printf

section .data
    format db '¡Hola, mundo!', 0

section .text
    global _start

_start:
    push format
    call printf
    add esp, 4

    mov eax, 1
    xor ebx, ebx
    int 0x80
```

2.1.3 EQU

La directiva equ se utiliza para definir una constante con un valor específico.

Por ejemplo, calcular el área de un círculo utilizando un radio predefinido (en este caso, un radio igual a 5) y mostrar el resultado en la salida estándar:

```
section .data
    radius equ 5

section .text
    global _start

_start:
    mov eax, radius
    mul eax
    mov ebx, eax

    mov eax, 1
    xor ebx, ebx
    int 0x80
```

2.1.4 DB

La directiva db se utiliza para definir bytes de datos en la sección de datos.

Por ejemplo, otra visualización de «¡Hola, mundo!»:

```
section .data
    message db '¡Hola, mundo!', 0

section .text
    global _start

_start:
    mov eax, 4
    mov ebx, 1
    mov ecx, message
    mov edx, 13
    int 0x80

    mov eax, 1
    xor ebx, ebx
    int 0x80
```

Este código realiza una operación xor bit a bit entre el registro ebx y él mismo, ¡que obviamente da como resultado cero! Por lo tanto, esta operación pone el registro ebx a 0 (un truco común y que ahorra recursos). En este contexto específico, ebx se utiliza a menudo para especificar un código de estado de salida durante una llamada al sistema para salir del programa. Al ponerlo a 0, el programa indica una salida exitosa con un código de estado de 0.

2.1.5 DW

La directiva dw se utiliza para definir palabras (16 bits) de datos en la sección de datos.

Por ejemplo, sumar los valores de la tabla de numbers y mostrar el resultado:

```
section .data
    numbers dw 1, 2, 3, 4, 5

section .text
    global _start

_start:
    mov ax, [numbers]
    add ax, [numbers + 2]
    add ax, [numbers + 4]

    mov eax, 1
    xor ebx, ebx
    int 0x80
```

2.2 Comandos de ensamblador

2.2.1 MOV

El comando mov se utiliza para mover datos de una ubicación a otra.

Por ejemplo, otro «¡Hola Mundo!» con un mensaje almacenado:

```
section .data
    message db '¡Hola, mundo!', 0

section .text
```

```
    global _start

_start:
    mov eax, 4
    mov ebx, 1
    mov ecx, message
    mov edx, 13
    int 0x80

    mov eax, 1
    xor ebx, ebx
    int 0x80
```

`message db '¡Hola, mundo!', 0` define una secuencia de bytes en memoria que almacena la cadena «¡Hola, mundo!» y la termina con un carácter nulo para convertirla en una **cadena con terminación nula**. Este formato se utiliza habitualmente en programación en C y es típico para trabajar con cadenas en programación de bajo nivel.

2.2.2 ADD

El comando `add` se utiliza para sumar dos valores y almacenar el resultado en un registro.

Ejemplo:

```
section .data
    number1 dd 10
    number2 dd 20

section .text
    global _start

_start:
    mov eax, [number1]
    add eax, [number2]

    mov ebx, eax

    mov eax, 1
    xor ebx, ebx
    int 0x80
```

2.2.3 SUB

El comando sub se utiliza para restar un valor de otro y almacenar el resultado en un registro.

Por ejemplo, calcular la diferencia entre number1 y number2 y almacenar el resultado en ebx:

```
section .data
    number1 dd 20
    number2 dd 10

section .text
    global _start

_start:
    mov eax, [number1]
    sub eax, [number2]

    mov ebx, eax

    mov eax, 1
    xor ebx, ebx
    int 0x80
```

2.2.4 CMP

El comando cmp se utiliza para comparar dos valores y actualizar las banderas (*flags*) en consecuencia.

Por ejemplo, comparar number1 y number2, y luego ejecutar diferentes acciones en función del resultado de la comparación:

```
section .data
      number1 dd 10
      number2 dd 20

section .text
      global _start

_start:
      mov eax, [number1]
      cmp eax, [number2]
```

```
        jg greater
        jl lesser
        je equal

greater:
    ; Realizar una acción si number1 > number2
    jmp end

lesser:
    ; Realizar una acción si number1 < number2
      jmp end

equal:
    ; Realizar una acción si number1 = number2
    jmp end

end:
    mov eax, 1
    xor ebx, ebx
    int 0x80
```

2.2.5 JMP

El comando `jmp` se utiliza para realizar un salto incondicional a una etiqueta especificada.

Por ejemplo, realizar operaciones específicas en cada etiqueta (`label1` y `label2`):

```
section .text
    global _start

_start:
    jmp label1

label1:
   ; Realizar una acción
    jmp label2

label2:
   ; Realizar una acción
    jmp end

end:
```

```
    mov eax, 1
    xor ebx, ebx
    int 0x80;;
```

2.2.6 CALL

El comando `call` se utiliza para llamar a un procedimiento o una función.

Por ejemplo, con una función que no hace nada (!), observe la definición de la función y la instrucción `ret`:

```
section .text
    global _start

_start:
    call my_function

    mov eax, 1
    xor ebx, ebx
    int 0x80

my_function:
   ; Realizar una acción
    ret;
```

Observación

Los ejemplos de código proporcionados se basan en la arquitectura x86 y pueden necesitar ajustes según su contexto.

3. Prontuario de HDFS y Hadoop, gestión de archivos

Recuerde que los archivos que se gestionan y se almacenan en este contexto suelen ser muy grandes y que el rendimiento de Hadoop es excepcional. Sin embargo, los informáticos que trabajan en este contexto pueden conservar en mayor o menos medida sus referencias de sintaxis de Linux, como verá a continuación.

3.1 Mostrar información básica de un archivo

- `hadoop fs -ls PATH`: muestra información básica sobre un archivo o un directorio.

  Ejemplo: `hadoop fs -ls /user/hadoop/file.txt`
- `hadoop fs -du PATH`: muestra el tamaño de un archivo o un directorio.

  Ejemplo: `hadoop fs -du /user/hadoop/file.txt`
- `hadoop fs -count PATH`: muestra el número de archivos, de directorios y el tamaño total de un directorio.

  Ejemplo: `hadoop fs -count /user/hadoop/`
- `hadoop fs -checksum PATH`: muestra la suma de comprobación MD5 de un archivo.

  Ejemplo: `hadoop fs -checksum /user/hadoop/file.txt`
- `hadoop fs -stat "%a %n" PATH`: muestra los permisos y el nombre de un archivo.

  Ejemplo: `hadoop fs -stat "%a %n" /user/hadoop/file.txt`
- `hadoop fs -tail PATH`: muestra las últimas líneas de un archivo.

  Ejemplo: `hadoop fs -tail /user/hadoop/file.txt`

3.2 Gestión de archivos y directorios

- `hadoop fs -mkdir DIR`: crea un nuevo directorio.

  Ejemplo: `hadoop fs -mkdir /user/hadoop/newdir`
- `hadoop fs -rm PATH`: borra un archivo o un directorio.

  Ejemplo: `hadoop fs -rm /user/hadoop/file.txt`
- `hadoop fs -mv SRC DEST`: mueve o renombra un archivo o un directorio.

  Ejemplo: `hadoop fs -mv /user/hadoop/file.txt /user/hadoop/newdir/`

- `hadoop fs -cp SRC DEST`: copia un archivo o un directorio.

  Ejemplo: `hadoop fs -cp /user/hadoop/file.txt /user/hadoop/newdir/`
- `hadoop fs -chmod MODE PATH`: modifica los permisos de un archivo o un directorio.

  Ejemplo: `hadoop fs -chmod 755 /user/hadoop/file.txt`
- `hadoop fs -chown USER:GROUP PATH`: cambia el propietario y el grupo de un archivo o un directorio.

  Ejemplo: `hadoop fs -chown hadoop:hdfs /user/hadoop/file.txt`

3.3 Transferencia de archivos entre HDFS y el sistema de archivos local

- `hdfs dfs -put LOCAL_PATH HDFS_PATH`: copia un archivo del sistema de archivos local a HDFS.

  Ejemplo: `hdfs dfs -put file.txt /user/hadoop/`
- `hdfs dfs -get HDFS_PATH LOCAL_PATH`: copia un archivo de HDFS al sistema de archivos local.

  Ejemplo: `hdfs dfs -get /user/hadoop/file.txt file.txt`
- `hdfs dfsadmin -report`: muestra información sobre el uso del clúster HDFS.

  Ejemplo: `hdfs dfsadmin -report`
- `hdfs dfs -getmerge HDFS_DIR LOCAL_FILE`: fusiona todos los archivos de un directorio HDFS en un único archivo local.

  Ejemplo: `hdfs dfs -getmerge /user/hadoop/mergedir mergedfile.txt`
- `hdfs dfs -setrep -w REPL_FACTOR HDFS_PATH`: modifica la replicación para un archivo específico en HDFS.

  Ejemplo: `hdfs dfs -setrep -w 3 /user/hadoop/file.txt`

- `hdfs dfs -du -s HDFS_PATH`: muestra el tamaño total de un directorio en HDFS.

  Ejemplo: `hdfs dfs -du -s /user/hadoop/`

4. Prontuario de SQL

4.1 Cláusula WHERE - utilización con SELECT/UPDATE/DELETE/INSERT

4.1.1 SELECT con WHERE

La cláusula `WHERE` se utiliza con el comando `SELECT` para filtrar los resultados según una condición especificada.

- Ejemplo, seleccionar todos los clientes cuyo apellido empiece por «A»:

  ```
  SELECT * FROM clientes WHERE apellido LIKE 'A%';
  ```

- Ejemplo, seleccionar todos los productos con un precio superior a 100:

  ```
  SELECT * FROM productos WHERE precio > 100;
  ```

4.1.2 UPDATE con WHERE

La cláusula `WHERE` se utiliza con el comando `UPDATE` para actualizar los registros que cumplen una condición especificada.

- Ejemplo, actualizar los precios de los productos de la categoría «Electrónica»:

  ```
  UPDATE productos SET precio = precio * 0.9 WHERE
  categoría = 'Electrónica';
  ```

- Ejemplo, actualizar la cantidad en stock de los productos con un precio superior a 200:

  ```
  UPDATE productos SET cantidad_stock = cantidad_stock -
  1 WHERE precio > 200;
  ```

4.1.3 DELETE con WHERE

La cláusula `WHERE` se utiliza con el comando `DELETE` para eliminar los registros que cumplan una condición especificada.

– Ejemplo, eliminar todos los clientes cuya última compra se haya realizado hace más de un año:

```
DELETE FROM clientes WHERE última_compra
< DATE_SUB(NOW(), INTERVAL 1 YEAR);
```

– Ejemplo, eliminar todos los productos con una cantidad de existencias inferior a 10:

```
DELETE FROM productos WHERE cantidad_stock < 10;
```

4.1.4 INSERT con WHERE

La cláusula `WHERE` no suele utilizarse con el comando `INSERT`, ya que se usa principalmente para insertar nuevas filas en una tabla. Sin embargo, puede utilizar una subconsulta `WHERE` para insertar datos en función de una condición.

– Ejemplo, insertar los clientes cuyas compras totales sean superiores a 1000 en una nueva tabla `clientes_vip`:

```
INSERT INTO clientes_vip SELECT * FROM clientes WHERE
im-porte_total_compras > 1000;
```

4.1.5 SELECT DISTINCT con WHERE

La cláusula `WHERE` también se puede utilizar con el comando `SELECT DISTINCT` para filtrar resultados únicos según una condición especificada.

– Ejemplo, seleccionar todos los países en los que el número de clientes sea superior a 100:

```
SELECT DISTINCT país FROM clientes WHERE
número_clientes > 100;
```

– Ejemplo, seleccionar todos los productos distintos con un precio inferior a 50:

```
SELECT DISTINCT producto FROM pedidos WHERE
precio < 50;
```

4.2 Cláusula WHERE - operaciones simples

Seleccionar datos con una condición WHERE

- Ejemplo: `SELECT * FROM pedidos WHERE fecha_pedido > '2023-01-01';`
- Ejemplo: `SELECT * FROM productos WHERE precio < 100;`

Filtrar resultados con una condición WHERE

- Ejemplo: `SELECT * FROM empleados WHERE departamento_id = 101;`
- Ejemplo: `SELECT * FROM clientes WHERE ciudad = 'Valencia';`

Utilizar el operador LIKE para buscar patrones en los datos

- Ejemplo: `SELECT * FROM productos WHERE nombre_producto LIKE 'Portátil%';`
- Ejemplo: `SELECT * FROM contactos WHERE email LIKE '%@ejemplo.com';`

Utilizar el operador BETWEEN para seleccionar un intervalo de valores

- Ejemplo: `SELECT * FROM ventas WHERE fecha_pedido BETWEEN '2023-01-01' AND '2023-12-31';`
- Ejemplo: `SELECT * FROM datos_temperatura WHERE temperatura BETWEEN -10 AND 10;`

Utilizar el operador IN para hacer coincidir varios valores

- Ejemplo: `SELECT * FROM clientes WHERE ciudad IN ('París', 'Londres', 'Nueva York');`
- Ejemplo: `SELECT * FROM productos WHERE categoría IN ('Electrónica', 'Moda');`

Utilizar el operador NOT para excluir valores específicos

- Ejemplo: `SELECT * FROM empleados WHERE departamento_id <> 102;`
- Ejemplo: `SELECT * FROM pedidos WHERE estado NOT IN ('Enviado', 'Entregado');`

4.3 Cláusula WHERE - operadores lógicos

Utilizar el operador AND para combinar varias condiciones

- Ejemplo: `SELECT * FROM productos WHERE categoría = 'Electrónica' AND precio > 500;`
- Ejemplo: `SELECT * FROM clientes WHERE ciudad = 'Valencia' AND fecha_inscripción >= '2023-01-01';`

Utilizar el operador OR para seleccionar registros que cumplan al menos una de las condiciones

- Ejemplo: `SELECT * FROM pedidos WHERE estado = 'Pendiente' OR estado = 'En proceso';`
- Ejemplo: `SELECT * FROM productos WHERE fabricante = 'Apple' OR fabricante = 'Samsung';`

Utilizar el operador NOT para negar una condición

- Ejemplo: `SELECT * FROM empleados WHERE NOT departmento_id = 103;`
- Ejemplo: `SELECT * FROM pedidos WHERE NOT estado = 'Cancelado';`

Utilizar paréntesis para especificar el orden de las operaciones

- Ejemplo: `SELECT * FROM clientes WHERE (ciudad = 'Lima' OR ciudad = 'Managua') AND fecha_inscripción >= '2023-01-01';`

- Ejemplo: `SELECT * FROM productos WHERE (categoría = 'Electrónica' AND precio > 500) OR (categoría = 'Ropa' AND precio > 50);`
- Ejemplo: `SELECT * FROM pedidos WHERE (estado = 'Enviado' OR estado = 'Entregado') AND importe_total > 1000;`
- Ejemplo: `SELECT * FROM productos WHERE (fabricante = 'Apple' OR fabricante = 'Samsung') AND (categoría = 'Electrónica' OR categoría = 'Móviles');`

Utilizar la cláusula IS NULL para buscar valores nulos

- Ejemplo: `SELECT * FROM clientes WHERE email IS NULL;`
- Ejemplo: `SELECT * FROM empleados WHERE manager_id IS NULL;`

4.4 Cláusula WHERE - con unión

La cláusula `WHERE` con unión se utiliza en SQL para filtrar los resultados de una consulta combinando varias tablas mediante uniones.

4.4.1 Unión interna (INNER JOIN)

- Unión interna utilizada para devolver solo las filas que tienen coincidencias en las dos tablas especificadas.

  Ejemplo 1, seleccionar todos los clientes y sus pedidos correspondientes:

```
SELECT Clientes.NombreCliente, Pedidos.NúmeroPedido
FROM Clientes
INNER JOIN Pedidos ON Clientes.IDCliente = Pedidos.IDCliente;
```

  Ejemplo 2, seleccionar todos los empleados y los proyectos que tienen asignados:

```
SELECT Empleados.NombreEmpleado, Proyectos.NombreProyecto
FROM Empleados
INNER JOIN Proyectos ON Empleados. IDEmpleado =
Proyectos.IDEmpleado;
```

- Unión interna utilizada con la cláusula WHERE para añadir condiciones adicionales.

  Ejemplo 1, seleccionar todos los clientes y sus correspondientes pedidos realizados después del 1 de enero de 2023:

```
SELECT Clientes.NombreCliente, Pedidos.NúmeroPedido
FROM Clientes
INNER JOIN Pedidos ON Clientes.IDCliente = Pedidos.IDCliente
WHERE Pedidos.FechaPedido > '2023-01-01';
```

  Ejemplo 2, seleccionar todos los empleados y los proyectos que se les ha asignado, pero solo para los proyectos actuales:

```
SELECT Empleados.NombreEmpleado, Proyectos.NombreProyecto
FROM Empleados
INNER JOIN Proyectos ON Empleados.IDEmpleado = Proyectos.IDEmpleado
WHERE Proyectos.Estado = 'En curso';
```

- Unión interna utilizada con varias condiciones en la cláusula WHERE.

  Ejemplo 1, seleccionar todos los clientes y sus correspondientes pedidos realizados después del 1 de enero de 2023 por un importe total superior a 1000:

```
SELECT Clientes.NombreCliente, Pedidos.NúmeroPedido
FROM Clientes
INNER JOIN Pedidos ON Clientes.IDCliente = Pedidos.IDCliente
WHERE Pedidos.FechaPedido > '2023-01-01' AND Pedidos.ImporteTotal > 1000;
```

  Ejemplo 2, seleccionar todos los empleados y los proyectos que tienen asignados, pero solo para los proyectos en curso con un presupuesto superior a 5000:

```
SELECT Empleados.NombreEmpleado, Proyectos.NombreProyecto
FROM Empleados
INNER JOIN Proyectos ON Empleados.IDEmpleado = Proyectos. IDEmpleado
WHERE Proyectos.Estado = 'En curso' AND Proyectos.Presupuesto > 5000;
```

- La unión interna se utiliza con alias de tablas para simplificar la sintaxis.

  Ejemplo 1, seleccionar todos los clientes y sus correspondientes pedidos mediante alias de tabla:

```
SELECT c.NombreCliente, o.NúmeroPedido
FROM Clientes AS c
INNER JOIN Pedidos AS o ON c.IDCliente = o.IDCliente;
```

Ejemplo 2, seleccionar todos los empleados y los proyectos a los que están asignados mediante alias de tabla:

```
SELECT e.NombreEmpleado, p.NombreProyecto
FROM Empleados AS e
INNER JOIN Proyectos AS p ON e.IDEmpleado = p.IDEmpleado;
```

- La unión interna se utiliza con otros tipos de unión para obtener resultados más específicos.

  Ejemplo 1, seleccionar todos los clientes y sus pedidos correspondientes, incluidos los que aún no han realizado ningún pedido:

```
SELECT Clientes.NombreCliente, Pedidos.NúmeroPedido
FROM Clientes
LEFT JOIN Pedidos ON Clientes.IDCliente = Pedidos.IDCliente;
```

  Ejemplo 2, seleccionar todos los empleados y los proyectos que tienen asignados, incluidos aquellos que aún no tienen proyecto:

```
SELECT Empleados.NombreEmpleado, Proyectos.NombreProyecto
FROM Empleados
LEFT JOIN Proyectos ON Empleados.IDEmpleado = Proyectos. IDEmpleado;
```

- Unión interna utilizada con funciones de agregación para obtener resultados resumidos.

  Ejemplo 1, seleccionar el número total de pedidos realizados por cada cliente:

```
SELECT Clientes.NombreCliente, COUNT(Pedidos.NúmeroPedido) AS TotalPedidos
FROM Clientes
INNER JOIN Pedidos ON Clientes.IDCliente = Pedidos.IDCliente
GROUP BY Clientes.NombreCliente;
```

  Ejemplo 2, seleccionar el importe total de los presupuestos de todos los proyectos que tiene asignados cada empleado:

```
SELECT Empleados.NombreEmpleado, SUM(Proyectos.Presupuesto)
AS PresupuestoTotal
FROM Empleados
INNER JOIN Proyectos ON Empleados.IDEmpleado = Proyectos.IDEmpleado
GROUP BY Empleados.NombreEmpleado;
```

4.4.2 Unión externa (LEFT JOIN)

- Unión externa utilizada para devolver todas las filas de la tabla de la izquierda y las filas correspondientes de la tabla de la derecha, aunque no tengan correspondencia. Se trata de la unión más utilizada en data science, donde una tabla de observaciones básicas suele enriquecerse con un gran número de uniones externas (para añadir nuevos atributos).

  Ejemplo 1, seleccionar todos los clientes y sus pedidos correspondientes, incluyendo los clientes que aún no han realizado ningún pedido:

```
SELECT Clientes.NombreCliente, Pedidos.NúmeroPedido
FROM Clientes
LEFT JOIN Pedidos ON Clientes.IDCliente = Pedidos.IDCliente;
```

  Ejemplo 2, seleccionar todos los empleados y los proyectos que tienen asignados, incluyendo los empleados que aún no tienen asignado ningún proyecto:

```
SELECT Empleados.NombreEmpleado, Proyectos.NombreProyecto
FROM Empleados
LEFT JOIN Proyectos ON Empleados.IDEmpleado = Proyectos.IDEmpleado;
```

- Unión externa utilizada con la cláusula `WHERE` para añadir condiciones adicionales.

  Ejemplo 1, seleccionar todos los clientes y sus correspondientes pedidos realizados después del 1 de enero de 2023, incluyendo aquellos clientes que aún no han realizado ningún pedido:

```
SELECT Clientes.NombreCliente, Pedidos.NúmeroPedido
FROM Clientes
LEFT JOIN Pedidos ON Clientes.IDCliente = Pedidos.IDCliente
WHERE Pedidos.FechaPedido > '2023-01-01' OR Pedidos.NúmeroPedido IS NULL;
```

  Ejemplo 2, seleccionar todos los empleados y los proyectos que tienen asignados, pero solo para los proyectos en curso o los empleados que aún no tienen proyecto:

```
SELECT Empleados.NombreEmpleado, Proyectos.NombreProyecto
FROM Empleados
LEFT JOIN Proyectos ON Empleados.IDEmpleado = Proyectos.IDEmpleado
WHERE Proyectos.Estado = 'En curso' OR Proyectos.IDProyecto IS NULL;
```

- Unión externa utilizada con varias condiciones en la cláusula `WHERE`.

  Ejemplo 1, seleccionar todos los clientes y sus correspondientes pedidos realizados después del 1 de enero de 2023 con un valor total superior a 1000, incluyendo aquellos clientes que aún no han realizado ningún pedido:

```
SELECT Clientes.NombreCliente, Pedidos.NúmeroPedido
FROM Clientes
LEFT JOIN Pedidos ON Clientes.IDCliente = Pedidos.IDCliente
WHERE (Pedidos.FechaPedido > '2023-01-01' AND
Pedido.ImporteTotal > 1000) OR Pedido.NúmeroPedido IS NULL;
```

  Ejemplo 2, seleccionar todos los empleados y los proyectos que tienen asignados, pero solo para los proyectos en curso con un presupuesto superior a 5000 o los empleados que aún no tienen proyecto asignado:

```
SELECT Empleados.NombreEmpleado, Proyectos.NombreProyecto
FROM Empleados
LEFT JOIN Proyectos ON Empleados.IDEmpleado = Proyectos.IDEmpleado
WHERE (Proyectos.Estado = 'En curso' AND Proyectos.Presupuesto > 5000)
OR Proyectos.IDProyecto IS NULL;
```

- La unión externa se utiliza con alias de tablas para simplificar la sintaxis.

  Por ejemplo, seleccionar todos los clientes y sus pedidos correspondientes mediante alias de tabla:

```
SELECT c.NombreCliente, o.NúmeroPedido
FROM Clientes AS c
LEFT JOIN Pedidos COMO o ON c.IDCliente = o.ID
```

5. Prontuario de Git

5.1 Inicializar un repositorio Git

- `git init`: inicializa un nuevo repositorio Git en el directorio actual.

  Ejemplo: `git init`

- `git clone URL`: clona un repositorio Git remoto en un nuevo directorio local.

  Ejemplo: `git clone https://github.com/user/repo.git`

- `git config --global user.name "NOMBRE"`: configura el nombre de usuario para todos los repositorios locales.

  Ejemplo: `git config --global user.name "John Doe"`
- `git config --global user.email "EMAIL"`: configura la dirección de correo electrónico para todos los repositorios locales (¡no olvide esta instrucción!).

  Ejemplo: `git config --global user.email "johndoe@example.com"`
- `git add`: añade el directorio completo al índice.
- `git add FILE`: añade un archivo modificado o recién creado al índice.

  Ejemplo: `git add file.txt`
- `git commit -m "MENSAJE"`: crea una instantánea del código fuente actual y la almacena en el historial de versiones de Git.

  Ejemplo: `git commit -m "Añadir un nuevo archivo"`

5.2 Gestión de ramas Git

- `git branch`: muestra la lista de ramas locales.

  Ejemplo: `git branch`
- `git branch BRANCH`: crea una nueva rama a partir de la rama actual.

  Ejemplo: `git branch feature`
- `git checkout BRANCH`: cambia a una rama específica y actualiza el directorio de trabajo.

  Ejemplo: `git checkout feature`
- `git merge BRANCH`: fusiona una rama específica en la rama actual.

  Ejemplo: `git merge feature`
- `git branch -d BRANCH`: borra una rama local específica.

  Ejemplo: `git branch -d feature`
- `git push origin BRANCH`: envía una rama local al repositorio remoto.

  Ejemplo: `git push origin feature`

5.3 Gestión de commits Git

- `git log`: muestra el historial de los commits de la rama actual.
  Ejemplo: `git log`
- `git diff COMMIT1 COMMIT2`: muestra las diferencias entre dos commits específicos.
  Ejemplo: `git diff abc123 def456`
- `git reset COMMIT`: cancela todos los commits posteriores al que se especifica y mantiene los cambios como cambios no validados.
  Ejemplo: `git reset abc123`
- `git revert COMMIT`: cancela el commit que se especifica y crea un nuevo commit que cancela los cambios realizados por el commit especificado.
  Ejemplo: `git revert abc123`
- `git cherry-pick COMMIT`: aplica los cambios realizados por el commit especificado a la rama actual.
  Ejemplo: `git cherry-pick abc123`
- `git bisect`: utiliza una búsqueda binaria para encontrar el commit que ha introducido un error.

5.4 Gestión de conflictos de fusión

- `git merge --abort`: cancela una fusión en curso y restaura el estado anterior de la rama actual.
  Ejemplo: `git merge --abort`
- Resuelva los conflictos de fusión manualmente editando los archivos en conflicto y utilizando los comandos `git add` y `git commit` para marcar los conflictos como resueltos.
- Utilice herramientas de terceros como **KDiff3** o **Meld** para resolver conflictos de fusión.

5.5 Gestión de etiquetas Git

- `git tag`: muestra la lista de etiquetas existentes para la rama actual.
  Ejemplo: `git tag`
- `git tag TAG`: crea una nueva etiqueta para el commit actual.
  Ejemplo: `git tag v1.0.0`
- `git show TAG`: muestra información sobre una etiqueta específica.
  Ejemplo: `git show v1.0.0`
- `git push origin TAG`: envía una etiqueta local al repositorio remoto.
  Ejemplo: `git push origin v1.0.0`
- `git tag -d TAGNAME`: borra la etiqueta `TAGNAME`.

6. Prontuario de Linux: Gestión de archivos/procesos/usuarios/paquetes/archivos tar

6.1 Gestión de archivos

`ls`: muestra el contenido de un directorio.

- `ls /home/user/Documentos`: muestra el contenido del directorio Documentos del usuario.
- `ls -l /home/user/Documentos`: muestra el contenido del directorio Documentos del usuario con información detallada.
- `ls -a /home/user/Documentos`: muestra el contenido del directorio Documentos del usuario, incluidos los archivos ocultos.
- `ls -lh /home/user/Documentos`: muestra el contenido del directorio Documentos del usuario con información detallada más fácil de leer.
- `ls -R /home/user/Documentos`: muestra el contenido del directorio Documentos del usuario y todos los subdirectorios.
- `ls -t /home/user/Documentos`: muestra el contenido del directorio Documentos del usuario, ordenado por fecha de modificación.

6.2 Gestión de procesos

`ps`: muestra los procesos que se están ejecutando actualmente.

- `ps aux`: muestra todos los procesos en ejecución con información detallada.
- `ps aux | grep firefox`: muestra todos los procesos en ejecución que contienen la palabra «firefox».
- `kill PID`: mata un proceso específico utilizando su ID de proceso (PID).
- `killall firefox`: mata todos los procesos que contengan la palabra «firefox».
- `top`: muestra en tiempo real los procesos que se están ejecutando y el uso que hacen de los recursos.
- `htop`: una alternativa más fácil de usar que el comando top, **¡no dude en instalarla!**

6.3 Gestión de usuarios

`useradd`: añade un nuevo usuario al sistema.

- `useradd nombreusuario`: añade un nuevo usuario con el nombre «nombreusuario».
- `useradd -m nombreusuario`: añade un nuevo usuario con el nombre de usuario «nombreusuario» y crea automáticamente su directorio personal.
- `userdel nombreusuario`: borra un usuario existente del sistema.
- `passwd nombreusuario`: cambia la contraseña de un usuario existente.
- `chown nombreusuario:nombregrupo archivo.txt`: cambia el propietario y el grupo de un archivo específico.

6.4 Gestión de paquetes

`apt-get`: gestiona paquetes en sistemas Debian y Ubuntu.

- `apt-get update`: actualiza la lista de paquetes disponibles.
- `apt-get upgrade`: actualiza todos los paquetes instalados en el sistema.
- `apt-get install nombre-paquete`: instala un nuevo paquete en el sistema.
- `apt-get remove nombre-paquete`: elimina un paquete existente del sistema.
- `apt-cache search search-term`: busca un término específico en la lista de paquetes disponibles.
- `dpkg --list`: lista todos los paquetes instalados en el sistema.

6.5 Gestión de archivos tar

`tar`: crea y extrae archivos «tar».

- `tar cvf archivo.tar archivo.txt`: crea un archivo tar llamado archivo.tar que contiene archivo.txt.
- `tar xvf archivo.tar`: extrae un archivo tar llamado archivo.tar.
- `tar czvf archivo.tar.gz directorio/`: crea un archivo tar **comprimido** llamado archivo.tar.gz que contiene el directorio/.
- `tar xzvf archivo.tar.gz`: extrae un archivo tar comprimido llamado archivo.tar.gz.
- `tar cjvf archivo.tar.bz2 directorio/`: crea un archivo tar comprimido llamado archivo.tar.bz2 que contiene el directorio/.
- `tar xjvf archivo.tar.bz2`: extrae un archivo tar comprimido llamado archivo.tar.bz2.

7. Prontuario de Linux: cambiar los atributos de un archivo, incluidos los permisos

7.1 Cambiar el propietario y el grupo de un archivo

`chown`: cambia el propietario y el grupo de un archivo específico.

- `chown usuario:grupo archivo.txt`: cambia el propietario y el grupo de archivo.txt a «usuario» y «grupo» .
- `chown usuario archivo.txt`: cambia el propietario de archivo.txt a «usuario».
- `chgrp grupo archivo.txt`: cambia el grupo de archivo.txt a «grupo».
- `chown -R usuario:grupo directorio/`: cambia recursivamente el propietario y el grupo de todos los archivos del directorio/ a «usuario» y «grupo».
- `chgrp -R grupo directorio/`: cambia recursivamente el grupo de todos los archivos del directorio/ a «grupo».

7.2 Modificar los permisos por defecto para los archivos nuevos

Para comprender el significado de las expresiones siguientes, tomaremos como ejemplo la expresión «-rw-r-r-». Cada carácter de esta expresión representa una autorización o un atributo específico asociado al archivo:

- El primer carácter indica el tipo de archivo:
  - '-' archivo ordinario;
  - 'd' directorio;
  - 'l' enlace simbólico;
  - 'c' o 'b' para archivos especiales de caracteres o de bloque.

- Las demás letras indican el nivel de permiso:
  - 'r' significa permiso de «lectura». Permite al usuario ver el contenido del archivo.
  - 'w' significa permiso de «escritura». Permite al usuario modificar, editar o eliminar el archivo.
  - 'x' significa permiso de «ejecución». Permite al usuario ejecutar el archivo como un programa o script.

Si un guion '-' sustituye a 'r', 'w' o 'x', significa que no se concede el permiso correspondiente.

- Los nueve caracteres que siguen al primero se dividen en tres grupos de tres. Cada grupo representa los permisos para una categoría específica de usuarios:
  - El primer grupo de tres caracteres, «rw-», representa los permisos para el propietario del archivo. En este caso, el propietario tiene permisos de lectura y escritura.
  - El segundo grupo, «r--», representa los permisos del grupo asociado al archivo. En este ejemplo, el grupo tiene acceso de solo lectura.
  - El tercer grupo, «r--», representa los permisos para otros usuarios, es decir, todos los que tienen acceso al archivo. También tienen acceso de solo lectura.

Así, en nuestro ejemplo «-rw-r--r--», el propietario del archivo tiene permisos de lectura y escritura, mientras que el grupo y otros usuarios tienen acceso de solo lectura al archivo.

En el contexto de los permisos de archivos en un sistema de tipo Linux o Unix, la representación numérica «644» corresponde al conjunto de permisos (rw-r--r--).

El primer número, «6», representa los permisos del propietario. En notación octal, «6» se traduce como «110» en binario, que corresponde a los permisos de lectura (r) y escritura (w). Por lo tanto, el propietario tiene permisos de lectura y escritura; de ahí la parte «rw-» en la representación textual, y así sucesivamente, sabiendo que 4 se representa como «100» en octal.

He aquí algunas instrucciones que funcionan con esas expresiones.

`umask`: establece los permisos por defecto para los archivos recién creados.

- `umask 022`: establece los permisos por defecto para los archivos recién creados con 644 (-rw-r--r--).
- `umask 027`: establece los permisos por defecto para los archivos recién creados con 640 (-rw-r-----).
- `umask 002`: establece los permisos por defecto para los archivos recién creados con 664 (-rw-rw-r--).
- `umask 007`: establece los permisos por defecto para los archivos recién creados con 660 (-rw-rw----).
- `umask 077`: establece los permisos por defecto para los archivos recién creados con 600 (-rw-------).
- `umask 0022 && touch nuevoarchivo.txt && ls -l nuevoarchivo.txt`: crea un nuevo archivo llamado nuevoarchivo.txt con permisos por defecto de 644.

7.3 Cambiar los permisos de un archivo

`chmod`: cambia los permisos de un archivo o de un directorio.

- `chmod u+x script.sh`: da permiso al propietario del archivo para ejecutar script.sh.
- `chmod g+w archivo.txt`: da al grupo del archivo permiso de escritura sobre archivo.txt.
- `chmod o-rwx archivo.txt`: elimina todos los permisos de otros usuarios sobre archivo.txt.
- `chmod 755 archivo.txt`: da al propietario todos los permisos y a los demás usuarios permiso de lectura y ejecución.
- `chmod 644 archivo.txt`: da al propietario todos los permisos y a los demás usuarios permiso de solo lectura.
- `chmod +x script.sh`: da permiso a todos los usuarios para ejecutar script.sh.

7.4 Cambiar la hora de modificación de un archivo

`touch`: cambia la hora de modificación de un archivo o crea un nuevo archivo vacío.

- `touch archivo.txt`: actualiza la hora de modificación de archivo.txt a la hora actual.
- `touch -t 202201011200.00 archivo.txt`: cambia la hora de modificación de archivo.txt al mediodía del 1 de enero de 2022.
- `touch nuevoarchivo.txt && ls -l nuevoarchivo.txt`: crea un nuevo archivo llamado nuevoarchivo.txt con la hora de modificación actual.

8. Prontuario de Linux: cron

8.1 Creación de una tarea cron

- `crontab -e`: abre el archivo crontab del usuario actual para editar las tareas cron.

  Ejemplo: `crontab -e`
- `crontab -l`: muestra las tareas cron actuales para el usuario actual.

  Ejemplo: `crontab -l`
- `crontab -r`: elimina todas las tareas cron para el usuario actual.

  Ejemplo: `crontab -r`
- `crontab FILE`: instala tareas cron desde un archivo especificado.

  Ejemplo: `crontab mycronfile`
- `* * * * * COMMAND`: programa un comando para que se ejecute periódicamente según una sintaxis determinada.

  Ejemplo: `* * * * * /usr/bin/command`
- `@reboot COMMAND`: programa un comando para que se ejecute al arrancar el sistema.

  Ejemplo: `@reboot /usr/bin/command`

8.2 Sintaxis de planificación de tareas

- Los campos de tiempo son: minuto (0-59), hora (0-23), día del mes (1-31), mes (1-12), día de la semana (0-6).

  Ejemplo: `0 0 * * * /usr/bin/command`
- Los caracteres especiales son los siguientes: * (todos los valores), / (incremento), , (lista), - (rango).

  Ejemplo: `*/5 * * * * /usr/bin/command`
- Los comentarios comienzan con el símbolo almohadilla (#) y son ignorados por cron.

  Ejemplo: `# Esta línea es un comentario`

8.3 Ejemplos de tareas cron

- Copia de seguridad diaria de la base de datos MySQL a medianoche:

```
0 0 * * * /usr/bin/mysqldump --all-databases > /var/backups/mysql/
$(date +\%Y-\%m-\%d).sql
```

- Limpiar el directorio /tmp cada hora:

```
0 * * * * /bin/rm -f /tmp/*
```

- Reiniciar el servidor Apache todos los domingos a medianoche:

```
0 0 * * 0 /etc/init.d/apache2 restart
```

- Enviar un correo electrónico todos los días a mediodía:

```
0 12 * * * echo "Hola, este es un correo automático". | mail -s
"Correo electrónico automático" user@example.com
```

- Actualizar el sistema todos los días a medianoche:

```
0 0 * * * apt-get update && apt-get upgrade -y
```

8.4 Gestión de errores

- Los errores se envían por correo electrónico al usuario por defecto o al destinatario especificado en la variable `MAILTO`.

  Ejemplo: `MAILTO=user@example.com`
- Los errores también se registran en el archivo syslog.

  Ejemplo: `/var/log/syslog`

8.5 Seguridad

- Los archivos Crontab deben estar protegidos contra el acceso no autorizado.

  Ejemplo: `chmod go-rwx /var/spool/cron/crontabs/`
- Los comandos ejecutados por cron deben estar protegidos contra ataques de inyección de código malicioso.

  Ejemplo: `sudo apt-get install unattended-upgrades`

9. Prontuario de Linux: red

9.1 Mostrar la información de la interfaz de red

- `ifconfig`: muestra información de la interfaz de red para todas las interfaces activas.

  Ejemplo: `ifconfig`
- `ifconfig INTERFACE`: muestra información sobre la interfaz de red de una interfaz específica.

  Ejemplo: `ifconfig eth0`
- `ifconfig INTERFACE up`: activa una interfaz de red específica.

  Ejemplo: `ifconfig eth0 up`
- `ifconfig INTERFACE down`: desactiva una interfaz de red específica.

  Ejemplo: `ifconfig eth0 down`

- `ifconfig INTERFACE IP_ADDRESS netmask NETMASK`: configura la dirección IP y la máscara de subred de una interfaz específica.

  Ejemplo: `ifconfig eth0 192.168.1.100 netmask 255.255.255.0`

- `ifconfig INTERFACE promisc`: activa el modo ***promiscuous*** para una interfaz específica.

  Ejemplo: `ifconfig eth0 promisc`

En el contexto de las redes, el modo *promiscuous* permite a una interfaz de red capturar e inspeccionar todo el tráfico del segmento de red al que está conectada, en lugar de limitarse al tráfico dirigido específicamente a ella.

9.2 Mostrar la información de enrutamiento

- `route`: muestra la tabla de enrutamiento actual.

  Ejemplo: `route`

- `route add DEFAULT_GATEWAY`: añade una ruta por defecto a la tabla de enrutamiento.

  Ejemplo: `route add default gw 192.168.1.1`

- `route add NETWORK gw GATEWAY`: añade una ruta para una red específica a la tabla de enrutamiento.

  Ejemplo: `route add -net 192.168.1.0 netmask 255.255.255.0 gw 192.168.1.1`

- `route del NETWORK gw GATEWAY`: elimina una ruta para una red específica de la tabla de enrutamiento.

  Ejemplo: `route del -net 192.168.1.0 netmask 255.255.255.0 gw 192.168.1.1`

- `ip route show`: muestra la tabla de enrutamiento actual utilizando la utilidad iproute2.

  Ejemplo: `ip route show`

- `ip route add NETWORK via GATEWAY`: añade una ruta para una red específica utilizando la utilidad iproute2.

  Ejemplo: `ip route add 192.168.1.0/24 via 192.168.1.1`

9.3 Mostrar la información del DNS

- `nslookup NOMBRE_DOMINIO`: recupera la dirección IP asociada a un nombre de dominio utilizando el servidor DNS predeterminado.

  Ejemplo: `nslookup google.com`
- `dig NOMBRE_DOMINIO`: recupera información DNS detallada utilizando la utilidad dig.

  Ejemplo: `dig google.com`
- `host DIRECCIÓN_IP`: recupera el nombre de host asociado a una dirección IP utilizando el servidor DNS por defecto.

  Ejemplo: `host 8.8.8.8`
- `whois NOMBRE_DOMINIO`: recupera la información *whois* de un nombre de dominio determinado.

  Ejemplo: `whois google.com`
- `/etc/resolv.conf`: archivo de configuración que contiene los servidores DNS utilizados por el sistema.

  Ejemplo: `cat /etc/resolv.conf`
- `/etc/hosts`: archivo que contiene asociaciones de direcciones IP y nombres de host locales.

  Ejemplo: `cat /etc/hosts`

9.4 Mostrar la información de ARP

ARP (*Address Resolution Protocol* – protocolo de resolución de direcciones) es un protocolo de capa de enlace de datos. Su función principal es asociar las direcciones IP (*Internet Protocol*) con las direcciones físicas MAC (*Media Access Control*) de los equipos de red, lo que permite enviarles datos útiles.

- `arp`: muestra la tabla ARP actual.

  Ejemplo: `arp`
- `arping DIRECCIÓN_IP`: envía peticiones ARP a una dirección IP dada para determinar si está activa en la red local.

  Ejemplo: `arping 192.168.1.100`

- `/proc/net/arp`: archivo que contiene la tabla ARP actual del sistema.
  Ejemplo: `cat /proc/net/arp`
- `/sbin/arpd`: demonio ARP que puede utilizarse para monitorizar y actualizar la tabla ARP del sistema.
  Ejemplo: `arpd`

9.5 Mostrar la información de la conexión de red

- `netstat`: muestra las conexiones de red activas y sus estadísticas asociadas.
  Ejemplo: `netstat`
- `/proc/net/tcp`, `/proc/net/udp`, `/proc/net/raw`, `/proc/net/unix`: archivos que contienen información detallada sobre las conexiones TCP.

10. Prontuario de Linux: «bash» en pocas palabras

10.1 Aspectos básicos

- Cmd 1: # - Se utiliza para añadir comentarios a un script de bash.
  Ejemplo: `# Esto es un comentario que explica lo que hace la siguiente línea de código`
  Ejemplo: `# Este comentario se ignora cuando se ejecuta el script`
- Cmd 2: `echo` - Se utiliza para mostrar texto en la pantalla.
  Ejemplo: `echo "¡Hola, mundo!"`
  Ejemplo: `echo "El script se está ejecutando..."`
- Cmd 3: `read` - Se utiliza para leer la entrada del usuario.
  Ejemplo: `read -p "Introduzca su nombre: " nombre`
  Ejemplo: `read -s -p "Introduzca su contraseña: " contraseña`

– Cmd 4: `if` - Se utiliza para realizar pruebas condicionales.
Ejemplo:

```
if [ $edad -gt 18 ]; then
   echo "Eres mayor de edad."

fi
```

Ejemplo:

```
if [ -f archivo.txt ]; then
    echo "El archivo existe"
fi
```

– Cmd 5: `for` - Se utiliza para recorrer una lista de elementos.
Ejemplo:

```
for i in 1 2 3; do
       echo "Valor: $i"
done
```

Ejemplo:

```
for archivo in *.txt; do
     echo "Procesando archivo: $archivo"
done
```

– Cmd 6: `exit` - Se utiliza para salir del script.
Ejemplo: `exit 0` (finaliza el script con un código de retorno 0)
Ejemplo: `exit 1` (finaliza el script con un código de retorno de 1)

10.2 Variables

– Cmd 1: `variable="valor"` - Permite declarar una variable y asignarle un valor.
Ejemplo: `nombre="Juan"`
Ejemplo: `edad=25`

– Cmd 2: `echo $variable` - Se utiliza para mostrar el valor de una variable.
Ejemplo: `echo $nombre`
Ejemplo: `echo $edad`

- Cmd 3: `unset variable` - Permite eliminar una variable.

  Ejemplo: `unset nombre`

  Ejemplo: `unset edad`
- Cmd 4: `variable=$(Cmd)` - Se utiliza para almacenar el resultado de un comando (aquí llamado `Cmd`) en una variable.

  Ejemplo: `fecha=$(fecha +%Y-%m-%d)`

  Ejemplo: `archivos=$(ls)`
- Cmd 5: `readonly variable` - Permite declarar una variable de solo lectura.

  Ejemplo: `readonly PI=3.14`

  Ejemplo: `readonly MENSAJE="Hola"`
- Cmd 6: `export variable`- Permite hacer accesible una variable a los subprocesos.

  Ejemplo: `export LANG="eS_ES.UTF-8`

  Ejemplo: `export PATH="$PATH:/usr/local/bin"`

10.3 Condiciones

- Cmd 1: `test condition` - Se utiliza para realizar pruebas condicionales.

  Ejemplo: `test $edad -gt 18`

  Ejemplo: `test -f archivo.txt`
- Cmd 2: `[[ condición ]]` - Se utiliza para realizar pruebas condicionales con una sintaxis más legible.

  Ejemplo: `[[ $edad -gt 18 ]]`

  Ejemplo: `[[ -f archivo.txt ]]`
- Cmd 3: `if condition; then` - Se utiliza para ejecutar un bloque de código condicional.

  Ejemplo:

```
if $edad -gt 18; then
    echo "Eres mayor de edad."
fi
```

Ejemplo:

```
if -f archivo.txt; then
      echo "El archivo existe."
fi
```

- Cmd 4: `else` - Se utiliza para ejecutar un bloque de código cuando la condición es falsa.

  Ejemplo:

```
if $edad -gt 18; then
      echo "Eres mayor de edad. "
else
      echo "Eres menor de edad."
fi
```

  Ejemplo:

```
if -f archivo.txt; then
    echo "El archivo existe."

else
    echo "El archivo no existe"
fi
```

- Cmd 5: `elif condition; then` - Se utiliza para probar varias condiciones.

  Ejemplo:

```
if $edad -lt 18; then
     echo "Eres menor de edad."
elif $edad -eq 18; then
     echo "Tienes 18 años".
else
     echo "Eres mayor de edad."
fi
```

  Ejemplo:

```
if -c carpeta; then
     echo "La carpeta existe."
elif -a archivo; then
     echo "El archivo existe".
else
     echo "No se ha encontrado la carpeta o el archivo."
fi
```

- Cmd 6: `case variable in` - Permite realizar pruebas de correspondencia con varios casos.

  Ejemplo:

```
case $fruta in
    manzana)
        echo "Es una manzana."
        ;;
    plátano)
        echo "Es un plátano."
        ;;
    *)
        echo "Es otra cosa."
        ;;
esac
```

  Ejemplo:

```
case $extensión in
    txt)
        echo "Es un archivo de texto."
        ;;
    jpg|png)
        echo "Es una imagen."
        ;;
    *)
        echo "Es otro tipo de archivo."
        ;;
esac
```

10.4 Bucles

- Cmd 1: `while condition; do` - Se utiliza para ejecutar un bloque de código mientras la condición sea verdadera.

  Ejemplo:

```
while $i -lt 10; do
    echo "Valor: $i"
   i=$((i+1))
done
```

Ejemplo:

```
while -a archivo.txt; do
    echo "El archivo existe."
    sleep 1
done
```

– Cmd 2: `until condition; do` - Se utiliza para ejecutar un bloque de código mientras la condición sea falsa.

Ejemplo:

```
until $i -gt 10; do
    echo "Valor: $i"
   i=$((i+1))
done
```

Ejemplo:

```
until -a archivo.txt; do
    echo "El archivo no existe."
    sleep 1
done
```

– Cmd 3: `for variable in lista; do` - Se utiliza para recorrer una lista de elementos.

Ejemplo:

```
for i in 1 2 3; do
    echo "Valor: $i"
done
```

Ejemplo:

```
for fruta in manzana plátano naranja; do
    echo "Fruta: $fruta"
done
```

– Cmd 4: `break` - Se utiliza para salir del bucle actual.

Ejemplo:

```
while true; do
        echo "Bucle infinito..."
    break
done
```

Ejemplo:

```
for i in 1 2 3; do
    echo "Valor: $i"
    if [ $i -eq 2 ]; then
        break
    fi
done
```

– Cmd 5: `continue` - Se utiliza para pasar a la siguiente iteración del bucle actual.

Ejemplo:

```
for i in 1 2 3; do
    if [ $i -eq 2 ]; then
        continue
    fi
    echo "Valor: $i"
done
```

Ejemplo:

```
while true; do
    read -p "Introduzca un número: " número
    if [ $número -eq 0 ]; then
        continue
    fi
    echo "El doble de $número es $((número*2))."
done
```

– Cmd 6: `select variable in lista; do` - Se utiliza para crear un menú interactivo.

Ejemplo:

```
select fruta in manzana plátano naranja; do
    case $fruta in
        manzana)
            echo "Ha escogido una manzana."
            break
            ;;
        plátano)
            echo "Ha escogido un plátano."
            break
            ;;
```

```
        naranja)
            echo "Ha escogido una naranja."
            break
            ;;
        *)
            echo "Elección incorrecta."
            ;;
    esac
done
```

Ejemplo:

```
select archivo in *; do
    if [ -a $archivo ]; then
        echo "Ha escogido el archivo: $archivo"
        break
    else
        echo "Elección incorrecta."
    fi
done
```

10.5 Funciones

- Cmd 1: `function nombre() {` - Permite definir una función.
  Ejemplo:

```
function saludar () {
    echo "¡Buenos días!"
}
```

- Cmd 2: `nombre() {` - Otra forma de definir una función.
  Ejemplo:

```
saludar() {
    echo "¡Buenos días!"
}
```

- Cmd 3: `nombre()` - Se utiliza para llamar a una función.
  Ejemplo: `saludar()`
  Ejemplo: `mostrar_fecha()`

- Cmd 4: `return valor` - Se utiliza para devolver un valor a partir de una función.

  Ejemplo:

```
function duplicar() {
    local resultado=$((2*$1))
    return $resultado
}
```

- Cmd 5: `local variable=valor` - Se utiliza para declarar una variable local dentro de una función.

  Ejemplo: `local contador=0`

  Ejemplo: `local mensaje="Hola"`

- Cmd 6: `nombre() { comando1; comando2; }` - Se utiliza para agrupar varios comandos en una función.

  Ejemplo:

```
function mostrar_info_sistema() {
    echo "Sistema operativo: $(uname -a)"
    echo "Usuario actual: $(whoami)"
}
```

11. Prontuario de Linux: systemd y cgroups

systemd es un gestor cada vez más utilizado en muchas distribuciones de Linux, incluyendo sistemas como Ubuntu, Fedora y CentOS.

`systemctl` es un comando que permite gestionar el sistema de arranque, así como controlar los servicios y las unidades del sistema en distribuciones que utilizan el sistema de arranque systemd.

- **`systemctl`**: el comando `systemctl` es una utilidad que se encarga de examinar y controlar el sistema systemd y el gestor de servicios. Se trata de una colección de bibliotecas, utilidades y demonios de gestión del sistema que funciona como sucesor del demonio System V init.
  - `systemctl start nombre_servicio.servicio`: inicia un servicio llamado `nombre_servicio`.

  - `systemctl stop nombre_servicio.servicio`: detiene un servicio llamado `nombre_servicio`.
  - `systemctl restart nombre_servicio.servicio`: reinicia un servicio llamado `nombre_servicio`.
  - `systemctl status nombre_servicio.servicio`: muestra el estado de un servicio llamado `nombre_servicio`.
  - `systemctl enable nombre_servicio.servicio`: habilita un servicio llamado `nombre_servicio` para que se inicie automáticamente al arrancar el sistema.
  - `systemctl disable nombre_servicio.servicio`: desactiva un servicio llamado `nombre_servicio` para que no se inicie automáticamente al arrancar el sistema.
- **`journalctl`**: el comando `journalctl` es una herramienta que muestra los mensajes de registro del sistema.
  - `journalctl`: muestra todos los mensajes de registro.
  - `journalctl -u nombre_servicio.servicio`: muestra todos los mensajes de registro de un servicio llamado `nombre_servicio`.
  - `journalctl --since "2022-10-01 00:00:00" --until "2022-10-31 23:59:59"`: muestra todos los mensajes del diario entre el 1 deoctubre de 2022 a las 00:00 y el 31 de octubre de 2022 a las 23:59.
  - `journalctl -p err`: muestra todos los mensajes de error en el registro.
  - `journalctl --disk-usage`: muestra el uso del disco por el diario.
  - `journalctl --vacuum-size=1G`: borra los archivos de registro antiguos hasta que el uso total del disco sea menor o igual a 1 GB.
- **`timedatectl`**: el comando `timedatectl` es una utilidad que configura el reloj y la fecha del sistema.
  - `timedatectl set-timezone Europe/Madrid`: establece la zona horaria en Europa/Madrid.
  - `timedatectl set-time "2024-10-31 23:59:59"`: establece la hora del sistema en el 31 de octubre de 2024 a las 23:59.
  - `timedatectl set-ntp true`: activa la sincronización NTP para mantener la hora exacta del sistema.

  - `timedatectl status`: muestra el estado actual del reloj y la fecha del sistema.
  - `timedatectl list-timezones`: muestra la lista de zonas horarias disponibles.
  - `timedatectl list-ntp-servers`: muestra la lista de servidores NTP configurados.
- **`hostnamectl`**: el comando `hostnamectl` es una herramienta que se utiliza para configurar el nombre de host del sistema.
  - `hostnamectl set-hostname nuevo_nombre_host`: establece el nuevo nombre de host a `nuevo_nombre_host`.
  - `hostnamectl status`: muestra el estado actual del nombre del host.
  - `hostnamectl set-icon-name icono_personalizado.png`: define un icono personalizado para el sistema.
  - `hostnamectl set-chassis type_chassis`: establece el tipo de chasis a `type_chassis`.
  - `hostnamectl set-deployment type_deployment`: establece el tipo de despliegue a `type_deployment`.
  - `hostnamectl set-location ubicación_geográfica`: establece la ubicación geográfica en `ubicación_geográfica`.
- **`networkd`**: el comando `networkd` es una utilidad para configurar interfaces de red a través de systemd-networkd.
  - `/etc/systemd/network/mi_interfaz.network`: archivo de configuración para una interfaz de red llamada `mi_interfaz`. ``` [Match] Name=mi_interfaz
  - [Network] Address=192.168.1.10/24 Gateway=192.168.1.1 DNS=8.8.8.8 DNS=8.8 ```
- **`cgcreate`**: el comando `cgcreate` se utiliza para crear un nuevo grupo de control de recursos (cgroup).
  - `cgcreate -g memory:/mi_grupo`: crea un nuevo grupo de control de recursos llamado `mi_grupo` para la memoria.
  - `cgcreate -g cpu:/mi_grupo`: crea un nuevo grupo de control de recursos llamado `mi_grupo` para el procesador.
  - `cgcreate -g blkio:/mi_grupo`: crea un nuevo grupo de control de recursos llamado `mi_grupo` para E/S de disco.

- cgcreate -g net_cls:/mi_grupo: crea un nuevo grupo de control de recursos llamado mi_grupo para clasificar el tráfico de red.
- cgcreate -g devices:/mi_grupo: crea un nuevo grupo de control de recursos llamado mi_grupo para los periféricos.
- cgcreate -g freezer:/mi_grupo: crea un nuevo grupo de control de recursos llamado mi_grupo para la congelación de procesos.

- **cgclassify**: el comando cgclassify se utiliza para añadir procesos existentes a un grupo de control de recursos (cgroup).
  - cgclassify -g memory:/mi_grupo pid: añade el proceso con ID pid al grupo de control de recursos mi_grupo para la memoria.
  - cgclassify -g cpu:/mi_grupo pid: añade el proceso con ID pid al grupo de control de recursos mi_grupo para el procesador.
  - cgclassify -g blkio:/mi_grupo pid: añade el proceso con ID pid al grupo de control de recursos mi_grupo para E/S de disco.
  - cgclassify -g net_cls:/my_group pid: añade el proceso con ID pid al grupo de control de recursos my_group para la clasificación del tráfico de red.
  - cgclassify -g devices:/my_group pid: añade el proceso con el ID pid al grupo de control de recursos my_group para los periféricos.
  - cgclassify -g freezer:/mi_grupo pid: añade el proceso con ID pid al grupo de control de recursos mi_grupo para congelar (*freeze*) procesos.

- **cgm**: el comando cgm se utiliza para gestionar grupos de control de recursos (cgroups).
  - cgm create memory:my_group: crea un nuevo grupo de control de recursos llamado my_group para la memoria.
  - cgm create cpu:mi_grupo: crea un nuevo grupo de control de recursos llamado mi_grupo para el procesador.
  - cgm create blkio:mi_grupo: crea un nuevo grupo de control de recursos llamado mi_grupo para E/S de disco.
  - cgm create net_cls:my_group: crea un nuevo grupo de control de recursos de red llamado my_group.

12. Prontuario de Linux: servidor HTTP Apache2 (en un contexto Systemd)

12.1 Arrancar, detener y reiniciar Apache2

- `sudo systemctl start apache2`: inicia el servidor Apache2.
  Ejemplo: `sudo systemctl start apache2`
- `sudo systemctl stop apache2`: detiene el servidor Apache2.
  Ejemplo: `sudo systemctl stop apache2`
- `sudo systemctl restart apache2`: reinicia el servidor Apache2.
  Ejemplo: `sudo systemctl restart apa`
- `sudo systemctl reload apache2`: recarga la configuración de Apache2 sin interrumpir las conexiones actuales.
  Ejemplo: `sudo systemctl reload apache2`
- `sudo systemctl status apache2`: muestra el estado actual del servidor Apache2.
  Ejemplo: `sudo systemctl status apache2`
- `sudo apachectl -t`: comprueba la sintaxis de los archivos de configuración de Apache2.
  Ejemplo: `sudo apachectl -t`

12.2 Gestión de los archivos de configuración

- `/etc/apache2/apache2.conf`: archivo principal de configuración de Apache2.
  Ejemplo: `sudo nano /etc/apache2/apache2.conf`
- `/etc/apache2/sites-available/` y `/etc/apache2/sites-enabled/`: directorios que contienen archivos de configuración de hosts virtuales.
  Ejemplo: `sudo nano /etc/apache2/sites-available/my-site.conf`

- /etc/apache2/mods-available/ y /etc/apache2/mods-enabled/: directorios que contienen los archivos de configuración de los módulos de Apache.

  Ejemplo: sudo nano /etc/apache2/mods-available/ssl.conf

12.3 Gestión de los hosts virtuales

- sudo a2ensite SITENAME: activa un host virtual específico.

  Ejemplo: sudo a2ensite mysite.conf
- sudo a2dissite SITENAME: desactiva un host virtual específico.

  Ejemplo: sudo a2dissite mysite.conf
- sudo a2enmod MODULENAME: activa un módulo específico de Apache.

  Ejemplo: sudo a2enmod ssl
- sudo a2dismod MODULENAME: desactiva un módulo específico de Apache.

  Ejemplo: sudo a2dismod ssl
- sudo service apache2 reload: recarga la configuración de Apache sin interrumpir las conexiones actuales.

  Ejemplo: sudo service apache2 reload
- sudo service apache2 restart: reinicia el servidor Apache.

  Ejemplo: sudo service apache2 restart

12.4 Gestión de los registros

- /var/log/apache/access.log y /var/log/apache/error.log: archivos de registro de accesos y errores del servidor Apache.

  Ejemplo: tail /var/log/apache/access.log
- /var/log/apache/access.log.1 y /var/log/apache/error.log.1: archivos de registro de acceso y de errores archivados para el servidor Apache.

  Ejemplo: tail /var/log/apache/access.log.1

- `/etc/logrotate.d/apache2`: archivo de configuración para rotar los archivos de registro de Apache.

  Ejemplo: `sudo nano /etc/logrotate.d/apache2`

12.5 Gestión de la seguridad

- `/etc/apache2/conf-available/security.conf`: archivo de configuración para las directivas de seguridad de Apache.

  Ejemplo: `sudo nano /etc/apache2/conf-available/security.conf`
- `/etc/letsencrypt/`: directorio que contiene los certificados SSL/TLS generados por Let's Encrypt.

  Ejemplo: `sudo ls /etc/letsencrypt/live/`
- `/etc/ssl/certs/` y `/etc/ssl/private/`: directorios que contienen certificados SSL/TLS autofirmados o generados por el usuario.

  Ejemplo: `sudo ls /etc/ssl/certs/`

13. Prontuario de Linux: fireWall

13.1 Configurar un cortafuegos con iptables

`iptables`: modifica las reglas del cortafuegos.

- `iptables -L`: muestra las reglas actuales del cortafuegos.
- `iptables -t filter -A OUTPUT -p tcp --dport 22 -j ACCEPT`: abre el puerto 22 para el tráfico saliente.
- `iptables -t filter -A INPUT -p tcp --dport 80 -j ACCEPT`: abre el puerto 80 para el tráfico entrante.
- `iptables -t filter -A INPUT -s 192.168.0.0/24 -j ACCEPT`: autoriza el tráfico entrante procedente de la red local.
- `iptables -t filter -A INPUT -i lo -j ACCEPT`: autoriza el tráfico entrante en la interfaz loopback.

- `iptables-save > /etc/sysconfig/iptables`: guarda las reglas del cortafuegos para que se carguen al inicio.

13.2 Configurar un cortafuegos con firewalld

`firewall-cmd`: modifica las reglas del cortafuegos.

- `firewall-cmd --state`: muestra el estado actual del cortafuegos.
- `firewall-cmd --get-zones`: muestra las zonas disponibles.
- `firewall-cmd --zone=public --add-port=80/tcp --permanent`: abre el puerto 80 para el tráfico que entra en la zona pública.
- `firewall-cmd --zone=public --add-service=http --permanent`: abre el servicio HTTP para el tráfico que entra en la zona pública.
- `firewall-cmd --zone=public --add-source=192.168.0.0/24 --permanent`: permite el tráfico entrante de la red local en la zona pública.
- `firewall-cmd --reload`: recarga las reglas del cortafuegos.

13.3 Configurar un cortafuegos con ufw

`ufw`: modifica las reglas del cortafuegos.

- `ufw status`: muestra el estado actual del cortafuegos.
- `ufw allow ssh`: abre el puerto SSH para el tráfico entrante.
- `ufw allow http/tcp`: abre el puerto HTTP para el tráfico entrante.
- `ufw allow from 192.168.0.0/24 to any port 22 proto tcp`: permite el tráfico entrante procedente de la red local por el puerto SSH.
- `ufw enable`: activa el cortafuegos.

13.4 Configuración de un cortafuegos con nftables

`nftables`: modifica las reglas del cortafuegos.

- `nft list ruleset`: muestra las reglas actuales del cortafuegos.
- `nft add rule ip filter output tcp dport 22 accept`: abre el puerto 22 para el tráfico saliente.
- `nft add rule ip filter input tcp dport 80 accept`: abre el puerto 80 para el tráfico entrante.
- `nft add rule ip filter input ip saddr 192.168.0.0/24 accept`: autoriza el tráfico entrante de la red local.
- `nft add rule ip filter input iif lo accept`: autoriza el tráfico entrante en la interfaz loopback.

13.5 Configurar un cortafuegos con Shorewall

`shorewall`: modifica las reglas del cortafuegos.

- `/etc/shorewall/rules`: archivo de configuración de las reglas del cortafuegos.
- `/etc/shorewall/interfaces`: archivo de configuración de interfaces de red.
- `/etc/shorewall/zones`: archivo de configuración de zonas de red.
- `/etc/shorewall/policy`: archivo de configuración de la política de seguridad por defecto.
- `/etc/shorewall/masq`: archivo de configuración de traducción de direcciones de red (NAT).
- `/etc/shorewall/startup` y `/etc/shorewall/stop`: scripts que se ejecutan al arrancar y apagar el sistema respectivamente.

14. Prontuario de Linux: SSH

14.1 Conexión a un servidor remoto mediante SSH

- `ssh USER@HOST`: establece una conexión SSH con un servidor remoto.
  Ejemplo: `ssh user@192.168.1.100`
- `ssh -p PORT USER@HOST`: establece una conexión SSH con un servidor remoto en un puerto específico.
  Ejemplo: `ssh -p 2222 user@192.168.1.100`
- `ssh-copy-id USER@HOST`: copia la clave pública del usuario en el servidor remoto para la autenticación sin contraseña.
  Ejemplo: `ssh-copy-id user@192.168.1.100`
- `scp FILE USER@HOST:DESTINO`: copia un archivo local a un servidor remoto a través de SSH.
  Ejemplo: `scp archivo.txt user@192.168.1.100:/home/user/`
- `sftp USER@HOST`: abre una sesión SFTP para transferir archivos entre el cliente y el servidor.
  Ejemplo: `sftp user@192.168.1.100`
- `rsync SOURCE USER@HOST:DESTINO`: sincroniza archivos entre el cliente y el servidor a través de SSH.
  Ejemplo: `rsync archivo.txt user@192.168.1.100:/home/user/`

14.2 Gestión de claves SSH

- `ssh-keygen`: genera un nuevo par de claves SSH para el usuario.
  Ejemplo: `ssh-keygen`
- `ssh-add KEYFILE`: añade una clave privada al agente de autenticación SSH.
  Ejemplo: `ssh-add ~/.ssh/id_rsa`

- `ssh-keyscan HOST`: recupera la clave pública de un host remoto y la añade a la lista de claves conocidas.
  Ejemplo: `ssh-keyscan 192.168.1.100 >> ~/.ssh/known_hosts`
- `ssh-keygen -t rsa -b 4096 -C "USER@HOST"`: genera un nuevo par de claves RSA con un tamaño de bits de 4096 y un comentario personalizado.
  Ejemplo: `ssh-keygen -t rsa -b 4096 -C "user@192.168.1.100"`
- `ssh-keygen -f KEYFILE`: Convierte una clave privada OpenSSH al formato PEM.
  Ejemplo: `ssh-keygen -f ~/.ssh/id_rsa -m PEM`
- `ssh-keygen -y`: muestra la clave pública correspondiente a una clave privada dada.
  Ejemplo: `ssh-keygen -y -f ~/.ssh/id_rsa`

14.3 Configuración del servidor SSH

- `/etc/ssh/sshd_config`: Archivo de configuración del servidor SSH.
  Ejemplo: `sudo nano /etc/ssh/sshd_config`
- `/etc/init.d/ssh start`: inicia el servicio SSH en el servidor.
  Ejemplo: `sudo /etc/init.d/ssh start`
- `/etc/init.d/ssh stop`: detiene el servicio SSH en el servidor.
  Ejemplo: `sudo /etc/init.d/ssh stop`
- `/etc/init.d/ssh restart`: reinicia el servicio SSH en el servidor.
  Ejemplo: `sudo /etc/init.d/ssh restart`
- `/var/log/auth.log`: Registro de autenticación del servidor SSH.
  Ejemplo: `tail /var/log/auth.log`
- `/etc/hosts.allow` y `/etc/hosts.deny`: archivos que controlan el acceso al servidor SSH basándose en direcciones IP o nombres de host.
  Ejemplo: `sudo nano /etc/hosts.allow`

14.4 Gestión de las sesiones SSH

- `screen ssh USER@HOST`: lanza una sesión SSH en un terminal de pantalla para evitar interrupciones de conexión.

  Ejemplo: `$ screen ssh user@192.168.1.100`
- `tmux ssh USER@HOST`: lanza una sesión SSH en un terminal tmux para evitar interrupciones de conexión.

  Ejemplo: `$ tmux ssh user@192.168.1.100`
- `logout` o `exit` (en sesión SSH): cierra la sesión SSH actual.

  Ejemplo: `$ logout`
- `~.` (virgulilla seguida de un punto) o `~^Z` (virgulilla seguida de Ctrl-Z) (en la sesión SSH).

  Ejemplo 1: ~.

  Este atajo se utiliza en una sesión SSH para finalizar la conexión.

  Al escribir "~." seguido de la tecla [Intro], se cierra la conexión SSH.

  Ejemplo 2: `~^Z`

  Este atajo se utiliza en una sesión SSH para suspender un comando.

  Al escribir "~^Z" seguido de la tecla [Intro], se suspende el comando que se estaba ejecutando y se vuelve al símbolo del sistema.

15. Prontuario de Linux: SSL

15.1 Creación de un certificado SSL autofirmado

- `openssl genrsa -out KEYFILE.pem 2048`: genera una nueva clave privada RSA de 2048 bits.

  Ejemplo: `openssl genrsa -out server.key 2048`
- `openssl req -new -key KEYFILE.pem -out CSRFILE.csr`: crea una solicitud de firma de certificado (CSR) para la clave privada.

  Ejemplo: `openssl req -new -key server.key -out server.csr`

- `openssl x509 -req -days DAYS -in CSRFILE.csr -signkey KEYFILE.pem -out CERTFILE.crt`: firma el CSR con la clave privada para crear un certificado autofirmado.

  Ejemplo: `openssl x509 -req -days 365 -in server.csr -signkey server.key -out server.crt`

- `openssl pkcs12 -export -in CERTFILE.crt -inkey KEYFILE.pem -out PKCS12FILE.p12`: exporta el certificado y la clave privada en un archivo PKCS#12.

  Ejemplo: `openssl pkcs12 -export -in server.crt -inkey server.key -out server.p12`

- `openssl s_client -connect HOST:PORT`: establece una conexión SSL/TLS con un servidor remoto y muestra la información del certificado.

  Ejemplo: `openssl s_client -connect www.google.com:443`

- `openssl verify CERTFILE.crt`: comprueba la validez de un certificado SSL/TLS.

  Ejemplo: `openssl verify server.crt`

15.2 Creación de un certificado SSL firmado por una autoridad de certificación

- `openssl genrsa -out KEYFILE.pem 2048`: genera una nueva clave privada RSA de 2048 bits.

  Ejemplo: `openssl genrsa -out server.key 2048`

- `openssl req -new -key KEYFILE.pem -out CRSFILE.csr`: crea una solicitud de firma de certificado (CSR) para la clave privada.

  Ejemplo: `openssl req -new -key server.key -out server.csr`

- `openssl req -new -key KEYFILE.pem -out CSRFILE.csr -config CONFSSL.cnf`: envía la CSR a una autoridad de certificación para su firma.

Ejemplo del contenido (código) del archivo CONFSSL.cnf:

```
[req]
prompt = no
distinguished_name = dn
req_extensions = req_ext
[dn]
CN = dominio.es
emailAddress = admin@dominio.es
O = Mi empresa
OU = Departamento informático
L = Valencia
ST = País Valenciano
C = ES
[req_ext]
subjectAltName = DNS:www.dominio.es, IP:192.168.1.1
```

- `openssl x509 -req -in CSRFILE.csr -CA CA.crt -CAkey CA.key -CAcreateserial -out CERTFILE.crt`: ahora recibimos el certificado firmado por la autoridad de certificación (CA), que podemos guardar en un archivo CERTFILE.crt. El certificado de la CA y su clave privada se utilizan para firmar la solicitud de firma de certificado (CSR) creada anteriormente. El certificado firmado se guarda en el archivo CERTFILE.crt. «CA.crt» es el nombre del certificado de la autoridad de certificación, y «CA.key» es la clave privada de la autoridad de certificación.
- `openssl pkcs12 -export -in CERTFILE.crt -inkey KEYFILE.pem -out PKCS12FILE.p12`: exporta el certificado y la clave privada en un archivo PKCS#12.

  Ejemplo: `openssl pkcs12 -export -in server.crt -inkey server.key -out server.p12`
- `openssl s_client -connect HOST:PORT`: establece una conexión SSL/TLS con un servidor remoto y muestra la información del certificado.

  Ejemplo: `openssl s_client -connect www.google.com:443`
- `openssl verify CERTFILE.crt`: comprueba la validez de un certificado SSL/TLS.

  Ejemplo: `openssl verify server.crt`

15.3 Conversión de formatos de claves y certificados

- `openssl rsa-in KEYFILE.pem-outform PEM-out KEYFILE2.pem`: convierte una clave privada RSA al formato PEM.

  Ejemplo: `openssl rsa-in server.key-outform PEM-out server2.key`

- `openssl rsa-in KEYFILE.pem-outform DER-out KEYFILE2.der`: convierte una clave privada RSA al formato DER.

  Ejemplo: `openssl rsa-in server.key-outform DER-out server2.der`

- `openssl x509-in CERTFILE.crt-outform PEM-out CERTFILE2.pem`: convierte un certificado al formato PEM.

  Ejemplo: `openssl x509-in server.crt-outform PEM-out server2.crt`

- `openssl x509-in CERTFILE.crt-outform DER-out CERTFILE2.der`: convierte un certificado al formato DER.

  Ejemplo: `openssl x509-in server.crt-outform DER-out server2.der`

- `cat CERT1.crt INTERMEDIATE1.crt INTERMEDIATE2.crt ... > CHAIN1.crt`: concatena varios certificados en un único archivo para crear una cadena de confianza.

  Ejemplo: `$ cat mycert.crt myca1.crt myca2.crt > mychain.crt`

16. Prontuario de Docker: comandos básicos

16.1 Iniciar un nuevo contenedor

`docker run`: inicia un nuevo contenedor y ejecuta un comando.

- `docker run -it ubuntu bash`: inicia un nuevo contenedor Ubuntu y abre un shell interactivo.
- `docker run -d nginx`: inicia un nuevo contenedor Nginx en segundo plano.
- `docker run --name mycontainer nginx`: inicia un nuevo contenedor Nginx con el nombre `mycontainer`.
- `docker run -p 8080:80 nginx`: inicia un nuevo contenedor Nginx y asigna el puerto 8080 en el sistema anfitrión al puerto 80 en el contenedor.
- `docker run -v/path/on/host:/path/in/container nginx`: inicia un nuevo contenedor Nginx y monta el directorio /path/en/host del sistema anfitrión en el directorio /path/in/container del contenedor.
- `docker run --rm nginx`: inicia un nuevo contenedor Nginx y elimina automáticamente el contenedor cuando se detiene.

16.2 Gestionar las imágenes Docker

`docker images`: lista todas las imágenes Docker descargadas en el sistema.

- `docker images nginx`: lista todas las imágenes Docker con «nginx» en su nombre.
- `docker pull nginx`: descarga la imagen Docker nginx.
- `docker rmi nginx`: elimina la imagen Docker nginx.
- `docker tag nginx myrepo/nginx`: crea una nueva etiqueta para la imagen Docker nginx.
- `docker push myrepo/nginx`: envía la imagen Docker myrepo/nginx al registro Docker.

- `docker save nginx > nginx.tar`: guarda la imagen Docker nginx en un archivo tar.

16.3 Gestionar los contenedores Docker

`docker ps`: lista todos los contenedores Docker que se están ejecutando actualmente en el sistema.

- `docker ps -a`: lista todos los contenedores Docker del sistema, incluidos los que no se están ejecutando.
- `docker start mycontainer`: inicia el contenedor Docker llamado `mycontainer`.
- `docker stop mycontainer`: detiene el contenedor Docker llamado `mycontainer`.
- `docker rm mycontainer`: elimina el contenedor Docker llamado `mycontainer`.
- `docker logs mycontainer`: muestra los registros de salida del contenedor Docker llamado `mycontainer`.
- `docker exec mycontainer ls /app`: ejecuta el comando `ls /app` en el contenedor Docker llamado `mycontainer`.

16.4 Gestionar las redes Docker

`docker network ls`: lista todas las redes Docker del sistema.

- `docker network create mynetwork`: crea una nueva red Docker llamada `mynetwork`.
- `docker network connect mynetwork mycontainer`: conecta el contenedor Docker llamado `mycontainer` a la red Docker llamada `mynetwork`.
- `docker network disconnect mynetwork mycontainer`: desconecta el contenedor Docker llamado `mycontainer` de la red Docker llamada `mynetwork`.

- `docker network inspect mynetwork`: muestra información detallada sobre la red Docker llamada `mynetwork`.
- `docker network rm mynetwork`: elimina la red Docker llamada `mynetwork`.
- `docker network prune`: elimina todas las redes no utilizadas.

17. Prontuario de Docker: gestión de volúmenes

17.1 Crear un volumen

`docker volume create`: crea un nuevo volumen Docker.

- `docker volume create my_volume`: crea un nuevo volumen Docker llamado `my_volume`.
- `docker volume ls`: lista todos los volúmenes Docker del sistema.
- `docker volume inspect my_volume`: muestra información detallada sobre el volumen Docker llamado `my_volume`.
- `docker volume rm my_volume`: elimina el volumen Docker llamado `my_volume`.
- `docker volume prune`: elimina todos los volúmenes no utilizados.

17.2 Utilizar un volumen

`docker run`: inicia un nuevo contenedor y monta un volumen.

- `docker run -v my_volume:/app nginx`: inicia un nuevo contenedor Nginx y monta el volumen Docker llamado `my_volume` en el directorio /app del contenedor.
- `docker run --mount source=my_volume,target=/app nginx`: inicia un nuevo contenedor Nginx y monta el volumen Docker llamado `my_volume`en el directorio /app del contenedor.

- `docker run --mount type=bind,source=/path/on/host,target=/path/in/container nginx`: inicia un nuevo contenedor Nginx y monta el directorio /path/on/host del sistema anfitrión en el directorio /path/in/container del contenedor.
- `docker run --mount type=volume,source=my_volume,target=/app nginx`: inicia un nuevo contenedor Nginx y monta el volumen Docker llamado `my_volume` en el directorio /app del contenedor.
- `docker run --mount type=tmpfs,destination=/app nginx`: inicia un nuevo contenedor Nginx y monta un sistema de archivos temporal en el directorio /app del contenedor.

17.3 Copiar archivos a/desde un volumen

`docker cp`: copia archivos a/desde un contenedor Docker.

- `docker cp archivo.txt mi_contenedor:/app/archivo.txt`: copia el archivo archivo.txt al contenedor Docker llamado `mi_contenedor`.
- `docker cp mi_contenedor:/app/archivo.txt archivo.txt`: copia el archivo archivo.txt del contenedor Docker llamado `mi_contenedor`.
- `cat archivo.txt | docker exec -i mi_contenedor sh -c 'cat > /app/archivo.txt'`: copia el contenido del archivo archivo.txt al contenedor Docker llamado `mi_contenedor`.
- `docker exec mi_contenedor sh -c 'cat /app/archivo.txt' > archivo.txt`: copia el contenido del archivo /app/archivo.txt del contenedor Docker llamado `mi_contenedor`.

17.4 Copia de seguridad/restauración de volúmenes

`docker save`: guarda una imagen Docker en un archivo tar.

- `docker save mi_volumen > mi_volumen.tar`: guarda el volumen Docker nombrado en un archivo tar.
- `docker load < mi_volumen.tar`: restaura el volumen Docker desde un archivo tar.

17.5 Sincronizar volúmenes entre hosts

`rsync`: sincroniza archivos entre hosts.

- `rsync --archive --delete/path/en/host remote:/path/en/host`: sincroniza los archivos del directorio /path/en/host del sistema anfitrión con el anfitrión remoto.
- `rsync --archive --delete remote:/path/en/host/ruta/en/host`: sincroniza los archivos del host remoto con el directorio /path/en/host del sistema host.

18. Prontuario de Docker: instrucciones contenidas en los Dockerfile

18.1 Crear una imagen Docker

- `FROM`: especifica la imagen base para la nueva imagen.

  Ejemplo: `FROM ubuntu:latest` utiliza la imagen Ubuntu como imagen base.
- `RUN`: ejecuta un comando en el contenedor y crea una nueva capa.

  Ejemplo: `RUN apt-get update && apt-get install -y nginx` instala Nginx en el contenedor.

- `COPY`: copia archivos del sistema anfitrión al contenedor.

  Ejemplo: `COPY index.html /var/www/html/` copia el archivo index.html del sistema anfitrión al directorio /var/www/html/ del contenedor.
- `WORKDIR`: define el directorio de trabajo para las siguientes instrucciones.

  Ejemplo: `WORKDIR /var/www/html/` establece el directorio de trabajo en /var/www/html/.
- `EXPOSE`: expone un puerto para conexiones entrantes.

  Ejemplo: `EXPOSE 80` expone el puerto 80 para conexiones entrantes.
- `CMD`: especifica el comando que se ejecutará cuando se inicie el contenedor.

  Ejemplo: `CMD ["nginx", "-g", "daemon off;"]` inicia Nginx cuando se inicia el contenedor.

18.2 Crear un usuario sin privilegios

- `RUN useradd`: añade un nuevo usuario al sistema.

  Ejemplo: `RUN useradd --create-home --shell /bin/bash user` añade un nuevo usuario llamado user.
- `USER`: especifica el usuario que se utilizará para las siguientes instrucciones.

  Ejemplo: `USER user` especifica que las siguientes instrucciones deben ejecutarse como `user`.
- `WORKDIR`: define el directorio de trabajo para las siguientes instrucciones.

  Ejemplo: `WORKDIR /home/user/` establece el directorio de trabajo en /home/user/.

18.3 Instalar dependencias

- `RUN apt-get update && apt-get install -y`: actualiza la lista de paquetes disponibles e instala los paquetes.
- `RUN apt-get update && apt-get install -y python3-pip`: instala pip para Python 3 en el contenedor.

- `COPY requirements.txt /app/`: copia el archivo «requirements.txt» del sistema anfitrión al directorio «/app/» del contenedor.
- `RUN pip3 install --no-cache-dir -r /app/requirements.txt`: instala las dependencias de Python especificadas en «requirements.txt».

18.4 Utilizar variables de entorno

- `ENV`: define una variable de entorno en el contenedor.

  Ejemplo: `ENV MY_VAR=my_value` establece la variable de entorno `MY_VAR` con el valor `my_value`.
- `$MY_VAR`: utiliza el valor de una variable de entorno en una instrucción Dockerfile.

  Ejemplo: `RUN echo $MY_VAR > /app/my_file.txt` escribe el valor de la variable de entorno `MY_VAR` en /app/my_file.txt.

18.5 Utilizar argumentos de construcción

- `ARG`: define un argumento de compilación para la imagen Docker.

  Ejemplo: `ARG MY_ARG=default_value` define el argumento de construcción `MY_ARG` con el valor por defecto `default_value`.
- `$MY_ARG`: utiliza el valor de un argumento de compilación en una instrucción Dockerfile.

  Ejemplo: `RUN echo $MY_ARG > /app/my_file.txt` escribe el valor del argumento de construcción `MY_ARG` en /app/my_file.txt.

19. Prontuario de Docker: instrucciones para gestionar contenedores DockerCompose

19.1 Crear un servicio

- `services:`: define la sección de los servicios en el archivo docker-compose.yml.

  Ejemplo: `services:`
- `<nombre del servicio>:`: define un servicio con nombre en el archivo docker-compose.yml.

  Ejemplo: `web:`
- `image:`: especifica la imagen Docker que se ha de utilizar para el servicio.

  Ejemplo: `image: nginx:latest`
- `ports:`: asigna puertos de contenedor a puertos de host.

  Ejemplo: `puertos: - "8080:80"`
- `volumes:`: muestra un volumen o archivo en el contenedor.

  Ejemplo: `volumes: - ./data:/var/www/html/data`
- `environment:`: define las variables de entorno para el contenedor.

  Ejemplo: `environment: - MYSQL_ROOT_PASSWORD=password`

19.2 Iniciar un servicio

- `docker-compose up`: inicia todos los servicios definidos en el archivo docker-compose.yml.

  Ejemplo: `docker-compose up`
- `docker-compose up <nombre del servicio>`: inicia un servicio específico definido en el archivo docker-compose.yml.

  Ejemplo: `docker-compose up web`

- `docker-compose up --build`: construye imágenes Docker antes de iniciar los servicios.

  Ejemplo: `docker-compose up --build`
- `docker-compose up -d`: inicia los servicios en segundo plano (modo separado).

  Ejemplo: `docker-compose up -d`
- `docker-compose ps`: muestra el estado de los servicios iniciados por docker-compose.

  Ejemplo: `docker-compose ps`
- `docker-compose logs`: muestra los registros de los servicios iniciados por docker-compose.

  Ejemplo: `docker-compose logs`

19.3 Detener y eliminar un servicio

- `docker-compose stop`: detiene todos los servicios iniciados por docker-compose.

  Ejemplo: `docker-compose stop`
- `docker-compose stop <nombre del servicio>`: detiene un servicio específico iniciado por docker-compose.

  Ejemplo: `docker-compose stop web`
- `docker-compose down`: detiene y elimina todos los servicios iniciados por docker-compose.

  Ejemplo: `docker-compose down`
- `docker-compose down --volumes`: elimina también los volúmenes asociados a los servicios lanzados por docker-compose.

  Ejemplo: `docker-compose down --volumes`
- `docker rm $(docker ps -a -q)`: elimina todos los contenedores Docker inactivos de su sistema.

  Ejemplo: `docker rm $(docker ps -a -q)`

- `docker rmi $(docker images -q)`: elimina todas las imágenes Docker no utilizadas en su sistema.

  Ejemplo: `docker rmi $(docker images -q)`

19.4 Gestión de redes

- `networks:`: define la sección de las redes en el archivo docker-compose.yml.

  Ejemplo: `networks:`
- `<nombre de red>:`: define una red con nombre en el archivo docker-compose.yml.

  Ejemplo: `mynetwork:`
- `driver:`: especifica el controlador de red que se utilizará para la red.

  Ejemplo: `driver: bridge`
- `<nombre del servicio>:`: adjunta un servicio específico a la red con nombre.

  Ejemplo:

```
networks:
mynetwork:
  driver: bridge
services:
web:
  networks:
    mynetwork:
      aliases:
        - myweb
```

19.5 Gestión de volúmenes

- `<nombre del volumen>:`: define un volumen con nombre en el archivo docker-compose.yml.

  Ejemplo:

```
volumes:
myvolume:
  driver: local
```

- `<nombre del servicio>:`: monta un volumen específico en el contenedor nombrado.

  Ejemplo:

```
services:
db:
  volumes:
    myvolume:/var/lib/mysql
```

- `<nombre del servicio>:`: monta un archivo específico en el contenedor nombrado.

  Ejemplo:

```
services:
web:
  volumes:
    ./data:/var/www/html/data
```

20. Prontuario de Pandas: lo esencial

20.1 Creación de un DataFrame

- `pd.DataFrame(data [, index, columns, dtype, copy])`: crea un DataFrame a partir de datos existentes.

  Ejemplo: `df = pd.DataFrame({'col1': [1, 2], 'col2': [3, 4]})`

- `pd.read_csv(filepath_or_buffer [, sep, delimiter, ...])`: carga un archivo CSV en un DataFrame.

  Ejemplo: `df = pd.read_csv('data.csv')`
- `pd.read_excel(io [, sheet.name, header, ...])`: carga un archivo Excel en un DataFrame.

  Ejemplo: `df = pd.read_excel('data.xlsx')`
- `pd.read_sql(sql [, con, index_col, ...])`: carga los resultados de una consulta SQL en un DataFrame.

  Ejemplo: `df = pd.read_sql('SELECT * FROM mytable', con)`
- `pd.concat(objs [, axis, join, ignore_index, ...])`: concatena varios DataFrames a lo largo de un eje.

  Ejemplo: `df = pd.concat([df1, df2], axis=0)`
- `pd.merge(left, right [, how, on, left_on, ...])`: fusiona dos DataFrames basándose en columnas compartidas.

  Ejemplo: `df = pd.merge(df1, df2, on='key')`

20.2 Manipulación rápida de un DataFrame

- `df.head(n)`: muestra las n primeras líneas del DataFrame.

  Ejemplo: `df.head(10)`
- `df.tail(n)`: muestra las últimas n líneas del DataFrame.

  Ejemplo: `df.tail(10)`
- `df.shape`: devuelve el número de filas y columnas del DataFrame.

  Ejemplo: `print(df.shape)`
- `df.info()`: muestra información sobre el DataFrame, como el tipo de datos y el número de valores distintos de cero.

  Ejemplo: `print(df.info())`
- `df.describe()`: muestra estadísticas descriptivas de las columnas numéricas del DataFrame.

  Ejemplo: `print(df.describe())`

- `df.dropna()`: elimina todas las filas a las que les faltan datos (NaN).

  Ejemplo: `df = df.dropna()`

20.3 Indexación y selección

- `df.loc[row_indexer [, column_indexer]]`: selecciona filas y columnas utilizando etiquetas de índice.

  Ejemplo: `df.loc[0:5, ['col1', 'col2']]`
- `df.iloc[row_indexer [, column_indexer]`: selecciona filas y columnas utilizando posiciones de índice enteras.

  Ejemplo: `df.iloc[0:5, [0, 1]]`
- `df[df['col'] > value]`: selecciona las filas en las que el valor de la columna es mayor que un valor dado.

  Ejemplo: `df[df['edad'] > 30]`
- `df.groupby('col').agg(func)`: aplica una función de agregación a un grupo de filas basándose en el valor de una columna.

  Ejemplo: `df.groupby('category').agg({'price': 'mean', 'quantity': 'sum'})`
- `df.sort_values(by='col')`: ordena las filas del DataFrame según el valor de una columna.

  Ejemplo: `df.sort_values(by='age')`
- `df.set_index('col')`: establece una columna como índice del DataFrame.

  Ejemplo: `df.set_index('id')`

20.4 Complemento útil: manipulación de cadenas de caracteres (strings)

Estamos trabajando con una serie `s` completa (como una columna) de datos Pandas, ¡no con una sola cadena!

- `s.str.lower()`: convierte todas las cadenas a minúsculas.
  Ejemplo: `s.str.lower()`
- `s.str.upper()`: convierte todas las cadenas a mayúsculas.
  Ejemplo: `s.str.upper()`
- `s.str.strip()`: elimina los espacios al principio y al final de una cadena.
  Ejemplo: `s.str.strip()`
- `s.str.replace(old, new)`: sustituye una subcadena por otra subcadena.
  Ejemplo: `s.str.replace('a', 'b')`
- `s.str.split(separator)`: divide cada cadena en una lista de subcadenas utilizando un separador dado.
  Ejemplo: `s.str.split(',')`

21. Prontuario de Pandas: manipulación de datos, de cerca

Ya hemos cubierto la manipulación de datos con SQL en conjunción con Pandas, pero aquí nos concentraremos en Pandas.

- **Transponer un DataFrame**: el método `transpose()` se utiliza para intercambiar las filas y columnas de un DataFrame.
  Cmd: `df.transpose()`
  Ejemplo 1: `df.transpose()`
  Ejemplo 2: `df.T`

- **Pivotar un DataFrame**: la función `pivot()` puede utilizarse para remodelar un DataFrame convirtiendo valores individuales de una columna en varias columnas.

  Cmd: `df.pivot(index='columna1', columns='columna2', values='valor')`

  Ejemplo 1: `df.pivot(index='fecha', columns='variable', values='valor')`

  Ejemplo 2: `df.pivot_table(index='fecha', columns='variable', values='valor', aggfunc=np.sum)`

- **Remodelar un DataFrame**: la función `melt()` remodela un DataFrame combinando diferentes columnas en una sola.

  Cmd: `pd.melt(df, id_vars=['columna1'], value_vars=['columna2'])`

  Ejemplo 1: `pd.melt(df, id_vars=['id'], value_vars=['día1', 'día2'], var_name='día', value_name='valor')`

  Ejemplo 2: `pd.melt(df, id_vars=['id'], value_vars=['día1', 'día2'], var_name='día', value_name='valor', ignore_index=False)`

- **Apilar y desapilar datos**: los métodos `stack()` y `unstack()` se pueden utilizar para girar un nivel de columna o fila al eje opuesto. **Aunque es un poco difícil de entender, debería esforzarse por comprender estas operaciones, que son muy difíciles de realizar de otra forma, ya que resultan vitales en el análisis de datos**.

  Cmd: `df.stack()`

  Ejemplo 1: `df.stack(level=0)`; este método se utiliza a menudo cuando se tiene un DataFrame con varias columnas y se desea convertirlas en una sola columna para facilitar el análisis o la manipulación de los datos, **de forma que cada fila lleve el nombre de su columna original**. La llamada a `df.stack()` transforma estas columnas en una única columna índice y los valores correspondientes se apilan como una serie.

```
import pandas as pd

data = {'col_A': [1, 2, 3],
        'col_B': [4, 5, 6],
```

```
        'col_C': [7, 8, 9]}

df = pd.DataFrame(data)
stacked_df = df.stack()

print(stacked_df)
```

Lo que da:

```
0  col_A    1
   col_B    4
   col_C    7
1  col_A    2
   col_B    5
   col_C    8
2  col_A    3
   col_B    6
   col_C    9
```

Ejemplo 2: `df.unstack(level=0)`. ¡Se trata de la operación inversa! Es extremadamente útil cuando los datos se han recogido de forma no normalizada (no se ajustan a las formas normales).

- **Crear tablas dinámicas**: la función `pivot_table()` permite crear tablas dinámicas a partir de un DataFrame (como en Excel).

  Cmd: `pd.pivot_table(df, values='valor', index=['columna1'], columns=['columna2'], aggfunc=np.sum)`

  Ejemplo 1: `pd.pivot_table(df, values='valor', index=['fecha'], columns=['variable'], aggfunc=np.sum)`

  Ejemplo 2: `pd.pivot_table(df, values=['valor1', 'valor2'], index=['fecha'], columns=['variable'], aggfunc=np.sum)`

- **Sustituir un valor para los valores que faltan**: el método `fillna()` sustituye los valores que faltan (NaN) por un valor especificado o el último valor válido conocido.

  Cmd: `df.fillna(value=0)`

  Ejemplo 1: `df.fillna(method='ffill')`

  Ejemplo 2: `df.fillna(method='bfill')`

- **Borrar valores perdidos**: el método `dropna()` se utiliza para borrar todas las filas o columnas que contienen valores perdidos (NaN).

  Comando: `df.dropna()`

  Ejemplo 1: `df.dropna(axis=0)`

  Ejemplo 2: `df.dropna(axis=1)`

- **Dividir una columna**: el método `explode()` puede utilizarse para dividir una columna que contenga listas o diccionarios en varias filas.

  Cmd: `df.explode('columna')`

  Ejemplo 1: `df.explode('lista_columnas')`

  Ejemplo 2: `df.explode('columna_dict')`

- **Concatenar cadenas de caracteres**: el método `str.cat()` se utiliza para concatenar cadenas de caracteres en una columna.

  Cmd: `df['nueva_columna'] = df['columna1'].str.cat (df['columna2'], sep='-')`

  Ejemplo 1: `df['nueva_columna'] = df['nombre'].str.cat (df['apellido'], sep=' ')`

  Ejemplo 2: `df['nueva_columna'] = df['ciudad'].str.cat(df ['país'], sep=', ')`

- **Sustituir subcadenas**: el método `replace()` sustituye una subcadena por otra en una columna.

  Cmd: `df['columna'] = df['columna'].str.replace('cadena_antigua', 'cadena_nueva')`

  Ejemplo 1: `df['nombre'] = df['nombre'].str.replace('Sra', 'Señora')`

  Ejemplo 2: `df['dirección'] = df['dirección'].str.replace ('Calle', 'calle')`

- **Eliminar espacios**: los métodos `strip()`, `lstrip()` y `rstrip()` pueden utilizarse para eliminar espacios al principio, al final o a ambos lados de una cadena.

  Cmd: `df['columna'] = df['columna'].str.strip()`

  Ejemplo 1: `df['nombre'] = df['nombre'].str.lstrip()`

  Ejemplo 2: `df['ciudad'] = df['ciudad'].str.rstrip()`

- **Convertir mayúsculas y minúsculas**: los métodos `lower()`, `upper()` y `capitalize()` pueden utilizarse para convertir las mayúsculas y minúsculas de una cadena.

  Cmd: `df['columna'] = df['columna'].str.lower()`

  Ejemplo 1: `df['apellido'] = df['apellido'].str.upper()`

  Ejemplo 2: `df['nombre'] = df['nombre'].str.capitalize()`

- **Dividir una columna**: el método `split()` divide una columna en varias columnas utilizando un separador especificado.

  Cmd: `df[['nueva_columna1', 'nueva_columna2']] = df['columna'].str.split('separador', expand=True)`

  Ejemplo 1: `df[['calle', 'número']] = df['dirección'].str.split(' ', expand=True)`

  Ejemplo 2: `df[['día', 'mes', 'año']] = df['fecha'].str.split('/', expand=True)`

- **Unir columnas**: el método `join()` se utiliza para unir varias columnas en una sola utilizando un separador especificado.

  Cmd: `df['nueva_columna'] = df[['columna1', 'columna2']].apply(lambda x: 'separador'.join(x), axis=1)`

  Ejemplo 1: `df['nombre_completo'] = df[['nombre', 'apellido']].apply(lambda x: ' '.join(x), axis=1)`

  Ejemplo 2: `df['dirección_completa'] = df[['calle', 'número', 'lo-calidad']].apply(lambda x: ', '.join(x), axis=1)`

- **Extraer subcadenas**: el método `extract()` se utiliza para extraer subcadenas de una columna utilizando una expresión regular especificada.

  Cmd: `df[['nueva_columna1', 'nueva_columna2']] = df['columna'].str.extract('(expresión_regular)')`

  Ejemplo 1: `df[['día', 'mes']] = df['fecha'].str.extract('(\d{2})/(\d{2})')`. Esta función extrae las partes de la fecha que corresponden a dos dígitos separados por una barra (/). Los resultados extraídos se devuelven como dos nuevas columnas en el DataFrame, donde la primera columna contiene los dos dígitos antes de la barra, y la segunda columna, los dos dígitos después de la barra.

Ejemplo 2: `df[['apellido', 'nombre']] = df['nombre_completo'].str.extract('(\w+), (\w+)')`. Esta función extrae las palabras antes y después del punto decimal en cada valor de la columna `nombre_completo`. Los resultados extraídos se devuelven como dos nuevas columnas en el DataFrame, donde la primera columna contiene las palabras antes de la coma, y la segunda columna, las palabras después de la coma. Por ejemplo, si el valor de la columna `nombre_completo` es "Plank, Max", la función extraerá "Plank" en la primera columna y "Max" en la segunda.

22. Prontuario de Pandas: las uniones, de cerca

Anteriormente hemos visto la sintaxis de las uniones en SQL. Las uniones nativas de Pandas son más rápidas y a veces técnicamente más sencillas de diseñar cuando no implican filtrado de datos o transformación de claves.

Unión interna (inner join)

- **Unión interna simple**

  Cmd: `pd.merge(df1, df2, on='clave')`, se utiliza para combinar datos solo en la columna especificada como clave de unión.

  Ejemplo: `pd.merge(df1, df2, on='ID')` combina dos DataFrames en la columna ID.

- **Especificar columnas con nombres diferentes como claves de unión**

  Cmd: `pd.merge(df1, df2, left_on='clave_izquierda', right_on='clave_derecha')`

  Ejemplo: `pd.merge(df1, df2, left_on='ID1', right_on='ID2')`

- **Unión interna por defecto**

  Esta unión interna corresponde a la opción por defecto `how='inner'`. Solo incluye filas con coincidencias en ambos DataFrames.

  Ejemplo: `pd.merge(df1, df2, on='ID')` realiza una unión interna por defecto.

- **Unión de varias columnas (2,3, ...)**

  Cmd: `pd.merge(df1, df2, ..., on=['clave1', 'clave2', ...])`

  Ejemplo: `pd.merge(df1, df2, df3, on=['ID1', 'ID2', 'ID3'])` combina los DataFrames en tres columnas, de forma que los valores clave sean iguales. ¡**Es muy útil en ciencia de datos**, ya que evita tediosas manipulaciones sucesivas!

- **Comprobación de la unión uno a uno**

  Para asegurarse de que la unión es de tipo "uno a uno", utilice `pd.merge(df1, df2, on='clave', how='inner', validate='1:1')`.

  Ejemplo: `pd.merge(df1, df2, on='ID', how='inner', validate='1:1')`

Unión externa (outer join)

- **Unión externa simple**

  Cmd: `pd.merge(df1, df2, on='clave', how='outer')`: **se incluyen todas las filas de los dos DataFrames**, lo que suele añadir muchas filas, similar a lo que ocurre en un producto cartesiano. La opción `how='outer'` incluye todos los valores de los DataFrames, sustituyéndolos por NaN si es necesario.

  Ejemplo: `pd.merge(df1, df2, on='ID', how='outer')`

- **Gestión de conflictos entre nombres de columnas**

  Cmd: `pd.merge(df1, df2, on='clave', how='outer', suffixes=('_left', '_right'))`

  Ejemplo: `pd.merge(df1, df2, on='ID', how='outer', suffixes=('_left', '_right'))`

- **Adición de una columna indicadora**

  Utilizando `indicator=True`, puede añadir una columna `_merge` que indique el origen de cada fila en el resultado de la unión. **Muy útil para poner a punto los programas**.

  Ejemplo: `pd.merge(df1, df2, on='ID', how='outer', indicator=True)`

Filtrado de líneas sin correspondencia en df1

Cmd: `pd.merge(df1, df2, on='clave', how='outer').query('_merge == "left_only"')`

Ejemplo: `pd.merge(df1, df2, on='ID', how='outer').query('_merge == "left_only"')` filtra las filas sin correspondencia en df1.

Consejos: calcular el número de valores NaN

Cmd:
`pd.merge(df1, df2, on='clave', how='outer').isna().sum()`

Cmd:
`pd.merge(df1, df2, on='ID', how='outer').isna().sum()`

Observe esta sintaxis muy «orientada a objetos» para calcular el número de valores NaN.

Observación

La expresión Na o NaN se utiliza para indicar valores omitidos o no definidos, normalmente en una estructura de datos como un dataframe o en lenguajes como R o Python.

Apéndices

1. Biblioteca de algoritmos

Evidentemente, nuestra elección es parcial, pero creemos que aquí encontrará mucho material para reflexionar.

Para cada uno de estos algoritmos, encontrará una referencia a un paquete Python que permite ponerlo en práctica y un enlace a la documentación del paquete. Estos paquetes incluyen muchos otros algoritmos muy útiles, por lo que le invitamos a recorrerlos con asiduidad para «reforzar» su caja de herramientas.

1.1 Algoritmos de moda estos últimos años

En primer lugar, he aquí una lista de los algoritmos *mainstream* actuales, **disponibles** a veces en **paquetes de Python** muy conocidos y potentes, que suelen utilizar las personas que trabajan en aprendizaje automático, IA o criptografía.

Algoritmo	Paquete	Documentación del paquete	Aplicación
K-Means Clustering	scikit-learn	https://scikit-learn.org/stable/	Agrupación de datos en clústeres en función de sus características
CART (*Classification And Regression Trees*)	scikit-learn	https://scikit-learn.org/stable/	Clasificación y toma de decisiones basadas en árboles de decisión
Backpropagation	tensorflow	https://www.tensorflow.org/api_docs	Retropropagación para el aprendizaje profundo
Redes Neuronales Convolucionales CNN (*Convolutional neural network*)	tensorflow	https://www.tensorflow.org/api_docs	Visión por ordenador, reconocimiento de imágenes y detección de objetos
Redes Neuronales Recurrentes RNN (*Recurrent Neural Network*)	tensorflow	https://www.tensorflow.org/api_docs	Modelización de secuencias, lenguaje natural y traducción automática

Algoritmo	Paquete	Documentación del paquete	Aplicación
Redes Neuronales de Memoria a Corto Plazo LSTM (*Long Short Term Memory*)	tensorflow	https://www.tensorflow.org/api_docs	Modelización de secuencias, lenguaje natural y traducción automática
Simplex	scipy	https://docs.scipy.org/doc/scipy/reference/	Resolución de problemas de optimización lineal
Particle Swarm Optimization	psywarm	https://pyswarms.readthedocs.io/en/latest/	Optimización mediante enjambre de partículas
EM *Expectation-Maximization*	mixem	https://mixem.readthedocs.io/en/latest/	Estimación de parámetros de modelos estadísticos utilizando EM
AES (*Advanced Encryption Standard*)	pycryptodoma	https://pycryptodome.readthedocs.io/en/latest/	Cifrado y descifrado de datos sensibles
Cifrado RSA (llamado así por sus creadores: Ronald Rivest, Adi Shamir, Leonard Adleman)	rsa	https://rsa.readthedocs.io/en/latest/	Criptografía de clave pública para proteger las comunicaciones

1.2 Algoritmos sobre grafos

La siguiente lista incluye algoritmos vinculados a los grafos, por lo que resultan útiles en la gestión del conocimiento (grafos derivados de RDF, por ejemplo), en la gestión de todo tipo de redes (técnicas o humanas) y en numerosas disciplinas científicas.

Algoritmo	Paquete	documentación del paquete	Aplicación
Buscar en anchura *Breadth-First Search*	igraph	https://python.igraph.org/en/stable/analysis.html#traversal-graph	Explorar grafos en anchura
Búsqueda en profundidad *Depth-First Search*	networkx	https://networkx.org/documentation/stable/reference/algorithms/traversal.html#traversal	Explorar grafos en profundidad
Dijkstra	networkx	https://networkx.org/documentation/stable/reference/introduction.html#algoritmos/	Encontrar el camino más corto en un grafo
PageRank	igraph	https://python.igraph.org/en/stable/index.html	Clasificar páginas web en los motores de búsqueda
Constructing a Galled Phylogenetic Network	biopython	https://biopython.org/docs/	Crear una red filogenética enraizada
Algoritmo A* A-Star	astar	https://github.com/jrialland/python-astar	Encontrar el camino óptimo en un grafo ponderado
Steiner Trees	GraphEnvs	https://github.com/teshnizi/GraphEnvs	Buscar árboles de Steiner en redes

1.3 Algoritmos que abren nuevas perspectivas

Por último, le proponemos que abra la mente a la teoría de juegos, la búsqueda de *matchings* entre cosas y algunos algoritmos interesantes: se sorprenderá de la cantidad real de aplicaciones posibles.

Algoritmo	Paquete	documentación del paquete	Aplicación
Approximations of Bimatrix Nash Equilibria	nashpy	https://nashpy.readthedocs.io/en/latest/	Aproximaciones de los equilibrios de Nash en juegos bimatriciales
Nucleolus	nashpy	https://nashpy.readthedocs.io/en/latest/	Cálculo de núcleos en juegos cooperativos
Stackelberg Games: The Price of Optimum	nashpy	https://nashpy.readthedocs.io/en/latest/	Juegos de Stackelberg: el precio óptimo
Complexity of Bimatrix Nash Equilibria	nashpy	https://nashpy.readthedocs.io/en/latest/	Complejidad de losequilibrios de Nash en juegos bimatriciales
Stable Marriage with Ties and Incomplete Lists	matching	https://daffidwilde.github.io/matching/	El problema de los matrimonios estables con enlaces y listas incompletas
Weighted Popular Matchings	matching	https://daffidwilde.github.io/matching/	Búsqueda de acoplamientos populares ponderados

Algoritmo	Paquete	documentación del paquete	Aplicación
Allocation stable Gale-Shapley	matching	https://daffidwilde.github.io/matching/	Asignación de entidades de forma estable, por ejemplo, asignación de alumnos a centros escolares
Algoritmo de la mochila de Knapsack	mknapsack	https://mknapsack.readthedocs.io/en/latest/	Búsqueda de la combinación óptima de objetos para un peso dado
Geometric Dilation of Geometric Networks	geomdl	https://nurbs-python.readthedocs.io/en/5.x/	Expansión geométrica de las redes
Differential Evolution	differential evolution	https://pypi.org/project/differential-evolution/	Evolución diferencialpara la optimización
DPLL *Davis-Putnam-Logemann-Loveland*	pycosat	https://github.com/conda/pycosat	Solución de problemas de satisfacibilidad booleana, utilizada en el diseño de circuitos y la verificación de software
Circuit Placement	pyeda	https://pyeda.readthedocs.io/en/latest/	Colocación de circuitos en chips electrónicos

2. Tipos MIME

Los siguientes tipos de medios son más fáciles de interpretar por las herramientas web, que se supone que saben cómo manejarlos porque están estandarizados, ¡lo cual no exime de declararlos en su servidor!

2.1 Aplicaciones

Los siguientes tipos corresponden a aplicaciones, o contextos de aplicación de referencia, que contienen información heterogénea, pero directamente interpretable por las aplicaciones o contextos en cuestión.

2.1.1 Aplicaciones genéricas

Tipo	Descripción
application/EDI-X12	Estándar de datos ANSI ASC X12 EDI. Intercambio electrónico de datos, para estandarizar las transacciones comerciales entre empresas.
application/EDIFACT	Estándar de datos EDI EDIFACT. Norma internacional para el intercambio de datos empresariales estructurados electrónicamente.
application/javascript	Estándar para datos JavaScript.
application/octet-stream	Flujo de datos arbitrario, a menudo utilizado como formato predeterminado para archivos ejecutables o archivos de tipo desconocido (**¡Peligro!**).
application/ogg	Contenedor para un flujo de datos multimedia Ogg, audio y vídeo en *streaming*.
application/pdf	Estándar para documentos en formato PDF (*Portable Document Format*).

Tipo	Descripción
application/xhtml+xml	Estándar para documentos en formato XHTML.
application/x-shockwave-flash	Archivo Adobe Flash.
application/json	Estándar para datos en formato JSON (*JavaScript Object Notation*).
application/ld+json	Estándar para la serialización de datos basada en JSON para datos enlazados.
application/xml	Estándar para datos en formato XML (*eXtensible Markup Language*).
application/zip	Archivo comprimido ZIP.

2.1.2 Aplicaciones ofimáticas

Tipo	Descripción
application/vnd.oasis.opendocument.text	Formato de texto guardado en un OpenDocument.
application/vnd.oasis.opendocument.spreadsheet	Formato de hoja de cálculo guardado en un OpenDocument.
application/vnd.oasis.opendocument.presentation	Formato de presentación guardado en un OpenDocument.
application/vnd.oasis.opendocument.graphics	Formato gráfico guardado en un OpenDocument.
application/vnd.ms-excel	Formato de archivo para Microsoft Excel en formato .xls.
application/vnd.openxmlformats-officedocument.spreadsheetml.sheet	Formato de archivo para Microsoft Excel en formato .xlsx. (Office Open XML Workbook)
application/vnd.ms-powerpoint	Formato de archivo para Microsoft PowerPoint en formato .ppt.

Tipo	Descripción
application/vnd.openxmlformats-officedocument.presentationml.presentation	Formato de archivo para Microsoft PowerPoint en formato .pptx (Office Open XML Presentation).
application/msword	Formato de archivo para Microsoft Word en formato .doc.
application/vnd.mozilla.xul+xml	Formato de archivo para Mozilla XUL.

2.2 Imágenes

Las imágenes que se reconocen de forma natural por su tipo se muestran directamente en las herramientas que admiten MIME (como los gestores de correo electrónico).

Tipo	Descripción
image/gif	Estándar para imágenes en formato GIF.
image/jpeg	Estándar para imágenes en formato JPEG (JFIF).
image/png	Formato para imágenes en formato PNG (*Portable Network Graphics*).
image/tiff	Estándar para imágenes en formato TIFF (*Tagged Image File Format*).
image/vnd.microsoft.icon	Formato para iconos en formato ICO (Icono).
image/vnd.djvu	Formato para imágenes y documentos multipáginas en formato DjVu.
image/svg+xml	Formato para imágenes vectoriales en formato SVG (*Scalable Vector Graphics*).

2.3 Multipartes

Un mensaje MIME puede constar de varias partes.

Tipo	Descripción
multipart/mixed	Estándar para datos de correo MIME multiparte.
multipart/alternative	Estándar para datos de correo MIME duplicados en formas alternativas que pueden utilizarse según las capacidades del software de gestión de correo electrónico.
multipart/related	Estándar para datos de correo multiparte enlazados MIME, utilizada por MHTML (correo HTML).

2.4 Textos

Los textos pueden ser sin formato o representar tablas de datos estructurados, o bien presentarse en un formato visual HTML/CSS.

Tipo	Descripción
texto/plain	Estándar para datos de texto.
texto/csv	Estándar para datos en formato CSV (*Comma-Separated Values*).
texto/html	Estándar para documentos en formato HTML.
texto/css	Estándar para las hojas de estilo en cascada en formato CSS.

2.5 Vídeos

Algunos de los siguientes tipos de vídeo están obsoletos de facto, pero siguen presentes por razones de compatibilidad ascendente.

Tipo	Descripción
video/mpeg	Estándar para datos de vídeo en formato MPEG-1 con sonido multiplexado.
video/mp4	Estándar para datos de vídeo en formato MP4.
video/quicktime	Formato para datos de vídeo QuickTime.
video/x-ms-wmv	Formato para datos de Windows Media Video.
video/x-msvideo	Vídeo en un contenedor AVI.

2.6 La sintaxis MIME de un vistazo

- **Cabeceras**: un mensaje MIME comienza con unas cabeceras que describen las características del contenido del mensaje. Estas cabeceras incluyen información como el tipo de contenido, la codificación, los destinatarios, el remitente, la fecha, etc.
- **Cuerpo del mensaje**: el cuerpo del mensaje MIME contiene el contenido real del mensaje, incluyendo texto, imágenes, archivos adjuntos, vídeos, etc. El tipo de contenido del cuerpo del mensaje viene determinado por la cabecera `Content-Type`.
- **Tipos de contenido**: MIME admite diversos tipos de contenido, como text/plain (texto sin formato), text/html (HTML), image/jpeg (imagen JPEG), application/pdf (PDF), etc.
- **Codificación**: el contenido MIME puede codificarse para facilitar la transmisión a través de protocolos de comunicación, en particular la codificación en base64 para archivos binarios.
- **Fronteras**: los mensajes MIME *multiparte* contienen fronteras (separadores especiales) que definen la estructura del mensaje y permiten distinguir las diversas partes del contenido.

- **Archivos adjuntos**: MIME se utiliza comúnmente para los archivos adjuntos de correo electrónico, lo que significa que archivos como imágenes o documentos pueden incluirse en un mensaje MIME.
- **Multipart**: los mensajes MIME pueden dividirse en varias partes, cada una con su propio tipo de contenido y su propia codificación si es necesario. Esto permite mezclar distintos tipos de datos en un mismo mensaje.
- **Transfer-Encoding**: la transferencia de un mensaje MIME puede codificarse para admitir distintos mecanismos de transmisión, como la transferencia binaria (8 bits) o la transferencia en siete bits, para adaptarse a las limitaciones de determinadas infraestructuras de comunicación.

3. Códigos para generar algunas de las ilustraciones del libro

Hemos seleccionado los códigos de algunas de las ilustraciones del libro que nos ha parecido más útil reproducir.

3.1 NameNodes, código en sintaxis PlantUML

Los datos utilizados para generar este gráfico están estructurados en YAML (véase En el corazón de la máquina, sección HDFS más de cerca, ilustración: Arquitectura HDFS - Replicación de bloques en los DataNodes de un NameNode).

```
@startyaml

Descripción del contenido de un NameNode en términos de
archivos gestionados en HDFS

'TIPS de sintaxis utilizados: saltos de línea (slash n)
y negrita en sintaxis criolla (**)

title NameNode

\nDataNode_1\n:
  HDFS :
    - Bloque_i
```

```
      - \nBloque_**j**\n
      - Bloque_...

  \nDataNode_2\n:
    HDFS :
      - Bloque_i
      - Bloque_k
      - Bloque_...

  \nDataNode_3\n:
    HDFS :
      - \nBloque_**j**\n
      - Bloque_k
      - Bloque_...


@endyaml
```

3.2 Tabla de topologías, código en sintaxis PlantUML

Este código se estructura en forma de una nota PlantUML que contiene una tabla PlantUML (véase el capítulo En el corazón de la máquina, sección Introducción a las redes locales, ilustración: ¿Cómo se distribuyen las máquinas en una red?).

```
@startuml

note as mi_nota

**Topologías de referencia**

__
<#white>|=   \n                    |= Descripción |
<#white>|   **en estrella** (star)      |  periféricos conectados
a un concentrador o a un conmutador central             |
<#white>|   **en malla** (mesh)     |  cada periférico de la red
está conectado directamente a los demás         |
<#white>|   **bus**                  |  todos los periféricos están
conectados a una sola línea de comunicación         |
<#white>|   **en anillo** (ring)      |  periféricos conectados
en círculo, cada periférico tiene dos vecinos|

# // Estas topologías pueden combinarse mediante distintos enrutamientos//
# // Encontrará estos términos en muchos otros contextos
```

```
(star, mesh, bus, ring) //

end note

@enduml
```

3.3 Vocabulario de red, código en sintaxis PlantUML

Un árbol de rectángulos con líneas de longitud variable (véase el capítulo En el corazón de la máquina, sección Introducción a las redes locales, ilustración: Redes, campos de investigación).

```
@startuml
rectangle "Redes informáticas \nComputer Networks" as CN
rectangle "Protocolos de red \nNetwork Protocols" as NP
rectangle "Topologías de red \nNetwork Topologies" as NT
rectangle "Direccionamiento IP \nIP Addressing" as IP
rectangle "Seguridad de redes \nNetwork Security" as NS
rectangle "Enrutamiento y conmutación \nRouting and Switching" as RS
rectangle "Servicios de red \nNetwork Services" as NSer
rectangle "Rendimiento y resolución de problemas de red \nNetwork
Performance and Troubleshooting" as NPT
CN --> NP
CN ---> NT
CN ----> IP
CN -----> NS
CN ------> RS
CN -------> NSer
CN --------> NPT
@enduml
```

3.4 Plan de direccionamiento IP y DMZ, código en python utilizando el paquete diagrams

Diagrams es el paquete definitivo para generar diagramas de arquitectura utilizando Python. Se basa en Graphviz, por lo que es necesario instalarlo primero (véase el capítulo En el corazón de la máquina, sección Plan de direccionamiento IP y DMZ, ilustración: Esquema de direccionamiento IP, LAN de una empresa pequeña).

```
from diagrams import Diagrama, Cluster
from diagrams.gcp.network import Enrutador, ReglasFirewall
from diagrams.gcp.compute import ComputeEngine
from diagrams.gcp.database import SQL
from diagrams.azure.network import DNSZones
from diagrams.generic.compute import Rack
from diagrams.azure.compute import VMWindows
from diagrams.azure.compute import VMLinux
from diagrams.azure.compute import VMScaleSet

# Definir los atributos del grafo

edge_attr = {
    "style": "tapered"
}
```

```
# Crear el diagrama
with Diagram(
    "",
    show=False,
    direction="TB",  # Definir la dirección del diagrama
    outformat=["svg", "png"],
    filename="ipv4_lan_dmz_gcp",
    edge_attr = edge_attr
) as diag:

    # Crear un clúster para representar la LAN (Local Area Network)
    with Cluster("LAN"):
        # Añadir instancias Compute Engine para representar
los periféricos LAN
        lan_device_1 =
VMWindows("PC Windows\n192.168.1.10\n192.168.1.20 \n...")
        lan_device_2 = VMLinux("PC Linux y
Mac\n192.168.1.50\n192.168.1.60 \n...")
```

```
    # Crear un clúster para representar la DMZ (Zona desmilitarizada)
    with Cluster("DMZ"):
        # Añadir una instancia Compute Engine para representar
el servidor web
        dmz_device =
Rack("Servidores\nHttp(s)\nProxy\nMiddlewares\n203.0.113.10\n...")

    # Crear un enrutador GCP para conectar la LAN y la DMZ
    with Cluster("Enrutamiento y seguridad"):
        router = Router("Enrutador")
        firewall_rules = FirewallRules("Firewall\nReglas del cortafuegos")

        # Añadir interfaces para el enrutador con direcciones IP
        lan_interface = ComputeEngine("Interfaz LAN\n192.168.1.1")
        dmz_interface = ComputeEngine("Interfaz DMZ\n203.0.113.1")

        # Vincular los periféricos LAN con el enrutador
        [lan_device_1, lan_device_2] >> lan_interface
        dmz_device >> dmz_interface

    # Crear un clúster para representar internet
    with Cluster("Internet"):
        # Añadir un servicio Cloud DNS
        dns_server = DNSZones("Servidores DNS\n\nGoogle Public
DNS\n8.8.8.8\nCisco OpenDNS\n208.67.222.222")
        usuarios_web = VMScaleSet("Usuarios web \ndiversas ip:x")

    # Crear un clúster para representar la base de datos SQL
    with Cluster("Bases de datos"):
        # Añadir una instancia SQL (base de datos SQL)
        database = SQL("Servidores\nBases de datos\n10.0.0.5\n...")

    # Vincular el servidor web con la base de datos SQL con
las direcciones IP apropiadas
    dmz_device >> database >>  router

    # Vincular el servidor DNS a internet con su dirección IP
    dns_server >> router

diag
```

3.5 Diagrama de secuencia OAuth2, código en sintaxis PlantUML

Creemos que es fundamental realizar diagramas de secuencia en el marco de un proyecto (véase el capítulo En el corazón de la máquina, sección Acceso a una aplicación o a microservicios web mediante OAuth2, ilustración: OAuth2 implementado en un microservicio). El código que los genera es trivial, así que ¡atrévase con ellos!

```
@startuml
title Diagrama de secuencia OAuth2

participante "Navegador" como cliente
participante "Pasarela" como pasarela
participante "Servidor de autorización" como aut
participante "Microservicio" como servicio

cliente -> pasarela: 1. Solicitud de recurso sin token
pasarela --> cliente: 2. Respuesta con código 401 (No autorizado)
cliente -> aut : 3. Solicitud de token con nombre de usuario y contraseña
aut --> cliente : 4. Respuesta con token de acceso
cliente -> pasarela : 5. Solicitud de recurso con token de acceso
pasarela -> aut : 6. Validación del token de acceso
aut --> pasarela : 7. Respuesta con información del usuario
pasarela -> servicio : 8. Solicitud de recurso con información de usuario
servicio --> pasarela : 9. Respuesta con el recurso
pasarela --> cliente : 10. Respuesta con el recurso

@enduml
```

3.6 PDCA, ciclo de Deming, código en sintaxis GraphViz

Graphviz es compatible con PlantUML, ya que este último genera Graphviz. Basta, pues, con que inserte código Graphviz entre dos etiquetas PlantUML para generar el gráfico Graphviz que desee (véase Métodos - Conceptos básicos, sección Pensar el proyecto en modo «PDCA», ilustración: Ciclo de Deming - PDCA).

Aquí representamos un grafo circular con un diseño adaptado (`circo`).

```
@startuml
digraph rueda_de_Deming {
layout=circo;
    overlap=false;
    node [shape=egg, width=4 fontsize="50" fontcolor = gray14] ;
    edge [fontsize="30" fontcolor = lightskyblue4];

    1 [label="PLAN\nPlanificar"]
    2 [label="DO\nRealizar"]
    3 [label="CHECK\nControlar"]
    4 [label="ACT\nCorregir"]

    4 -> 1
    1 -> 2 [label="Definir los objetivos y los métodos"]
    2 -> 3
    3 -> 4 [label="Medir los resultados y las diferencias"]

}
@enduml
```

3.7 Caso de uso (use case), código en sintaxis PlantUML

Este es el diagrama que le permite preparar el terreno con los representantes de los usuarios antes de iniciar cualquier debate complejo (véase Métodos - Conceptos básicos, sección Diagrama de casos de uso (use case), ilustración: Ejemplo de caso de uso).

```
@startuml
Desarrollador << Personal autorizado >>
:IA especializada en código Python: as App << Modelo generativo >>
(Conexión) << Interfaz segura >>
(Diálogo para corregir anomalías en el código) as (Use)
<< Aplicación interactiva >>

Desarrollador -> (Conexión)
Desarrollador --> (Use)

App --> (Use)
@enduml
```

3.8 Diagrama de clases, código en sintaxis PlantUML

Es el rey de los diagramas UML y, a veces, puede resultar difícil de elaborar (véase el capítulo Métodos - Conceptos básicos, sección Diagrama de clases (herencia, composición, asociación de mensajes), ilustración: Diagrama de clases). Elabórelo cuando necesite aclarar temas importantes a las partes interesadas o cuando tenga dudas. Es mejor dedicar tiempo a un diagrama de clases que dar vueltas en círculos durante las sucesivas *releases* de su código o de sus bases de datos. Esto evita muchas decepciones entre usted y sus usuarios o probadores.

```
@startuml
abstract class ModeloDeLenguaje {
- modeloDeLenguaje
}

abstract class Chatbot {
  - chatbot
}

abstract class AgenteConversacional {
  - agenteConversacional
}

class ChatGPT extends ModeloDeLenguaje, Chatbot, AgenteConversacional {
  + generarRespuestas\nEnLenguajeNatural(input )\n
  + realizarTareasVariadas()\n
  + adaptarSuRespuesta\nALasRestricciones()
}

class GPT3VersiónX extends ModeloDeLenguaje {
  - tipoDe\nModeloGenerativo
}

class Restricciones {
  - modeloDe\ntono_de_conversación
  - modeloDe\nestilo_y_nivel_de_lengua
  - tipoDe\ntema_de_conversación
}

class Usuario {
  - nombre
  + enviarMensaje(msg )
  + recibirMensaje(msg )
}
```

```
class Robot {
  - nombre
  + enviarMensaje(msg )
  + recibirMensaje(msg )
}

class Conversación {
 - usuario: Usuario
  - robot: Robot
  + inicia()
}

ChatGPT "seBasaEn" --> "1 " GPT3VersionX
ChatGPT "utiliza" o-- Restricciones
ChatGPT "\n\n\nposee varias\n(//has//)\n" o-- "N  " Usuario
ChatGPT "lleva" o-- "N " Conversación
Conversation "\nposee un   \n//(has a)//       " --> "1  " Usuario
Conversation "\n\nes llevada \npor  " --> "1  " Robot
Chatbot "\n\n\n\n\n\n\n                    gestiona" o-- "N  " Conversación
Chatbot "\n\n\n\n      instancia       " o-- "    N" Robot
@enduml
```

Si le resulta difícil establecer incluso las relaciones entre clases en términos de naturaleza y cardinalidad, entonces su análisis del problema es erróneo: ¡no codifique en estas condiciones!

3.9 Símbolos SDL adaptados a los procesos, código en sintaxis PlantUML

Este pequeño fragmento de código proporciona información sobre cómo representar los diferentes componentes de un proceso (véase el capítulo Métodos - Conceptos básicos, sección Modelos de procesos, BPMN o UML, ilustración: Specification And Description Langage personalizado).

```
@startuml
title LEYENDA \nSímbolos SDL adaptados a los procesos
start
:un objetivo \no el título de una tarea \no de una rama; <<task>>
:un estado, un hecho, un estatus... ;
:una entrada (input) ; <<input>>
:una salida (output) ; <<output>>
:+ un subproceso \n   o un procedimiento ; <<procedure>>
```

```
:un cambio de información (load) ; <<load>>
:una serialización de información (save) ; <<save>>
:diversos cálculos ; <<continuous>>
end
@enduml
```

3.10 Un algoritmo es un camino, codificado en sintaxis PlantUML

La sintaxis del camino corresponde a la definición misma de un algoritmo (cf. capítulo Descubrir la algoritmia, sección El lugar del algoritmo en el desarrollo de un programa, ilustración: Algoritmo como camino). ¡Utilícelo sin moderación para compartir sus razonamientos!

```
@startuml
title ALGORITMO

:INPUTS; <<input>>
partition "                                                        CAMINO" {
    repeat
      :a;
        if (b) then (c)
          break
        endif
        ->d;
        :e;
    repeat while (f)
    :i;
}
:OUTPUTS; <<output>>

@enduml
```

B

C

D

E

F

K

L

N

P

Q

R

S

T

U

V

W

X

Y

Para poder acceder durante un año
a la versión online de este libro,
envíenos su justificante de compra a

librodigital@ediciones-eni.com

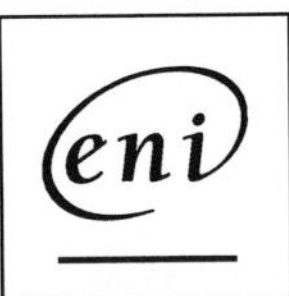